戦後日本の社会学
一つの同時代学史

富永健一 ──［著］

東京大学出版会

Sociology in Postwar Japan:
A Contemporary History
Ken'ichi TOMINAGA
University of Tokyo Press, 2004
ISBN4-13-050158-5

序　文

　『戦後日本の社会学』と題する本書は，戦後日本の社会学の展開の中から，私が一定のストーリーを「構築」し，それに適合する重要な社会学書を選び出して，それらの一つ一つと対話を重ねることにより，社会学というディシプリンが形成してきた戦後史を，興味ある一つの物語として描き出すことを目的とする．これは通常の用語の意味における戦後日本社会学史の試みにほかならないが，私は本書を「同時代学史」として考えたので，学史としてはやや特殊な書き方──個別著作に語らせることを目的とした内容要約に，本書の著者である私がそれらの筆者たちと対話することを目的とした私のコメントを加えたものによって全体を構成する──を選んだ．叙述の仕方も，通常の編年体による学史叙述とはやや違ったスタイルでなされ，「イベント」「世代」「学派」の三つをキイ・ワードに用いて，日本の戦後学史の諸著作を私が「分析」するという態度がとられている．

　1950年4月に私は大学に入学し，それから53年間，社会学という学問を専攻して大学の世界に住み続け，2003年3月定年によって大学を去った．生まれてから高校を卒業するまでの18年を除くこれまでの私の全人生は，社会学研究にあてられてきたことになる．だから私は，自分の生涯が「戦後日本の社会学」とともにあったという意識をもち続けてきた．この意識が私に，まもなく戦後60年になろうとする日本社会学において展開されてきたドラマを，1冊の本にまとめてみたいという強い動機づけを生み出した．
　私の戦後日本社会学との「出会い」は，大学に入学したばかりの18-19歳の時，たまたまこの年に岩波書店から3冊並んで出版された高田保馬『改訂社会学概論』(初版1922年の全面改訂版)，清水幾太郎『社会学講義』(初版は1948年白日書院)，青山秀夫『マックス・ウェーバーの社会理論』(1950年が初版) を読み始めたことから始まった (以下人名には原則として敬称を略させていただく)．

幕末・明治・大正・昭和を生きて終戦の年に亡くなった三宅雪嶺は，最後の著作『同時代史』を，彼が生まれた万延元（1860）年から書き起こし，昭和20（1945）年に没する直前で閉じたが，そのひそみに倣って言えば，本書は編年体で書かれていないとはいえ，第1章の総論を別にして，第2章を高田保馬と清水幾太郎から始め，第4章を青山秀夫から（大塚久雄はその時まだ読んでいなかったから括弧に入れると）始めている．これは，この3人の諸著作（上記の3冊以外のものも含めて）が，私にとって「戦後日本の社会学」に入門した原点だったことによるのである．だから私は本書を，戦後日本社会学の「同時代学史」と称している．

　高田の『概論』は，テンニェス，ジンメル，デュルケーム，マッキーバーらをベースにしつつ，大正デモクラシー期を背景に，近代社会の原理を独自に体系化したリベラル社会学の名著である．同書は日本ファシズムの嵐（高田がそれをどう受け止めたかは第2章冒頭に置いた『終戦三論』に述べられている）ののち，敗戦後に全面的に書き直されて，『改訂概論』となった．清水の『講義』は，戦前にコントとマルクスを対置して社会学を激しく否定したのちに，ジンメルとヴェーバーとアメリカ社会学によってそれを克服した，戦後初期社会学を代表する名著である．青山の『ウェーバーの社会理論』は，当時まだ日本語では近づき得なかったヴェーバー『経済と社会』の正確な解読書として，きわめて高レベルの名著である．

　大学入学時には専攻はまだ決められていなかったが，その1年半後に社会学を専攻することに決めた私の選択は，1950年4月に私が大学に入学した直後の5月に，5年間のソ連抑留から見るもミゼラブルな姿で帰国した父が，哲学を選ぼうかと思うと述べた私に対して，社会学を勧めてくれたことによるものであった．母は1948年に満州から単独帰国し，学校事務員をしながら私の受験勉強を支えてくれた．父は哲学の専攻であったが，郷里佐賀の先輩である高田先生を深く尊敬しており，私に高田保馬の『概論』を読むように薦めた．私はすぐそれを買って読み始めたが，51年9月に専門学部に進学するまでのあいだ，専門の決定には1年半の余裕があった．その間私は，哲学と経済学と社会学のどれを選ぼうかと躊躇を繰り返したすえ，結局父の勧

めに従うことにした.

　大学1年生の秋に学部生のゼネストがあり，この時から1年ほどは，私が最もマルクス主義に近づいた時期であった．学生の研究サークルでは，マルクス主義関係の文献を読むサークルがいくつもあった．それらに参加する一方，私がマルクス主義の入門として自分でテキストに選んだ最初の本は，河上肇『資本論大綱』であった．この選択は，その当時すでに高田保馬『改訂社会学概論』を読みつつあり，河上と高田はライバル関係にあったと聞いていたことによるものであった．私は河上の『社会問題研究』に掲載された諸論文，高田の『階級及第三史観』など社会学上の諸著作，そして河上と高田の『中央公論』誌上の論争などの戦前文献を図書館で読み，河上のマルクス経済学と高田の社会学のどちらを採るかと考えた．その答えがすぐに出たわけではなかったが，清水幾太郎の『講義』，青山秀夫の『ウェーバーの社会理論』などから大きな感銘を受けたことと合わせて，私の社会学への傾斜はしだいに強まっていった．

　大学1年生の私に，高田や清水や青山を十分に読みこなす力がなかったことはいうまでもない．しかしその後それらを繰り返し読んで，少なくとも2年生の後半にはそれらは大体わかったと思うようになった．さらに文学部社会学科に進学して，当時まだ翻訳書が1冊もなかったタルコット・パーソンズの社会学へと読み進むうちに，それらはしだいに私の頭の中で攪拌され，醱酵して，自分の社会学理論のいわば「有意味シンボル」のシステムとして内面化していった．

　2年生の1951年9月に，教養課程から専門学部学科への進学振り分けがあった．ここで私は，自分とマルクス主義との関係をはっきりさせておかねばならないと考えた．自分なりの文献サーベイによって，戦前から戦後初期まで日本の社会学にはマルクス主義は入っていないと私は判断した．マルクス主義をとるなら経済学，とらないなら社会学と私は考え，自分はマルクス主義には入らないと心に決めた上で，社会学を選択した．私は社会学を「リベラル」社会学として考え，高田保馬の社会学上の諸著作のほかに，同著者の『経済学概論』などをあわせ読んで，リベラル経済学の諸著作を勉強するようになった．

2年生最後の学期末であった1952年2月，議論仲間であった武藤一羊（東大教養学部のクラスメート）に誘われて，吉川勇一（東大社会学科の1年先輩）——武藤氏も吉川氏もその後左翼評論家として知られるようになった——と3人で，私は共産党の農村工作隊（と呼んでいいのかどうかよく分からなかったが）に参加し，八王子近郊の恩方村で小さな農村調査をやることになった．これに私が参加を拒まなかった理由は，同行者が私たち3人だけで，主題が社会調査であり，私は彼らと親しかったし彼らを尊敬していたこと，そして恩方村に住む社会学者山田吉彦（レヴィ-ブリュール『未開社会の思惟』の訳者で『気違い部落周游紀行』の著者きだ・みのる氏）を訪ねようという彼らの提案が私を喜ばせたことによるものであった．恩方村の公民館でしんしんと冷える真夜中，薪を燃やしながら，私は彼らから思いがけず共産党入党の勧誘（彼らもこれから入党することに決めたばかりだと言った）を受けた．私が彼らの農村調査に参加したことが，彼らに期待を抱かせる結果になったのは申し訳ないことであったが，私は社会学を専攻することによってマルクス主義から離れ，自由な思考をしたいと考えていたので，この勧誘は断るほかなかった．しかしそれは勇気の要る行為であった．きだ・みのる氏は私たちを気さくに迎えて下さり，鍋物のご馳走をして下さった上に，彼が撃った美しい山鳥のおみやげまで頂戴した（私はこれを剝製にして長いこと机の上に大事に置いていた）．

　私がマルクス主義から離れる決意をした大きな理由は，父から5年間の「ラーゲル」抑留生活について聞き，ソ連について暗いイメージをもったことにあった．父が抑留中に転々と配属されたシベリアとカザフスタンとウラルの体験を折りにふれて語ってくれたことから，私はソ連の共産主義が近代化から非常に遠い遅れた状況にあることを学んだ．中央アジアから東ヨーロッパにかけての言語と文化の多様な諸国を含む「多民族国家」ソ連は，武力によってはじめて統合を維持しているということを，遅ればせながら私は認知した．ソ連抑留は，日本人とドイツ人の兵隊（私の父は兵隊ではなく旧満州国政府の外郭団体の職員として連行された）を極寒の中での苛酷な建設労働に使用することを目的としたもので，兵士の復員が条項の一つにあげられていたポツダム宣言に違反していた．シベリアが父の墓場にならなかったのは，

まったく彼の驚異的な体力によるものであった．

マルクス主義から逃れて勉強するために社会学を選択したにもかかわらず，現実に東大文学部社会学科に進学してみると，研究室の助手や大学院生や学生の中に代々木に入党したハードなマルクス主義者が何人もいて，彼らは強い団結を形成していた．私は恩方村の一件いらい，それらのグループには近寄らなかったが，社会学研究室が私の望んでいたようなマルクス主義に煩わされない場所とはまったく違った環境であることがわかった．日本の社会学は，私が調べたように最初のうちはマルクス主義を含まない学問であったが，その後急速にマルクス主義の地盤になって行った．

かくしてその後における戦後日本社会学の展開は，高田やヴェーバーやジンメルやデュルケームやパーソンズの社会学をベースにして私が考えたのとは，全然違う方向に進んでいった．私は周囲に流されないで自分だけの道を歩むことを心にきめていたから，本書で私が「リベラル社会学」と呼んだ方向に進んだ．その後今日までに私が書いてきた『社会変動の理論』（東京大学社会学博士論文，1965），編著『日本の階層構造』（1975年「社会階層と移動」調査の報告書，1979），『現代の社会科学者』（1984），『社会学原理』（1986），『日本の近代化と社会変動』（1990），『社会学講義』（1995），『行為と社会システムの理論』（1995），『経済と組織の社会学理論』（京都大学経済学博士論文，1997），『社会変動の中の福祉国家』（2001）などの著作系列は，この当時の意思決定の上に一歩ずつつくられてきたものである．本書は，これら戦後日本の社会学が歩んできた道を現在の時点から振り返り，私がその中で育ってきた「相互行為的」環境を私がどのように受け止めてきたかを，批判的に分析しようと意図している．

私が社会学専攻を選んだのは，上述したように社会学がマルクス主義を含まないという結論を出した上でのものだったから，その後の日本社会学に「マルクス主義社会学」が形成された時，私は自分の著書や論文でそれらには言及しないという態度をとり続けた．マルクスは社会学者ではなく，マルクス主義は社会学ではない，と私は考えてきたからである．このことの「ダブル・コンティンジェンシー」効果として，日本のマルクス主義社会学者たち

とそれに親近感をもつ人びともまた，私の書いたものには言及しないという態度をとるようになった．この間，社会学は経済学のように「近代経済学」の学会と「マルクス経済学」の学会が分離されるようにはならなかっただけでなく，その後につぎつぎにつくられた多くの社会学辞典や講座においてはいつも両者が並列されるようになったので，私はそれらの中で「敵」との対立に直面し，私の社会学研究はたいへんやりにくいものになっていった．この対立は，時間の経過とともに後続世代によって再生産され，それまで会ったこともない若い人が私に敵対的態度を示すようなこともあった．彼らと私のあいだはしだいに断絶によって仕切られるにいたった．

　私は自分のゼミでは深く心の触れ合った研究仲間を形成することができ，研究プロジェクトの形成においても優秀なグループに恵まれて，幸福な研究生活を過ごして来たと思っている．しかし東大の学科および日本社会学会の中でマルクス主義系の人びとは集団的に行動し，それが裏面で人事などを動かしているという問題に，私はたえず直面せざるを得なかった．私は同僚諸氏が学科や学会を動かすやり方に同調することができず，そうかといってそれに断乎として対決する勇気ももちあわせなかったので，しだいに暗い日々を送るようになった．齢を重ねるにつれて，私はこのような「断絶」を放置しておいてはならないと反省するようになった．本書で私が，リベラル理論とマルクス理論の両方を含めて，戦後60年のあいだに書かれた数多くの本と「対話」することを心がけたのは，そのような断絶をできるだけつくりたくないという反省から来ている．

　とはいえ本書は，私自身が構築した学問的世界であるから，上述のような状況を意識すればするほど，私は本書において，僭越ながら自分の書いた学史に自分自身を登場させ，自分の立場を押し出すということをやらざるを得なかった．なぜなら，そうすることなしには，「対話」の前提としての自分の位置を確認することができないからである．とくに1965年という年は，「マルクス主義社会学」を全面的に標榜した最初の講座である『講座現代社会学』と，マルクス主義と対決しながらリベラル社会学の立場から近代化理論を構築しようとした私の『社会変動の理論』とが，同時に出た年であった．『社会変動の理論』はさいわいにしてよく売れた本であったが，マルクス主義者の

早瀬利雄はこの本の書評を引き受けておきながらこれを握りつぶしたので，彼の死までの二十数年間『社会学評論』誌にはこの本の書評が出なかった．私の『社会学原理』が出た1986年は，このような対立の最終段階であったと思われる．だから本書において私は，自分の立場を示すために，どうしても自分の理論について語らなければならないと考えた．けれどもそのように学史叙述の中に自分を出してもよいのかという迷いは，絶えず私を悩ませた．

　歴史家は，世界史とか日本史のような大きな広がりの歴史を語る時，自分自身をそこに登場させる余地はないだろう．有力政治家が自分の時代の政治史を語るような場合には，そういうことが起こるかもしれないが，政治家は歴史家ではあり得ない．ところが日本社会学史というような狭い限定された範囲の人びとを対象とし，しかもそれが「同時代学史」である場合には，まったくのノンポリである私も，学問的世界の中での自分を語らないわけにはいかない．なぜなら，戦後社会学史の大部分は私が直接に「相互行為」する中で形成されてきたものであるから，私が戦後学史を書けば，戦後史のそれぞれの時点ごとに，私自身がその時代的背景を背負いつつ書いてきたことにふれないわけにはいかないからである．

　「同時代学史」という語は，それらのことを意識した表現である．しかし社会学史が歴史である以上，それは対象についての客観的な整序でなければならない．誰しも自分自身を客観的に評価することは困難である．ここにディレンマが生じることを避け得ない．こうして迷ったあげく，私は一方では，本書を純粋に客観的な（外から見た）学史叙述とすることを断念し，自分自身の内面の歴史を織り込んだ主観的な（内から見た）観点から日本の学史を批判する要素を入れざるを得なかった．しかし他方では，第4章には自分自身が登場するとはいえ，それは客観的に書かれていると私は考えている．なぜなら，それらは私自身が身を置いている学問的世界を，ありのままに述べた部分であるからである．

　本書は，私のこれまでの著作系列と異なって，題名の示すように文字通り日本の社会学だけを研究対象としている．私は『社会変動の理論』から『社会学原理』を経て『経済と組織の社会学理論』にいたるまで，つぎつぎに出

版される西洋語文献の理論書を読んでは，それらを自分の理論構築に取り込むことによって，自分自身の「理論」を構築しようとする勉強の仕方を身につけてきた．ところが，調査プロジェクトの報告書『日本の階層構造』（編著，1979）において「社会階層と社会移動」調査データの統計解析を手がけたことが契機になって，私は高度経済成長以後の日本社会の構造変動に強い関心をもつようになり，諸外国での講義や講演のテーマとして日本社会論を依頼されることが多くなるにつれて，この関心は深まった．とりわけ私の最初の著作の研究テーマが『社会変動の理論』であったことから，私は日本社会の近代化について本格的な著作を書かねばならないと考えるようになった．こうして『日本の近代化と社会変動』（1990）を書きあげたころには，私はいつのまにか日本語文献の世界に完全に入ってしまっていた．本書は，その延長線上において成立した作品として位置づけられよう．

　本書の出版に関して，東京大学出版会の佐藤修氏には，本文と年表の文献チェックを含めて，本当にお世話になった．あつく感謝したい．本書の執筆は西暦 2000 年の出版をめざして開始されたが，私が大学（武蔵工業大学環境情報学部，2003 年 3 月定年）において極端に多忙となり，あわせて国際会議その他をオーガナイズする責任を負い，挙句の果てに病気をして，執筆が大幅に遅れてしまった．それをひたすら待ってくださった佐藤修氏と関係者の方々に，心からのお詫びを申し上げる．
　最後になったが，73 歳になるまで私を支えつづけてきてくれた妻・英子に本書を捧げたい．

　　　　2004 年 10 月 30 日

　　　　　　　　　　　　　　　　　　　　　　　　富　永　健　一

目　次

序　文

第 1 章　戦後日本の社会学を見る視点 …………………… 1
第 1 章へのまえがき
第 1 節　主題としての「戦後日本の社会学」 ……………………… 2
日本社会学 120 年／「同時代学史」／「戦後」という意識
第 2 節　戦後日本の近代化と戦後日本の社会学 ………………… 9
「狭義の社会」／戦後日本の社会変動／戦後日本社会の「近代化」と社会学
第 3 節　戦後日本社会学の主要傾向 ……………………………… 17
キイ・ワードとしてのイベント，世代，学派／戦後社会学の規模拡大／辞典と講座の出版／戦前社会学の理論的パラダイムの解体
第 4 節　戦後日本の社会学を区分する——本書のプラン—— ……… 36
第一局面　一般理論の展開局面（第 2 章）／第二局面　領域社会学の展開局面（第 3 章）／第三局面 A　リベラル社会学（第 4 章）／第三局面 B　マルクス主義社会学（第 5 章）／第四局面　マルティパラダイムの諸潮流（第 6 章）

第 2 章　戦前世代による戦後初期の社会学 ………………… 45
第 2 章へのまえがき
第 1 節　戦後初期の理論社会学 (1) ……………………………… 46
戦前から戦後へ／高田保馬『終戦三論』／高田保馬『世界社会論』／高田保馬『改訂社会学概論』と『社会学』
第 2 節　戦後初期の理論社会学 (2) ……………………………… 65
清水幾太郎『社会学講義』／戸田貞三『社会学概論』
第 3 節　「特殊社会学」対「総合社会学」 ……………………… 78
1951 年論争／新明正道『社会学の立場』／尾高邦雄『社会学の本質と課題』と『現代の社会学』

第 4 節　「論争」以後の日本社会学の行方——領域社会学 …………… 94
　「特殊社会学」対「総合社会学」という対立からの離脱／領域社会学のノーマル化／新しい社会学理論の登場(1)——リベラル社会学／新しい社会学理論の登場(2)——マルクス主義社会学

第 3 章　諸領域社会学の発展 ……………………………………………… 103
　第 3 章へのまえがき
第 1 節　家族社会学 ……………………………………………………… 105
　「家」と「村」／有賀喜左衞門「家族と家」・『家の歴史』／喜多野清一「日本の家と家族」／森岡清美『真宗教団と「家」制度』／中野卓『商家同族団の研究』
第 2 節　農村社会学 ……………………………………………………… 127
　「家」から「村」へ／福武直『日本農村の社会的性格』と『日本村落の社会構造』
第 3 節　都市社会学 ……………………………………………………… 141
　磯村英一『都市社会学』と『都市社会学研究』／鈴木榮太郎『都市社会学原理』／鈴木榮太郎の遺著『国民社会学原理ノート』／矢崎武夫『日本都市の発展過程』
第 4 節　産業社会学 ……………………………………………………… 158
　尾高邦雄『産業社会学』と『産業社会学講義』／松島静雄『中小企業と労務管理』／間宏『日本労務管理史研究』

第 4 章　リベラル社会学 ………………………………………………… 179
　第 4 章へのまえがき
第 1 節　戦後日本におけるヴェーバー受容 …………………………… 181
　——リベラル理論としてのヴェーバー社会学——
　大塚久雄『宗教改革と近代社会』と「マックス・ヴェーバーにおける資本主義の〈精神〉」／青山秀夫『近代国民経済の構造』と『マックス・ウェーバーの社会理論』／阿閉吉男『ウェーバー社会学の視圏』
第 2 節　戦後日本におけるジンメルの再評価 ………………………… 215
　——リベラル理論としてのジンメル社会学——
　阿閉吉男『ジンメル社会学の方法』／居安正・副田義也・岩崎信彦編『ゲオルク・ジンメルと社会学』と『21世紀への橋と扉』

第3節　戦後日本におけるデュルケームの再評価……………… 231
　　　――リベラル理論としてのデュルケーム社会学――
　　宮島喬『デュルケム社会理論の研究』と『デュルケム理論と現代』／折原浩『デュルケームとウェーバー』（上・下）

第4節　パーソンズ受容と日本のリベラル社会学……………… 245
　　　――パーソンズ・ルネッサンスへ向けて――
　　高城和義『パーソンズの理論体系』ほかの四部作／富永健一『社会変動の理論』と『社会学原理』／今田高俊『自己組織性』／盛山和夫『制度論の構図』

第5章　マルクス主義社会学 …………………………………… 277

第5章へのまえがき

第1節　戦後社会学へのマルクス主義の導入……………………… 278
　　福武直の「マルクス主義社会学」提言／福武以後のマルクス主義農村社会学

第2節　日本版「マルクス主義社会学」の形成…………………… 288
　　北川隆吉・芥川集一・田中清助編『講座現代社会学』／『講座』以後のマルクス主義社会学／「三極構造」の図式？

第3節　「社会学者マルクス」の研究……………………………… 305
　　布施鉄治『行為と社会変革の理論』／細谷昂『マルクス社会理論の研究』

第4節　日本版マルクス主義社会学のヴァリエーション ……… 322
　　塩原勉『組織と運動の理論』／上野千鶴子『家父長制と資本制』／橋本健二『現代日本の階級構造』

第6章　マルティパラダイムの諸潮流 ………………………… 345

第6章へのまえがき

第1節　領域社会学における理論形成………………………………… 347
　　清水盛光『家族』／山根常男『家族と人格』『家族と結婚』『家族と社会』の三部作／稲上毅『労使関係の社会学』／梅澤正『企業と社会』

第2節　現象学的社会学……………………………………………… 377
　　現象学的社会学の日本における位置づけ／蔵内数太『社会学』／清水盛光『集団の一般理論』／那須寿『現象学的社会学への道』／片桐雅隆『過去と記憶の社会学』

第 3 節　情報化，グローバル化，福祉国家 ……………………… 403
　　　　吉田民人「情報科学の構想」と「社会科学における情報論的視座」／梶田孝道『国際社会学のパースペクティブ』／藤村正之『福祉国家の再編成』
　　第 4 節　「社会階層と移動」の調査分析 ……………………………… 419
　　　　戦後社会学と社会調査／安田三郎『社会移動の研究』／原純輔・盛山和夫『社会階層』

結び　戦後日本の社会学の到達点とその将来 ……………………… 435

戦後日本の社会学　主要著作年表 …………………………………… 445

人名索引 …………………………………………………………………… 465
事項索引 …………………………………………………………………… 468

第1章　戦後日本の社会学を見る視点

第1章へのまえがき

　『戦後日本の社会学』と題する本書は，戦後日本において書かれてきた多数の重要な社会学書を取り上げ，それらの一つ一つと対話を重ねることによって，社会学というディシプリンがこれまでに形成してきた同時代史を，私の「主観的な」意味理解の観点から一つの興味ある物語として「構築」することを目的とする．これは通常の用語で言えば戦後日本社会学史の試みにほかならないが，本書では個別作品に語らせることを目的とした内容要約に，筆者である私がそれらの著者たちと対話することを目的としたコメントを加えることによって，全体が一つの筋立てをもったストーリーになるように構成されている．私は本書を「同時代学史」であるとしているので，叙述の仕方も，通常の編年体による学史叙述とはやや違ったスタイルでなされ，「イベント」「世代」「学派」の三つをキイ・ワードに用いて，日本の戦後学史の流れについて私が語るという態度がとられている．

　本書は，このような考え方によって，6章構成で書かれている．第1章である本章は総論的なもので，ここではまだ個別著作は登場せず，戦後日本社会学についての見方，「戦後」の意味，戦後日本の近代化との関連づけ，戦後学史を分析する基本カテゴリー，戦後社会学の主要傾向などが論じられる．

　第2章は，社会学における「冷戦体制」が顕在化する以前の，戦前世代によって形成された理論的統合が戦後初期の社会学においてみごとに開花されたこと，しかしそれらの理論的統合が「社会学における私の立場論争」(1951年論争)において，「形式社会学」を不毛であるとする「現実主義」派によって壊されてしまったことを物語る．

　第3章は，かくして戦後社会学の新しい主役となった諸領域社会学ごとの，個別的展開を主題とする．家族社会学，農村社会学，都市社会学，産業社会学それぞれの主要著作の要約と，それらに対する私の分析的コメントが，この章の内容

をなしている．

　第4章と第5章は，戦前世代に始まり戦後第一世代によって引き継がれた新しい社会学の理論展開が，「リベラル」社会学と「マルクス主義」社会学とに分裂した事情を明らかにする．この分裂は，世界史的には冷戦体制下における二つの世界の分裂に対応する．

　まず第4章では，リベラル社会学の展開をあとづける．ここで中心的に取り上げるのは，ヴェーバー研究の流れ，ジンメルとデュルケームを再評価する流れ，およびヴェーバーとデュルケームを統合する位置を占めたパーソンズ研究の流れであり，その中から形成された日本版「行為理論」と「社会システム理論」に注目する．

　第5章はこれに対して，マルクス主義社会学の展開をあとづける．マルクス主義はもともと社会学の中にはなかったものであるが，1950年代になされた福武直の提言を受けて出発し，国際政治の「冷戦体制」と時期的にほぼ並行して，1960年代後半から20年間ほどをピークに，社会学理論をマルクス主義によってつくりかえようとする動きとして存在した．

　第6章では，リベラル社会学とマルクス主義社会学が対立していた時期に発生し，マルクス主義の解体以後にいっそう顕著になったマルティパラダイム化の傾向を扱う．ここではそのようなものとして四つの新しい流れを取り上げる．(1)領域社会学の一般理論化．(2)現象学的社会学．(3)情報・国際・福祉社会学．(4)数理と計量の新しい実証主義社会学．

第1節　主題としての「戦後日本の社会学」

　この節では，本書の表題である「戦後日本の社会学」という問題設定を，日本社会学史全体とのつながりにおいて位置づけたい．ここでは，次の三つの論点から出発しよう．第一に，日本社会学史の全体の中で「戦後」がすでに半分近くの長さをもつにいたっていること，第二に，にもかかわらずそれは依然として「同時代学史」であると考えねばならないこと，そして第三に，「戦後」というのは一つの時代区分であるにしても「戦後」という意識には特別の意味があること，の三点がそれである．

日本社会学 120 年

　社会学は「社会」――次節で述べる「狭義の社会」――を研究対象とする,社会科学の一ディシプリンである．社会科学の中で,社会学は法律学・政治学・経済学にくらべると比較的新しく形成され,それらよりも普及していないことは否定できない．例えば「法学部」と「経済学部」にくらべると,社会学が「学部」を形成している大学――最近では「社会学部」あるいはそれに関連した名称をもった学部がふえてきているが――はあまり多くはない．

　しかし比較的新しいとはいっても,日本における社会学の歴史はこれまでですでに 120 年を超えている．日本の社会学がいつ始まったかということについては,1881（明治 14）年およびその翌年をあげるのが,日本の社会学における最初のイベントとして重要である．というのは,社会学の初期名称であった「世態学」が東京大学（東京帝国大学になる前）において全国で初めて正課としておかれたのが 1881 年であること,またハーバート・スペンサー（1820-1903）の最初の著作『社会静学』(Social Statics, 1850) の松島剛による翻訳が『社会平権論』という題名で自由民権運動のテキストとして出版されたのがやはり 1881 年であったこと,そしてスペンサーの主著『社会学原理』第 1 巻 (Principles of Sociology, Vol. I, 1876) の乗竹孝太郎による翻訳『社会学之原理』が出されたのがその翌年の 1882 年であったことが,イベントとしての意味をもつからである．そのように考えると,1945（昭和 20）年で「戦前」（戦中を含む）と「戦後」を区切る時,日本の社会学の歴史は戦前が 64 年,戦後が今年（2004 年）で 60 年ということになり,現在は戦前と戦後の長さがあまり違わない時期にまで,すでに到達しているのである[1]．

　「学史」の研究というと,主として西洋の学史を研究することを意味してきた日本においては,社会学史の「通史」と銘打たれたものは,新明正道『社会学史』(有斐閣, 1951) および同『社会学史概説』(岩波書店, 1954) をはじめとして,長いあいだ西洋の学説史に関するもの,またはせいぜいそれに若干日本の学史を付け加えたものだけであった．日本社会学史の「通史」として書き下ろされた単行書（特殊研究の論文は多数あるとはいえ）は,河村望『日本社会学史研究』上・下（人間の科学社, 1973-75）が最初であり,秋元律郎『日本社会学史』（早稲田大学出版部, 1979）がこれに続いたが,どち

らの本においても戦後社会学史は除外されていた。その理由は、彼らの本が書かれた時点では、戦後はまだ30年余しかたっておらず、戦後社会学は学史としての客観的な評価の対象たり得ないと考えられていたことによるであろう。

　ところが21世紀になってすぐ、戦後日本社会学史の本が初めて登場した。庄司興吉『日本社会学の挑戦』(有斐閣, 2002) がそれである。これを読んで私が驚いたのは、同書が対象期間を1981年以後に限定していることであった。「戦後」を生きてきたと思っている私にとって——この意識は私だけのものでなく戦後第一世代に共有されていると私は思う——「戦後」というのは分割できないかたまりである。私が驚いたというのは、私より10歳ほど若くなるともはやそのような認識がなくなる、ということを発見したからである。このままでは、「初めての戦後日本社会学史が出現した」と言っても、1945年から80年までの戦後学史は空白のまま残されてしまうことになる。

　たしかに1980年代に入ると、私が「戦後第二世代」と呼んでいる世代の登場が始まって、「戦後」という意識が薄れ、戦後社会学に変化が起こってきた。それに社会学文献数がこのあたりから急激に増加するようになり、庄司の試みのように出版された諸文献をできるだけ多く取り込んでこようとすると、戦後の全部をとうていとらえきれなくなってくる。だから庄司の本は、年代を限定していることに加えて、四人の協力者 (矢澤修次郎, 庄司洋子, 町村敬志, 武川正吾) の参加を得て書かれている。このような共著のかたちは、戦後世代を特徴づけるものであるが、庄司らの本のように評価や批判にあまり立ち入らずに客観的な記録たることを重視して書くのでなければ、このやり方は不可能であろう。私が本書で意図しているのは、戦後社会学を私の観点から批判的に総括しようとすることであり、これは単著でなければできない試みであろう。

　以上の理由から、私が意図するような意味での戦後日本社会学史は、まだ書かれていない。だから『戦後日本の社会学』と題する本書の出現の意味は、庄司の本が出された現在でも、なくなっていないと言ってよいだろう。しかし他方では、戦後日本社会学史が果たして十分に客観化された学史として書かれ得るか、という問題は現在でも依然として残っている。というのは、例

第1節 主題としての「戦後日本の社会学」

えば本書には私自身が登場しているが，それは戦後学史がまだ「同時代学史」にとどまることを示しているからである．そこで，つぎにこの問題について考えることにしよう．

「同時代学史」

　同時代史という言葉は，雑誌『日本及日本人』の主筆であった三宅雪嶺が，彼の生まれた1860（万延元）年から書き起こし，彼が没した1945（昭和20）年で閉じた歴史記録書『同時代史』によって知られている．私のこの本は編年体によって書かれていないとはいえ，三宅雪嶺の驥尾に付していうならば，社会学の「戦後史」を生きてきたと思っている私が社会学について書いた「同時代学史」である，と言ってよいであろう．

　「同時代学史」という語に私がこめた社会学的な意味は，相互行為理論の観点からいうと，同時代者たちは生存しているかぎり著者と直接あるいは間接に「相互行為」し続ける，という事実のうちにある．すなわち同時代学史の著者は，彼が書いた学史の中に登場する同時代者たちが，生きているかぎりその学史を読んでこれに反応することを予期しなければならず，したがって前者も後者の反応を予期しながら書く，ということにならざるを得ない．このような相互的な社会関係は，パーソンズが創始してルーマンが引き継いだ「二重の相互依存性」（double contingency）と呼ばれるものに相当する．

　例えば，いま研究者A（自我）が，自分の書いている論文の中で，同時代者であるB（他者）の業績に対して評価を下すとしよう．Bが生存しているかぎり，AはBの業績を評価した自分の論文がBによって読まれることを予期しなければならない．すなわち，AとBとのあいだには相互行為が生じることが予想される．加えて，Bには支持者と反対者がついており，AはBの支持者および反対者に気を遣わざるを得ない．AはBに対して批判的意見をもっていても，Bとその支持者を考慮してBを批判することを控えるかもしれないし，反対に賛成的意見をもっていても，Bに対する反対者を考慮してBを褒めることを控えるかもしれない．このようにして，AがBについて書いた評価は，相互行為の予期の故に，純粋に客観的に書いたものとは言えない，ということになるだろう．

上述した庄司興吉『日本社会学の挑戦』は，このような問題があまり起こらないレベルで書かれている．河村と秋元の学史には，それぞれもっと深められた分析があるが，彼らはこのような関係を考慮に入れて，戦前学史だけに限定し，戦後学史を書くことをしなかったのかもしれない．しかし私は，二重の相互依存性が起こる可能性があるかぎり学史は書けないと言うとすれば（もちろん「書評」ではこのようなことは常に起こっている），それは言い過ぎであると思う．故人となった過去の世代の業績を次の世代が客観的に評価したものとしてのみ「学史」が書かれ得るとするなら，高齢化社会である現在では，戦後学史はまだ当分書けないことになってしまう．

　そうではなくて，戦後社会学を担ってきた当事者自身が，自分および自分の同時代者のやってきたことについての自己反省を含んだ同時代記録を，「戦後社会学史」として書く必要が大いにあるのではないか．日本の社会学史における戦前と戦後の長さがあまり違わないほどになった現在，戦後社会学の全体を対象とした著作が，その意味でもうそろそろ書かれるべき時期に達している，否それはすでに遅きに失している，と言わねばならないのではないか．というのは，戦後社会学史を形成してきた世代のかなりの人びとはすでに故人となっており，これらの人びとについての記憶をもつ人びとがいなくなってしまう前に——記憶は物語を「構築」する原材料である——，彼らの同時代人として活動した世代が，彼らの業績について記録し評価しておくことは，現在の活動を担っている世代以降の人びとのためにも必要な作業であるから[2]．

　日本の社会学は，世界の中で言語的に大部分閉鎖された範囲の中の出来事でしかないが，それでも戦後60年近くのあいだに書かれてきた諸著作は，膨大な数に達している．とくに近年では，出版点数が限りなく増加しているために本は書店にあふれ，それに反比例して本の寿命が短くなっていて，出版された本がすぐに品切・絶版になってしまうケースが少なくない．加えて最近は，社会変動の速度がきわめて速く，10年たつと前の10年のことはもう忘れられている．現在を担っている人たちは，前の10年を担っていた人たちと，世代的には一部分だけしか入れ替わっていないにもかかわらず，前の10年においてさかんに語られていたことも，次の10年にはほとんど語られ

なくなっていることが少なくない．最近の世代は目前のことを追うのに忙しく，古い時代については部分的にしか関心をもたなくなっていると思われる．このような時代にあっては，30年前には誰もが重要な研究として読んでいた諸文献も，今ではもう忘れ去られ，講義においてさえそれらは登場しないので，若い人たちはそれらについてほとんど知識をもっていないことも稀でない．これでは「歴史」は語り得ない．私は本書において，「戦後」をあくまで一かたまりのものとして捉えたいと思う．

「戦後」という意識

「戦後」という語は，大きな戦争の後の時期をあらわす普通名詞として用いられ得るが，1945年以後の日本では，敗戦という経験が未曾有のものであったので，第二次世界大戦（日本にとっては「太平洋戦争」）のあとという意味に特定され，固有名詞のように用いられてきた．1955年の『経済白書』が「もはや戦後ではない」と書いたことは有名であるが，「戦後」という語はその後も使われ続けて，60年に近い歳月が経過した．冷戦体制が解体し，21世紀がすでに到来している現在，なおこの言葉を題名につけて本を書くことは，現在の世代には共感を呼ばないかもしれない．だが「戦後日本」における社会学の歩みを全体としてふりかえり，これまでなされてきた諸研究を偏らない視点から自己反省的に総括して，これを21世紀社会学のあり方についての展望につなごうとする企ては，まだあらわれていない．『戦後日本の社会学』という題名の本を書く役割を，「戦後」とともに生きてきた世代に属する私が引き受けてみたいと考えた理由はここにある．

「戦後日本の社会学」を問うための前提として，日本の戦後社会とその変動がいかなるものであったかについて基本的な着眼をもっておくことが必要である，ということをまず強調したい．終戦から60年目が近づいているにもかかわらず，戦後という語が長く現代史区分において大きな意味をもって語られてきたことは，一つの歴史的事実である．この点はとくに，日本とドイツできわだっている．このような状況は，第二次大戦の戦勝国であったアメリカやイギリスなどで，「戦後社会」という語にそのような特別の意味付与がなかったのと，対照的である．

日本とドイツはともに、それぞれ全体主義国家として、民主主義諸国に戦争を挑んで第二次大戦を引き起こした当事者であるが、両者はともに、戦前段階において、全体主義国家になる前に民主主義体制の一時期をもっていた。ただどちらも、市民革命がうまく成熟しなかったので、民主主義の発展が軌道に乗っていなかった。日本では大正デモクラシー期に形成された政党内閣制が軍部によって主導された「日本ファシズム」に取って代わられ、ドイツでは社会民主党主導のヴァイマール体制がナチス政権に取って代わられた。日本とドイツともに、敗戦が全体主義体制の完全崩壊をもたらし、連合軍による占領下で戦後改革がすすめられたことによって、戦後に近代化の大きな価値変動がつくりだされた。このようにして、日本国民はドイツ国民と同様、全体主義体験および敗戦体験という痛みが国民によって共有されたことにより、「戦前」に対する「戦後」という意識が特別の意味をもつことになった。

　節を改めて、日本の戦後社会とその変動がいかなるものであったかについて、簡単に振り返っておくことにしたい。

1)　日本社会学会は、1924（大正13）年に設立され、それ以来原則として日本のすべての社会学者が所属する統合的な学会としてオーガナイズされてきた。しかし日本社会学会の前には日本社会学院（1913年設立）があっただけでなく、日本における社会学の形成はそれらの学会の発足よりずっと先行して19世紀末から始まっていた。本書は戦前のことを対象としないが、日本社会学会の設立以前に書かれた初期社会学の重要文献リストを若干あげておく（リストは川合隆男・竹村英樹編『近代日本社会学者小伝』勁草書房、1998から抜き書きした）：外山正一「神代の女性」（『哲学雑誌』1895）、田中一貞「オーギュスト・コムトの社会学」（『慶応義塾学報』1898）、高木正義「社会学一斑（1）〜（3）」（『社会雑誌』1898）、岸本能武太『社会学』（1900）、布川孫市「社会学の趨勢」（『社会』1901）、建部遯吾『普通社会学』第1巻〜第4巻（1904〜18）、遠藤隆吉『近世社会学』（1907）、若宮卯之助「スペンサーの社会学」（『東京経済雑誌』1909）、小林郁『社会心理学』（1909）、樋口秀雄『社会学十回講義』（1912）、米田庄太郎「社会学論」（『日本社会学院年報』1913）、高田保馬『分業論』（1913）、同『社会学原理』（1919）、同『社会学概論』（1922）。なお、高田保馬「日本における社会学の発達」（岩波講座『教育科学』第18冊、1933）を参照。日本社会学会は1925年から毎年一回定期的に年次大会を開催し、2004年大会は第77回に当たっている。ただ近年では、第3節で後述するように、諸領域社

会学の発展と社会学者の数の急激な増加によって多数の領域別の「○○社会学会」がつくられるようになり，それらへのメンバーのオーバーラップ化が進んでいる．
2) われわれの隣接学問である政治学において，田口富久治『戦後日本政治学史』（東京大学出版会，2001）と題する力作が，本書と同様に「戦後学史」の名称によって書かれた．この中には，戦後日本の政治学を中心的に担ってきた故人，生存中の人びと，そして著者自身とその同世代者がすべて登場するが，著者よりも上の世代の人びとが大部分を占めている．著者の田口は私とちょうど同世代者であり，したがって戦後政治学史の中で著者が占める世代的位置は，本書において戦後社会学史の中で私が占める世代的位置とパラレルである．田口が対象とした日本の戦後政治学者の世代構成の幅と，私が対象とした日本の戦後社会学者の世代構成のそれとが，ほぼ同じであることが興味深い．

第2節 戦後日本の近代化と戦後日本の社会学

この節では，『戦後日本の社会学』というテーマ設定にとって重要な三つのことを述べる．第一に，「戦後日本の社会」という時の「社会」の意味を明確にする．私の従来の考え方にしたがって，これを「狭義の社会」として定義し，この概念に該当する基本項目を六つあげる．第二に，この六項目を適用し，「戦後日本の社会変動」として六つの基本項目をあげる．第三に，その戦後日本の社会変動を，「近代化」として意味づける．

「狭義の社会」

戦後社会とここでいう時の「社会」は，私のいう「狭義の社会」を意味している，ということが重要である．狭義の社会とは，成員の相互行為からなる相互依存的なシステムであって，それらの相互行為を通じて成員の社会化による意識と文化の共有がなされている，小は家族から大は国家と国民社会，ひいてはグローバル社会にまでいたる人間行為者の集合体をさす．社会学は研究対象のはっきりしない学問であると言われ続けてきたが，それは社会学の研究対象を「狭義の社会」（シンボルとしての「文化」を含む）として確定し，これを社会科学全体の対象である「広義の社会」から明確に区別する考

え方(これは1919年にすでに高田保馬によってなされた)が十分共有されていないために生じた現象である。広義の社会と狭義の社会を明確に区別することは、社会学がディシプリンとして自立し得るための論理的な前提と考えられるが、社会学者たちはこれについて意外なほど明確な認識をもってこなかった[1]。

このことについて、これまで私は『社会学原理』(岩波書店、1986)や『社会学講義』(中央公論社、1995)で書いてきたので、ここで長く反復することは避けたいが[2]、必要最低限のことだけは書いておかねばならない。「広義の社会」とは、学問分野を自然科学と社会科学に区分するさいの社会であって、社会学の研究対象としての「社会」と混同されてはならず、人間が原則として自分でつくり出すことのできない自然に対して、人間の意志的な活動を通じてつくり出した産物の総称である。英語の〈society〉は、日本語の「社会」と同様、広義にも狭義にも使われるのでまぎらわしいが、形容詞〈social〉は、広義の社会に対応するものとして使われるのが通例である。

これに対して「狭義の社会」とは、英語の〈society〉やフランス語の〈société〉の語源をなすラテン語の〈societas〉(仲間・共同・連合・同盟などの意味をあらわす)と同様に、多数の人びとの集まりが、つぎの四つの条件を満たすものをいう。すなわち、

(1) 相互行為ないしコミュニケーションが成立しており、
(2) 持続的な社会関係が形成されており、
(3) なんらかの度合いにおいてオーガナイズされており、
(4) 成員と非成員の境界が確定している。

具体的には、1. 家族と親族、2. 組織(具体的には産業・職業・教育などの諸分野、企業がそれらを代表する)、3. 農村と都市(地域社会)、4. 社会階層(階級)、5. 国家と国民社会、6. 民族と国際社会(民族は国民社会および国際社会とクロスする)が、これらの条件を満たす「狭義の社会」(以下単に「社会」と呼ぶ)であり、社会学の研究対象としての「社会」にほかならない。英語では、これらの条件を満たす意味での狭義の〈society〉の形容詞として、〈social〉と区別して〈societal〉という語が使われる。

このように、社会学の研究対象は「狭義の社会」そのものであるから、「戦

前社会」対「戦後社会」という対比をこの意味に使う時、それは社会学にとってきわめて重い意味をもっている。すなわち、戦前社会とは戦後世代にとって克服の対象として考えられた前近代的な「社会」、例えば家父長制家族、身分制的に編成された組織、封鎖的村落共同体、階級社会、天皇制国家などであり、戦後社会とは戦後世代の努力によって戦前の非近代性が克服され、近代化が達成されていった（ただし完全に達成されたとは言えない）「社会」、例えば核家族、身分的差別なしに目的を共有している組織、開かれた地域社会、平準化された階層社会、民主国家などである。戦後日本においては、これらすべての社会について、「戦前」から「戦後」へという大きな社会変動が生じたということが、戦後社会学にとっての研究の中心論点となる。

戦後日本の社会変動

以上にあげた六つほどのグループに分けられる「狭義の社会」のそれぞれについて、戦後に起こってきた大きな社会変動（社会構造の変動）を略述してみよう。

第一に、日本の家族においては、家[父]長制家族（「家」制度、以下「家父長制家族」と書くが、フェミニズム論ではこの語をこれとは違った意味に用いるので区別することが必要）が解体して、核家族へと移行した。核家族は、家父長制家族が単系（通常は男系）で祖先につながるのと異なって、夫と妻がそれぞれの実家から独立してつくる家族であるから、単系による「祖先」の概念（例えば「先祖代々の墓」と記された墓碑に見られる）はしだいに希薄化し、これにともなって親族組織は解体に向かった。親族組織によって包まれている度合いの少ない核家族は、「社会」として不安定性を内包しているという問題をもっており、とくに少子化・高齢化の進行と女性の有業化によって単身者世帯が増加したことにより、家族は揺らぐようになった。子供の「社会化」（人格形成）にとって幼少時の家族は決定的に重要であるが、この揺らぎによって、親が子供の社会化に密接にかかわらない事例が増加していると思われる。近年において青少年のいじめ・非行・犯罪などの増加が問題になっているが、この問題はおそらく核家族の揺らぎと関連をもつと考え得るであろう[3]。

第二に，日本の組織においては，核家族の形成と並行して自営業の分解が促進されるようになった．かくして企業と家族は分離し，この両者は市場を媒介として相互行為する関係になった．「エンプロイー社会」と呼ばれるものがそれである．エンプロイー社会は，近代産業社会の理念型と見なし得る構造をもっている点で，戦前日本の「イエ社会」と明確に対比される．日本社会を「イエ社会」であるとする伝統的な見解は，1980年代まで繰り返し提示され，今でもその影響は残っているが，現実にはエンプロイー社会の形成が戦後ずっと進行したのであって，イエ社会論はしだいに現実に適合しないものになっていった，ということが重要である．

　第三に，日本の地域社会においては，産業化・都市化が進行して，村落の解体が進んだ．戦後はまず，戦後改革の重要な一環としての農地改革によって，地主制支配が消滅した．これと並行して，民法改正によって「家」制度が消滅した．家制度は「家」の連合体が「同族」を形成することにより，私の意味での「社会的」[4] 近代化が遅れた諸地域で，氏族の一形態としての「同族社会」（同族団と呼ばれてきた）を形成していたが，家制度の消滅は同族の基盤を解体した．かくして，地主制・所有制と氏族制が結合されてつくり出されていた閉鎖的な社会関係（農村における本家支配，都市における「財閥」支配）が壊れて，伝統的な共同体が解体した．他方「高度経済成長」による産業化の進行によって，農村人口が流出して人口の都市化が進行した．都市はそれらの農村人口を吸収し，日本全体に「都市的生活様式」が広がった（人口と生活様式の両面での都市化）．政府は地域開発政策[5] によって人口の地方分散をはかったが，その効果は薄く，とくに1970年代後半以後に進行した第三次産業の急速な増加により，地域開発政策は失敗に帰した．それ以後，大都市とりわけ首都圏への極度の人口集中が進行した．

　第四に，日本の社会階層においては，教育改革によって，中等・高等教育が普及したことにより，世代間社会移動率が高まった．また労働改革によって，ホワイトカラーとブルーカラーの所得格差や職務差異が縮小し，両者の境界がしだいに消滅に向かった．これらの結果として，階層的地位の平準化が進行した．他方，上述した農村人口の縮小にともなって，農村から都市への社会移動が進み，都市のホワイトカラーとブルーカラー，とりわけ1970年

代後半以後はホワイトカラーが激増した．1955年から10年ごとに行われてきた「社会階層と移動」調査のデータによれば，世代間移動の全体粗移動率および全体純粋移動率（私は「安田指数」によってこれを示してきた）は，1955年から1985年まで，上昇を続けた[6]．とはいえこの平準化の進行は，1985年以後「新しい不平等」の出現によって，ストップをかけられたことが指摘されている．「新しい不平等」の出現は，もしそれが進んでいることが確かであるとすれば，1985年以後の景気のバブル化による地価と株価の上昇，累進課税率の緩和，新保守主義イデオロギーによる競争原理の強調（競争の勝利者が富者になって貧者との格差が開くことが容認される）などによって生じたものと考えられるが，それらの分析はこれから果たされねばならない課題である．

　第五に，日本の国家と国民社会に関しては，戦後憲法によって国民主権が実現したこと，軍部の消滅と戦後改革によって日本の国家機構の民主化が推進されたこと，思想・言論・結社の自由が実現されたこと，男女の平等化が進んだこと，国民皆保険・皆年金が実現されて先進国中で著しく遅れていた福祉国家化の進行があったこと，高齢化と少子化が急速に進んで家族や学校や社会保障制度に大きな影響を与えたことなど，国家と国民社会そのものの大きな構造変動が進行した．また日本の国民社会に関しては，敗戦によってかつての植民地を失ったことにより，日本社会は民族的・文化的に単一化され，そのかぎりでは国民的統合が強まった．しかし他方では，高度経済成長の達成以後，企業の多国籍化，および日本経済のグローバル化が進むようになった．また民族は国民社会とクロスするが，日本人はこれまで，古代を除いて他民族とクロスする度合いが比較的低かったのに対し，高度成長以後は日本人の所得水準が高くなったことと，日本社会の少子化が進んだことのために，他民族とりわけ東アジア・東南アジア・南米諸国などからの労働力の流入が増加した．

　第六に，日本をめぐる国際関係については，航空機の発達，電話やファクシミリやコンピューター・ネットワークの普及により，国際間の交通と通信，国際貿易と国際金融，国際政治，国際労働移動，国際文化交流などの流れが飛躍的に高まった．この段階にいたると，「国際経済」や「国際政治」と並ぶ

カテゴリーとして，狭義の「国際社会」という概念が明確に意識されるようになった．国際社会学と呼ばれる領域が成立するにいたったのは，その結果である[7]．これらは日本社会のナショナルな境界（「国民社会」の境界）のカベがゆるんだことを意味し，経済面だけでなく，政治面でも，社会 - 文化面でも，グローバル化が進行した．グローバル化は世界の平和を生み出してきた反面，中東戦争の持続によるイスラエルとパレスティナとの関係，アメリカにおける2001年9月11日の同時多発テロによって生じたキリスト教世界とイスラム世界との緊張関係，およびロシアと中東との関係のような民族 - 宗教間の強い緊張をもつくり出している．日本もアメリカと同盟関係によってつながっているかぎり，それらの埒外にいるわけではない．

戦後日本社会の「近代化」と社会学

　日本の戦後社会においては，以上に略述したすべての社会変動が，社会を研究する学問としての社会学にとって，研究上の中心課題になったということが重要である．戦後日本の社会学は，戦後日本の社会変動を明らかにするという問題に直面してきたのである．その中心課題を一言でいいあらわせば，それは戦後日本社会の「近代化」ということに帰着するだろう．私自身は，1965年に書いた『社会変動の理論』から，1990年に書いた『日本の近代化と社会変動』にいたるまで，それらを一貫して「近代化と産業化」という枠組でとらえてきた[8]．近代化はグローバル化に直結したが，近代化 - グローバル化の反面はグローバル規模における公害問題であり，それはベックのいう「リスク社会」のグローバル化でもあった．

　戦後日本という語は，すでに半世紀を超える長い期間をカバーする．それらをいくつかの段階に分けるとすれば，(A)戦後改革の段階（敗戦後の連合軍占領下においてなされ，戦後日本の基礎を築いた），(B)高度経済成長の段階（1955年から始まり，1973年の石油危機まで続いて，日本を「先進国」に引き上げた），(C)高度経済成長の帰結としてのポスト高度経済成長の段階（マイクロエレクトロニクス革命とコンピューター・ネットワークの普及，少子化と高齢化，モダンの価値の低下としての「ポストモダン」化，産業化の帰結としての地球環境問題の顕在化，近代化の帰結としてのフェミニズムの到来

と女性の職業進出，核家族の解体化傾向，アジア四小龍のめざましい経済発展の影響，サッチャー - レーガンの「新保守主義」の広がりとこれによる福祉国家体制の解体化の開始），(D)冷戦体制の終焉とグローバル化の影響が進行した段階（ゴルバチョフ体制から共産主義の崩壊にいたる冷戦体制終焉の影響，経済・政治・社会・文化の各方面におけるグローバル化の影響，バブル後不況とこれによる失業の長期持続，湾岸戦争から国際テロの激化と「ブッシュの戦争」にいたる国際紛争の影響）の四段階ほどになるだろう．

これらの段階ごとに，社会学者は新しい研究テーマに直面してきた．(A)においては，家制度から核家族への構造変動，親族組織の解体，地主 - 小作関係の消滅とこれによる村落構造の変動，労働改革による経営管理と労使関係の近代化など，(B)においては，「村落共同体」の解体，地域社会の都市化，生活様式や消費意識の変化，地域開発，「日本的経営」，社会保障への関心，社会指標，公害反対運動，中等・高等教育の普及，社会階層の平準化と社会移動率の増加など，(C)においては，情報化社会論と「ポストモダン」論，フェミニズム運動，家族内の性役割の変化，単身者世帯の急増による家族解体の傾向，高齢化社会問題としての高齢者介護増加，地球環境問題，「新新」宗教問題，東アジアの近代化と経済発展など，(D)においては，「世界システム」論とグローバリゼーションおよびグローカリゼーション，外国人労働者の流入，エスニシティ問題，長期不況と失業，福祉国家の危機などが，その例示である．これらの構造変動は，個人，家族，組織，地域社会，社会階層，国家と国民社会，国際社会など，社会学の研究対象の全レベルに及ぶものであったから，日本の社会学者は，専攻領域が何であれ，それらのどれかの研究に巻き込まれざるを得なかった．

もちろん，それらの全部を「近代化」という語でカバーしようとすることに対しては，日本にとって「近代化」はもう終了した過程であるとか，現段階のそれは「ポスト近代化」と言わなければならないとか，「近代化の脱構築」とするべきであるとか，いろいろの議論が登場してきた．しかし私はそれらすべてのことを包み込んだ上で，それらのもたらしたプラス面とマイナス面の両方を含めて，近代化という語を共通語として使うことができると言いたい．もちろんこの共通語をどう受け止めるかのイメージは人によって多

様であり，容易に統合され得ない．しかしそうであるとしても，ここでの主題は日本の戦後社会学であるから，本書で戦後日本の社会学を検討するにあたっての中心的な関心は，社会学が戦後日本社会の近代化に向かう社会変動を明らかにすることにどのように関わってきたかということである，とすることには合意が得られるであろう．

1) 例えば，『新社会学辞典』(有斐閣, 1993) における項目「社会学」(執筆担当・青井和夫) の定義を見ると，社会科学には「横の分析」と「縦の分析」とがあって，経済学・政治学・法律学などは前者であり，社会心理学・社会学・文化人類学などは後者であると書かれているが，「横」とか「縦」というのは何のことだかわからず，「狭義の社会」について明確な概念が確立されていないために，社会学の位置づけは結局不明確なままである．
2)「社会」を広義の社会と狭義の社会に分け，「社会の学」としての社会学の対象を狭義の社会であるとすることは，富永健一『社会学原理』(岩波書店, 1986：3-7) で簡潔に述べ，同『社会学講義』(中公新書, 1995：13-26) ではもっとわかりやすく詳論した．本書の第2章で取り上げる「社会学における私の立場」論争 (1951年論争) は，まさにこの問題と関わっていた．すなわち，高田保馬が「狭義」とことわる必要さえ感じることなしに「社会」の概念をはっきり確立していたのに対して，新明正道と尾高邦雄がこの概念をきちんともっていなかった (あるいはそれを無視していた) ことが，この論争が誤った方向に進んでしまった原因である．
3) 日本における家族社会学の創始者は戸田貞三であるが，戸田貞三の家族概念は最初から「小家族」(＝核家族) であった．イエ社会論の原型は，日本の家族を「大家族」(＝イエ) であるとした有賀喜左衛門の「家と同族団」の理論にある．これについては，第3章で検討する．イエ社会論が，社会学の外に大きな影響力をもった事実の一例として，村上泰亮・公文俊平・佐藤誠三郎『文明としてのイエ社会』(中央公論社, 1979) があげられる．これは社会学史内部の文献ではないので本書では取り上げないが，それへの批判については，富永健一『社会変動の中の福祉国家』(中公新書, 2001) の中で論じた．
4)「私の意味での『社会的』近代化」というのは，資本主義化 (市場化) が「経済的」近代化であり，民主化が「政治的」近代化であるのに対して，家父長制的家族の解体と核家族化，氏族・親族集団と村落共同体などの基礎社会の解体と目的集団の優位，都市化，教育の普及，身分制の解体，社会階層構造の平準化と社会移動による機会の平等化などをさす．戦前日本の財閥は，「社会的」近代化がなされないままの状態で「経済的」近代化が進んだためにできたもので

5) 地域開発は、日本政府（旧国土庁）が人口の地方分散化をはかることを目的として、高度経済成長期に重視した政策であった。しかしこの政策は効を奏さなかったので、1980年代以後、政府はこれを放棄してしまった。地域開発は社会学の地域社会論と密接な関連があるので、コミュニティ論の重要テーマとされた。これについての研究文献としては、松原治郎『コミュニティの社会学』（東京大学出版会、1979）を、都市コミュニティの理論化については奥田道大『都市コミュニティの理論』（東京大学出版会、1979）および園田恭一『現代コミュニティ論』（東京大学出版会、1979）があげられる。
6) これら社会階層論の術語の意味とデータについては、富永健一『日本の近代化と社会変動』（講談社学術文庫、1990：367-372）で簡潔に述べた。「社会階層と移動」（SSMと略称される）の研究が日本社会学史上でもつ意味については第6章第4節で述べるが、日本で行われてきたSSM調査の報告書として、富永健一編『日本の階層構造』（東京大学出版会、1979、第三回調査の報告書）、直井優ほか編『戦後日本の階層構造』（全4巻、東京大学出版会、1989-90、第四回調査の報告書）、盛山和夫・原純輔ほか編『日本の階層システム』（全6巻、東京大学出版会、2000）をあげておく。
7) 日本において国際社会学に向けてスタートを切った文献として、先進諸国については梶田孝道『国際社会学のパースペクティブ』（東京大学出版会、1996）、第三世界については駒井洋『国際社会学研究』（日本評論社、1989）があげられる。前者については、第6章第3節で取り上げる。
8) 私にとって出発点となったキイ・タームは、私の最初の著作であった富永健一『社会変動の理論』（岩波書店、1965）の表題をなす「社会変動」であり、この語は「社会構造」とペアをなして使われた。他方、その社会変動の中身を言いあらわすために「産業化」および「近代化」の語がキイ・タームとして用いられた。のちの富永健一『日本の近代化と社会変動』（講談社学術文庫、1990）と『近代化の理論』（同、1996）の段階では、「近代化」の語が普及したので、これを最も一般性をもったキイ・タームとして位置づけた。

第3節　戦後日本社会学の主要傾向

　この節では、戦後日本の社会学に何がどのように起きてきたか、ということについての基本着眼を述べる。これについて必要なことは、つぎの三つである。第一は、戦後日本の社会学を分析するためのキイ・ワードの設定であ

る．ここではイベント，世代，学派の三つをあげる．第二は，戦後社会学の規模拡大について考えることである．具体的なイベントとして，社会学者の数の著しい増加という事実をあげ，その結果として起こった辞典の出版と講座の出版の花盛りについて，その功罪をレヴューする．第三は，戦後社会学を見る本書の基本的な着眼点として，戦前社会学の理論的パラダイムの解体ということ，および研究戦線の分裂ということを問題とする．この二つから，第2章以下における本書のテーマ設定が導かれることになる．

キイ・ワードとしてのイベント，世代，学派

　戦後日本の社会学を戦前のそれとの対比において考える時，戦後を基本的に特徴づける重要な諸傾向がある．そのような諸傾向を分析するのに有用と考えられる，三つのキイ・ワードを考えよう．第一は「イベント」という語であり，第二は「世代」という語であり，第三は「学派」という語である．
　第一に「イベント」とは，時代を区切る意味をもった出来事ないし事件である．日本の戦後史には，戦後改革，高度経済成長，石油危機，インターネット，冷戦体制の終焉，バブル後不況など，時代を区切るイベントが明瞭である．それらのイベントごとに，民主化，生活水準の上昇と地域社会の都市化，高度経済成長の終焉，グローバル化，イデオロギーの終焉，日本的経営の解体などの大きな社会変動があった．これらのことから，ほぼ同じ年齢でそれらのイベントをともに体験した人びとという意味での世代は，思想や価値観を共有する縞模様をなしている．
　もちろん上述のような戦後史一般に関するイベントを，そのまま直接社会学史に持ち込むのは適当ではない．社会学史におけるイベントは，社会学上の主要な出来事であって，それらを区切りとして社会学の諸著作の傾向に重要な変化を生じた事柄をさすものである．けれども，戦後史一般に関するイベントと，社会学史におけるイベントとのあいだには，密接なつながりがある．本書では，戦後の社会学史における重要なイベントとして，(1) 1950年代初期に，高田保馬 - 戸田貞三 - 鈴木榮太郎の戦前世代トライアングルによって蓄積された理論的パラダイムの開花があったこと，(2) 1951年の「私の立場論争」によって戦前世代トライアングルのパラダイムが解体し，後期戦前世

代によって準備された諸「領域社会学」の制度化が始まったこと，(3) 1960年代における国際政治の上での冷戦体制の成立（ベルリンの壁）に対応して，社会学の研究戦線にも分裂が起こり，リベラル社会学 対 マルクス主義社会学といういわば社会学上の「冷戦体制」が成立したこと，(4) 1980年代から多数の新潮流の登場があり，1990年の冷戦体制の終焉（ベルリンの壁の崩壊）によって社会学上の「冷戦体制」が終結すると，社会学はマルティパラダイム時代に入ったこと，の四つに着目しよう．これらのイベントへの着目は，戦後60年に近い日本の社会学史をただ編年史的な時間順序を追って述べるよりも，社会学の諸著作の傾向における変化を浮き立たせるのに有用であろう．

　第二に「世代」とは，生まれ育った年代を同じくする人びとの集合である．戦後日本の社会は，近代化・産業化・都市化・情報化・国際化などによる社会変動の急激な社会であったので，上述したようないくつかのイベントが明瞭で，そのためほぼ同年齢でそれらのイベントをともに体験した人びとの集合である世代が，思想や価値観を共有する縞模様を形成している，ということが重要である．

　世代の刻み方は，親子の年齢差が平均的に約30歳であることから，一般には30年を単位としてなされるが，学問の世界における師弟関係や協働関係は親子関係よりも速く回転する一方，顕著な思想潮流の交代は規則的な時間間隔で起こるとはかぎらないので，ここでは期間の長さにこだわらず，顕著な社会学的潮流をイベント本位に設定したい．世界的規模における社会学史全般の主潮流に関わる世代として，私は従来から，(1)コント‐スペンサー‐ウォードら社会学を創始した世代を社会学第一世代，(2)ジンメル‐デュルケーム‐ヴェーバーら（ヨーロッパ）とクーリー‐ミード‐トーマスら（アメリカ）の世代を社会学第二世代，(3)マンハイム‐ギュルヴィッチ‐シュッツら（ヨーロッパ）とパーソンズ‐マートン‐ホーマンズら（アメリカ）の世代を社会学第三世代，(4)第二次大戦以後に登場してきた世代を社会学第四世代，とする区分を用いてきた．しかし本書では，対象が戦後日本の社会学に限定されているので，世代の刻み方も世界的規模での区分とは別に，日本での社会学的イベントと，後述する顕著な諸潮流としての学派に着目してなさ

れるのが適切であろう．

　日本において社会学を創始したのは，外山正一，有賀長雄，建部遯吾，米田庄太郎，遠藤隆吉らであったから，これらの人びとが日本の社会学第一世代である．しかし第一世代は戦後まで生き延びなかったので，本書には登場しない．本書に登場するのは，戦後日本の社会学を担った第二世代以下の人びとである．彼らは「戦前世代」（戦前・戦中に社会学の専門研究者としての活動歴をもった世代）と，「戦後世代」（戦後に社会学の専門研究者となった世代）に分けられる．さらに戦前世代を「前期戦前世代」（終戦時にすでに高齢であった世代）と「後期戦前世代」（終戦時に壮年であった世代）に，戦後世代を「戦後第一世代」（戦前世代を師とする世代）と「戦後第二世代」（戦後第一世代を師とする世代）に分けよう．具体的には，戦後第一世代とは，戦前の昭和前期に生まれ，社会学研究を戦後初期に開始して，現在すでにその研究経歴が最終段階に近く位置している世代（私自身もここに位置する）である．また「戦後第二世代」というのは，戦中・戦後に生まれ，戦後第一世代の門下から出た人びとである．これらの世代区分によって，担い手によって戦後社会学が変化してきた過程が分析される．一般に，社会学的自我形成における「社会化」（以下これを「社会学的社会化」と呼ぶことにしよう）は，その世代を大学で教えた師によって導かれる．戦後第一世代は後期戦前世代によって社会化され，戦後第二世代は戦後第一世代によって社会化された．戦後第一世代は，「社会学的冷戦体制」をつくった世代である．戦後第二世代は，その下で社会学的自我形成を経験した世代である．

　第三に「学派」とは，西洋の社会学史において，デュルケム学派とか，シカゴ学派とかいうかたちで使われてきた概念である．しかし日本の社会学に関しては，どのような学派があるかということは，あまり明示的に言明されてこなかった．これは，日本に学派がないことを意味するのではけっしてないが，学派という語が一見綺麗に見えながら，それは要するに学者の世界の「派閥」にほかならないために，そのようなものをあまりあらわにしないほうがよいとの自制意識が働いたためであろう．私が本書で戦後日本の社会学における学派について発言するさいにも，これらの事情を考慮して，諸学派を分類し名前をつけるなどのことはせずに，それらを私の意味での「イベ

ント」および「世代」と密接につながりながら暗黙のうちに存在してきた「諸潮流」の分離という程度の意味に理解しておきたい．戦後日本社会学の中に存在してきたそのような分離として，本書で想定しているものをあげておけば，(1)「家族」社会学，「農村」社会学，「都市」社会学，「産業」社会学など，個別領域社会学の分離，(2)「理論」派と「調査」派の分離，さらに後者における「質的」社会調査派と「計量的」社会調査派の分離，(3) 1960 年代に「マルクス主義社会学」が旗揚げしたことによる，「リベラル社会学」と「マルクス主義社会学」の分離，(4) 1970 年代以後に「現象学的社会学」，「シンボル的相互行為論」，「エスノメソドロジー」，「ポスト構造主義」などの受容があって，それぞれがいわばミニ学派として分離，などがあげられるであろう．これらの学派の形成は，戦前世代において始まり，戦後第一世代がそれらを制度化し，戦後第二世代がそれらに系列化されていった．いま世界の「冷戦体制」は終わったが，イスラエルとパレスティナ，米英とイスラムといった対立が存在しているのと類似して，社会学の小さな世界においても，ポスト冷戦体制的なミニ派閥間に暗黙の対立が存在している．しかし EU の拡大を中心に政治の世界が統合化されつつあるのと同様，社会学の世界でも対立の時代は終わり，平和共存の時代が始まっている．

戦後社会学の規模拡大

　戦後日本の社会学を特徴づけるイベントとして最も基本的なことは，社会学者の数の増加という外面的な事実である．戦後社会学は急速な規模拡大を経験し，社会学はもはや戦前におけるような規模の小さな学問ではなくなった．一般的に言えば，一つの学問が大きくなることは，三角形の面積が増すことによって高さも高くなり得るという意味で，その学問に発展をもたらすプラス要因であると言えよう．しかし戦後日本の社会学にとって，この過程がプラス要因だけに還元され得るかどうかは，検討を要するであろう．

　規模拡大をとらえるには，日本社会学会の会員数を見るのが最も手取り早い．戦前の日本社会学会の会員数は，学会事務局にたまたま残っていた太平洋戦争開始直前の 1940 年の会員名簿によれば，ほぼ 500 人程度であった．ただしこの中には，隣接諸学問から二次的に参加していた会員がかなり多か

ったので，それらを除くと，正味の社会学者数は——正確なことはわからないとしても——300人程度と見積もられるだろう．

ところが戦後，とりわけ1960年代の高度経済成長期以後に，日本社会学会の会員数は急速に増加しはじめた．その記録は学会事務局に残念ながら保管されていない．私が記録として確かめ得たところによれば，高度成長末期の1968年に会員数は1200人を超え，バブル不況期が始まった1991年にそれが約2400人と倍増し，2002年に約3500人に達している．その結果，学会年次大会の報告者数がうなぎ登りに増えて，大会を引き受ける主催校で教室準備が間に合わなくなったり，また報告要旨集が大都市の電話帳のようになってしまったりしたことへの対策が，理事会での緊急な課題として論じられるにいたった．

この膨張の過程で，領域ごとの社会学関連の学会（インターディシプリナリーに組織されているものを含む）が数多く創立された．日本社会学史学会，日本家族社会学会，村落社会研究学会，日本都市社会学会，組織学会，数理社会学会，経済社会学会，社会経済システム学会，日本労働社会学会，日本社会病理学会，環境社会学会などがその例である．また地区ごとに組織されている，北海道社会学会，東北社会学会，関東社会学会，関西社会学会，西日本社会学会なども，それぞれに規模を拡大してきた．社会学者はそれら多数の学会に重複所属するのが普通になって，彼らの活動範囲がそれによって大きく広がったことはたしかである．

戦後社会学の規模拡大はなぜ起こったのだろうか．制度的な諸要因としてあげられるのは，つぎの三つであろう．第一は，戦後の学制改革を出発点として，大学教育と大学院教育の普及が進行し，大学の数の急増があったことである．それに比例して，社会学の教員ポストもまた増加した（ただし近年は少子化によってその逆転が起こりつつある）．第二は，多くの大学で社会学の制度的規模を大きくする努力がなされたことである．その結果，社会学の教員数は上記の比例的増加を超えて大きくなり，またこれにともなって社会学専攻の大学院生も急速に増加した．第三は，若干の国立大学と有力私立大学で，戦後に独立の「社会学部」やそれをもう少し広げた名称をもった学部（「人間科学部」「社会文化学部」その他）がつくられたことである．この

ようなことが可能になったのは，戦後日本の近代化と経済発展の中で，社会学的研究の必要性がしだいに認識されるようになったからであると理解してよいであろう．かくして，社会学者の数の膨張が戦後社会学を基本的に特徴づけている．ただ近年の学会員の規模拡大は，文部科学省の方針によって大学院生が急増したことによるところが多く，これらの院生たちは，少子化の進行にともなって起こった大学数の減少にぶつかって，明らかに供給過剰になった．この意味では人数の増加を手放しで喜ぶわけにはいかないが，これは社会学だけの問題ではないのでここではこれ以上論じないでおく．

辞典と講座の出版

社会学者の数が増えれば，出版物の点数は当然多くなる．戦後社会学を特徴づける辞典と講座の花盛りは，規模拡大によって社会学出版物の書き手と買い手がともに増えたことの結果であると思われるので，ここでこれについての二つの具体的なイベントとして，辞典の出版と講座の出版をあげよう．

戦前・戦中までは，社会学の辞典は新明正道が個人でつくった『社会学辞典』(河出書房, 1944) があっただけである．戦後に初めて，社会学の本格的な中辞典『社会学辞典』(有斐閣, 1958, A5 判, 本文 976 頁) が出版された[1]．この日本で初めての中辞典は，日本の社会学界の総力をあげて作られ，問題はあるにしても，比較的バランスがとれ，また各項目の文献リスト，とりわけ人名項目の著作リストが行き届いていたことによって，学生や院生にとってはもちろんのこと，専門研究者にとっても益するところの多いものであったと評価したい．

現在は，これの新版としての『新社会学辞典』(有斐閣, 1993, B5 判, 本文 1540 頁) が出版されている[2]が，この新版は旧版より大判になり，ページ数も増加したにもかかわらず，中辞典の生命であるはずの文献リスト（とりわけ人名項目の著作リスト）の充実度を軽視している点で，旧版よりも劣る．大判になりページ数が増加した分は，社会学の固有領域にあてられるよりも，隣接領域の用語を不必要に多数取り入れるという無原則性によって吸収されてしまっている．

これらのほかに，『現代社会学辞典』(有信堂, 1984) と『社会学事典』(弘

文堂, 1988) がつくられている. 有信堂版『辞典』は, マルクス主義社会学者のグループによってつくられた大項目辞典であり, 第5章において取り上げる[3]. 弘文堂版『事典』は, かなり特殊で普遍性の乏しい社会学の定義を選び, 社会学者ではない人名と社会学の領域外の項目を大量に取り込んだ特殊なものなので, ここでは取り上げない.

辞典と並んで, 多数の社会学講座の出版もまた, 戦後社会学を特徴づけてきた. 「講座」という形式は日本の出版慣行に特有のもので, 一人または複数の編者が構成と執筆者を決定し, 多数巻からなっていて短期ラッシュで完結する, 企画された出版物である. 集まった原稿はレフェリー制のような審査なしにそのまま出版されてきたので, 玉石混交になることを避け得ないという性格をもってきた.

最初に出たのは, 1950年代後半の『講座社会学』(東京大学出版会, 全9巻, 別巻1, 1957-58) である[4]. この講座は, 第1巻から第9巻まで順次に, 「個人と社会」「集団と社会」「社会と文化」「家族・村落・都市」「民族と国家」「階級と組合」「大衆社会」「社会体制と社会変動」「社会学の歴史と方法」という構成をもち, これがつくられた当時における日本の社会学がどのような内容のものであったかを示している. すなわち, はじめの三巻が「理論」で, それらは行為理論, 集団理論, 文化理論からなる. つぎの三巻は各論で, 家族社会学・農村社会学・都市社会学, 民族論・国家論・政治社会学, 階級論・経営社会学・労働組合論からなる. ただ第6巻についてはコメントが必要である. この巻の社会学的実質は「社会階層」と「産業社会学」であり, 産業社会学には経営と労働が含まれているが, この巻をリードした人たちのマルクス主義指向によって, 表題には「階級」と「労働組合」のみが出されているので, 内容と表題が一致していない. 最後の三巻のうち, 「大衆社会」はこの当時大衆社会論の流行に乗った人たちがこの巻をリードしたこと, 「社会体制と社会変動」はここでもマルクス主義への指向が強かったことを示している.

次いで1960年代には, 『現代社会学講座』(有斐閣, 全6巻, 1963-64) と, 『講座現代社会学』(青木書店, 全3巻, 1965) が出版された[5]. これらはどちらも, この時点から強まり始めた戦後日本社会学のマルクス主義体質を反映

しているが，有斐閣のものはマルクス主義以外の人びとを取り込み，性格の曖昧な講座であったのに対して，青木書店のものは「マルクス主義社会学」の成立を公的に宣言しようとする意図をはっきり表明した，性格の明瞭な講座であった．後者は，日本版「マルクス主義社会学」がいかなるものであったかを知るのに有用であるので，第5章において取り上げる．重要なことは，1965年に「マルクス主義社会学」を名乗る学派がはっきり旗揚げした，ということである．

1970年代前半には，東大出版会の第二次講座である『社会学講座』(東京大学出版会，全18巻，1972-76)が出された[6]．同講座は巻数において第一次講座に倍増し，社会学者のみを担い手として編集された講座としては空前絶後のものであった．この講座では「理論」は第一次講座における最初の三巻から最初の二巻に後退し，しかも第1巻が行為理論と社会システム理論，第2巻がマルクス主義，という対立図式になった．第3巻以降は，じつに第17巻までが「家族」「農村」「都市」「産業」「政治」「経済」「法」「教育」「知識」「社会意識」「現代社会」「社会開発」「社会福祉」「社会病理」「数理」というように「○○社会学」という表題によって統一され（ただし「社会意識」から「社会福祉」までの四巻は「論」），最後の第18巻が「歴史と課題」となっていた．

1980年代には，社会学の理論部分だけを取り出して体系化した講座『基礎社会学』(東洋経済新報社，全5巻，1980-81)が出された[7]．この講座は，第1巻『社会的行為』，第2巻『社会過程』，第3巻『社会集団』，第4巻『社会構造』，第5巻『社会変動』という構成をもち，各巻が［基礎編］，［学説編］，［研究編］の三部構成になっていて，執筆者に原則としてマルクス主義者を含まなかった．理論部分だけを講座にするというアイディアは，東大出版会第二次講座への批判を意図するものであり，その意味では野心的な試みであったが，日本の社会学は「理論」の力だけで多くの読者を惹き付け得るほどまだ強力ではなかったので，読者の層において限定されたものにならざるを得なかった．

1990年代には，社会学者でない人びとを大量に執筆者に取り込んだ『岩波講座現代社会学』(全26巻，1996-97)が出された[8]．もしこれを社会学の講

座と認めるならば、全26巻というのはまさに空前絶後の規模の講座であったというべきだが、実質的にはこれは部分的にのみ社会学の講座と見なすことができるにすぎない。なぜなら、この講座が依拠する社会学観は、社会学とは社会科学の全体に等しいというもので、この考えに基づいて、執筆者のかなりの部分が社会学と何の関係もない人たちによって占められたからである。またこの講座の論文は、短時間に書き上げられたと思われる粗略なものを多く含んでいる。『現代社会学』と称しながら部分的にしか社会学と言えない粗略な講座が作られたことは、これがそれまで日本を代表する一流書店と見なされてきた出版社によって出されたものであるだけに、まことに遺憾というほかはない。

現在は東大出版会の第三次講座『講座社会学』（全16巻、1998- ）が刊行中であるが[9]、完結せずに途中でストップしている。この講座では、「理論と方法」は第1巻のみになり、第2巻以後は、「家族」「村落と地域」「都市」「産業」「労働」「文化」「社会情報」「政治」「逸脱」「福祉」「環境」「階層」「ジェンダー」「社会運動」「国際社会」という構成になっている。福武直の没後、東大出版会講座のリーダーは福武門下に移り、各巻ごとに領域別のリーダーが編集している。しかしそうなると、社会学全体の講座をつくることの意味は、かなり薄れてくるといわざるを得ない。福武直によって始められた福武タイプの社会学講座は、「主」を失った今、このあたりで終わることになるのではなかろうか。

以上、社会学の「規模拡大」に関連して、辞典と講座というかたちの出版物が増加した事情について述べた。それらは、社会学を広める功績を果たしたとしても、しだいに乱造気味になって多くの問題をつくり出した。それらが戦後日本の社会学にもたらした意義については、慎重な検討が必要であろう。ここでは、つぎの三点を問題としてあげたい。

第一に、これらの辞典と講座は、どれも特定編者グループによって編集されたものであり、とくに東大出版会第二次講座は、各巻ごとに編者をつけ、それらの編者をマルクス主義社会学者と非マルクス主義社会学者のバランスをとりながら選定し、執筆者はそれらの編者によって決められたため、社会学とはマルクス主義と非マルクス主義のアマルガムであるということを天下

に公開するかたちになった．しかもこのタイプの講座が何種類もつくられていくうちに，講座の隆盛そのものが社会学をそのようなアマルガムにする傾向を内部から育成したと言ってもよい結果が生じた．これら多種類の講座の中には，マルクス主義社会学だけの講座もあり，リベラル社会学だけの講座もあったが，両者を含めてそれらはすべて「社会学」という表題だけを冠していたために，事情を知らない第三者には，相互の違いが分からない仕組みになっていた．

第二に，これらの講座の個別論文は，公開的なレフェリー制によってではなく，編者との個人的なコネによって執筆者が選ばれて，短期集中的に書くことを要求されたものであったことが問題である．このことは次に述べる講座の乱造と関係があり，それらの中には戦後日本の社会学の水準を示す企画とはいいがたいものもあった．もちろん個別的には質の高い論文もあったとはいえ，全体として玉石混交になったのは，これらの講座が原稿を公募して，それらの中からすぐれたものを厳正に選んでつくるシステムとして出発しなかったからである．

第三に，辞典と講座を名乗る出版がいくつも出されるうちに，多様な編者たちによってそれらが乱造される傾向を生み，厳正さを欠く結果になったことが問題である．そのような乱造については，編者と出版社に責任がある．私自身もそれらの辞典と講座のいくつかに参加しているので，責任の一端は負っているが，個々の執筆者は出版の全体についてコントロールできる立場にはなかった．戦後社会学の辞典と講座が含む問題点は，執筆者にかかわる問題であるよりも，日本の出版社と社会学の体質にかかわる問題であった．

戦前社会学の理論的パラダイムの解体

日本の戦前社会学は，規模的には小さかったとはいえ，少数のすぐれた独創的な学者を輩出させた．その中心に位置していたのは，戦前において社会学第二世代の幕を切って落とした，高田保馬 (1883-1972) – 戸田貞三 (1887-1955) – 鈴木榮太郎 (1894-1966) のビッグ・スリーによって形成された理論的パラダイムの「トライアングル」であった．これを理論的トライアングルと呼ぶ理由は，彼らが高田保馬を頂点に，「特殊社会学」という明確な社会学

観を共有していたことによる[10]．そしてそれらの人びとによって形成された理論的パラダイムは，戦後日本の社会学の出発点を戦前の伝統につなぐものであった，ということができる．

高田－戸田－鈴木のビッグ・スリーは，19世紀の80年代から90年代に生まれ，彼らの主著はすでに戦前に出そろっていた（戦後をテーマとする本書では彼らが戦前に書いた著作は取り上げない）が，戦後にも，高田保馬『世界社会論』（中外出版，1947），戸田貞三『社会学概論』（有斐閣，1952），鈴木榮太郎『都市社会学原理』（有斐閣，1957）のように，それぞれの主著に数え得る著作を書き，高田はそれに加えて，戦前の主著を全面改訂した『改訂社会学概論』（岩波書店，1950）を戦後に再刊行した．高田保馬よりも年長の社会学者は，日本の社会学の黎明期に当たる第一世代に属し，戦後までは生き延びなかったので，本書では取り上げない．だから本書第2章の第1節および第2節は，これらのビッグ・スリーのうち高田保馬と戸田貞三（鈴木榮太郎は領域社会学として扱ったので第3章第3節）に，清水幾太郎を加えた諸著作からなっている．

これとの対比において，第2章の第3節以下は，トライアングルによって共有された統一的な社会学像が，「社会学に対する私の立場」論争（1951年論争）によって壊されてしまう過程をあとづける．なぜ第2章の第3節以下において私がこの問題に長いページをあてたかということを，ここで説明しておかねばならない．

高田－戸田－鈴木のトライアングルの次に登場してきたのは，蔵内数太 (1896-1988)，本田喜代治 (1896-1972)，有賀喜左衞門 (1897-1979)，新明正道 (1898-1984)，小山隆 (1900-83)，喜多野清一 (1900-82)，磯村英一 (1903-97)，清水盛光 (1904-96)，牧野巽 (1905-74)，清水幾太郎 (1907-88)，尾高邦雄 (1908-93)，矢崎武夫 (1916-　)，福武直 (1917-89)，山根常男 (1917-　)らの人びとであった（出生順）．これらの人びと——誰をこれらのリストに含めるかにはもちろん異論の余地があり得るだろうが——は，19世紀末から20世紀初頭に生まれた「後期戦前世代」であって，戦後社会学に大きな影響を与える著作を書いたリーダーたちであった．彼らは20世紀の後半まで活動し，戦後社会学を主導した戦前世代であったが，しかし高田－戸田－

鈴木のトライアングルと異なって，統一的な社会学理論を共有せず，共通の理論的パラダイムを発展させることがなかった，ということが重要である[11]．これらのリーダーたちの思想がバラバラであったところから，戦後日本の社会学の主要な問題が生じた．以下に，それらの問題を略述しよう．

　第2章第2節で私が高田保馬の次に取り上げている清水幾太郎は，高田よりも24歳若いが，清水は戦後すぐの1948年に名著『社会学講義』（白日書院，1948；岩波書店，1950）を書いて，戦後世代に大きな影響を与えたことが，彼がこの場所に登場する理由である．清水は「社会」の概念を広義と狭義に分け，社会学の対象とする社会は狭義のそれ（機能分化した社会集団）であるとする観点――「狭義」の社会という用語は私のものと一致している――から，コントからジンメルへの旋回によって社会学が限定されるにいたったことを肯定的に評価し，社会学観において高田‐戸田‐鈴木のトライアングルと同様に，ジンメルを援用して「特殊社会学」の観点を押し出した．清水の『講義』は，引用された諸文献は戦前段階のものであったとはいえ，理論内容において高田‐戸田‐鈴木のトライアングルよりも新しく，戦後の最も早い時期にアメリカのプラグマティズムと行動主義の社会学を日本に導入したことによって，ヨーロッパ社会学とアメリカ社会学を橋渡しする大きな役割を果たした．

　しかしその後の清水（幾）は，基地反対闘争から安保反対闘争へと政治運動にコミットし，その後再度学問に復帰してからは，『現代思想』（岩波書店，1966）や『倫理学ノート』（岩波書店，1972）において，社会学の枠から飛び出してしまった．これらの二著は，20世紀思想の流れを総括して聞かせる力をもったすぐれた著作であり，この中に戦後世界の社会学思想の豊かな展開を主軸として取り入れることは十分可能であったと思われるが，残念ながら清水は社会学思想に説き及ぶことをほとんどしなかったので，それらは彼の『社会学講義』以後の戦後日本社会学における思想形成を主導する求心力になり得なかった．これは戦後社会学にとってまことに残念なことであった．

　他方，戦後の新明正道は，『社会学史概説』（岩波書店，1954）のようなすぐれた教科書を書いた反面，彼が「社会学における私の立場」論争で展開した「総合社会学」の主張（『社会学の立場』（大涛社，1948）において展開さ

れた）は，第2章第3節以下で述べるように，高田 - 戸田 - 鈴木に清水を含めた人びとのあいだに成立していた合意を壊し，ジンメルや高田保馬の到達点を否定するものであったので，戦後社会学に破壊的な作用をもたらすことになった．この破壊的な作用によって，それは諸「領域社会学」を戦後社会学の主役に押し上げるという，「意図せざる結果」を戦後日本社会学にもたらすことになったが，しかしこれは新明の功績ではない．なぜなら，新明自身は領域社会学者ではなかったからである．

これに対して尾高邦雄は，この論争において形式社会学と総合社会学の折衷をはかろうとしたが，総合社会学を「正」，形式社会学を「反」と見立て，両者の「弁証法的統一」を主張するという図式主義が災いして，高田からも新明からも同意を得られず，挫折を経験せざるを得なかった．その後尾高はアメリカから「人間関係論」を輸入して産業社会学導入のリーダーとなり，松島静雄や間宏の研究を導くのに貢献した．これは，家族・農村・都市以外の分野で初めて独立の「領域社会学」を形成したという点で，社会学の視野を広げるのに重要な意義をもった．

戦後日本の領域社会学の出発点は，第3章で述べるように家族社会学と農村社会学であった．有賀喜左衛門と小山隆はともに家族（親族を含む）研究を推進したが，有賀は日本の家族は大家族であったとして「家」と「同族団」の研究を推進し，小山はこれに対して日本の家族は小家族であったとする戸田貞三の実証研究を継承した．喜多野清一は同族団の実証的研究者であったが，小山と同じく戸田貞三の小家族論を擁護して，有賀喜左衛門の大家族主義を完膚なきまでに批判した．家族についての領域社会学の研究者の中にこのような対立があったことは重要であり，家族社会学の実質的内容はけっして一つにまとまっていたわけではなかったが，戦後日本の近代化にもかかわらず日本の伝統的な要素を強調した有賀の信奉者は多く，その中から戦後世代である森岡清美の『真宗教団と「家」制度』（創文社，1962）や中野卓の『商家同族団の研究』（未來社，1964）のような家と同族団についての大著が出現した．

後期戦前世代の中で最も若かった福武直は，日本の農村社会を「同族結合」と「講組結合」に二分する主張を立て，同族結合のみを強調した有賀に対し

て批判的な観点から，戦後の農村社会学の中心的なオーガナイザーになった．その後の福武は『日本村落の社会構造』（東京大学出版会，1959）において農村社会学をマルクス経済学につなぐ方向に進み，本田喜代治とともに，戦後世代をマルクス主義社会学へと誘導する役割を果たした．

鈴木榮太郎は，戦前の『日本農村社会学原理』（時潮社，1940）から一転して，戦後は大著『都市社会学原理』（有斐閣，1957）を完成し，農村社会学と都市社会学を地域社会学として一つにつなぐ方向を打ち出した．鈴木は単なる領域社会学者ではなく，水準の高い独自の理論的着眼をもった理論社会学者であったことが特筆される．これに対して磯村英一はアメリカからシカゴ学派の都市社会学を輸入し[12]，矢崎武夫はシカゴ学派から出て日本都市史の通史を書いた初めての都市社会学者であった．しかし磯村らのシカゴ学派的都市社会学は，鈴木榮太郎の都市社会学と異なって農村社会学とのつながりをまったく考慮の外においたものであったために，地域社会学を「バラバラ学」にしてしまった．

清水盛光と牧野巽は，どちらも戦前・戦中に中国語文献をつうじて伝統中国の家族と村落を実証的に研究し，戦中から戦後にかけてそれらをきわめて水準の高い諸著作にまとめあげた．清水盛光の『支那家族の構造』（岩波書店，1942）と『中国郷村社会論』（岩波書店，1951），牧野巽の『支那家族研究』（生活社，1944）と『近世中国宗族研究』（日光書院，1949）などがそれである．しかしながら彼らのすぐれた研究は，対象である中国の伝統社会そのものが毛沢東革命によって崩壊したため，その後は中国社会を見る人びとの関心のあり方が全面的に変化し，残念ながら戦後世代によって継承されなかった．

戦後の清水（盛）は，中国研究をやめて方向をガラリと変え，『集団の一般理論』（岩波書店，1971）において，ヨーロッパ社会学の文献研究をつうじて現象学的社会学の理論体系を構築し，蔵内数太の『社会学』（増補版，培風館，1966）と並ぶ現象学的社会学者になった．ところが日本では，1970年代以後にシュッツの現象学的社会学の爆発的な流行がアメリカから輸入され，それらのシュッツ版現象学的社会学の担い手たちは，日本の蔵内数太や清水盛光らの業績を読んでいなかったため，現象学的社会学の旧世代と新世代と

の連携がまったくはかられなかった．ここでもまた，戦後日本の社会学はバラバラ学の状態を作り出したのである．清水（盛）はまた，山根常男とともに家族理論のすぐれた研究家でもあり，清水は主としてヨーロッパ社会学にもとづき，山根は主としてフロイト理論とアメリカ社会学にもとづいて，それぞれ家族の一般理論を構築した．これらは具体的な研究領域としての家族研究を，領域社会学とは違った視角からミクロ社会学の理論として発展させた点ですぐれた着眼を示すものであるので，第6章第1節で取り上げたい．

　以上見てきたように，「後期戦前世代」たちは，戦後日本の社会学を担った多くのすぐれた研究を生み出したが，上述したそれぞれの理由によって，戦後日本の社会学において共通の理論的パラダイムを形成することができなかった．そのため彼らのうちの誰かを戦後日本社会学をリードした主役として特定化することは，困難である．それでは，後期戦前世代によってつくり出された戦後日本社会学の主要傾向は，全体として何を主役とするものだったのだろうか．私の答えは，家族社会学・農村社会学・都市社会学・産業社会学など，諸領域社会学のノーマル化が全体として主役の位置を占めた，というものである．

　「領域社会学のノーマル化」とここで仮に呼ぶものは，社会学研究にスタートする初期時点で，家族社会学・農村社会学・都市社会学・産業社会学など（最近では福祉・教育・宗教・医療・環境などもこれに参加して）のどれか一つに特化することがノーマルである，と考える風潮である．戦後初期にこのような指導方針で社会学教育に臨んだのは後期戦前世代であり，そして彼らによって教育を受けたのは戦後第一世代であった．「戦後第一世代」は，大学において固有の意味での戦後社会学の形成を最初に担った世代である．戦後半世紀以上がたった現在，彼らの学的生涯は年齢的にいって最終段階に近づきつつある．そして彼らを師として社会学的社会化を経験した世代としての「戦後第二世代」にとっては，領域社会学のノーマル化は当たり前の前提となった．戦後第一世代が領域社会学のノーマル化の最初の担い手として育ち，戦後第二世代がそれを社会学的社会化における前提としたということは，戦後社会学は彼らによって領域社会学が支配的であるような学問になった，ということを意味する．

第3節　戦後日本社会学の主要傾向

　家族社会学と農村社会学が日本の領域社会学の出発点であったことは，すでに述べた．それらは戦前に戸田貞三と鈴木榮太郎によって創始されたが，戦後には調査研究をつうじて独自の業績を築いた有賀喜左衛門・喜多野清一・福武直らがそれを担うようになった．次いで戦中から戦後にかけて新しい領域として都市社会学と産業社会学が創始され，同じく社会調査を推進した磯村英一と尾高邦雄がこれらを担った．このようにして，戦後日本の社会学は日本社会の調査研究に携わった人びとを，全体として主役の位置に押し上げたということができる．しかしそれらの諸領域社会学は，共通理論はもとより共通概念さえもたず，どれもがバラバラ学に終始し，戦後日本の社会学を共有された理論をもたない学問にしてしまった．このような共通パラダイムの喪失現象は，戦後世代が戦前世代の学問を継承しなかったというよりも前に，後期戦前世代によって引き起こされた不継承によるものであったということが，ここで強調されるべきポイントである．

　戦後第一世代の多くは，大学でこれらの諸領域社会学のどれか一つに特化した戦前世代によって，それらの一つを選ぶように指導された．戦前世代たち自身は，彼らの社会学的社会化においては，まだ領域社会学のノーマル化はなかったから，彼らは通常そこに入る前に一般社会学の研究歴をいろいろもっていた．ところがその戦前世代に教えられた戦後第一世代の社会学者たちにとっては，彼らが出発点で選んだ領域社会学のどれか一つがその後一生持続されて，そのまま職歴の最終段階にゴールインすることがノーマルになった．これらのことに対する反省が，第4章で取り上げる理論社会学への再度の指向を生み出すことになったのである．

1) 『社会学辞典』（有斐閣，1958）は，福武直・日高六郎・高橋徹を編者とするが，実質上の中心編者は福武であった．この日本最初の中辞典は，広範な諸項目を取り入れながら，ディシプリンとしてのまとまりをつけ，文献サーベイをきちんと行った点を評価できる．しかし重要項目の中に，他のディシプリンの学者に執筆を依頼したため，肝腎の社会学的観点からの考察が落ちてしまっているケースがあるのは，当時としてはやむを得なかったにしても，社会学者の自信のなさをあらわしている点で問題である．私が気づいた若干の例をあげれば，「契約」（渡辺洋三執筆）は法学的観点から，「社会政策」（大河内一男執筆）

はドイツ的社会政策の面から，「道徳」（古川哲史執筆）は和辻 - ヘーゲル思想の面からそれぞれ書かれて，いずれも固有の社会学思想への言及が欠けている．
2) 『新社会学辞典』（有斐閣，1993）は，森岡清美・塩原勉・本間康平を編者として，旧版『社会学辞典』の遺産を引き継いだものであるが，なぜこの三人が編者として選ばれたのかということの基準は明らかでない．最大の問題点は判型・頁数とも旧版よりはるかに大きさを増したにもかかわらず，日本人学者の人名選定における不可解な世代的偏りがあることと，文献をよく調べて書かれていないことにある．とくに，取り上げられた日本人社会学者だけについて考えても，業績リストが旧版に比してあまりに簡略すぎ，中辞典としての要件が満たされていないことを，指摘しなければならない．日本の主要な社会学者の業績は，このような中辞典の中においてこそ（『社会学大辞典』は刊行自体が考えられないし，他のディシプリンの中辞典は日本の社会学者をほとんど取り上げないから），きちんと記録されるべきである．
3) 『現代社会学辞典』（有信堂，1984）は，北川隆吉を監修者とし，佐藤守弘・三溝信・副田義也・園田恭一・中野収の五人を編者とする，大項目方式による大冊のマルクス主義社会学の辞典である．この辞典については，第5章で日本版マルクス主義社会学を論ずるさいにコメントする．
4) 『講座社会学』（東京大学出版会，1957-58）は，『社会学辞典』と同じく福武直・日高六郎・高橋徹を編者とするが，その中心的リーダーは福武であった．これ以後，東大出版会は，合わせて三回の『講座』を出しているので，『講座社会学』を「東大出版会第一次講座」と呼んでおく．この講座以前に，田辺寿利『社会学大系』（国立書院，1948-55）があったが，同講座はあまり知られなかった．戦後日本社会学に「講座ブーム」を巻き起こした最初のものは，東大出版会第一次講座であった．
5) 『現代社会学講座』（有斐閣，1963-64）と『講座現代社会学』（青木書店，1965）は，題名が紛らわしいが，別の講座である．前者は福武直・日高六郎監修．この講座はマルクス主義「的」であったが，マルクス主義で一貫していたわけではなかった．後者は北川隆吉・芥川集一・田中清助編．この講座は，純粋に「マルクス主義社会学」と呼び得るものを体系化することを意図した日本で最初のものとして，第5章でふれる．生成期の日本のマルクス主義社会学を示すこの講座を，同じく第5章でふれる20年後の有信堂版『辞典』と比較せよ．
6) 東大出版会第二次講座の『社会学講座』（東京大学出版会，1972-76）は，福武直を監修者とし，各巻ごとに編者が立てられた．福武は全18巻の題名と編者をきめ，各巻の内容は編者に委ねられていたが，この講座の刊行は「福武社会学」のピークを示す最後の「饗宴」であったといえよう．おそらく「○○社会学」がこれだけ多数一堂のもとに集められることは，これからもないのでは

ないか．しかし巻数が不必要に多すぎたため，内容が薄められてしまった観があることは否定できない．他方ここまでやるのなら，「宗教社会学」をはずすべき理由はなかったであろう．環境社会学と医療社会学はまだはっきり形成されていなかった．

7) 『基礎社会学』(東洋経済新報社，1980-81) は，安田三郎・塩原勉・富永健一・吉田民人を編者とする．この講座の中心的な提唱者は安田三郎であり，私は安田から協力を依頼されて参加した．安田は，長いあいだ社会調査，データ解析の方法，計量社会学，数理社会学の日本における開拓者として第一級の仕事をしてきたが，この講座では理論の分野に転じ，とくに『社会的行為』(第1巻) と『社会過程』(第2巻) の中心執筆者であった．塩原勉は『社会集団』(第3巻) を担当し，私は『社会構造』(第4巻) と『社会変動』(第5巻) を担当した．

8) 『岩波講座現代社会学』(岩波書店，1996-97) は，井上俊・上野千鶴子・大澤真幸・見田宗介・吉見俊哉を編者とする．この講座は，意図的に『農村社会学』『都市社会学』『産業社会学』などの題名をはずし，『現代社会の社会学』『自我・主体・アイデンティティ』『他者・関係・コミュニケーション』『身体と間身体の社会学』『知の社会学／言語の社会学』『時間と空間の社会学』『聖なるもの／呪われたものの社会学』『文学と芸術の社会学』『ライフコースの社会学』『セクシュアリティの社会学』『ジェンダーの社会学』『こどもと教育の社会学』『成熟と老いの社会学』等々のような表題を立てている．

9) 東大出版会第三次講座『講座社会学』(東京大学出版会，1998-) は，北川隆吉・塩原勉・蓮見音彦監修．この講座は福武亡きあとの福武講座とでも称すべきものであるが，第二次講座の監修者が福武単独であったのに対して，監修者が三人になった．三人の選択基準は，第一次および第二次と同様明らかではないが，北川は戦後マルクス主義社会学のリーダーであり，蓮見はマルクス主義農村社会学者として福武の後継者であり，塩原は「組織論」とマルクス主義社会学のバランスをとってきたという意味で，やはり戦後マルクス主義の系譜が選択基準になっていると言えよう．

10) 私のいう「トライアングル」(ビッグ・スリー) の意味については，富永健一「高田保馬・戸田貞三・鈴木榮太郎と二〇世紀社会学」(『社会学史研究』第22号，2000：49-66) において詳細に述べたので，ここでは繰り返さないが，一点だけ付け加えたいのは，高田保馬が純粋に理論家であるのに対して，戸田貞三と鈴木榮太郎は領域社会学者である，という反論が予想されることについてである．戸田と鈴木が実証的研究のフィールドワーカーであったことはいうまでもないが，彼らがその次の世代である有賀・喜多野・磯村・尾高・福武らと違っている点は，彼らの研究領域が広くて，特定領域だけに限定されず，また

理論的指向を強くもっていたことである．戸田は家族研究のほかに，社会学的な社会政策の研究，社会調査法の研究，およびミクロ社会学の理論研究で研究水準の高い諸著作を残した．また鈴木は，農村・都市・国民社会の全体にわたって独自の理論を発展させた点で，通常の農村社会学者・都市社会学者と根本的に違っており，そのことは，農村社会学にも都市社会学にも『原理』という普遍思考的な表題がつけられている点に示されている．鈴木はまた，北海道大学で社会学概論の講義を担当し，これは結核を発病したために中断されてしまったが，高田保馬からの強い影響を示すその草稿が残されている．このような戸田・鈴木と比べると，有賀と磯村には理論的指向がなかったことが明らかである．喜多野と福武にはそれがあったとしても，彼らの業績の価値はフィールドワークの中にあり，そのフィールドワークの研究対象は農村という特定領域だけに限定されていた．

11) これらの人びとの経歴と業績についてのノートは，第2章以下のそれぞれ固有の箇所において注記されるので，総論であるこの章では述べない．

12) 戦後日本における都市社会学の創始者としては，磯村英一のほかに，鈴木栄太郎と奥井復太郎があげられる．しかしここで磯村のみをあげるにとどめたのは，鈴木は高田－戸田－鈴木のトライアングルとして既述であり，また奥井は慶応義塾大学経済学部教授（1956-63塾長）であって，社会政策学と都市問題を講じていた学者だからである．しかし奥井は慶応義塾で戦後に大学院社会学研究科（慶応では「社研」と呼ぶ）ができた時，同研究科にも出講して社会学の人たちを教えたので，慶応社研では「都市社会学の創始者」と見なされている．

第4節　戦後日本の社会学を区分する
――本書のプラン――

　この節では，戦後日本社会学の展開を四局面に分け，第2章以下の章別がこの四局面に対応して構成されることを説明する．これらの四局面は，(1)前期プラス後期戦前世代によってリードされた一般理論の展開局面，(2)後期戦前世代に始まり戦後第一世代がこれを継承した領域社会学の展開局面，(3)後期戦前世代に始まり戦後第一および第二世代がこれを継承したリベラル理論の展開局面，(4)戦後第一および第二世代を中心に担われたマルクス主義社会学の展開局面，(5)後期戦前世代に始まり戦後第二世代が担うようになってマルティパラダイムの諸潮流が生まれた局面，の五つから構成される．五つで

はあるが，このうち(3)と(4)は同時並行的に進んだので，(3)を第三局面A，(4)を第三局面Bと呼び，(5)をくりあげて第四局面と呼ぶことにしたい．これらを「局面」と呼んで「段階」と呼ばないのは，それらが時間的に截然と区分される継起的な過程ではなく，相互に重なりあいながら少しずつずれて移行していく——異なる世代の活動は共存しつつ進むから——過程であるためである．

第一局面　一般理論の展開局面（第2章）

　第一局面は，敗戦から1950年代初頭までの，戦後初期の局面である．日本の社会学においては，敗戦によって戦前と戦後の世代のあいだに隔絶が生じることはなかったから，この局面は，研究蓄積をもっていた戦前世代の活動によってリードされることになった．

　終戦直後から1950年代までに出された主要な理論的著作として，第2章第1節で，高田保馬の『終戦三論』『世界社会論』『改訂社会学概論』『社会学』を取り上げ，同第2節で清水幾太郎の『社会学講義』と戸田貞三の『社会学概論』を取り上げる．高田と戸田は前期戦前世代に属し，清水は後期戦前世代に属する．19世紀末から20世紀初頭にかけて生まれたこれらの世代が共通に体験した顕著な社会学的イベントは，彼らが戦前までの研究経歴の蓄積の上に，「戦前」社会学から「戦後」社会学への大きな転換を担ったということである．日本の社会学が，この激動を乗り越えて近代社会の普遍的原理を理論化することができたことは，戦前世代による理論的展開の力によるものであった．

　ところが1951年に，特殊社会学か総合社会学かをめぐる論争という大きなイベントが起こった．この論争は，前期戦前世代の高田保馬を，後期戦前世代の新明正道と尾高邦雄が批判する対決であった．ただし高田と強く対決したのは新明であり，尾高は折衷的な態度をとった．この論争を第2章第3節で詳細にあとづける理由は，それによって高田保馬-戸田貞三-鈴木榮太郎のトライアングルに清水幾太郎が加わって提示された戦前-戦後をつなぐ日本社会学の理論的方向性が，新明正道と尾高邦雄によって壊され，一般理論が主役の時代が終わりを告げて，領域社会学が主役となる時代に切り替えられることになったからである．第4節ではこの論争の帰結について批判的

に検討する．

第二局面　領域社会学の展開局面（第3章）

　1951年論争の結果，戦後社会学の第二局面において生じた顕著な社会学的イベントは，さきに「領域社会学のノーマル化」と呼んだものであった．これによって，戦後日本の社会学は戦前のそれと大きく異なった特徴をもつようになった．すなわち理論を構築するのではなく，社会調査を積み重ねて，「社会的現実」を研究することをめざす諸領域社会学の展開がそれである．

　戦前世代の理論社会学が，抽象のレベルの高い一般理論の次元で研究対象をとらえ，社会についての一般化された命題定立に指向したのに対して，領域社会学は家族・農村・都市・産業など，個別領域のどれか一つに研究主題を特化し，抽象のレベルを下げて，特定領域ごとの専門化された研究に指向した．それらは質的社会調査による観察記録に主力をおき，経験社会学として実証的な研究を発展させた．

　第3章では，第1節で有賀喜左衛門と喜多野清一の大家族－小家族論争を基軸にした家族社会学，および有賀の影響を受けた森岡清美と中野卓のモノグラフ，第2節で「同族結合―講組結合」の二類型論から始まってマルクス経済学の導入にいたる福武直の農村社会学，第3節で磯村英一の同心円理論と鈴木榮太郎の都市結節点理論をそれぞれ基軸とした二つの都市社会学，および矢崎武夫の日本都市史の研究，第4節で「産業における人間関係の科学」として始まった尾高邦雄の産業社会学，松島静雄の中小企業調査，間宏の労務管理史をそれぞれ取り上げ，それらによって呼び出された戦後第一世代の領域社会学の発展にいたる経路がどのようなものであったかをあとづける．

　領域社会学がこのようにして戦後社会学の主役と見なされるような位置を占めるにいたったことは，一方で戦後初期から高度成長期までの日本社会の現実を明らかにするのに貢献したが，他方で社会学を「バラバラ学」に転落させる原因になった，というのがここで私が強調したい中心問題である．諸領域社会学は，抽象の度合いの低いレベルにおいて，日本社会の諸個別領域に生起している具体的な社会的現実をとらえ，それらを「中範囲」ないし「小範囲」の経験的一般化へとまとめていったが，それらは相互の関連なしに，

領域ごとに独立の源泉から呼び出されたので，お互いのあいだに共通の基礎概念も理論的なつながりもまったくない状態をつくり出した．例えば一つの大学の社会学科の中に，家族社会学と農村社会学と都市社会学と産業社会学の講義が行われている．学生はそれらを個別的な関心によって受講するが，それらの中から社会学が単一のディシプリンであるというイメージを得ることができない．なぜなら，それらには共有された基礎概念も理論もないからである．

このような状態の克服を目指して，1960年代から1970年代にかけて，戦後社会学の第三局面として，戦後第一世代が新しい理論の主張を掲げて登場し，日本の社会学に大きなインパクトを与えることになった．しかしこの局面において，日本の社会学はリベラル理論とマルクス主義理論の二つの学派に分裂してしまうことになった．これらが，以下に述べる第三局面Aと第三局面Bである．

第三局面A　リベラル社会学（第4章）

ここでリベラル社会学とは，社会学を個人が自由意志に基づいて行う行為と個人間相互行為，およびそれらによって形成される近代的社会システムの合理的なワーキングについての理論化としてとらえるものである．このような社会学の新しい理論的出発は，マックス・ヴェーバー研究に始まり，ジンメルとデュルケームの再評価をこれに加え，それらを統合したタルコット・パーソンズの研究によって継承された．

第4章第1節では，戦後日本におけるヴェーバー受容を取り上げる．ヴェーバーの多数の諸著作のうち，日本におけるリベラル社会学の発展にとってとりわけ重要なのは，『宗教社会学論文集』と『経済と社会』である．これらを日本に定着させる仕事は，戦前世代の大塚久雄『宗教改革と現代社会』と青山秀夫『マックス・ウェーバーの社会理論』によって戦中から始められ，阿閉吉男『ウェーバー社会学の視圏』がこれに続き，これらが「戦後第一世代」から「戦後第二世代」へと引き継がれた．ヴェーバーの『プロテスタンティズムの倫理と資本主義の精神』は，戦前の梶山力訳によって日本で広い読者をもっていたが，『宗教社会学論集』と『経済と社会』の全貌が知られる

ようになったのは，大塚によって主催された1964年の生誕百年シンポジウム以後のことであった．

　次いで第4章第2節と第3節では，それぞれジンメルとデュルケームの戦後日本における再評価を取り上げる．日本におけるジンメルは，戦前に高田保馬によって「関係社会学」として『社会学原理』に取り入れられたが，戦後は新明正道らによって，ジンメルと高田が形式社会学として激しく否定されたので，受容の伸びが止まっていた．ジンメルの再評価は，他の面からの広範な照射を含めて，ようやく1970年代以後に阿閉吉男『ジンメル社会学の方法』と居安正他による『ゲオルク・ジンメルと社会学』の出現によってなされるようになった．他方，デュルケームについては，宮島喬『デュルケム社会理論の研究』『デュルケム理論と現代』による現代的意義についての再評価がなされ，また折原浩『デュルケームとウェーバー』によってヴェーバーとの対比による再評価がなされた．

　第4章第4節では，パーソンズ受容，およびそれらを栄養源として，戦後第一世代と第二世代によってつくり出された日本の新しいイベントである理論社会学の成果をあとづける．1960年代から70年代にかけては，パーソンズの『行為の一般理論をめざして』と『社会システム』，『経済と社会』（スメルサーとの共著）と『家族』（ベイルズとの共著），戦前の著作『社会的行為の構造』などの日本語訳が出されたことによって，パーソンズが理解され始めた時期であった．パーソンズ社会学はヴェーバー社会学の継承者であったので，パーソンズ受容はヴェーバー受容と密接につながることになった．ここでは，出版の時期は1986年以降になったが高城和義のパーソンズ研究四部作がまずあとづけられ，次に僭越ながら，私自身の社会変動理論，行為理論，社会システム理論と，それらの影響下に生み出された戦後第二世代の盛山和夫と今田高俊によるリベラル理論が登場する．

　しかしパーソンズの『社会システム』分析は，パーソンズ - スメルサーの『経済と社会』における資本主義分析とともに，パターン変数とAGIL図式を用いた煩瑣な用語と図式が災いになって，あまり広い受容を生まなかった．加えて，パーソンズ社会学は1960年代後半にアメリカでネオ・マルクス主義によるイデオロギー攻撃に直面し，それらが日本に逐一紹介されて全面的

に影響を及ぼしたため，社会学内部における浸透と外部への影響との両面において，それが値するだけのインパクトを与え得なかった．この時期は日本の社会学における顕著なイベントとしての「リベラル社会学」と「マルクス主義社会学」の分裂の時期とちょうど重なったため，パーソンズは理解されるよりも前にイデオロギー的理由によって拒否されることが少なくなかった．それがようやく受け入れられるようになったのは，2002年の「生誕百年記念シンポジウム」以後（出版は富永健一・徳安彰編『パーソンズ・ルネッサンスへの招待』勁草書房，2004）であった．

　他方，パーソンズ理論はドイツのニクラス・ルーマンによって継承されたが，同時にかなりの変容をとげた．ルーマン理論は「オートポイエシス」のようにパーソンズの社会システム理論を超える契機を多数含んでいたが，それを十分に消化した新しい社会システム理論を作った人が日本の研究者にはまだあらわれていないので，本書では残念ながら取り上げることができない．

第三局面 B　マルクス主義社会学（第5章）

　戦後第一世代の登場が，戦後日本の社会学の第三局面においてもたらしたもう一つの主要な社会学的イベントは，日本版マルクス主義社会学の形成である．これは上述したように，戦後第一世代の登場した時期が米ソの冷戦体制の激化と重なったことによって起こったイベントである．第5章は，この動きを批判的にあとづけることにあてられる．

　日本におけるマルクス研究は戦前からの長い歴史をもつが，戦前にはそれらは主に経済学・歴史学・哲学のものであり，戦前から戦後すぐまでの社会学にはマルクス主義は入っていなかった．第5章第1節ではまず，福武直の強力な唱導によって1950年代の日本社会学にマルクス主義の導入がはかられたいきさつを明らかにする．次いで第5章第2節において，それが日本版「マルクス主義社会学」として，北川隆吉・芥川集一・田中清助らによって形成されていった過程を検討する．

　第5章第3節においては，社会学者によって書かれた二つの代表的なマルクス研究として，布施鉄治と細谷昂の著作を分析し，それらが果たしてマルクスの「社会学化」を果たしたと評価できるのかどうかを検討する．

最後に第5章第4節では，日本版マルクス主義社会学のヴァリエーションとして，塩原勉の組織と運動の理論，上野千鶴子のフェミニズム理論，橋本健二の階級理論の三つを取り上げる．これらはどれも理論的水準の高い作品であるが，それらの到達点は果たして日本版「マルクス主義社会学」の成功を意味していると言えるのかどうか，その終着点は同時にマルクス主義社会学の解体を意味したのではないか，といった問題を考えることにしたい．

第四局面　マルティパラダイムの諸潮流（第6章）

戦後社会学の第四局面は，戦後第二世代の登場が日本の社会学につくり出した多様なインパクトにより，マルティパラダイム時代として特徴づけられる．戦後第二世代のトップを切ったのは，「団塊の世代」と呼ばれている人びと，すなわち戦後初期に生まれ，1960年代の高度経済成長期に成人に達し，高度経済成長後における公害問題の露呈と石油ショック以後の長期不況の時期に職業生活に入った激動期の人びとである．彼らの世代的共通経験は，社会学的社会化の初期に「大学紛争」と「ラディカル社会学」をくぐったことであった．とはいえその後現在までに彼らが経験した社会学的イベントはきわめて多面的で，現象学的社会学とシンボル的相互行為論が広がり，1979年にパーソンズが死去し，ハバーマス-ルーマン論争があり，数理社会学が誕生し，フェミニズムやポストモダン論やポスト構造主義がさかんになり，福祉・環境・医療などのテーマがつぎつぎに戦後第二世代を突き動かした．しかし重要なことは，それらは1960-70年代のように互いに相手を否定しあう関係にあるのではなく，論争しても相手を尊重しあう協調的な関係にあるということである．

これらのうち最も古い歴史をもつのは現象学である．現象学的社会学の先駆は，戦前世代にまで遡る．ドイツでフッサール哲学の影響が1910年代末いらいフィアカントやリットやシェーラーによって社会学に導入され，フランスではギュルヴィッチが1950年代に現象学的社会学の体系をつくりあげた．それらのヨーロッパの潮流を研究して日本に受容したのは，蔵内数太と清水盛光によって代表される戦前世代であった．他方，ヴィーンで大著『社会的世界の有意味的構成』を書いたシュッツが，ナチスの侵入によってオー

ストリアからアメリカに亡命し，アメリカという現象学の処女地で現象学的社会学の爆発的大流行を呼び起こした．とりわけシュッツ没後の1960年代にシュッツ研究が広がり，1977年には40年前の忘れられていたパーソンズ－シュッツ往復書簡が，シュッツ門下のドイツ人ルックマンの編集によって英語とドイツ語で公刊された．日本の戦後第二世代が受容したのは，このシュッツ版現象学的社会学である．

シンボル的相互行為理論（symbolic interaction theory）は，1930年代のプラグマティズムの哲学者・心理学者ミードに起源をもち，パーク－バージェスやトーマスなどのシカゴ学派によって継承され，その後ローズ，ターナー，ストライカー，ブルーマー，ゴフマンらを担い手として，一つの学派として認知されるようになった．これが日本に導入されたものである．

第6章で取り上げる新しい社会学的イベントは，第1節で領域社会学から離脱した第四局面版の家族社会学（後期戦前世代から清水盛光，山根常男）と産業社会学（戦後第一世代の梅澤正と第二世代の稲上毅），第2節で現象学的社会学（後期戦前世代から蔵内数太，清水盛光，戦後第二世代から那須寿）とシンボル的相互行為論（戦後第二世代の片桐雅隆），第3節で情報社会論（戦後第一世代の吉田民人）と国際社会学（戦後第二世代の梶田孝道）と福祉国家論（戦後第二世代の藤村正之），第4節で統計学的社会調査としての社会階層と社会移動の研究（戦後第一世代の安田三郎，第二世代の原純輔・盛山和夫）である．

第6章で取り上げるべきテーマは，このほか環境社会学，医療社会学，逸脱行動論など数多く，それらは戦後社会学の流れの中でまだ完結していないから，もっと若い世代にまで視野を広げるべきであるが，しかし紙数の制約からそれらを取り上げることはここでは断念せざるを得ない．

第2章　戦前世代による戦後初期の社会学

第2章へのまえがき

　第1節では，終戦直後に書かれた高田保馬の『終戦三論』と，これにすぐ続いて書かれた『世界社会論』，および1950年と1952年の『改訂社会学概論』『社会学』を取り上げる．高田は大正デモクラシー期の社会学を独創的な理論によって圧倒的にリードし，「理論社会学の父」といわれた．高田は昭和前期にリベラル経済学に転換したが，戦後に両者をつないだ『終戦三論』と『世界社会論』を書いたことは，戦前に形成された社会学と経済学の蓄積から戦後の日本と世界を見たみごとな成果に他ならない．『改訂社会学概論』は戦前の『概論』の完全リライト版であり，『社会学』は高田が社会学について書いた最後の著書である．
　第2節では，清水幾太郎の『社会学講義』と戸田貞三の『社会学概論』を取り上げる．清水は戦前にコントを研究して，マルクス主義の立場からこれをはげしく否定したが，その後に高田保馬と同じくジンメルの「特殊科学的社会学」に深く入り，かつデューイ－ミード以後のアメリカのプラグマティズムと経験主義の社会学を導入して，新しい視点の社会学理論に到達した．
　他方，戸田の『社会学概論』は，戦前日本における「家族社会学の父」戸田貞三が，家族研究の中から形成したミクロ社会学の水準を示す，1952年の著作である．なお「高田－戸田－鈴木トライアングル」の一角をなす鈴木榮太郎の戦後の主著『都市社会学原理』については，その出版が1957年であったのと，主題が都市社会学であることから，領域社会学を扱う第3章で取り上げることにしたい．
　終戦から1952年にいたる6年ほどの時期は，まだ社会学者の数が少なく出版物も少なかった時代であったが，戦前から積み重ねられてきた日本社会学の蓄積が戦後に一挙に開花した，目を見張るほどの素晴らしい時期であった．それに対して第3節では，戦前いらい戦後初期までの一大カリスマであった高田保馬の理論体系を否定してこれを壊してしまった「社会学における私の立場論争」(1951

年論争) をレヴューする。日本には,『ドイツ社会学における実証主義論争』(1961 年の「ポパー-アドルノ論争」に,その後の「アルバート-ハバーマス論争」を加えて,1969 年にこの題名で出版された) や,「ハバーマス-ルーマン論争」として知られる『社会理論か社会テクノロジーか——システム研究は何を行うか』(1971 年に出版された) のように古典的な位置を占め,現在でも繰り返し掘り起こされ続けているような大論争はなかった。日本の「1951 年論争」は,ドイツにおけるそれらの論争と匹敵するような立派な論争では全然ない。しかしこの論争は,結果として,戦後日本の社会学から上記のトライアングル・プラス・清水幾太郎が到達した理論の成果を解体し,それに代えて領域社会学の諸研究を主役の位置に据えるという,大きな社会学的イベントとなった。

　第4節では,この論争のあと 1950 年代以後の日本の社会学の行方がどうなったかを展望することにより,本書の第3章から第5章までを構成する三つの主題を導く。三つの主題とは,第一に戦後社会学の主役の位置に躍り出た四つの主要な「領域社会学」,第二に戦前からの理論の蓄積が壊されてしまったあとに戦後の理論をリードすることになった,ヴェーバー社会学の研究,ジンメルとデュルケームの再評価,そしてそれらを継承したパーソンズ社会学の研究を主軸とする「リベラル社会学」の理論,そして第三に戦後世界の冷戦体制を反映してこれらに対置された「マルクス主義社会学」の理論である。

第 1 節　戦後初期の理論社会学(1)

　日本社会学は,戦前に「総合社会学」と呼ばれた第一世代社会学の初期的形態と,「特殊科学的社会学」と呼ばれた第二世代による本格的な社会学との,二段階を経過した。第一世代は,西洋におけるコント,スペンサー,ウォードらの日本版である外山正一 (1848-1900),建部遯吾 (1871-1945),米田庄太郎 (1873-1945),遠藤隆吉 (1874-1946) らであるが,彼らの社会学は博識な総合学ではあってもまだほんとうに自立した学問とは言えないものであった。

　社会学を自立した学問にしたのは,西洋において 19 世紀末から 20 世紀初頭にかけて独創的な活動をしたテンニェス,ジンメル,デュルケーム,ヴェ

ーバーに代表される社会学第二世代であり，社会学の現在があるのは，まったく彼らのおかげである．私は従来から，ジンメル，デュルケーム，ヴェーバーの三人を，西洋の社会学第二世代のビッグ・スリーと呼び，その日本版として，彼らより遅れて1920年代から戦後初期までにわたって第一級の研究業績を達成した高田保馬（1883-1972），戸田貞三（1887-1955），鈴木榮太郎（1894-1966）の三人を日本の社会学第二世代のビッグ・スリーと呼んできた．これまで日本の社会学者たちは，高田保馬は抽象度の高いレベルで理論を発展させた理論社会学者，戸田貞三と鈴木榮太郎は社会調査による実証的な研究に従事した家族・農村・都市社会学者というように区別して，この三人をまとめて考えることをしてこなかった．しかし，そのような単純な二分法は正しくない．本章における高田保馬と戸田貞三，次章における鈴木榮太郎についての考察が明らかにするように，この三人の社会学は実質的に相互にきわめて近かったのである．

戦前から戦後へ

　日本のビッグ・スリーのうち最年長者は高田保馬で，日本における「特殊科学的社会学」は高田によって確立された．戸田貞三は高田よりも4歳若く，高田が京都帝国大学（以下「京大」）に，戸田が東京帝国大学（以下「東大」）に分かれていて，相互の直接接触はなかったとはいえ，戸田は高田の著作に導かれながら，高田に次いで「特殊社会学」を表明し，その立場から家族を研究対象に選んだ．鈴木榮太郎は高田よりも11歳，戸田よりも7歳若く，建部遯吾時代の東大を卒業して京大大学院に学んだ．鈴木が京大大学院にいたあいだ，京大は米田庄太郎の時代であったので，鈴木は高田とも戸田とも直接の師弟関係にはなかったが，高田に対して「私は高田保馬先生には直接に師事するの機会を得なかったが，著書を通じて私を教へた学者として高田先生の如く私を啓発するところ多き人は外にはない」（『日本農村社会学原理』序）と述べており，戸田に対しても「戸田貞三先生は日本社会の実証研究者として何人も其権威を認むるところであるが，私は数年来先生の驥尾に附し調査研究を共にするの幸を得て居る」（同上）と述べている．

　鈴木榮太郎は戦時中に岐阜高等農林を辞して京城帝国大学に移り，朝鮮農

村の社会調査に従事したが，敗戦後ソウルから帰国して，1947年に北海道帝国大学（以下「北大」）教授に就任した．その最初の年に彼が行った「社会学概論」の講義は，当時学生であった斉藤兵市によって手書きノートされて，北海道大学社会学研究室から遺稿として複写発行されている（1981）．これを見ると，鈴木の講義ノートは高田保馬『社会学概論』および『社会関係の研究』の一定部分に準拠し，社会実在論を排してジンメルの心的相互作用論をとり，これを「分析的・形式的社会学」の立場と呼んで推奨していた．たまたまこの年は戸田貞三の東大における「社会学概論」の最終講義が行われた年にあたっており，その講義ノートは本章で取り上げる戸田貞三『社会学概論』として出版されたが，鈴木の概論にはこの戸田の概論と非常によく似た部分があった．この講義が行われたあとまもなく鈴木は結核を発病し，以後10年間闘病生活をしながら，『都市社会学原理』の執筆に専念した．もしこの発病がなかったら，都市社会学原理のあとに，鈴木が未完の遺稿として残した『国民社会学原理』が完成し，そのあとにたぶん鈴木の『社会学原理』も書かれて，鈴木社会学の完成があったのではないかと惜しまれる．

　戦後初期の社会学を体験として知っている人は，1920年代ないしそれ以前に生まれた世代だから，もうあまり多くは生き残っていない．私自身は社会学科の学生になったのが1952年なので，終戦直後から1951年までの社会学界のことは体験しておらず，この時代のことは文献をつうじてしか知らない．第1節と第2節では，戦後初期の文献として私が親しんできた，高田保馬，清水幾太郎，戸田貞三（出版順）の著作を取り上げたい．なお松本潤一郎の著作活動は1943年までではぼ終了し，1947年に没したので，戦後社会学にはほとんど影響を及ぼしておらず，ここでは取り上げない．

　これら日本の戦前から戦後にかけての社会学を，ドイツのそれと比べて見よう．ドイツは，第二次大戦を「自由主義諸国」に対する「全体主義諸国」として戦い，敗戦国となって連合軍の占領下におかれて戦後を出発した点で，日本と共通していた．しかしながら戦時下に，したがって当然戦後において，社会学が直面していた状況は日本とドイツのあいだでまったく違っていた．

　1933年にナチスが政権を取ってヴァイマール・ドイツが崩壊した時，ドイツ社会学会の会長はフェルディナント・テンニェス，事務局長はレオボル

ト・フォン・ヴィーゼであったが，ナチスによる民族国家の建設をめざして
ヒットラーに忠誠を誓う社会学者集団の台頭によって，テンニェスは会長の
地位を追われ，ヴィーゼほか多くのリベラル社会学者が国外に亡命して，ハ
ンス・フライヤーがドイツ社会学会の「フューラー」(それまでの「プレジデ
ント」ではなくヒットラーの称号と同じ「総統」)に選出された．フライヤー
のもとで，ドイツの社会学は完全にナチスの従属下に入った(米沢和彦『ド
イツ社会学史研究』恒星社厚生閣，1991)．

　第二次大戦中のドイツ社会学は，国外に亡命して活動を続けた人たちと，
国内残留者との二つに分かれ，国内残留者はさらに，地位を追われて沈黙を
余儀なくされた内的亡命者と，ナチスに協力した御用学者の二派に分裂した
(山本鎮雄『西ドイツ社会学の研究』恒星社厚生閣，1986)．戦後，ドイツ社
会学会は再建されたが，ドイツは東西分裂を経験し，西ドイツにおいて戦後
社会学を主導した主要な流れは，ルネ・ケーニッヒからエルヴィン・ショイ
ヒにいたる流れを中心とするケルン大学グループ，マックス・ホルクハイマ
ーからテオドール・アドルノにいたる流れを中心とするフランクフルト大学
グループ，ヘルムート・シェルスキーを中心とするビーレフェルト大学グル
ープの三つを中心に形成され，これらの各グループのリーダーたちを中心に，
戦前とは異なった戦後ドイツに独自の流れをつくりあげていった(富永健一
「ドイツ社会学における実証主義と理念主義」『社会学史研究』5，1983)．こ
れとは対照的に，ハンス・フライヤーが主導権を失ったのは当然であるが，
アルフレート・フィアカント，アルフレート・ヴェーバー，テオドール・ガ
イガー，カール・マンハイムなど，ヴァイマール・ドイツにおける社会学の
中心的な担い手であった人たちは，戦後は早く亡くなったり流れからはずれ
たりして，戦後社会学をリードするオーガナイザーにはならなかった．フォ
ン・ヴィーゼはケルン大学教授に復帰したが，すでに高齢であり，戦後ドイ
ツ社会学をリードする立場にはもはや立たなかった．

　日本では，これとは事情が違っていた．戦後ドイツの社会学が，その担い
手において戦前のそれとの大きな断絶によって特徴づけられたのに対して，
戦後日本の社会学は，その担い手に関して戦前のそれとの連続において発展
した．これは，日本において軍部が学問に介入した度合いが，ドイツにおい

てナチスが学問に介入した度合いに比べて，ずっと破壊性の少ないものであったことを示す．もちろん軍部支配下の日本で，とくにマルクス主義に対して検閲・伏せ字・発売禁止などの言論弾圧や研究団体の解散など，多くの抑圧がなされた．マルクス主義は主として経済学と歴史学に位置していたので，戦前の社会学にはマルクス主義の要素は少なかったが，「社会」という字が社会主義を連想しやすいことから，社会学を潰そうとする動きがあったことは，戦後いろいろな機会に語られ，私もそれを聞いている．しかしドイツで，ヴァイマール時代に発展した社会学それ自体がナチスによって圧殺されたのと違って，戦前戦中の日本では，戦前社会学そのものが軍部によって禁圧されるとか，国外亡命を余儀なくされるとかいうことはなかった．

秋元律郎は，戦時下の日本の社会学に，他の社会諸科学におけると同様，「日本」主義や「国体」主義を主張したものが何人かあらわれたことを述べている（秋元, 1979 : 296-307）．しかし特筆されてよいことは，そういう人は少なかったし，また周辺的な存在にすぎなかったということである．以下で取り上げる「戦前世代」社会学者たちの戦時下における業績は，純粋学術的なものであった．日本の社会学が，戦前と戦後の断絶なしに持続し得たのは，彼らが戦時下においても純粋学術的な活動を貫徹したことによる，ということができるであろう．

第一世代の社会学者は，外山正一が早く没したあと，建部遯吾，米田庄太郎，遠藤隆吉が終戦の年とその翌年にあいついで没したことによって，戦後にはほとんど姿を消していた．だから第二世代のうちの年長組（前期戦前世代）が，戦後すぐの時期の最長老であった．高田保馬 - 戸田貞三 - 鈴木榮太郎の「第二世代トライアングル」がそれである．高田と戸田は，戦前・戦中までにすでに主要な著作活動を達成していたが，戦後も数年間はその活動を持続した．鈴木は戦前戦中には農村社会学であったが，戦後は都市社会学へとみずからを敢然として切り替えた．彼らが揃って，戦前から戦後初期まで活動を持続したことによって，1950年代初頭までの戦後日本の社会学は，敗戦によって落ち込むことなしに，戦前から戦後にその研究水準を維持し得たのであった．

高田保馬『終戦三論』

敗戦の年に，日本の敗戦について分析した社会学者の著書は，高田保馬の『終戦三論』(有恒社，1946) を措いて他にはない．だから「戦後日本の社会学」を論ずるにあたってわれわれが筆頭におくべき本は，この本だけである．

高田保馬 (1883-1972) は，明治・大正・昭和を生き抜いて，第一級の理論社会学者と第一級の新古典派経済学者を一身に兼ね，積み上げたら自分の背丈より高いといわれたほどの，100冊を超える著書を書いた，不世出の大学者である[1]．高田はジンメルとデュルケームよりも25歳若く，マックス・ヴェーバーよりも19歳若いが，日本のスペンサーといわれる外山正一や，日本のコントといわれる建部遯吾らの社会学第一世代に対し，日本における社会学第二世代の確立者として，さきにジンメル-デュルケーム-ヴェーバーのトライアングルに相当する高田保馬-戸田貞三-鈴木榮太郎のトライアングルと呼んだ，その筆頭に位置している．

日本はなぜ無謀な戦争に突入したのか　第二次世界大戦が日本の無条件降伏によって終結したあと，それまで一切の情報を与えられていなかった国民は，戦前戦中のさまざまな真相が少しずつわかってくるにつれて，日本が全体主義諸国独伊と組んで，米英仏中露などを敵にまわし，初めから勝利する見込みのない無謀な戦争に突入したのはいったい何故であったのか，という問いに対する答えを，社会科学研究者に求めるようになった．この問題に明確な答えを出したものとしては，政治学者・丸山眞男の論文「超国家主義の論理と心理」[2] がよく知られているが，丸山理論とは違うタイプのもう一つの発言が，高田社会学と高田経済学を合わせた観点から書かれた『終戦三論』であったことは，あまり一般には知られていない．

『終戦三論』は，終戦直後になされた講演の速記に手を入れた，三つの論文からなっている．「思想政策私見」「民主の意義」「食糧問題の核心」というのがそれであるが，日本がなぜ戦争に突入したのかという問題を論じたのは，このうちの最初の論文である．「後記」によると，この講演は1945年11月に金沢でなされた．速記に加筆したあと，本になったのは翌1946年の5月である．これが出版されたのが，丸山論文の『世界』掲載とちょうど同年同月であったことは興味深い．すなわち，両者はまったく独立に，それぞれ相手

の書いていることを知らずに書かれた．丸山は当時新鋭32歳の東京大学助教授であり，高田はすでに京都大学教授を定年で退いた長老ながらまだエネルギーの十分ある63歳であった．

　高田は冒頭まず，この戦争の原因という問題は，思想の面と経済の面との二つからなっているという．なぜなら，戦争そのものは直接には政治が引き起こしたものであるが，その政治は，一方では思想によって方向づけられ，他方では経済条件によって動かされるものだからである．第一の「思想」に関して，高田が示した戦争の原因分析は，「国体明徴の行き過ぎがここに導いた」(p. 3) というものである．すなわち，大正末期から昭和初期にかけてさかんに流入してきたサンディカリズムや共産主義に対して，日本政府の思想政策が権力的抑圧と国体明徴主義だけによってなされたことが，戦争を生み出した原因であったというのである．政府が危険視した共産主義は社会科学の理論なのだから，例えばイギリスがやったように，理論に対しては理論をもって，すなわち高田の表現によれば「理知」の力によってこれに合理的に対処するべきであったのに，日本の官僚と軍部は，権力的な武力禁圧と，非合理的な国体観念や神話的信念によって対処した．ナチス思想からの影響が，これを加速した．満州事変に始まり，支那事変を経て，太平洋戦争にいたるすべての戦争（その後「十五年戦争」と呼ばれるようになった）は，官僚と軍部の主導によるこのような「非理知的」な権力主義と国体主義の思想の産物である，というのが高田の答であった (pp. 4-24)．

　戦時下の日本経済とこれからの経済政策　第二の「経済」に関しては，高田はまず，人口圧力と農村の生活難をあげる．第一次大戦後の好況の反動として起こった1929年以後の世界恐慌のもとで，日本の農村は低米価と負債の増加によって塗炭の苦をなめ，中小商工業もまた深刻な困難に直面した．高田はこれを，満州事変による日本の大陸侵攻の経済的原因であったとする．ところが満州事変後，日本は国際連盟脱退によって世界の孤立者となり，対米為替が100円対50ドルから20ドルにまで暴落した．その結果，日本の輸出産業は断然有利となり，日本の軽工業製品は世界市場を風靡するにいたった．また満州国の形成によって大陸に資源を得たことは，日本の重工業の確立を可能にした．かくして日本は経済的自負を高めるようになり，この楽観視が

第1節　戦後初期の理論社会学(1)

軍部の支那事変拡大を容認する気分をつくりだした，というのが支那事変段階までについての高田の経済分析である（pp. 24-34）。

　高田のもう一つの経済分析は，戦時における統制経済についてのものである．日本の官僚が行った経済統制とは，何十万種にものぼる品物の価格を一つ一つ「公定」することであった．これはまさに，市場の機能を停止するという途方もないことを意味した．価格の機能はほんらい，市場で価格が動くことによって，需要量と供給量を調節することにある．価格を固定すれば，当然この調節機能は働かなくなる．政府資金の散布は2000億円に近く，購買力は氾濫していたのであるから，ヤミ価格が発生することは初めから明らかである．物価政策の根本は，購買力の吸収にある．そのことを放置してインフレーションを引き起こしたのは，日本の経済政策当事者の「理知」の欠如を示している．高田の政策提言は二つあった．一つは，ヤミ市場を国家が全部禁圧した上で国営の自由市場を開き，ヤミ値同様の高価格で売って政府が莫大な専売益金を得，これを購買力廃棄の手段として利用することである．もう一つは，増税とくに財産税や戦時利得税などによって，購買力を吸収することである（pp. 35-42）．高田は日本における近代経済学の草分けの一人として，戦時中に自由主義経済の立場から日本の統制経済について批判する論文をたくさん書いた．『終戦三論』に言及されていることはそのほんの一部にすぎないが，本書第4章で述べる高田門下の青山秀夫『近代国民経済の構造』（白日書院，1948）の中にも，高田のそれらの発言が引用されている．

　高田の最後の論点は，政府が戦後にとるべき経済政策についてである．その骨子は，次のようなものである．まず購買力の吸収を断行し，公定価格を引き上げてヤミ価格との差がなくなったところで，統制のワクをはずして自由経済に移行する．戦時下であれほどの無用の物資を生産し得た国民生産力を考えるとき，自由経済に復帰しさえすれば，産業の復興が直ちに可能なのは明らかである．高田は，戦後における日本経済の高度成長を予見していた．この高田の楽観論は，戦後民主主義の問題にも及ぶ．高田は民主主義が，日本にとってけっして戦後アメリカによって初めて与えられたものではない，ということを強調している．明治大正期の日本は，民主化の方向に向かって正しく進みつつあったのである．その道を誤らせたのが，軍閥による狂信的

な国体主義であった．だから明治大正時代の正しい軌道に復帰し「理知」の尊重に徹しさえすれば，日本の民主化は実現されるであろう（pp. 42-60）．

富永コメント 高田保馬の『終戦三論』を，上述した丸山眞男の「超国家主義の論理と心理」と比較してみよう．本書は政治学史の本ではないから，ここは丸山理論について長く述べるべき場所ではないが，高田との比較の目的で丸山の中心論点だけを手短に要約しておくことは有意義であろう．丸山の主張は，日本の天皇制国家を西洋の近代国家と対比すると，西洋の近代国家は価値中立的で，道徳的価値はキリスト教会が受け持っていたのに対して，日本の天皇制国家においては絶対的価値が「国体」から流出してくるので，私的領域の存在する余地がなく，したがって国民の側に「自由な主体意識」がなく，これに対応して，東条英機のような独裁者は「独裁」という自覚された観念をもたず，責任を引き受ける意識もない，というものであった．丸山は，ここに西洋の近代国家と異なる日本の「超国家主義」の特質がある，と結論した．

上述した高田の発想は，これとは対照的である．高田と丸山の違いは，一つには世代の違いに由来すると思われる．1914年生まれで昭和ファシズム期に人格形成期を過ごした丸山と違って，1883年生まれの高田は，第五高等学校時代，日本において社会主義思想が知られ始めた明治中期に貧困研究を志し，大正デモクラシー期に吉野作造の「民本主義」論文が登場した3年後に1400ページの大著『社会学原理』（岩波書店，1919）を完成した．つまり，若き高田は日本における近代思想の形成期をみずからの学問の形成期としており，高田社会学は日本の近代化と歩調をあわせてつくられたのである．だから高田は，日本は大正期までは健全な近代化の道を歩んでいたが，昭和初年いらい始まった官僚と軍部の「国体明徴」主義が日本を誤らせた，と考えていた．

両者の違いがそこに由来すると思われるもう一つの重要な違いは，丸山が思想史家であったのに対して，高田が近代化についての理論家であったことである．高田の主著『社会学原理』と『社会学概論』（岩波書店，1922）の理論内容は，全編ヨーロッパ思想に発する普遍理論としての「近代化理論」であった．高田理論は，日本の社会的現実を西洋と対置し，日本には西洋の普

遍理論はあてはまらないとする「特殊日本的限定」をする立場をとらなかった．加えて，1930年代以後の高田はリベラル経済学に転じ，普遍理論としての新古典派の「市場理論」の研究に没頭した．『終戦三論』で高田が日本を論じる時，これらの社会学理論と経済学理論の両方に準拠して考えていたことが重要である．

これに対して丸山の専門は日本思想史であり，その研究は丸山の主著である『日本政治思想史研究』（東京大学出版会，1952）に集約されている．丸山は，他方で政治学者として，西洋の政治思想をよく研究していた．この両方の知識を対置することから，丸山は日本の政治的現実が西洋のそれといかに違うかという問題設定を，発想の原点におくようになった．論文「超国家主義の論理と心理」を含む丸山の『現代政治の思想と行動』上・下（未來社，1956-57）は，そのような発想によって貫かれていたといえるであろう．

高田保馬『世界社会論』

つぎに高田保馬の近代化理論の帰結について検討するために，彼が『終戦三論』にすぐ続いて書いた『世界社会論』（中外出版，1947）を見なければならない．さきに「高田保馬の近代化理論」という言い方をしたが，これは，高田自身は「近代化」という語を用いていないとはいえ，高田社会学の原点たる『原理』と『概論』から，『階級及第三史観』（改造社，1925）を経て，『社会関係の研究』（岩波書店，1926）にまでいたる全理論の中味を，私（富永）が近代化理論として受け取っていることによるのである．それらの近代化理論の最終的な到達点が，戦後に書かれた『世界社会論』に他ならない．

日本の軍部の狂信的な国粋主義に基づく侵略戦争の反対物は，普遍的な人類愛に基づく世界平和の実現への指向である．『社会学原理』いらい展開されてきた高田の近代化理論の筋道を簡単に要約すれば，それは氏族（日本では「同族」）のような血縁社会がまず解体して「家長的家族」へと縮小し，次いで村落共同体のような封鎖的な地縁社会が解体して地域社会の範囲が拡大し，利益社会化によって「定型としてのゲマインシャフト」が解体し（「要素としてのゲマインシャフト」は残る），合理化によって社会が「理知化」し，階級が自壊作用を起こして消滅に向かう結果，全体社会は地域共同体も階級

も民族差別もない，平和で開かれた「世界社会」に近づいていく，という未来展望を指し示すものであった．

　この高田の近代化理論は，日本が「超国家主義」に覆われる前の大正デモクラシー期につくられたものである，ということが重要である．『終戦三論』によれば，高田は明治以後の日本もまた，大正デモクラシー期までは，基本的にこの方向を歩んでいたと考えていた．ところが満州事変以後，官僚と軍部の主導した「国体明徴」主義によって，日本は近代化の方向性に逆行するにいたった．敗戦によってそれが完全に崩壊したあと，高田がなすべきことは，みずからが築いてきた近代化の社会学理論ならびに新古典派の経済学理論の指し示す帰結が正しかったことを確認するために，『世界社会論』を書くことであったと言えるであろう．

　「基礎社会」の拡大と貿易による経済発展　高田保馬の『世界社会論』は，「社会」という語が書名の中心におかれていることからわかるように，社会学の本であり，高田自身もそのことを強調している．しかしこの本は，中外出版という出版社の企画による「世界経済学講座」と題する全24巻シリーズ（このシリーズは計画倒れに終わった）の第1巻として出版された点からいえば，経済学の本であり，そのためたぶん社会学の人には，高田の固定読者以外にはあまり読まれなかった．高田以外の人には果たし得ないこのような興味あるディシプリンの二重性は，一方で世界社会が高田の社会学理論に独自の概念化である「基礎社会の拡大縮小の法則」（基礎社会は小社会と大社会に両極分解していく）に立脚して考えられていると同時に，他方で国際経済学におけるリカードとJ. S. ミルの比較生産費説（それの新古典派的定式化がヘクシャー‐オリーン理論）が示すように，貿易によって各国は自国に豊富に存在する資源を用いた生産に特化することが経済を発展させる（貿易がさかんになるほど経済水準は高まる）という経済学的テーゼに立脚するものでもある，ということを意味する．ここにおいて，戦前いらいの高田の社会学研究と経済学研究の両者が出会うのである，ということが重要である．

　高田は「世界社会」と「世界国家」とを明確に区別しており，彼が「世界社会論」と言うのは「世界国家」ができるという空想的な物語ではない．『世界社会論』の最終章（第9章）は「世界国家への道」と題されているが，そ

こでは現行の諸国家が解体して単一の世界国家ができるという可能性は現実問題としてあり得ないと明確に否定されており，また高田が「国家連合」と呼ぶ戦前の国際連盟および戦後の国際連合を論じることはこの本の主題ではないと宣言されている．ただし『終戦三論』の直後に執筆された（280ページある『世界社会論』の末尾には「起稿昭和二一年六月上旬，擱筆同九月上旬」という驚くべき記録が書かれている）ものであることから当然に，二度の世界大戦を防止できなかったのはなぜかという問題の解明が本書執筆の強烈な動機になっていることは，この第9章を読めば容易にわかる．

　高田はまず第一章「世界社会といふことの意義」の冒頭で，「世界社会といふのは，……世界のあらゆる部分に亘るところの地域社会である」（p.1）と定義する．この定義は，世界社会とは地域局限的ならざる地域社会（「地域的」でない地域社会）である，ということを言っている．すなわちそれは，今日グローバル化社会といわれているものに等しい．「地域局限的ならざる地域社会」というのは矛盾しているようだが矛盾ではなく，地域社会が世界規模にまで拡大したものをいうのである．世界社会が地域社会であるということは，それが基礎社会であることを意味する．なぜなら，高田のいう「基礎社会」は「目的社会」（「派生社会」）の反対概念，つまり何らかの目的を達成するために人為的につくられた社会ではなくて，血縁（血のつながり）および地縁（土地のつながり）のゆえに自然につくられた社会をさすからである．地域社会は地縁社会であり，地縁社会は基礎社会の一つだから，世界社会は基礎社会である，ということが鋭く結論される．

　基礎社会が国家を超える　最小の基礎社会は家族である．原始社会においては，人間の集団は家族と親族しかなかった．ところが文明の発展とともに基礎社会はしだいに拡大し，近代国民国家の形成にいたった．それでは，国民国家は最大の基礎社会であって，基礎社会が国民国家を超えて拡大するということはないのであろうか．たしかにこれまで最大の基礎社会は国家であると多くの人は考え，国家は全体社会であると見なされてきた．しかし世界社会という視点から見れば，国家は中間社会にすぎない．そこで，第2章「現実としての世界社会」において高田はつぎのように問いかける．

「概括的に見て家族の狭き結合に対して更に広き結合として認めらるるものは国家的結合である．後者に対して更に広き結合として考へらるるものは，世界的結合である．ところが家族より国家への拡大移行について常識と若干の学説とは容易にこれを肯定した．ある場合にはこれを自明の事であるかの如くに取扱った．……［しかるに］家族と国家との逆行乃至相斥の関係［を考えて］その背後に社会一般の相斥関係を認め，又は進みて結合定量の関係を認むるときには，此原理から国家と世界との相斥までは僅に一歩であるともいへる」(pp. 16-17)．

社会と国家をこのように封鎖的なものと見なす見解は，エスピナス，リボー，マクドウガルにあったし，オーギュスト・コントにもあった．しかしひとたび人間は結社性（ソシアリティ）をもつ動物であることに気づけば，同情，愛，一体感，感情移入などが社会をつくり結合の基礎を形成する，というアダム・スミスからタルド，リップス，シェーラー，ギディングスにいたる理論を肯定せざるを得ない．これらの理論の上に立てば，潜在的な世界社会の存立の可能性を否定することはできなくなる．

「閉ぢられたる社会，従って閉ぢられたる道徳と開かれたる道徳との完全なる異質を考へ，前者から後者に至る為には天才の飛躍的創造を要すると……なすが如き思想（ベルグソン）はあまりに現実の皮相に捉はれたるものではないか．人類結合の現実を直視せよ．いはば人類団結の地下水は既に早くからすべての民族，すべての国家を通じて，その閉ぢたる社会の下に相貫流し相浸透しつつある」(p. 38)．

高田が『原理』および『概論』で定式化した「基礎社会の拡大縮小の法則」において，基礎社会の縮小は親族の解体と家長制家族の解体による核家族化をさす一方，基礎社会の拡大は国民国家を超えて世界社会にまでいたるとすると，「基礎社会の拡大縮小の法則」の系としての「中間社会消失の法則」は，現在の国民国家の枠組が漸次的に消滅して，世界社会に道を譲ることを意味する．同様にして，世界社会の形成を妨げる要素としての「階級」と「民族」と「人種」もまたこの観点から見れば中間社会であり，高田はこれらもまた漸次的に消滅するとのテーゼを立てる．

まず階級は，平準化によって漸次的に消滅に向かうとする．つぎに民族は，

血縁意識と文化の共同によって定義されるが、これは文化の発達交流によって漸次的に消滅に向かうであろうとする。最後に人種であるが、高田はこれを生物学的要因によって定義し、人種対立は最後まで残るであろうとしつつも、これも最後には、混血と文化水準の差異がなくなっていくことによって、消滅に向かうであろうとする。第3章「世界社会の分析」、第4章「補論」、および第6章「世界社会への道」で高田が論じていることの筋道は、このような推論の線上にあった。

他方、第5章「世界経済」においては、経済学者としての高田が、国際経済の必然的な交流によって世界経済への道が開かれると説く。経済とは物資の調達という経済行為の秩序づけられた総体であり、物資の調達は経済的交換によって促進される。経済的交換は、アダム・スミスが洞察したように、利益の追求によって動機づけられ、交換のネットワークはどんな遠隔地の見ず知らずの人とのあいだにでも、利益があるかぎり張り巡らされていく。

強い方法論的個人主義に立脚する高田社会学は、「社会の社会」および「国家の国家」という考えを容認せず、どのような上位の社会も社会の集まりではあり得ず、どのような上位の国家も国家の集まりではあり得ず、それらを形成する単位は個人以外のものではあり得ないとする。世界社会をつくるのは国家ではなく、個人である。同様に、世界経済をつくるのも国家ではなく、個人である。国家は集団的利己主義を有し、対外封鎖を求める傾向がある。戦前の国際連盟が成功せず、戦後にできたばかりの国際連合も困難を予想されるのはこのためである。ところが「経済人」としての個人はそのような国家に背いて、個人の利益のために開放の機運をつくる、というのが高田の強調する点である。

かくして、国際的な交換としての貿易が物資の交流をさかんにし、さらにそれが消費財から資本財にも及んで、貨幣・信用・株式等の交流がさかんになっていけば、国民経済が国家のワクを超えて世界経済に向かって進むことは明らかである。このようにして貿易のボーダーレス化が進めば、法律・慣習・道徳などの社会規範も貿易を高める方向に進んで、経済が世界全体を結びつける。世界社会化は世界経済化によって促進され、世界経済化は世界社会化によって高められる。

富永コメント 高田の近代化への展望は，社会と経済をそれぞれ並行する位置において見る方向で進んできたが，『世界社会論』はディシプリンとしての社会学と経済学の枠をはずし，社会と経済をつないだことによって，それぞれを完成へと導いた．ここに，高田の社会学と経済学の出合いを理解するポイントがある．高田は戦時下における1944年のブレトンウッズ協定が，国際的な商業と金融に関して統制による障害を排除しようとしたことに言及している（経済における「グローバル化」の始まり）が，この会議がIMF（国際通貨基金）と世界銀行の創立を決定したことによって戦後の自由世界の経済的繁栄を導いた最初の出発点であったことは，1947年当時としては，専門家以外認識していなかったことである．当時の日本では，占領下の封鎖的な経済と社会の現実によって，普通の国民は自由な海外旅行など思いもよらず，貿易は関税・非関税障壁と国際収支のカベによって制約されており，グローバルに雄飛する日本という将来展望はまったく塞がれていた．このような時代において，高田が世界社会への見通しを一冊の本として述べ得たのは，戦前から戦後への一貫した近代化の方向性に目が開かれていた，まさに高田自身の社会学と経済学の理論が彼に与えた洞察によるものであった，ということが強調されねばならない．

高田保馬『改訂社会学概論』と『社会学』

高田保馬『社会学概論』は1922（大正11）年に書かれたものであり，高田は戦後にそれを全面的に書きあらため『改訂社会学概論』(岩波書店，1950)[3]として出版する一方，理論の組織化と用語法に新しい工夫を加えた新著『社会学』(有斐閣，1952) を出版した．

『改訂概論』の「改訂の序」には，「初版の執筆は大正八年広島に於て始まり同十年東京に於て終る．当時友人に向って，小著幸いに十年の風雪にたえたいと語った．三十年近き今日に於て，なお学問的生命を保ち，改稿の機会を得ようとは，思いも設けなかった幸福である」と書かれている．『社会学』の「序」には，「本書は社会学研究約四十年，幾山河をこえてたどりついた地点の光景の縮図である」と書かれている．『社会学』は，高田が生涯の最後に書いた社会学書であった．

社会構造論　この二著を重ね合わせると，高田の最終的に完成した社会学理論の構成がどのようなものであったかを読み取ることができる．すなわちそれは，「社会構造論」と「社会変動論」の二区分にまで単純化され得るものであった．理論の組織化においては，『概論』が，第一篇「社会学」，第二篇「社会の形成」，第三篇「社会の形態」，第四篇「社会の結果」から構成され，それらは『改訂概論』でもそのまま引き継がれているのに対し，『社会学』は五部構成をとり，第一部「社会学」，第二部「社会構造論」，第三部「社会構造の形成——其理解的説明」，第四部「社会構造に関する諸法則」，第五部「変動の方向」となっている．また用語法においては，『社会学』にはこれまでなかった「社会構造」対「社会変動」という対概念が登場していることが特筆される．これらを単純化して「社会構造論」と「社会変動論」の二区分にしたものの内容要約を，以下に書いておこう．

　まず「社会構造論」は，高田社会学のキイ・ワードである「社会結合」を，「群居の欲望」および「力の欲望」という人間行為の動機づけの二大カテゴリーを基軸にして分析したものである．「群居の欲望」はマクドゥガルに由来し，社会の「同質化」を導く原理であって，「接近の欲望」と「交通の欲望」に分けられる．「接近」には，「血縁」(家族)，「地縁」(地域社会)，「事縁」(目的社会)の三つがある．血縁と地縁は結合のための結合であって，「基礎社会」(家族・親族，地域社会，国家)を形成する．事縁は利益のための結合であって，「派生社会」(株式会社，宗教団体，政党など)を形成する．「交通」は，人と人との心的交流すなわちコミュニケーションを生み出す．他方，「力の欲望」はニーチェに由来し，互いに他に対して優越しようとする欲望であって，社会の「異質化」を導く原理である．高田が「事縁」と名付けた利益のための結合においては，力の欲望の作用によって協働と競争の関係がつくりだされ，これにもとづいて分業関係が形成される．高田の全体社会論は，この分業論に階級論を加えたものからなっている．

　社会変動論　つぎに「社会変動論」は，「社会結合」の構造と変動を，「基礎社会」と「派生社会」の二大カテゴリーを基軸として命題化したものである．高田の社会変動論は，人口増加を与件とし，「力の欲望」と「結合定量の法則」を公理とし，すべての命題体系をそれらから論理的に演繹する方法をとって

いることが，大きな特徴である．結合定量とは，「一定の社会における社会的結合の総量は一定の時代においてほぼ一定している」という仮定を意味する．結合の総量が一定であるために，その結合は多数の諸社会に分配されるが，人口増加によって，分配される結合は少なくなる．人びとは力の欲望に動機づけられて競争し合い，結合が少なくなるためにそれらの競争は激化する．諸社会の結合の強度および機能には，相互に負の相関がある．この負の相関から，以下のような諸命題体系が導出される．

基本的に戦前の著作である『概論』に，ここでながく立ち入ることはしないが，高田の立てた「法則」命題の重要なものを以下に書きとめておこう．

1. 基礎社会の拡大縮小の法則

基礎社会の最大のものは国家であり，最小のものは家族である．国家の規模と機能は，中世の封建国家から近代の国民国家への移行にともない，拡大してきた．反対に，家族の規模と機能は，家父長制家族から核家族への移行にともない，縮小してきた．

2. 中間社会喪失の法則

国家と家族の中間に位置していた血縁社会としての氏族は消滅し，親族もしだいにその機能を失った．同じく両者の中間にあった地縁社会に関しては，封鎖的な村落共同体は消滅し，都市は開放的地域社会として大規模化した．

3. 基礎社会衰耗の法則

基礎社会と派生社会の関係について考えると，近代化が進むとともに，派生社会はその数と諸機能を増加して発展に向かい，基礎社会はその数と諸機能を派生社会に吸収されて衰退に向かう．権力の観点から見ても，派生社会の権力は増大し，基礎社会に残される権力の大きさは縮小する．『社会学』では，「衰耗」は「機能減弱」という表現に和らげられた．

4. 利益社会化の法則

派生社会は利益追求を目的とする集団であるから，派生社会が発展して基礎社会が衰退すれば，社会全体として利益社会（ゲゼルシャフト）が増大し，共同社会（ゲマインシャフト）は「要素」としては消滅しないが「定型」としては消滅に向かう（全体社会の利益社会化）．高田は全体社会の利益社会化を，市民的自由の実現によって個人が社会の拘束から解放され，万人が万

人に対して商人となる態度であるとする．

 5．社会の理知化

 利益社会化は感情に対する理知の優位として，「理知化」をもたらす．高田はこれを，ヴェーバーの「目的合理化」を意味すると述べている．理知化は個人のレベルにおいても社会のレベルにおいても進行し，高田はこれによって文化の高度の発達が実現されるとする．

 6．階級の漸次的消滅

 万人が万人に対して商人となる態度は，人の人に対する支配の排除，すなわちすべての個人の平等を実現する．高田はこれを「社会的水準化」と呼び，社会的水準化は階級的差異の漸次的消滅を実現するとした．高田は階級を「中間社会」の一つであると見なし，階級の消滅を中間社会喪失の法則の一環であるとする．

 7．民族・人種の消滅

 民族は血縁意識と文化の共有が結びついたものであり，人種は生物学的特性と文化の共有が結びついたものである．高田によれば，文化の高度の発達と交流によって，民族と人種もまた，中間社会喪失の一環として，漸次的に消滅に向かう（社会の極小化）．

 8．世界社会化

 世界社会とは，国民社会が拡大して，世界が単一の基礎社会にまでいたった状態をさしている．これは今日いう「グローバル化」に相当する．高田によれば，世界社会化は，国民国家の境界を超えた基礎社会の拡大および中間社会喪失として説明できる．世界社会化の結果は，国家の境界も階級的差異も民族と人種の区別もない平等社会をもたらす．

 富永コメント　高田の社会構造論は「社会結合」の分析であり，「群居の欲望」と「力の欲望」を二大カテゴリーとするものであった．高田の社会変動論は「社会結合」の変動の分析であり，「基礎社会」の変動と「派生社会」の変動を二大カテゴリーとするものであった．私の要約では，前半の社会構造論が箇条書きになっておらず，後半の社会変動論のみが箇条書きに整理されているのは不揃いであるが，これは両者をうまく揃えることができなかったためである．

ここに述べたことが高田社会学の最終的な体系の適切な要約になっているかどうかはわからないが，高田社会学の理論がこのように「社会構造‐変動論」として縮約され得るものであるということはたしかである．

1) 高田保馬 (1883-1972) は，佐賀県小城郡三日月村の旧家に生まれ，熊本の第五高等学校から京都大学文科大学に進んだ．京都大学では米田庄太郎に師事して社会学を学んだ．社会学から出発して，経済学を合わせ学ぶようになったのは，米田の影響によると思われる．1910年卒業．卒業論文は『分業論』(有斐閣，1913) であった．大学院を経て，1914年京都大学法科大学講師，フランス経済書の講読を担当した．1919年広島高等師範教授，1921年東京商大教授，同年文学博士 (京都大学)，1925年九州大学法文学部教授．ここまでは高田は社会学担当であったが，九州大学で1926年から経済原論担当を兼任するようになった．1929年京都大学経済学部教授，ここから経済原論の専任教授となった．1943年から45年まで民族研究所長兼任．1944年京都大学を定年退職．1946年教職適格審査委員会で不適格の判定を受けたが，再審査要求提出後，1951年不適格判定は取り消された．同年大阪大学法経学部教授，1955年大阪府立大学教授，1963年龍谷大学教授．高田は理論社会学者と理論経済学者を一身に兼ねる不世出の大学者であったが，研究上の原点は社会学にあり，その金字塔は1400ページの『社会学原理』(岩波書店，1919) と，それを縮約しつつ書きあらためた (高田自身は別の著作であると言っている) 600ページの『社会学概論』(岩波書店，1922) である．高田保馬の著作は，社会学と経済学をあわせて100冊を超え，あまりにも多いことが災いとなって，いまだに著作集が出されていない．しかし著書と論文のほぼ完全なリストが，『高田保馬先生古希記念論文集』の巻末に掲載されている．ここにはその中から，社会学と経済学の両方について主要なものを書き抜いておく．『分業論』(有斐閣，1913)，『社会学原理』(岩波書店，1919)，『社会と国家』(岩波書店，1922)，『社会学概論』(岩波書店，1922)，『階級及第三史観』(改造社，1925)，『社会関係の研究』(岩波書店，1926)，『人口と貧乏』(日本評論社，1927)，『経済学』(日本評論社，1928)，『景気変動論』(日本評論社，1928)，『価格と独占』(千倉書房，1929)，『経済学新講』全5巻 (岩波書店，1929-32)，『労働価値説の吟味』(日本評論社，1931)，『貧者必勝』(千倉書房，1934)，『国家と階級』(岩波書店，1934)，『民族の問題』(日本評論社，1935)，『経済と勢力』(日本評論社，1936)，『経済学概論』(日本評論社，1938)，『東亜民族論』(岩波書店，1939)，『勢力論』(日本評論社，1940)，『民族論』(岩波書店，1941)，『勢力説論集』(日本評論社，1941)，『終戦三論』(有恒社，1946)，『経済学原理』(日本評論社，1947)，『世

界社会論』(中外出版, 1947),『経済の勢力理論』(実業之日本社, 1947),『社会学の根本問題』(関書院, 1947),『社会主義経済学入門』(広文社, 1948),『改訂社会学概論』(岩波書店, 1950),『社会学大意』(日本評論社, 1950),『社会学』(有斐閣, 1952).
2)　丸山眞男「超国家主義の論理と心理」『世界』1946年5月号(『丸山眞男集』3, 岩波書店, 17-36).
3)　『改訂社会学概論』の完成後, 高田は同書をみずから英訳し, それは最後の章を残して完成していたが, 生前には出版にいたらなかった. 高田門下の経済学者市村真一は, 英語版の出版のために資金を調達し, イギリス人訳者の協力を得て, *Principles of Sociology*, University of Tokyo Press, 1989 を完成した. なお同英語版には, 私(富永)が *Sociological Inquiry* 誌に英語圏読者向けに書いた論文が, 序論としてつけられている.

第2節　戦後初期の理論社会学(2)

　終戦直後の1946年と47年に出された高田保馬の二著作の次におかれるべき本は, 1948年に初版が出された清水幾太郎の名著『社会学講義』と, それより4年後に出された戸田貞三の『社会学概論』である. 高田の『終戦三論』と『世界社会論』は社会学プロパーの本ではなかったし, 高田の『改訂社会学概論』と『社会学』の骨子は基本的に大正期に作られたものである. 清水の『社会学講義』こそ, 戦後に日本で出版された体系的な社会学書として最初のものであり,「戦後日本の社会学」はまさに清水のこの本から始まると言ってもよいのである.

清水幾太郎『社会学講義』

　清水幾太郎[1] (1907-88) は, 高田保馬より一世代近く若いから, 高田を日本の社会学の第二世代と呼ぶなら, 清水は社会学第三世代ということになるであろう. しかし私の世代の定義では, 戦後に社会学を学び始めた「戦後世代」と対比するために, 戦前からの活動を背景として戦後をリードした人びとを一括して「後期戦前世代」と呼んでいるから, 清水はここに位置づけられる.

コントの時代からジンメルの時代へ　『社会学講義』(白日書院版, 1948, 岩波書店版, 1950) は, 前篇「社会学論」と, 後篇「社会集団論」に分かれている. 清水幾太郎は, 戦前にはオーギュスト・コントの研究者であり, それに続いてはゲオルク・ジンメルの研究者であった. だから清水はこの本の前篇でも, 第1章「予備的問題」と第2章「社会学の成立」のあと, 第3章で「社会学の古典的形態」としてコントを, 同第4章で「社会学の限定」としてジンメルをそれぞれ取り上げて, これまでに社会学史が経験してきた総合社会学から特殊科学的社会学への転換をきちんと押さえている. そしてそれらを前提とした上で, 本書の何よりの新鮮さのポイントと見なされてきた同第5章「アメリカの社会学」において, デューイやミードなどプラグマティズムの思想が社会学にとってもつ意味, および社会調査による現実問題の諸研究の意味が, 論じられている.

　戦前の清水幾太郎は, この前篇に相当する主題を, これとは違ったトーンのもとに, 社会学成立史として扱っていた. 彼の初期の二つの著書『社会学批判序説』(理想社, 1933) と『社会と個人——社会学成立史』(刀江書院, 1935) がそれである.『社会学批判序説』の第1章は「社会学批判の課題」と題されていて, その末尾にはつぎのような激烈な結びがつけられていた.「社会学と史的唯物論との関係は……階級闘争の一つの形態であるところの闘争的関係に立つものとして把握されねばならず, 従って吾吾はこの関係に於いて唯一の真なる社会理論としての史的唯物論の建設と擁護のために社会学を粉砕せねばならぬ」(著作集1: 42). もちろんこのようなラディカリズムは, 清水が社会学者として立っていくためには克服されるべきものであった. そしてまもなく清水は, そのようなイデオロギー的世界から完全に離脱して, 戦後の『社会学講義』に直接つながる著作として重要な『社会的人間論』を書いた. この本において清水は, デューイの「衝動‐習慣‐知性」という図式を少し変えて「行動‐習慣‐社会」という図式をつくり, 人間が子供から成人していくそれぞれの段階ごとに, 社会環境からの影響をつうじて人格形成をとげていく過程を分析した. この図式の冒頭に「行動」という語がおかれているのは,「人間は行動する動物である」という行動主義的なテーゼをあらわす. そのつぎに「習慣」とあるのは,「人間の行動は先天的行動様

式によってきまっているのではなく，後天的行動様式としての習慣と結びついて行なわれるのである」というデューイ的なテーゼをあらわす．三番目に「社会」とあるのは，「習慣の形成は環境としての社会によってなされる」という社会環境論的なテーゼをあらわす．

　清水が社会と呼ぶのは，最もミクロな家族から，中間にある学校や企業などを経て，最もマクロな国家まで，いろいろな大きさの社会集団を含んでいる．それらは「家族－遊戯集団－近隣集団－学校－職業集団－国家」という順序で配列されている．人間は生まれてから成人するまでのあいだに，成長の各段階に応じて，それらの社会集団を順次に経験しつつ，しだいに高次の習慣を身につけ，パーソナリティを形成していく．これが社会化である．社会化がしだいに高次化して職業集団と国家にまで進んだ時，人は結婚して新しい自分自身の家族をつくり，その中に憩いを求めるようになる．かくて人間は，これらの社会集団の系列を遍歴したのち，家族という出発点に戻る．しかしこの家族は，人間がそこに生まれ落ちた家族（定位家族）とは違って，自分が選択の主体となってつくった家族（生殖家族）である．

　以上のように戦前の清水幾太郎の研究歴をたどってくると，清水が戦後すぐの時点で書いた『社会学講義』は，彼の戦前からの蓄積をすべて投入することによって，社会学否定のラディカリズムを克服したことがわかる．この書の人名索引を見ればただちにわかるように，言及頻度の最も多いのはコントとジンメルとデューイである．コントはこの書の前篇にもっぱらあらわれ，社会学の古典的体系の創始者として論じられるが，コントの「綜合的且つ歴史哲学的な社会学の時代は終わった」(1950：88) と最後に明確に宣告されている．ジンメルは前篇にも後篇にも頻繁にあらわれて両者をつなぎ，コント以後に「社会学の限定」という大きな課題を果たした中心人物として位置づけられている．最後にデューイは前篇のうち第5章「アメリカの社会学」と後篇「社会集団論」に主としてあらわれ，この時期の清水を特徴づける，行動主義とプラグマティズムのミックスに立脚した新しい社会学にとっての，導きの糸としての役割を与えられている．

　前篇で注目されるのは，戦後の清水が戦前の清水と異なりコントに対するイデオロギー的批判をやめた，ということである．戦前の『社会学批判序説』

における清水は,「三段階の法則」と題する章で,人間精神が実証的で世俗秩序が産業的な社会とは,フランス革命によってアンシアン・レジームを打倒したブルジョワジーの社会であるとし,また「コントにおける二つの魂」と題する章で,秩序と進歩との同時充足を要求するのはブルジョワジーの要求であるとして,コントの社会学は最も典型的なブルジョワ社会学であると結論していた.この結論が,「社会学を粉砕せねばならぬ」という先に引用した主張に直結していたのである.ところが戦後の『社会学講義』においては,同じくコントの三段階の法則や秩序と進歩の同時充足について述べているにもかかわらず,そういう主張はまったく影を潜めるにいたっている.

ジンメルによる社会学の限定　そのようなイデオロギー的批判に代わって登場したのは,社会学の古典的形態であった総合的・歴史哲学的な体系としてのコント思想が通用した時代は,第一次大戦を境にして終わってしまった,という学問論的批判である.清水は前篇第4章「社会学の限定」において,そのような学問論的批判の主張として,次の五点をあげている（1950：76-88）.

(1) コントは実証主義を標榜して経験科学の方法の重要性を強調したが,コント自身の提示した社会学はまったく思弁的であって,科学的社会学とはいえない.

(2) コントは独立した学としての経済学を形而上学的であるとして,すべての諸社会科学の問題を社会学のうちに包括しようとしたが,その後の経済学は独自の方法ないし技術を用いて科学としての発展をとげ,その他の諸社会科学もそれぞれに分化し自立して,とうていコント風の総合を加え得ないものになった.

(3) コントが信じていた人類の単線進化という観念は,19世紀後半以降における人類学および民族学の発展によって,大きな衝撃を与えられた.

(4) コントはナポレオン戦争以後のヨーロッパについて,三段階の法則でいう軍事的から産業的への段階移行によって,もはや戦争はなくなると予言したが,両次の大戦はそのような進化理論を打ち砕いた.

(5) コントによって創始された社会学が,20世紀において不動の地位を占めているのはアメリカである.代表的なアメリカ論が1920年代に出ている

ことが示すように，西洋文明をヨーロッパに代わって相続するのはアメリカであると見られるようになった．ヨーロッパ側からするそれらのアメリカ論に対して，アメリカ側から総括を提示したのはデューイである．デューイの学問論は社会科学の分化の方向を指示しており，この観点から見れば，コント社会学は実証的段階どころか神学的段階に属している．

清水幾太郎がコントに対するこのような批判的考察から引き出した社会学についての診断結果は，コントふうの「総合」社会学とはまさに逆に，今や「社会学の限定」が必要であるということであった．この「限定」ということの必要性に着眼して，社会学的視点の限定にかかわる一つの原理を見いだしたのが，ジンメルであったと清水は評価した．ジンメルは，コント社会学の古典的体系に代わるものとして，清水の表現によれば「国家，家族，教会，軍隊，ギルドというごとき……輪郭の明らかな集団を正面から認めることなく，取るに足らぬと見える微細な相互作用を追求する」(1950：97-98) 視点を選んだ．人と人とが相互作用によって結び合わされる，その結びつきを概念的に抽象化することにより，「純粋社会的なものの平面」を取り出すことができる．社会はかくして，清水が「心理学的顕微鏡検査」と呼ぶ無数の微細な相互作用の流れに分解される．これは「近代的分化に与えられた承認であり肯定である．……近代的分化への完全な信頼は，彼の多くの著作を通して凡ゆる頁に見出される」(1950：100)．これらの指摘が高田保馬のジンメル受容と基本的に一致し，後述する新明正道のジンメル否定と鮮明な対照をえがいていることに注目しなければならない．

ジンメルがいうような近代的分化の過程が最も高度に進んでいるのは，アメリカにおいてである．そこで前篇第5章では，「アメリカの社会学」が論じられる．清水はまず，近代的分化の前に立ちふさがるものが何もないアメリカでは，社会は開放的・部分的集団の自由な交錯からなっている，とする．アメリカの社会学は，このように分化した社会生活の中から，移民，退職，犯罪，少年非行，出産率，死亡率等々の種々雑多な社会問題を取り出してきて，研究テーマとする．そのことを具体的に示すために，清水は『アメリカ社会学雑誌』に記載された1946年度の学位論文のリストからランダムに選んだ36の題名を列記しているが，それらには，ルイジアナにおける出産率の

差異，南部諸州における黒人の少年非行の比較，社会階層における情報提供者，テキサスにおける死亡率，刺激賃金と社会行動，ワシントンD.C.警察の女性局にあらわれた少女の平和時と戦時の比較，ニューヨーク地域における黒人の郊外移住と定住，といったような雑多な実証研究のテーマが並んでいる．これらを見ると，何が社会学に固有な問題であるかを規定しようとしたジンメルの努力が，いいようもなく空しいものに思えてくる，と清水は述べている．

もちろん清水は，アメリカ社会学のこうした雑多な事実本位の傾向を無批判に受け入れたわけではない．しかし清水が示したアメリカ社会学は，社会調査や統計分析を用いた実証研究でなければ学位論文として認められないという，はっきりした時代の風潮を語るものであった．そのような特色をもったアメリカ社会学をベースにして，清水の『社会学講義』は後篇「社会集団論」に移る．それは，人間とは「行動」する動物である，という視点から出発する理論である．

行動論からの出発　後篇第1章「行動」は，そのことを述べたものである．清水によれば，行動は欲求の充足をめざす過程であるが，人間においては昆虫などとは対照的に，本能は無力であって，子供は親の庇護に依存し，社会的行動様式の習得を必要とする．社会集団が人間にとってもつ意味は，集団の中で学習することによって初めて，無規定的な自然的生命から，一定の社会的形式を付与された，習慣というワクに適応し得る人間になる，ということにほかならない．

後篇第2章「集団」はそれを主題とする．清水の社会集団論は，このように行動という視点から出発して，人間が社会集団によって形成されていく過程をあとづけるものである．社会集団として最も重要な位置づけを与えられるのは家族であり，そこではミクロの社会心理学的な分析が優位する．後編第3章「家族」で清水が依存している主要文献は，ジンメルやデュルケームなどのヨーロッパ文献に加えて，デューイ，クーリー，トーマス，カーディナーなど，1930年代を中心とするアメリカの心理学的社会学の諸文献であった．これら1930年代のアメリカ社会学の諸文献は，当時の最新のものではなかった．清水の『社会学講義』が書かれた1948年という年は，パーソン

ズ，マートン，ホーマンズ，ブラウら，戦後アメリカ社会学の隆盛を担った学者たちが怒濤のように著作活動を開始する直前に当っていたが，それらは清水の『講義』には間に合わなかった．間に合わなかったのは，幸いだったかもしれない．というのは，後篇第4章「近代的集団」と同第5章「社会的現実」の清水は，アメリカ社会学型の分析によらずに，20世紀初頭ヨーロッパ型の分析に戻ってしまったが，その方が清水社会学の魅力を保持するためによかったと思われるからである．

富永コメント 戦前にコントを研究した清水幾太郎は，この本でコントの総合社会学が過去のものになり，これからの社会学はジンメルを出発点としなければならないというテーゼを明瞭に述べた．皮肉にもそれは，新明正道が1951年論争でジンメルを否定した3年前のことだったが，清水が注目したのはジンメルの「社会学の限定」というテーゼであり，形式社会学の主張はそのための方法的手段にほかならなかった．ジンメルの形式社会学を不毛とした新明の主張と，ジンメルをアメリカ社会学につないだ清水の主張と，どちらが社会学の方向を正しく見定めていたかは言わずして明らかである．私は学生時代に，清水幾太郎のこの本を何度くりかえし読んだかわからない．じっさい1950年代において，清水ほど社会学の戦後世代に強い印象を与えた社会学者は他にいなかった．この世代には，清水の『社会学講義』をむさぼり読んだ経験をもつものが多いのではないか．それほど，この本が戦後日本の社会学の形成に果たした役割は大きかった．

戸田貞三『社会学概論』

戸田貞三[2]は，東京大学教授を戦後まもない1948年に定年で退き，その後まもなく病を得て学究生活から引退を余儀なくされた．その最後の著作が，『社会学概論』（有斐閣，1952）である．

戦前において戸田貞三が達成した業績は，家族研究を確立したことと，アメリカ留学で身につけた社会調査法を日本で広めたことの二つに帰着するが，家族研究と社会調査法はどちらも理論ではなく，実証の仕事である．東大社会学科の教授としての戸田は，学生に対して事実を調べることこそが学問であると説きつづけ，学説研究に興味をもつ学生には「学説のことは，俺は知

らん，事実の話をしよう」というのを常としたと言われている．しかし実はその「事実の話」を書いた戸田貞三の家族の研究書には，たくさんの「学説」が登場していた．家族の実証研究の専門家であるためにも，戸田は社会学の理論を必要とした．また戸田は東大社会学科の当時ただ一人の教授として，社会学概論の講義を担当しなければならない立場におかれていた．

その講義の教科書として戦前に書かれたのが，『社会学講義案』（弘文堂書房，第一部 1928，第二部 1933）であった．同書は第一部が学史で「コントの社会学」「コント以後の社会学」「ジンメルの社会学」「ジンメル以後の社会学」から成り，第二部が原論で「社会と社会学」「社会関係」「社会過程」「社会の作用」から成っていた．これらの単純さの中に，戸田の社会学的洞察がこめられている．東大社会学科の副手時代に，戸田と対立して東大を追われた（と清水自身が書いている）清水幾太郎は，後年，戸田の『社会学講義案』について，戦前に学生として戸田の講義を聴いた昔を想起し，「この書物は……多くの社会学教科書の中で非常に優れたものであると思う」と述べている（「戸田先生のこと」『清水幾太郎著作集』15，講談社，1993）．東大を定年になったあと，死の三年前に，この第二部を拡充して独立の理論書として出版したのが，戸田の『社会学概論』である．

社会とは意識の構造である　『社会学概論』の「序」の書き出しに，「私は社会を意識の構造とみている」という印象的な言葉がある．「社会とは意識である」というこの短い表現は，ある意味では偏っているが，戸田理論を理解する上でのキイ・ワードであると思う．意識とは「心」すなわち個人の内面にある主観の世界を意味する．そこでもし，社会とは個人の外側に客観的に実在しているものであると考え，これに対して意識とは個人の内側に主観的な心の作用によって形成されているものだと考えるなら，社会とは意識であるという戸田テーゼは矛盾したことを言っていることになる．しかし，そうではない．意識はたしかに個人の内側にある主観の世界ではあるが，同時にそれは自我と他者との相互行為をつうじて心と心の交流となり，この交流によって自我の意識は他者の意識の中に，そして他者の意識もまた自我の意識の中に，それぞれ広がっていくと考えるならば，意識というほんらい個人の内面にあるものが，社会に向かって広がっていくことに気づくであろう．そ

のことを戸田は，先に引用した文につづけて，つぎのように説明している．

「意識の世界は無限の拡がりをもっている．一個の肉体に包まれた身体の内側だけに意識の拡がりを限定することはできない．自分の考えはそれが他の人に伝えられるときには，他の人の意識の世界にまで拡がっていく．そういうふうに考える場合に，自分一個の意識の拡がりは無限に拡がり得るものであるということができる」(1952: 序 1)．

社会は意識の拡がりとしてとらえられるというのが戸田の主張であり，そう考えるならば，「社会とは意識である」という単純化された命題は理解できる．私はこういう社会のとらえ方を，「社会のミクロ理論」と呼びたいと思う．社会のミクロ理論には，互いに補い合う二つのアプローチがあり得る．一つは，社会の問題を個人レベルでの問題としてとらえる，いわば社会レベルを個人レベルに下降させてとらえようとするアプローチである．もう一つはこれとは逆に，個人レベルから出発して，複数個人が社会を形成していく過程をあとづける，いわば個人レベルを社会レベルに上昇させていくことによって社会をとらえようとするアプローチである．戸田の社会学理論は，この前者のアプローチのために「社会化」(1952: 29-41) というキイ概念を用意し，後者のアプローチのために上述した社会関係・社会過程・社会作用というキイ概念を用意している，ということができる．

戸田のいう「社会化」は，現在の社会学や社会心理学でいう他者との相互行為をつうじてなされる学習という意味での社会化とは違っており，「個人化」という語とペアをなして使われている．個人化とは，自他を区別すること，換言すれば他者に対して自分を隔離し，自分が他者とは違った特性をもっていることを強調する閉鎖的な態度を意味する．これに対して社会化とは，これとは逆に，自他の融合を求めること，換言すれば他者に対して自分を開き，他者とのあいだに心的通路をつくって，自分を他者に接近させる開放的な態度を意味する．戸田によれば，個人化の生活と社会化の生活とは，常に同一人の生活の中に併存している．どんなに開放的な人でも自分が他者とは違うという自己主張をしないものはないが，反対にどんなに閉鎖的な人でも

他人との交流なしに孤立化だけを求めるものはない．社会とは，社会化の態度によってできる「人間結合」あるいは「合一化」ないし「一体化」の関係のことである．そしてこれはすでに，高田保馬が「社会とは望まれたる共存である」という言葉でいいあらわしていたことであり，戸田もそれを受け入れていたのであった．

他者との持続的な結合　人間の個人としての能力は限られているので，人間は日常的な生活要求を充足するために，他者との結合を求める必要がある．そこで人間は，一面で個人化の態度をもつにもかかわらず，社会化の態度をもって他者に向かって心の扉を開き，自我と他者とが共同してもつ世界，戸田のいう「二者にして一者」(1952：20-29) の世界を形成する．これが，他者との持続的な結合としての社会関係の形成である．社会関係は親和関係と反対関係とに分かれ，親和関係は共同社会関係（ゲマインシャフト）と利益社会関係（ゲゼルシャフト）とに分かれる．共同社会関係は，人びとの感情的要求に基づく親和関係である．社会化の態度がそのような感情要求と結びついてできた共同社会関係は，自他のあいだの親密な感情融合をつくり出す．共同社会関係の最も純粋なものは母子関係であり，母子関係を含む小家族の中の愛情によって結びついた社会関係もこれに近い．他方利益社会関係は，社会化の態度が人びとの理知的打算的要求に基づいてつくり出された親和関係である．利益社会関係も共同社会関係と同じく親和関係の一形態ではあるが，利益社会関係においては人間自身が目的とはされておらず，人間が提供するものが目的とされているから，感情的な結びつきは弱い．取引関係および雇用関係はこれを例証する．

親和的関係はまた，(1)個人と個人の関係，(2)個人と集団の関係，(3)集団と集団の関係，の三つに分けられる．このうち(1)はさらに，(a)感情的―理知的，(b)上下的―左右的，(c)同質的―異質的，(d)一面的―多面的，(e)一時的―永続的，の五つに分けられる．戸田はこれらの各カテゴリーについて順次に考察を加えたのち，そのような社会関係が成立する過程を，接触と順応作用（模倣作用と肯定作用）とに分けて，自我と他者とのあいだで行われる相互認知・暗示・模倣などのミクロ的分析を行う．最後に，社会の作用という題目のもとに，社会が個人の任意性を制限して強制を加えること，制度や規範の

成立、および社会意識の形成などを論ずる。

こうして、「社会とは意識の構造である」というテーゼで始まった戸田の社会学的分析は、社会意識の形成という項目で結ばれる。戸田が「意識の構造」というのは、共同社会関係がつくり出す親密な感情融合の意識と、利益社会関係がつくり出す理知的な意識とが、それぞれ社会制度や規範をつうじて秩序化されている状態をさす。しかし意識というのは個人の内面に宿るもので、マクロ社会が直接にそのような意識をもつということはない。社会とは意識であるというときの「意識」の意味は、社会の構成員によって共有されている個人の意識にほかならない。社会を意識としてとらえる戸田のアプローチをミクロ社会学であるとした私の規定は、このように意識の持主が個人であるということをいいあらわしたものである。その意味で、戸田社会学の理論は方法論的個人主義——そういう言葉は使っていないが——に依拠している、ということができる。

19世紀の社会有機体論によって出発した社会学は、方法論的集合主義に依拠していた。そのような社会学を方向転換させて、方法論的個人主義を明示的にもちこんだのはジンメルとヴェーバーであった。高田保馬もまた、上述した「社会とは望まれたる共存である」という表現によって、方法論的個人主義の公準を強力に押し出した。戸田貞三の社会学理論が、ジンメルおよび高田と同じ流れを継承している、ということが重要である。方法論的個人主義は、社会に対する個人の意識や行為の能動性を中心におくことによって、自由主義的な社会観と結びつく。このことは、1937年に出版された戸田の主著『家族構成』に述べられた有名な家族の定義「茲に家族の集団的特質を考へるならば、それは夫婦及び親子関係にある者を中心とする比較的少数の近親者が感情的に緊密に融合する共産的共同であると云はれ得る」(1937：65)が、個人としての家族成員の意識を重視していることと整合的である。戸田の家族研究が日本の伝統的な家父長制家族を強調するものでなく、日本の家族が1920年の第一回国勢調査の段階においてすでに、事実上近代的な核家族の構造を優位させていたことを立証するものであったことは、戸田社会学の方法論的個人主義にまさに見合っている。

富永コメント　戸田貞三の社会学理論が、このようにリベラルな社会観に

基づくものであったことは,戸田が東大で師事した建部遯吾が,コントの社会有機体思想を伝統的な儒教倫理と結びつけた「コチコチの右翼」といわれたことを想起すると,驚くべきことであった.これは,戸田が建部からの思想的影響を意識的に遮断し,自由主義を選び取ったということを意味する.戸田の死の二年前に語られた口述筆記「学究生活の思い出」[3]には,戸田と建部の関係についての興味ある物語が語られている.1919年に大原社会問題研究所ができたとき,31歳の戸田は高野岩三郎の口述試問を受けて同研究所をパスしたが,このとき高野は戸田が建部遯吾の弟子だというのでたいへん警戒し,「君は自由主義に対してはどういう考えをもっているか,好きか嫌いか」と単刀直入に質問した.その結果高野は,戸田がリベラルな考えをもっていることを認め,大原社会問題研究所に採用したという.戸田の社会学理論がリベラルなものであったことは,戦後日本の社会学のために,まことに幸いなことであった.

戸田貞三の『社会学概論』は,ミクロ社会学だけに限定され,マクロ社会学について何も述べていないという意味では,概論としてもちろん十分とは言えない.しかし戸田がその中で「社会とは意識である」というミクロ社会学を説いたことは,彼の専門であった家族社会学が近代的な小家族論であったこと,および『社会学講義案』第一部において戸田がコント以後の社会学をジンメルだけに限定し,同第二部において社会関係・社会過程・社会の作用だけを述べていたことと,相互に整合的であったということが認識されねばならない.戸田貞三は実証家であって理論家ではないとしばしば言われてきたが,私は必ずしもそのようには考えない.戸田の『社会学講義案』が,1920年代という早い時期に書かれたにもかかわらず,総合社会学が過去のものであり,特殊科学的社会学がこれからの社会学のあり方を示すものであるとする適確な洞察を示していたことは,以下に述べる新明正道の「総合社会学」との対比において,高い評価を与えられてしかるべきである.

1) 清水幾太郎(1907-88)は1931年に東大社会学科を卒業,同副手をつとめたのち,1941年読売新聞論説委員,1946年二十世紀研究所長,1949年学習院大学教授,1969年同退職.清水は社会学者であるが,それを超えて思想家・ジャー

ナリストでもあり，抜群の構想力と文章力をもち，華麗な文体によって読者を魅了した．著書は膨大な数に達するが，主要なものをあげると，『社会学批判序説』(理想社，1933)，『社会と個人――社会学成立史』上 (刀江書院，1935)，『日本文化形態論』(サイレン社，1936)，『流言蜚語』(日本評論社，1937)，『社会的人間論』(河出書房，1940)，『社会学講義』(白日書院，1948，岩波書店，1950)，『私の読書と人生』(要書房，1949)，『ジャーナリズム』(岩波書店，1949)，『愛国心』(岩波書店，1950)，『社会心理学』(岩波書店，1951)，『精神の離陸』(竹内書店，1965)，『現代思想』上・下 (岩波書店，1966)，『倫理学ノート』(岩波書店，1972)，『オーギュスト・コント』(岩波書店，1978)，『私の社会学者たち』(筑摩書房，1986) など．清水幾太郎の諸著作の主要なものは，『清水幾太郎著作集』全19巻 (清水禮子責任編集，講談社，1992-93) にまとめられている．

2) 戸田貞三 (1887-1955) は，第一高等学校を経て1912年東大哲学科 (社会学専攻) を卒業，東大助手，大原社会問題研究所員を経て，1922年東大助教授，29年から東大教授，47年定年退官，東洋大学教授．戸田の主要著作は，『私有財産問題』(冬夏社，1922)，『家族の研究』(弘文堂書房，1926)，『社会学講義案』第一部 (弘文堂書房，1928)，『社会学講義案』第二部 (弘文堂書房，1933)，『社会調査』(時潮社，1933)，『農村人口問題』(日本青年館，1933)，『家族と婚姻』(中文館書店，1934)，『家族構成』(弘文堂書房，1937)，『家と家族制度』(羽田書店，1944)，『社会調査の方法』(甲田和衞と共著，学生書林，1949)，『社会学概論』(有斐閣，1952) など．戸田貞三の全著書と論文は，『戸田貞三著作集』全14巻 (大空社，1992-93) に集められている．戸田は日本における家族社会学の創始者であり，また社会調査法の導入者であった．1920年の第一回国勢調査データの千分の一抽出写しを用いて，コピー機械もコンピューターもない時代に，日本の家族構造を統計的に分析し，主著『家族構成』(1937) を書いた．この本は戦前のものなので本書では扱わないが，この研究は，戦前日本の家族が，旧民法によって「家」が制度化されていたにもかかわらず，全国の世帯構成員の81.9%が核家族成員によって占められていた事実を明らかにし，日本の家族はその当時から基本的に「小家族」であったことを実証的に示したものであった．

3) 戸田貞三「学究生活の思い出」(『思想』第353号，1953，『戸田貞三著作集』第14巻にも収録)

第3節 「特殊社会学」対「総合社会学」

1951年に，日本社会学史上の重要イベントが起こった．「特殊社会学」か「総合社会学」かという論争（「社会学における私の立場論争」というのが公式名称であるが，以下これを「1951年論争」と略称する）がこれである．この論争それ自体は，第1節で見たようなすぐれた社会学書が出されていたこの段階で，どうしてこのようなことが争われたのかがいぶかられるほど時代錯誤的な論争にすぎず，なんら価値のあるものではなかった．ただ社会学的イベントとしてそれが重要性をもつのは，結果としてこの論争が，戦後日本の社会学に領域社会学を主役とする新しい時代をもたらすことになったということによるのである．

もちろん私は，論争によって高田保馬の高水準の理論があえなく影響力を喪失したことを，肯定するものではない．この論争は，当時の日本社会学がまだ驚くほど前近代的であり，一方で第1節において見たような高水準の理論が生み出される状況がありながら，他方で以下に見るようにどうしても総合社会学から離脱することのできなかった遅れた見解の持主たちがおり，同時に抽象のレベルの高い理論を「不毛」として否定し去るような「現実主義」の主張者がいたという状況の産物であった．しかし領域社会学の発展が起こったことは，日本の社会学の中身を豊かにしたこととして，評価され得るだろう．

以下，第3節でまず論争そのものと論争の思想的源泉について考察し，第4節で論争の帰結として1950年代以後の日本の社会学の行方を展望する，という順序でこのイベントを追って行きたい．

1951年論争

高田保馬，清水幾太郎，戸田貞三によって敗戦後まもない時期に出版された諸著作は，前2節で述べたように，日本社会学の戦前世代を代表するこの三人がそれぞれ到達していた理論水準の高さを示すものであった．しかしそ

第3節 「特殊社会学」対「総合社会学」

れにもかかわらず，この時期の日本社会学には，全体としてまだ大きな弱点が隠されていた．その弱点というのは，社会学をどのような学問と考えるかということについて，社会学者のあいだに合意が成立していなかったことである．それが露呈されたのは，まさに1951年論争においてであった．

この論争[1]は，高田保馬，新明正道，尾高邦雄という戦後初期の日本社会学を主導する位置にあった三人の戦前世代によって，その前年にスタートしたばかりの『社会学評論』第4号誌上で行われ，その後の戦後日本社会学の方向を決定づけるビッグ・イベントとなった．重要なのは，戦前社会学のビッグスリー・プラス・清水幾太郎の全員が「特殊社会学」派であったにもかかわらず（あるいはそのゆえに），戸田貞三と鈴木榮太郎と清水幾太郎はこの論争に招かれず，高田保馬だけが論争の標的として招かれて，新明の「総合社会学」の主張とわたりあい，尾高が調停者の役割（実際にはそうではなかったのだが）をとる，というかたちになったということである．論争の経過は，三人がそれぞれまず「主張」と題する基調論文を書き，それを回付した上で「批判」と題するコメントを書き，最後にそれらの批判をまたコメントした「再批判」を書く，という誌上討論のかたちによって進められた．

三人の報告者のうち，最長老であり，1919年に『社会学原理』において特殊社会学の日本における最初の提示者となった高田保馬が，まず登場した．しかし高田は，この論争における問題提起者ではなかった．彼は冒頭，「私は既に三十年来，度々此等の点について書いている．……大綱に於ては，三十年前と今日と変るところはない」と述べて，32年も前に『原理』において述べた立場を繰り返す以上のことをする必要を認めていなかった．

高田の主張の要点は二つあった．第一のポイントは，社会学は経済学や政治学など他の社会諸科学と同一平面上に並ぶ「特殊社会科学」の一つであり，その意味で社会学は「社会科学界の一平民」である，ということであった．高田は「総合社会学」という主張が，物理学と化学と生物学を「総合」して一科学をつくり得るとするような，とんでもないナンセンスであるとはっきり書いている．第二のポイントは，社会学は新古典派の経済学と同様の意味で分析的な法則科学であり，法則科学として他の社会諸科学と相互に分業関係に立つ，ということであった．「特殊科学」としての社会学という立場は，

1908年にジンメルの「形式社会学」の提言によって初めてなされたものであるが，高田はジンメルが社会学を「形式」としたのは不適切であったとはっきりコメントし，社会学の対象は「人間結合」であって，人間結合は他の社会諸科学の対象と同じく「実質」であり「形式」ではないとした．

新明正道は二番目の報告者として登場し，社会学は他の社会諸科学より一段上位にあってそれらを「総合」（総合は新明によって当時「綜合」と書かれたが，以下では常用漢字にしたがって「総合」と書く）する学問である，とする「総合社会学」の立場を表明した．社会学を「総合社会学」でなければならないとするのは，後述するように新明が1930年代以来主張し続けてきた立場であり，新明はこの立場から高田の「形式社会学」を1951年論争以前から批判し続けてきた．だからこの論争の中心的な仕掛け人は，新明正道にほかならなかった．

新明は，社会学を人間の共同生活を研究対象とする学問であるとし，人間の共同生活をとらえる方針には二つのものがある，とした．第一は「広義」のもので，人間共同生活の全体を認識の対象とする．第二は「狭義」のもので，人間共同生活の特殊部面を社会であると見なす．前者が「総合社会学」であり，後者が「特殊社会学」である．「広義」にも二つの立場があって，一つは社会学が唯一の社会科学であるとして，社会学以外の特殊社会科学の成立を否認するもの，もう一つは社会学をもって唯一の社会科学とは考えず，他の社会科学の成立を許容するものである．新明は，コントがとっていた見解は前者であったが，1870年代以後の総合社会学はすべて，したがって新明自身の総合社会学も，後者の立場をとってきたとする．しかし新明は，科学は分析のみを行うものであって，総合的認識は哲学に委ねるべきであるとする見解は古いと批判し，社会とは「行為連関」であるとして，社会学はこの行為連関の視点に立って社会諸科学の関連を総合し得る，と主張した．

第三の報告者として登場した尾高邦雄は，この論争の行われる2年前に『社会学の本質と課題』（有斐閣，1949）を書き，「社会学とは何か」論争に終止符を打った人物と見なされていた．尾高はこの観点から，社会学に対する「私の立場」「誰それの立場」というものをできるだけ少なくして，社会学者の誰もが承認し得る共通の立場の確立をめざすことが必要である，と主張し

た．

　尾高は，社会学は「総合学」であるかそれとも「専門科学」であるかと問い，自己の固有の主題をもたない百科全書であることを免れるためには，社会学は専門科学にならねばならない，と主張した．尾高によれば，形式社会学は社会学の主題を捉えようとした点で正しかったが，その専門性を純粋に「社会的」なものだけを取り出すことであるとしたために，狭すぎる観点におちいった．他方，総合社会学は自己の固有の主題をもたない単なる総合を主張したために，「総合点なき総合」におちいった．尾高はこのように二つの立場をともに批判したのち，この二つの立場は相互補足として捉えられるべきである，とする折衷的立場を表明した．彼はこの立場から，「両者はともに正しくともに間違っている」とする，いわば喧嘩両成敗の観点を押し出した．尾高はこの観点に立つことによって，社会学は自己に固有の主題を確保しつつ，それを中心において総合的観察を行うことでなければならない，とする折衷的な結論を提示した．

　「総合社会学」というのは，コントとスペンサーによって代表された社会学の19世紀的形態である．そのようなものを，20世紀の後半になってもち出した新明の主張は，社会学史の時間を半世紀も逆戻りさせる驚くべき時代錯誤的見解であり，じっさい高田保馬は論争の中でそう述べていた．高田にとってそのような見解は，すでに30年以上も前，大正年間の1919年に出版された高田自身の『社会学原理』において解決済みの，今さら取り上げる必要のない問題であった．これは高田だけではなく，高田と同様の立場に立っていた戸田貞三と鈴木榮太郎と清水幾太郎——彼らは論争に招かれていなかったので高田だけが孤立しているかのような印象を与えた——にとっても同様であったはずである．

　にもかかわらず，このような論争が，19世紀がはるかに遠くなった1951年という時点に，日本の社会学にとっての「大問題」であるかのように思われたのはいったいなぜだったのであろうか．

　ここには，戦後日本の社会学における根本的な弱点があった．中心的な問題は，高田‐戸田‐鈴木のトライアングル・プラス清水幾太郎を除いて，当時の多数の日本の社会学者たちが，「社会学」という学問のアイデンティフィ

ケーション問題に悩み,この学問について自信をもっていなかったことにあった.この問題の根本は,「社会」というマジック・ワードの意味について,多くの社会学者が専門的な観点から確実な定義を与えることができていなかった,ということである.社会学の「社会」は,社会科学という時の「社会」と同じである,というのが「総合社会学」の主張者によって必ず口にされた決まり言葉であった.彼らは,広義の「社会」に対して狭義の「社会」を定義する視点をもつことができなかった.ジンメルの「形式」社会学と高田の「結合」社会学に対して,日本で否定的言辞が繰り返されてきたのは,彼らに狭義の「社会」の概念が理解できなかったためである.

ジンメルが,『社会学』(居安正訳,上・下,1998)の第1章「社会学の問題」において形式社会学の主張を初めて展開したのは,1908年のことである.この時点では,社会学の母国フランスでは,「総合社会学」から「特殊社会学」への転換は,デュルケームの『社会分業論』と『社会学的方法の規準』(1895)によってすでに完了していた.ドイツには第一世代の社会学者というものは存在せず[2]、ドイツの社会学は社会学第二世代にあたるテンニェス,ジンメル,ヴェーバーによって初めてドイツで作られたものであると言ってよい.彼らにとって,社会学ははじめから特殊社会学であった.テンニェス,ジンメル,ヴェーバーがコントとスペンサーの社会学についてふれたことはほとんどなかった,ということに注意しよう.ヴェーバーは,ジンメルの特殊社会学の立場を前提にして,彼の「理解社会学の若干の範疇について」と「社会学の基礎概念」を書いたのであった.

日本においては,「総合社会学」から「特殊社会学」への転換は,高田保馬の『社会学原理』(岩波書店,1919)における「結合社会学」の提示によってなされた.ジンメルの著作で『社会学』にあたる位置を占めたのは,高田の『原理』であった.高田保馬はあまりにも傑出していたので,高田の『原理』と並ぶ著作を誰も書くことができなかったが,上述したように戸田貞三と鈴木榮太郎が高田理論にセカンドした.これに対して新明正道は,高田に対抗して戦前・戦中から「総合社会学」の復活を提唱していたが,新明が総合社会学という19世紀の遺物を持ち出した理由は,形式社会学は社会の「形式」のみを扱うにとどまり,「内容」には入っていくことができないからという,

形式社会学についてのまったくの誤解にもとづいた決まり文句によるものであった．かくして行われたのが，1951年論争なのであった．

新明正道『社会学の立場』

「私の立場」論争において，最も戦闘的な役割を演じたのは，新明正道[3]の形式社会学否定による総合社会学の主張であった．新明は戦前にベルリン大学に留学して，フィアカントに形式社会学を学んでいた．驚くべきことに，そのドイツ留学に先立って新明が書いた『形式社会学論』（巌松堂書店，1928）は，形式社会学の否定どころか，微に入り細を穿って書かれた形式社会学へのコミットメントの書であった．すなわち同書は，ジンメルとフィアカントとヴィーゼを中心に，ドイツの形式社会学の全貌を紹介することを目的としたものである．同書の末尾には「形式社会学批判」という表題の章がおかれてはいたが，その批判というのは個別的論点に関するいわば内在批判であって，総合社会学の観点から形式社会学そのものを否定するといった書き方には全然なっていなかった．

ところが，1920-30年代のヴァイマール・ドイツに「文化社会学」が起こり，その提唱者であったアルフレート・ヴェーバーやカール・マンハイムらが形式社会学を否定するようになると，新明はそれらに強く影響されて，逆に強硬な反形式社会学の主張者に転じた．転向後の新明は，形式社会学は社会の「形式」しか扱わないから，社会と文化の実質的「内容」を扱うことができないとし，このような「形式」主義から離脱するために，社会学は「総合」社会学であらねばならないと強く主張するようになった．

新明は，総合社会学という語に1920-30年代のヴァイマール・ドイツの文化社会学を重ね合わせて，社会学は総合社会学でなければならないという主張を立てた．形式社会学を否定し，総合社会学を主張する新明の議論が本格化したのは，とりわけ『社会学の基礎問題』（弘文堂，1939）と『社会本質論』（弘文堂書房，1942）の二書においてであるが，これらは本書の時間枠外であるので，以下では1951年論争の2年前に出版された新明の論文集『社会学の立場』（大洌社，1948，著作集第3巻所収）を取り上げて，新明の総合社会学の主張を見ることにしよう．

『社会学の立場』は論文集で，全10章からなるが，ここでは始めの3章だけを簡単に見よう．第1章は「社会学的認識の要請」と題され，19世紀の前半にヨーロッパで成立した古典的な総合社会学こそが「社会学の根源的な原型」である，との新明社会学の出発点をなす信念を表明している．新明はこの原型を学問的に組織化した思想家として，コント，スペンサー，シュタイン，マルクスをあげた．新明によれば，それらはいずれも，(1)総合的，(2)現実的，(3)実践的，という三つの特徴を共有していた．ところが社会学は19世紀末から次第に，この基本的特徴から逸脱する方向に進むようになり，(1)「総合的から特殊的へ」，(2)「現実的から非現実的へ」，(3)「実践的から非実践的へ」と変わっていった．

『社会学の立場』の第2章は「形式社会学の克服」と題され，これが新明の総合社会学の主張を支える中心テーゼをなしている．新明によれば，社会学は「人間の共同生活の全体を研究する学問」である．社会学はコントとスペンサーによって成立していらい，「社会を全体的な範疇としてとらえ」ることと，それによって「社会の総合的な秩序の形成ならびに改造に対して実践的に寄与する」ことを目的としてきた．ところが20世紀になって出現した形式社会学は，「特殊的意味における社会概念」を設定して，これこそが社会学の研究対象であると主張し，全体としての社会を対象とするこれまでの社会学のあり方を否定するようになった．新明はこれに対して，学問の専門分化による特殊的社会科学の発達が社会の部分的認識を促進しているという事実があるからこそ，それらを総合するものとしての社会学の必要性がいっそう増している，と反論する．

それでは，新明が形式社会学に対置する総合社会学とは，具体的にどのようなものか．新明は，「総合的社会概念」を可能にするものは「行為的見地」である，と主張する．行為的見地とは，社会の本質を「行為関連」にあると考える観点である．新明によれば，行為はそれ自身「意味的」であるとともに，また必然的に「関連的」である．新明は，前者を内容的，後者を形式的と呼び，行為的見地は形式社会学と違って，社会が「形式と内容との合一態」である所以を明らかにするものである，と主張した．

『社会学の立場』の第3章は「文化社会学の構成」と題され，ヴァイマー

第3節 「特殊社会学」対「総合社会学」

ル・ドイツにおいて唱道された文化社会学が，新明の構想する総合社会学に適合的であるとする．新明によれば，ヴァイマール・ドイツにおける文化社会学の提唱者としてあげられるのは，カントロヴィッチ，シェーラー，アルフレート・ヴェーバー，マンハイムである．彼らが研究対象とした「文化」の中身は，市民文化（カントロヴィッチ），知識社会学（シェーラー），文化運動（アルフレート・ヴェーバー），イデオロギー論（マンハイム）というように多様である．新明は，彼らを一つの学派と見なすことはできないとするが，彼が文化社会学を推奨するのは，形式社会学の影響が限界に達した時期に，形式社会学の研究対象の領域外にあった重要テーマを発掘したことによって，形式社会学の行き詰まりを打開したという一点においてである．

富永コメント　まず新明が第1章であげた三点に対して，私のコメントを述べよう．第一点は，新明は総合的認識が科学的に可能であり，それへの要求は妥当であるとの主張を立てているが，それがいかにして可能で，なぜ妥当なのかを少しも「論証」していない．彼はただ，アンドレアス・ワルターが「総社会学」を提唱したとか，アルフレート・ヴェーバーとマンハイムが文化社会学を構築したなどの諸「学説」をあげて，それらを推奨しているだけにすぎない．第二点は，実証主義と現実主義はまったく別のことであって，ナチスの御用学者になったフライヤーの「現実学」の主張には，コントの実証主義につながるような要素は何もない，ということである．第三点は，ヴェーバーの客観性概念は理論理性の要求なのであって，ヴェーバーは理論と実践の結合などということを全然言っていない，ということである．

第2章における新明の主張に対して，私のコメントを述べよう．新明が『社会学の基礎問題』（弘文堂，1939）と『社会本質論』（弘文堂書房，1942）で到達した「行為関連」という着想は，今日の社会学用語で「相互行為システム」というほどの意味であると解するならば，それはマックス・ヴェーバーやパーソンズやミードにつなぎ得る現代的意義をもった着眼であり，私もそれを支持する．しかし問題は，それが総合社会学という彼の主張を導くためのものとして提唱されたところにある．新明は行為を「意味的」であるとともに「関連的」であるとし，前者を内容的，後者を形式的と呼んで，行為的見地は社会を「形式と内容との合一態」としてとらえるものであると述べ

たが，形式と内容との合一だから総合社会学であるというのは，ただの語呂合わせにすぎない．「行為関連」というのは，ヴェーバーからパーソンズにいたる行為理論の流れ，およびミードからシンボル的相互行為論にいたる流れのどちらから見ても明らかなように，「総合社会学」といった主張をなんら導くものではない．新明の誤りは，せっかくそのような新しい概念化に到達していたにもかかわらず，それらを総合社会学という古い革袋の中に入れてしまったことにあった．

　第3章における新明の主張に対して，私のコメントを述べよう．新明は，コント-スペンサーを超えて，1930年代のヴァイマール・ドイツの文化社会学による形式社会学批判に注目し，歴史哲学と歴史社会学を結びつける主張を立てたが，現実の新明社会学には文化社会学的研究の要素は欠けていた．そもそも文化社会学的研究を取り込むために，わざわざ総合社会学といった主張を立てる必要がないことは，宗教社会学の例を見れば明らかである．宗教社会学はジンメルにあり，より一層大きな規模でヴェーバーにあり，それを継承したパーソンズにあるが，それらはどれも総合社会学などといった主張を必要としていない．形式社会学 対 文化社会学という枠組はヴァイマール・ドイツで主張された特殊歴史的なものであって，それは第二次大戦後のドイツではとっくに消滅してしまっていたのであるが，新明は1968年にも再度『綜合社会学の構想』(恒星社厚生閣，1968)と改題して『社会学の立場』の新版を出し，彼のドイツ留学から実に30年ものあいだ，同一の主張をお題目のようにくり返した．新明によるこれらの反覆は，彼が有力な地位にある社会学者であっただけに，戦後日本の社会学に取り返しのつかない停滞をもたらしただけで，何のプラスにもならなかった．

　最後に，新明の総合社会学の主張全体に対して，私の二つの基本的な反論を述べることにしたいと思う．

（1）新明の「総合社会学」の提唱は，19世紀におけるコント-スペンサーの古典的な社会学に戻れと主張する，後向きのものにすぎなかった．社会学第一世代であったコント-スペンサーの主張は，ヨーロッパ17世紀に発するフランスとイギリスの啓蒙思想の流れを19世紀につないだものであり，その重要な貢献を私ももちろん否定しない．しかし問題はそれが，社会学が

社会科学の全体とイコールであるかのように主張された点にあった。このような観点をとると、社会学の職能は「総合」だけであって、他の諸社会科学が保持している個別学に固有の対象は、社会学にはないことになってしまう。とんでもない！「総合」はどの学問にも必要な知的作業であるが、それをとくに社会学だけの職能であるとする理由はない。重要なことは、社会学の現在があるのは、コント、スペンサーの総合社会学によってあるのではなく、テンニェス、ジンメル、デュルケーム、ヴェーバーら社会学第二世代によって展開された社会学ディシプリンの提唱がすぐれていたことによってこそあるのだ、ということである。20世紀の初頭において社会学第二世代の果たした、この決定的に重要な貢献についての認識が、新明には欠けていた。

(2) ジンメルがミクロ社会学の創始者として、1920年代以後の社会学の発展に重要な貢献をしたことへの注目が、新明には完全に欠けていた。マクロの社会有機体論からミクロの方法論的個人主義への転換というジンメルのアイディアは、ジンメルがそれを受け継いだカッシーラーのシンボル哲学、ジンメルの一面を継承したマックス・ヴェーバーの行為理論、社会有機体論を換骨奪胎したデュルケームの機能主義、ジンメルのミクロ理論と共通する要素をもっていたクーリーとミードの相互行為主義など、当時の欧米の同世代者に共通の流れを作り出し、「実体から作用へ」という20世紀の思想転換をリードする方向性を打ち出したのであった。ところが新明は、ジンメル社会学がもっていたそのような大きな進歩の方向性に気づかず、ジンメルが一つのアナロジーにすぎないと断っていた「形式」という語にひたすらこだわって、形式社会学は内容を扱い得ないから不毛だという一点張りで、これを執拗に攻撃し続けた。しかしジンメルの形式社会学は、ヴェーバーの行為理論やミードの相互行為理論と並んで、ミクロ社会学の重要な意義を発掘し、これをマクロ社会学の豊富な鉱脈につないだことにおいて、現代社会学の出発点を築いたと評価されるべきである。日本におけるジンメル社会学の再評価については、第4章で述べることにしよう。

尾高邦雄『社会学の本質と課題』と『現代の社会学』

次に、新明正道の『社会学の立場』と同じく1949年に出版されて、その

翌々年の1951年論争に直結したもう一つの著作，尾高邦雄[4]の『社会学の本質と課題』(有斐閣，1949) と，これに続く『現代の社会学』(岩波書店，1958)に目を転じることにしよう．

尾高が「論争」においてとった立場は，高田の「特殊」社会学と新明の「総合」社会学を折衷しようとする役割をとることであった．この折衷の立場の提示が，『本質と課題』の中心テーゼであった．上述したように，尾高はこの折衷を「弁証法的止揚」と呼んだのであるが，この試みは高田によっても新明によっても拒否され，止揚は成立しなかった．『本質と課題』は上巻と銘打たれていたが，下巻はついに書かれなかった．このことは，「私の立場」論争において尾高が強い挫折経験をもったことを物語るものとして，重要である．

高田保馬は，「私の立場」論争において，相手の主張にわずらわされることなく，30年来の彼の道を貫徹した．その点では，新明も同様であった．彼らはどちらも，この論争において敗北しなかった．これに対して尾高は，高田と新明に対する第三の立場を立てたが，論争においていわば敗北してしまった．というのは，尾高はこのような論争を早く終わらせることが自分の役割であるとしたが，彼は実際にはこの論争を有効に終わらせることができなかったからである．

ではなぜ，尾高はこの論争を有効に終わらせることができなかったのか．尾高は『本質と課題』の第2章において，社会学の本質と課題を論じるためには社会学史を顧みることが必要であるとして，彼が「社会学史の三段階」と呼ぶ図式を提示した．それは，「総合社会学」が「形式社会学」に移行し，そして「形式社会学」が「文化社会学」に移行した，というものであった．この図式によると，総合社会学は形式社会学によって否定され，そしてその形式社会学はさらに文化社会学によって否定された．このような三段階を経ることにおいて，文化社会学は「否定の否定」としてふたたび最初の総合社会学に復帰するのである，と尾高は主張した．それなら，彼はその総合社会学への復帰を支持するのであろうか．否，決してそうではなかった．では尾高は，社会学がどのような方向に向かうのがよいと考えていたのであろうか．

これについての尾高の結論は，一方で「社会学に固有の専門的視点を確立し，これによって社会学を正しく解された意味における専門科学たらしめる

こと」が必要であるとし，他方で「社会学が独立の専門科学たることを失うことなしに総合認識を行い得るための固有の総合点を確立すること」が必要であるとする，まったく両義的なものであった．尾高によれば，解決の鍵は「固有の視点からする社会の総合認識」を実現することにあり，そのためには，一方で総合社会学は「形式社会学に学ぶべき」であり，他方で形式社会学は「総合社会学に学ばなければならない」と主張された．ここから，両者は「ともに正しく，ともに誤っていた」とする，まさに折衷的な結論が導かれることになった．

『本質と課題』で挫折感を背負い込んだ尾高は，その次の著作『現代の社会学』において徹底的なアメリカ派に転向し，ハーバード大学に留学して，ハーバード・ビジネス・スクールの産業社会学を学びとった．彼のいう『現代の社会学』とは，最近の約20年間におけるアメリカ社会学のことである．尾高はこの本で，現代の社会学の主要傾向を「国際化の傾向」「統合化の傾向」「多様化の傾向」「実用化の傾向」「精密化の傾向」「体系化の傾向」の六つとし，これらのうちとりわけ「実用化の傾向」を重視した．彼はこの立場から，抽象理論を排して，経験的事実を明らかにすることを中心にしなければならないとし，社会学は社会調査を中心におくべきである，と主張した．尾高の『現代の社会学』については，次の富永コメントの中で述べることにしたい．

富永コメント 尾高邦雄の『社会学の本質と課題』は，題名が指示しているように，社会学の「本質」と「課題」を明らかにすることに成功したと言えるであろうか．否である．尾高が解決の鍵であると主張した「固有の視点からする社会の総合認識」とは，いったい具体的に何をどうすることだったのであろうか．社会学は「独立の専門科学」であると尾高は言っているのに，どうしたらそれが社会諸科学の「総合認識」になり得るのであろうか．これらのことは，一向に明らかでない．尾高のいう「解決」は，単なる言葉の上だけの解決であるにすぎなかった．そうならざるを得なかった原因は，尾高が最後まで，相互に矛盾する「専門科学としての社会学」という主張と「社会の総合認識」という主張とを，両立させようとしたことにあったと言わねばならない．

ここでのポイントは，「専門科学としての社会学」をいうのなら，「総合認

識」という主張は棄てなければならない,というところにある.尾高の力点はむしろ「専門科学」の方にあったのだから,総合認識というような主張は棄てられるべきであったのである.にもかかわらず,彼が総合認識という視点を最後まで棄て得なかったのはなぜか.私の考えによれば,その原因は,尾高の「社会学史の三段階」という図式主義にあった.彼は「否定」の「否定」は総合社会学に戻るとして,総合認識という主張にこだわった.しかし現実の社会学史はけっして,尾高のいうような三段階図式の枠の中に収まるようなものではない.例えばデュルケーム社会学は,総合社会学でもなく,形式社会学でもなく,文化社会学でもない.また尾高はマックス・ヴェーバーの行為理論を形式社会学としたが,これも総合社会学でもなく,形式社会学でもなく,文化社会学でもない.戦後のパーソンズの構造-機能主義社会学も,ミードのシンボル的相互行為主義も,シュッツの現象学的社会学も,みんな同様である.

　例えばパーソンズが『社会的行為の構造』(1937)において立てた問題は,社会学史の中に実証主義と理念主義の対立を見,そして主意主義的行為理論という提言によって両者の収斂を展望することであった.パーソンズの提言は,社会学史をそれまでになかった新しい角度から見ようとする,新鮮で有益な問題設定を含んでいた.だから「収斂」というパーソンズの展望は,単なる折衷ではない独自の意味をもった主張として,一定の評価を受け得た.尾高もまた,パーソンズのような詳細な学説研究ではなかったとはいえ,社会学史を通観するという作業を行った.しかし彼はそこから有益な材料を仕入れることに成功しておらず,新鮮な新しい地平を切り開く視点を提出することができなかった.そうなった原因は,尾高による学説レヴューが,総合社会学・形式社会学・文化社会学という硬直した「弁証法的」図式に諸学説を当てはめようとしたためであった.

　実は尾高は,本書の第3章で後述する『産業社会学』(ダイヤモンド社,1958)において,社会学は特殊社会科学の一つであるとみずから明言しているのである.それなら,この論争でも「総合」などという語を口にすることなく,特殊社会学にはっきり賛意を表するべきだったのである.尾高の産業社会学における人間関係論は,社会学的にはジンメル的な相互行為理論であ

第3節 「特殊社会学」対「総合社会学」

り，その意味で形式社会学的である．ところが彼は，みずから提示した弁証法図式なるものに足を縛られ，新明に引き込まれて形式社会学の到達点の意義を評価することなく，最後まで「総合」を言い続けた．これが尾高の折衷主義である．彼はこの折衷主義を引っ提げて「私の立場」論争に臨んだ．彼はそれで高田‐新明論争を有効に終結させ得ると思っていたかもしれないが，高田も新明もそのような折衷を受けつけなかったので，尾高は大きな挫折感を背負い込む結果になった．このとき以後尾高は，学論，学史，原理論に類する一切のことから手を引いてしまった．尾高がそのつぎに書いた著作『現代の社会学』は，そのことを明瞭に示している．

　尾高の『現代の社会学』に関して私がとりわけ問題にしたいのは，彼が「理論」に関して，調査の「仮説」以外のものをすべて否定してしまったことである．尾高には経験的研究に徹しようとする一種のラディカリズムがあり，「きみ，理論というのはね，調査から出てくるものなんだよ」と言っては，次から次へとモラール・サーベイに没頭した．社会調査から理論が出てくることがあるとすれば，それはすぐれた理論的洞察が社会調査と結びつけられた場合のみであって，社会調査だけから理論が出てくるということはあり得ない．尾高がそのようなラディカリズムをとったのは，彼の後半生における一つの決断であったが，このラディカリズムの故に，彼はディレンマに陥ってしまったと思われる．尾高は，東大在職中の最後の十数年，「社会学概論」の講義を担当するべき立場にあったにもかかわらず，そのような講義を一度もしなかったし，そういう題の本も書かなかった．なぜなら，概論（原論）とは，思想，学史，方法論，理論などの諸要素をすべて含んだ，一つの学問の理論体系であるが，尾高は経験科学に徹するために，それらの諸要素を全部否定したからである．

　この中でとくに問題なのは，彼が「思想」の契機までをも，他の諸要素と一緒に否定し去ったことである．その結果，彼の学問に「思想性」の要素が欠落し，もっぱら実用性（実際問題の役に立つこと）が強調されるようになった．その結果，本書第3章で後述する尾高の産業社会学において，人間関係論は企業における実践的な労務管理論になり，また「モラール」測定は，心理学の知能指数論が教育現場における応用的実践を主導したように，企業

現場の応用技術になった．

　尾高は，心理学者がくる日もくる日も実験をやっているのと同様に，次から次へと工場での社会調査を続けた．心理学は，ある段階から思想性をもたない実験科学となったから，自然科学と同様に，くる日もくる日も実験をやることで科学的真理に近づき得るであろう．しかし社会学は自然科学から遠く位置し，くる日もくる日も社会調査をやっていれば科学的真理に近づき得ると言えるかどうかには，大いに疑義がある．尾高は自分でつくった原則に忠実であろうとしたために，調査と結びつかない理論的諸要素をすべて棄ててしまうことを自分に強いた．これが私のいうディレンマにほかならない．

　その結果，尾高は1958年後半以後，「産業社会学」という領域社会学の内部だけに籠もり，その外には一切出なくなった．彼を挫折に導いた「社会学の本質は何か」というような不毛な議論を彼はさっさと棄てて，企業の現場で「役に立つ」社会学としての産業社会学に頭を切り替えた．これについては産業社会学の項において後述するが，この自己限定は，一面ではかつての『本質と課題』におけるような「大問題」へのかかわりから彼を解放したと同時に，社会学理論家としての尾高は消えてしまった．上述したように，彼がその後半生において調査第一主義をとった理由は，1951年論争で背負い込んだ大きな挫折感にあったと解釈される．『社会学の本質と課題』という大問題を掲げた時，尾高は理論家たることを目指していたはずである．しかし論争の過程で彼には大きな挫折感が起こり，この本の下巻を書くことは完全に放棄された．

　付記　尾高邦雄先生は，私が大学院でお世話になった恩師である．先生は死の床に臥す直前に，ご自身で編集し，1993年7月2日付で「自序」をつけた『尾高邦雄選集』を完成されたが，それには『社会学の本質と課題』も『現代の社会学』も，そして戦前版の『職業社会学』さえも（戦後の『新稿職業社会学』の一部を除いて）すべて排除されている．晩年の尾高先生が，このようなきびしい自己限定によって「理論」を拒否するようになられたことを，私は非常に残念に思う．

1) 高田保馬・新明正道・尾高邦雄「社会学に対する私の立場」『社会学評論』第4号, 1951: 79-104.
2) シュタインとマルクスの名があげられることがあるが, シュタインは国家学者であって, コント-スペンサーの社会学にはまったく関心をもっていなかった. またマルクスは, 第5章で後述するように, 唯物弁証法の哲学とマルクス主義経済学を建設することを目的としていたのであって, やはりコント-スペンサーの社会学にはまったく関心をもっていなかった.
3) 新明正道 (1898-1984) は, 第四高等学校を経て東京帝国大法学部政治学科に吉野作造門下として学び, 学生時代は基督教青年会や新人会で活躍した. 1921年卒業と同時に関西学院大学文学部教授となり, はじめ政治学を担当したが, まもなく社会学に転じた. 1926年, 東北大学法文学部助教授となった新明は, 1929年から2年間ヴァイマール・ドイツに留学して, まずベルリン大学でフィアカントに学び, 次いでフランクフルト大学でマンハイムに学んだ. 1931年帰国, 同年東北大学教授となる. 1961年東北大学定年退官. その後は中央大学教授, 立正大学教授, 創価大学教授を歴任した. 新明の著書はきわめて多いが, 主要著作は, 『形式社会学論』(巌松堂書店, 1928), 『社会学』(岩波書店, 1929), 『知識社会学の諸相』(宝文館, 1932), 『ファッシズムの社会観』(岩波書店, 1936), 『ゲマインシャフト』(刀江書院, 1937), 『社会学の基礎問題』(弘文堂, 1939), 『社会本質論』(弘文堂書房, 1942), 『社会学辞典』(編, 河出書房, 1944), 『イデオロギー論考』(関書院, 1949), 『社会学の立場』(大涛社, 1948), 『社会学史』(有斐閣, 1951), 『社会学史概説』(岩波書店, 1954), 『タルコット・パーソンズ』(恒星社厚生閣, 1982). 新明の諸著作は, 全10巻の『新明正道著作集』(誠信書房, 1976-92, 一部未刊) に集められている.
4) 尾高邦雄 (1908-93) は, 第二高等学校を経て東大文学部社会学科で戸田貞三のもとに学び, 1932年に卒業した. 尾高の一年上には, 清水幾太郎がいた. マックス・ヴェーバー「職業としての学問」の翻訳 (岩波文庫) を契機として, 職業の研究を専門に選び, 博士論文『職業社会学』を書いた. 職業社会学は, 戦後の社会階層研究につながった. 戦後は1949年以後たびたび渡米して, ハーバード大学ビジネス・スクールに学び, 人間関係論から強い影響を受けて, 職業社会学から産業社会学に転じた. 1942年東大専任講師, 45年同助教授, 53年同教授, 69年同定年退官, 同年上智大学教授, 77年同定年退職. 主要著作は, 『職業社会学』(岩波書店, 1941), 『職業と近代社会』(要書房, 1948), 『社会学の本質と課題』上 (有斐閣, 1949), 『社会科学方法論序説』(春秋社, 1950), 『産業における人間関係の科学』(有斐閣, 1953), 『鋳物の町』(編著, 有斐閣, 1956), 『職業と階層』(編著, 毎日新聞社, 1958), 『現代の社会学』(岩波書店, 1958), 『産業社会学』(ダイヤモンド社, 1958), 『技術革新と人間の問

題』(編著, ダイヤモンド社, 1964),『日本の経営』(中央公論社, 1965),『職業の倫理』(中央公論社, 1970),『産業社会学講義』(岩波書店, 1981). 尾高の諸著作は, 全5巻の『尾高邦雄選集』(夢窓庵, 1995) に集められている.

第4節　「論争」以後の日本社会学の行方——領域社会学

　1951年論争は,「ドイツ社会学における実証主義論争」(ポパー - アドルノ論争) や「社会理論か社会テクノロジーか論争」(ハバーマス - ルーマン論争) のように, その後何十年も語り伝えられるほどの立派な内容をもった論争ではなかった. そもそも20世紀前半に形成された特殊社会学に対して, 19世紀に形成された総合社会学を復活させようとした時代逆行的論争が, 何十年も語り伝えられるようなものになるはずがない. 高田の形式社会学を否定した新明正道は, 尾高が形式社会学批判の側に立ったため, 一見すると二対一でこの論争に勝利したかのように見えた. しかし実際に, 新明の主張するような総合社会学がその後に実現された, というようなことはなかった. これは当然である. 新明は新しいものを作り出した社会学者ではなかった. それにもかかわらず重要なことは, この論争を契機として, 日本の社会学が変わってしまったということである. そして『戦後日本の社会学』と題する本書の観点から重要なのは, まさにこの点である. すなわちこの時期から, 日本社会学の主役は, 特殊社会学でもなく, 総合社会学でもなく, 私が「領域社会学」と呼ぶものに移行していったのである. 以下この節では, そのことを見ることにしよう.

「特殊社会学」対「総合社会学」という対立からの離脱

　「1951年論争」は三者対立のままで終了したが, この三者対立には二つの側面があった. 一つは, この論争は新明の「総合」社会学の主張が高田の「特殊」社会学の主張を否定し, 尾高もまた「弁証法図式」によってこの否定に同調した形になったことによって, 高田の結合社会学はいわば肯定一, 否定二で否決された, という側面である. 他の一つは, 尾高は新明の総合社会学

を支持したのではなかったから，新明の総合社会学はけっして肯定二，否定一で肯定されたというわけではなかった，という側面である．

その結果は，論争の結末をどこへ導くことになったであろうか．第一の側面においては，高田の結合社会学の主張は二対一で否決されてしまったのだから，それは20世紀後半の新しい時代の社会学を背負って立つだけの求心力をもち得なくなった．ところが第二の側面においては，新明の総合社会学の主張は二対一で採用されたというわけではなかったのだから，これもまた20世紀後半の新しい時代の社会学を背負って立つだけの求心力をもち得るものではなかった．この二つの結論を合わせると，1950年代以後の社会学の行方はどこに落ち着くことになるだろうか．

一つは，戦前社会学が戦後初期に遺産として残した高田 - 戸田 - 鈴木の理論的パラダイムが，次第に影響力を失っていったということである．その結果，戦前社会学型の理論パラダイムは，戦後日本の社会学からしだいに退いていくことになった．この論争は，戦後日本の社会学に，いわば「理論の時代の終わり」という事態を結論することになった．「特殊社会学」という語それ自体もまた，次第に使われる必要がなくなっていった．

もう一つは，「総合社会学」もまたけっして勝者になったわけではなかった，ということである．1951年の時点で，社会学の19世紀的形態を復活させようとする新明の時代逆行的提案が，日本社会学全体に受け入れられるということはさすがになかった．特殊社会学との対比において，総合社会学という語が用いられることもまた，次第になくなっていった．かくして20世紀後半を迎えつつあった時点において，総合社会学か特殊社会学かという19世紀的問題が「天下分け目の大問題」であるとする考え方自体が，次第に過去のものになっていった．

以上の考察は，戦後日本の社会学が，総合社会学 対 特殊社会学という対立から離脱するようになった，ということを意味する．この観点からすると，1950年代後半以後において，日本社会学に三つの主要なイベントが起こった，ということが重要である．第一は，諸領域社会学の「ノーマル化」と私が前章で呼んだものが優勢になった，ということである．戦前からしだいに担い手を増やしてきた諸領域社会学は，総合社会学 対 特殊社会学という対

立にかかずらう必要がまったくなかった．第二は，1950年代にアメリカからパーソンズの「行為の一般理論」および「社会システム理論」が入ってきた，ということである．戦前型の理論パラダイムが影響力を失ったあと，理論の欠落を埋めるという役割が，パーソンズ理論に期待されたのである．第三は，1960年代以後に「マルクス主義社会学」が急速に優勢化したことである．これもまた，理論の欠落を埋めることを期待されたもう一つの社会学であった．以下，この三つを順次に取り上げることにしよう．

領域社会学のノーマル化

最初に到来したイベントは，すでに戦前から形成されつつあった領域社会学が，戦後において「ノーマル化」したことであった．戦前世代の中で，諸「領域社会学」の中のどれかに自分自身のオリジナルな研究領域を見出していた社会学者たちは，無益な1951年論争などに煩わされることなく，自己の領域での経験的研究に専念していたことが注意されねばならない．かくして，諸領域社会学のノーマル化が戦後日本の社会学を大きく特徴づけることになり，これらが戦後日本の社会学の第二局面を形成することになった．

家族の実証研究の泰斗であった小山隆は，晩年の論文「社会学における理論と実証」(『社会学評論』第113号，小特集「日本社会学の展開」1978) の中で，戦前日本社会学の実証研究の動向について，小山自身による戦前の論稿「日本社会学の概観」(『高岡高商研究論集』1934/36) を引用しながら，つぎのように述べている．日本において，具体的社会についての社会調査が動き出したのは昭和7年ごろからで，家族，村落，都市，民族，階級，社会意識，社会変動などがその対象であった．しかし日華事変の発生以後，せっかく動き出したそれらの実証的研究は，フィールドにおける調査取締りの指令によって圧迫され，発展を止められてしまった．戦前に動きが起こりながら十分に発展し得なかったそれらの実証研究へのエネルギーは，雌伏十年ののちに，戦後になって一挙に拡大したのである，と．

小山はこれらを単に実証研究の諸分野と呼んだが，私はこれを個別諸領域に特化した社会学というほどの意味で「領域社会学」(かつてカール・マンハイムによって「連字符社会学」Bindestrichssoziologie と名付けられたもの)

第4節 「論争」以後の日本社会学の行方——領域社会学

と呼び,「理論社会学」と対置してきた（富永健一『社会学講義』中公新書, 1995）. じっさい領域社会学は, 小山のいう「雌伏十年」をバネとして, 戦後における社会調査の隆盛と結びつき, 戦後一挙に花開いたということが重要である. これは, 戦前に高田保馬によって圧倒的にリードされた理論社会学が1930年代以後に「現実遊離」としてブレーキをかけられ, 次いで1951年論争において「形式社会学」としてストップをかけられたあと, まさに「現実」そのものを扱っていた領域社会学が, それらの論争にまったく煩わされることなく, 自由に発展をとげることができたということによって説明し得るであろう. 領域社会学者たちは, 個別領域という自分の領土にいっせいに四散していったのである.

「領域」というのは, 家族社会学・農村社会学・都市社会学・産業社会学のように, 社会学の研究対象としていわば自然発生してきた具体的なものであり,「領域」がいくつあるかということを演繹的に数え上げることはできない性質のものである. 例えば国際社会学会（International Sociological Association）には, 領域社会学が「リサーチ・コミティ」の名前で40いくつあり, それらのほかに「アドホック」と呼ばれているリサーチ・コミティの予備軍があって, アドホックはメンバーが増加するとリサーチ・コミティに昇格するから, 領域社会学はなお増加していく. その反面, メンバーが減ってしまったリサーチ・コミティは廃止される.

戦後日本に存在している領域社会学を, 第1章で述べた『社会学講座』（福武直監修）全18巻の中から選んでみると,「家族社会学」「農村社会学」「都市社会学」「産業社会学」「政治社会学」「経済社会学」「法社会学」「教育社会学」「知識社会学」「社会病理学」「数理社会学」が「○○社会学」としていわば「公認」され, そのほかに「○○論」というかたちのものが四つ付加されていた. これら「○○社会学」のうち, 政治社会学・経済社会学・法社会学・教育社会学の四つは, 私のいう「外延的」領域社会学であって, もちろん社会学者がやる場合もあるが, それぞれ政治学・経済学・法律学・教育学の中に位置づけられてきた. 数理社会学は一般社会学そのものの方法であり, 知識社会学は社会意識論とともに一般社会学の一部と見なされ得るから, これらは領域社会学ではない.「○○論」を単にアドホックなものと見なして

おくと，けっきょく家族社会学・農村社会学・都市社会学・産業社会学の四つが「内包的」領域社会学の主要なものと見なされることになる．

新しい社会学理論の登場(1)——リベラル社会学

領域社会学のノーマル化は，社会学を領域ごとに個別分断された「バラバラ社会学」にするという状態をつくり出した．ここでバラバラ社会学というのは，家族社会学は家族社会学だけ，農村社会学は農村社会学だけ，都市社会学は都市社会学だけ，産業社会学は産業社会学だけでそれぞれ独立世界をつくり，個別研究者はそれぞれの内部だけに籠もってしまう結果，社会学は「中範囲」ないし「小範囲」の「○○社会学」へと解体し，それらを再度統合するような求心力は失われてしまう，という状態をさしている．領域社会学者たちは，個別的にはいい仕事をしたのであるが，彼らは領域内部の問題に専念するだけであるから，社会学は全体として共通の理論はおろか共通の基礎概念さえもたないような，単一のディシプリンと言えないものになってしまった．そこでそれだけでは困ると考える人たちによって，新しい社会学理論の導入が図られるようになった．

例えば，上述した戦後日本の「社会変動」を明らかにするという研究課題に直面したとすると，領域社会学のノーマル化においては，この課題は領域ごとにバラバラにされて，家族の社会変動，農村の社会変動，都市の社会変動，企業の社会変動，などが個別的な領域社会学の課題とされるほかはない．しかし日本社会を全体的にとらえるマクロ社会学的視点から社会変動をとらえようとする人びとは，それだけでは満足することができない．そこでそれらの人たちは，領域社会学の優勢によって一度は背後に退いた理論社会学が，戦前世代型の一般理論とはやや違った新しいかたちで再登場する必要があると考えた．しかしながらこの新しい理論社会学は，すべての人の合意を得た単一の理論にはなり得ず，リベラル理論とマルクス主義理論に分裂して登場するようになった．これらが戦後日本の社会学の第三局面を形成する．

第4章で見るように，リベラル理論は，日本の内部で高田保馬というカリスマを葬り去った——いままた『高田保馬リカバリー』[1)]の時代が再来しつつあるかに思われる——ので，その代役を欧米の有力な社会学理論家の受容

に求めなければならなくなった．それにはいくつかの可能性があり得たであろうが，時代の赴くところは，マックス・ヴェーバーの行為理論・宗教社会学・支配社会学，およびタルコット・パーソンズの行為の一般理論と社会システムの構造‐機能理論へと収斂して行き，再評価されたジンメルとデュルケーム，そしてパーソンズから出たニクラス・ルーマンの社会システム論などがそれらに加わる，というかたちになっている．

　これらのうち，ヴェーバー研究は戦前から始まっており，はじめのうちは社会学者以外の人びとによるものが多かったが，それらが刺激になって，社会学者によるヴェーバー研究も次第に増えていった．パーソンズ研究は戦後に始まり，日本の戦前世代の社会学理論家が押し潰されてしまったのと入れ替わりに，アメリカからパーソンズとその協力者の『行為の一般理論』(Parsons & Shils, eds., 1951) および『社会システム論』(Parsons, 1951) が，1950年代の日本に導入された．パーソンズはマックス・ヴェーバーの研究家であったから，パーソンズが戦前に出版した大著『社会的行為の構造』は，戦前のドイツにおけるヴェーバーの行為理論の系譜を引いており，ヴェーバーからパーソンズにいたる流れをつなげることによって，「リベラル社会学」の名で呼ぶことのできるイメージができてくる．ルーマンはパーソンズの『行為の一般理論』と『社会システム論』を学び，それらをもとに数多くの新機軸を付加して，ドイツで新しい理論をつくった．ただルーマン理論には，現象学からの影響があることと，社会システムを「閉じたシステム」として見るオートポイエシス理論があることから，ヴェーバー‐パーソンズのリベラル社会学とはかなり異なるイメージが伴っている．

新しい社会学理論の登場(2)——マルクス主義社会学

　もう一つのイベントは，マルクス主義社会学の登場である．マルクスはコント，スペンサーと同世代人であるが，ヘーゲル哲学と古典派経済学を学んで「史的唯物論」と「批判的経済学」（マルクス経済学）を作り上げ，社会学という語を用いたことはなかったので，戦前日本の社会学には，マルクス主義社会学というものは存在していなかった．マルクスとエンゲルスの『ドイツ・イデオロギー』は哲学の本であり，マルクスの『資本論』は経済学の本

である，というのが1950年代ころまでの通念であった．

ところが戦後日本において，マルクス主義が社会学そのものの中に入ってきた．これは社会学の中に，福武直のような有力な主唱者があらわれた（これについては第5章で述べる）ことによるのであるが，1951年論争もその要因の一つになっていた．というのは，新明正道によってなされた「総合」社会学の主張が，マルクス主義を社会学として受け入れる可能性を示唆したからである．ヴェーバーの「社会的行為」や「社会関係」のような概念はマルクスにはないが（のちに布施鉄治はマルクス主義の中にそれらの概念を導入する試みを展開した），もし「総合」社会学ということですべての社会科学は社会学であるとするなら，もともと日本ではマルクス主義は（総合的な）「社会科学」という語によって親しまれてきたのだから，マルクス主義社会学はその中にすっぽり入ってしまうことになる．

1960年代後半から，アメリカで社会学を中心にネオ・マルクス主義（「新左翼」イデオロギーと当時呼ばれた）が広がった．アメリカには「マルクス主義経済学」というものはなかったから，マルクス主義を社会学と見なして「マルクス主義社会学」という語を普及させるのに，日本におけるような抵抗感はなかったのである．しかし日本には「マルクス経済学」という確固とした伝統があり，マルクス経済学とは『資本論』の世界であると誰もが考えていたので，マルクス主義社会学は日本では受け入れられないだろう，と思われていた．ところがアメリカのものには何でも追随する日本で，マルクス経済学の退潮とともに，マルクス主義社会学はあっさり受け入れられてしまった．かくして1960年代後半から1990年代初頭の冷戦体制の崩壊まで，マルクス主義を社会学として位置づけ得るとする時代が続くことになったのである．

以上にあげた領域社会学，リベラル社会学，およびマルクス主義社会学の戦後日本社会学における展開を，本書のそれぞれ第3章，第4章，および第5章において順次に位置づける．リベラル社会学とマルクス主義社会学の並存時代，およびマルクス主義の解体後に登場してきたマルチパラダイムの多様な流れは，戦後社会学の第四局面として，第6章で取り上げることにしよう．

1) 金子勇編『高田保馬リカバリー』(ミネルヴァ書房, 2004, 前掲).

第3章　諸領域社会学の発展

第3章へのまえがき

　領域社会学という語は，私が『社会学講義』(1995)において必要に迫られて初めて鋳造した語であるが，その意味は要するに，社会学の個別領域ごとにおのずから成立してきた部門別社会学をあらわす名称だから，誰にも受け入れられるであろう．領域社会学は，「個別領域ごとに成立する」という条件，「具体的事実を扱う」という条件，「抽象理論を排除する」という条件によって定義づけられる．

　領域社会学においては，ノーマル化がすでに早くからととのっていた．というのは，1951年論争に先立って，戦前の1930年代後半ごろからすでに，水準の高い領域社会学の研究が出始めていたからである．そこで理論が退潮したあとの戦後社会学では，おのずから領域社会学が戦後日本社会学における主役の座を占めるにいたった．小山隆によれば，諸領域社会学のうちとくに家族社会学および農村社会学は，戦前から日本社会についての実証研究として発展を開始していたが，戦時中は軍部によって社会調査が禁じられたのに対して，戦後はアメリカ社会学の影響もあって社会調査が隆盛におもむいたため，彼のいう「雌伏十年」をバネとして，戦後において実証的な学問としての諸領域社会学が一挙に花開くことになった，ということが重要である．

　小山があげた家族，村落，都市，民族，階級，社会意識，社会変動という七分野の領域社会学のうち，戦後日本で爆発的に活動が始まったのは，家族社会学，農村社会学，都市社会学の三つに，小山があげなかった産業社会学を加えた四つであった．民族は，戦後日本がしばらくのあいだ国際交流から切り離された状態になったために，1970年代に「エスニシティ」という名によって呼ばれて復活するまで，戦後二十数年間，研究対象にされなかった．階級，社会意識，社会変動の三つは，一般社会学そのものの一部と見なされ，領域社会学とは見なされなかった．そこでこの章では，これら四つの領域社会学について，私が優れた諸著作

と考えるものを順次に取り上げ，諸領域社会学の発展をあとづける．

　第1節は，有賀喜左衛門の「家と同族」研究の系譜を取り上げる．有賀は家と同族団のモノグラフ研究を積み重ね，「日本の家族は家であり，家の連合は同族である」と断固として主張しつづけた．戸田貞三の小家族理論が「家」を捉えていないとする有賀の戸田批判と，戸田を擁護する喜多野清一の鋭い有賀批判をあとづけたのち，有賀の家と同族の研究を仏教の真宗教団に適用した森岡清美の研究，および同じく有賀の研究を都市の商家同族団に適用した中野卓の研究を取り上げる．

　第2節は，福武直を中心に発展した戦後日本の農村社会学を取り上げる．福武は，日本の村には「同族結合」の村と「講組結合」の村とがあるという定式化を行い，村は同族からなるという固定観念から農村社会学を解放した．他方，福武は農村社会学をマルクス主義農業経済学と結びつけ，農村社会学をマルクス主義化の方向に牽引した．

　第3節では，戦後に発展した都市社会学を取り上げる．磯村英一は，アメリカで1920-30年代に発展したシカゴ学派の同心円理論を東京に適用した．戦前に農村社会学を完成した鈴木榮太郎は，戦後に都市社会学に転じてこれを完成し，他に類例のない地域社会学の一般理論家となった．他方，矢崎武夫はシカゴに留学してシカゴ学派的な都市社会学を研究したのち，それを離れて日本都市史の研究に転じ，独自の歴史研究を達成した．

　第4節では，戦前日本にはまったく存在しなかった産業社会学を取り上げる．尾高邦雄はハーバード・ビジネス・スクールの人間関係論を取り入れつつ，日本の企業を対象にモラール・サーベイと従業員の帰属意識調査を継続的に行い，実証的な産業社会学をつくり上げた．松島静雄は中小企業のケース・スタディを積み重ね，労務管理の日本的特質に着目しつつ，高度経済成長を背景にした中小企業の成功物語を構築した．間宏は日本労務管理史の研究に特化し，有賀の「家」の研究に影響されながら，経営家族主義としてこれを捉えようとした．

第1節　家族社会学

　この節で取り上げるのは，領域社会学としての家族社会学である．この意味の家族社会学は，伝統的な農村家族を研究対象とするもので，第6章で取り上げる理論社会学の家族研究とは異質なものであり，「家」と「村」をペアとして，農村社会学と重なり合いながら，農村調査を通じてなされてきた，戦前からの発展を継承するものであった．

「家」と「村」

　戦前から戦後初期までの全期間をつうじて，領域社会学としての家族社会学と農村社会学は，日本社会学の中心的な研究領域をなしてきただけでなく，相互に密接に関連しあい重なりあってきた．日本の人口の半数近くが農村に住んでいた当時において，家族社会学の研究者は農村の伝統家族に目を向けることから出発し，農村社会学の研究者もまた農村家族（「農家」）に眼を向けることから出発したからである．日本の伝統社会は何よりもまず農村であり，その農村における家族は伝統的な「家」であった．だから「イエ」と「ムラ」はペアをなす概念として結びついていた．一般社会学が「総合社会学」対「形式社会学」という無益な論争を続けていたあいだにも，イエとムラが伝統的な日本社会の中心に位置していることは疑われる余地がなかったし，イエとムラの研究は「総合社会学」対「形式社会学」といった論争に煩わされる必要がなかった．

　日本の「家」制度は1947年の戦後改革によって消滅し，戦後日本の家族は，伝統的な家父長制家族としての「家」制度から，近代家族としての核家族へと移行した．次いで高度経済成長が農業人口の劇的な減少をもたらしたので，江戸時代いらいの「自然村」は急速に解体した．しかしこれらにはタイム・ラグがあり，1950年代前半くらいまでは，農家と農村はまだ解体していなかった．高度経済成長によって工場とオフィスの雇用が飛躍的に増加したことによって，はじめて「イエ」と「ムラ」の解体が進んだのである．そ

れ以後は、核家族化と都市化が進んだだけでなく、女性の就業、これによる専業主婦の減少、少子化、高齢化の進行によって、核家族そのものが解体し始めた。家族社会学の中心課題は、少子化と高齢化の中での家族の変動と単身者世帯の増加という問題に移行した。しかし少子化と高齢化が言われ始めた1970年代の直前まで、領域社会学としての家族社会学は、伝統的な「家」制度を研究主題にし続けた。

家制度とは、家名と家産が単子相続によって世代から世代へと継承され、家長が家と家産の維持・発展と祖先祭祀の責任を負う制度である。「家」は直系家族の一形態であるが、家制度のもとにおいては、家長は家成員を絶対的に支配していた。村落における農業者と都市における自営商工業者が、制度としての「家」の担い手であった。それらにおいて家は同時に企業体であり、家長はいわば企業長であった。明治民法の規定では、家長は長男によって継承されることにきめられていたが、都市の商工業などでは家長は企業家としての能力を要求されることから、能力を基準にして次三男や娘婿（養子）が家長に選ばれることもあった。

家は単子相続であるから、家産は分割されずに嗣子が一括相続した。資産が大きい場合にのみ、次三男にも分家によって不平等だが土地が与えられる機会があった。1890年代以後、日本の産業化が始まると、農地を相続できない次三男は都市に出て、中等・高等教育を受けたものはホワイトカラーになり、そうでないものはブルーカラー労働者になった。彼らは日本の産業化の担い手として、単身で農村から都市に出、都市に定住して、そこで結婚して核家族を形成したので、都市では戦前から核家族比率が高かった。

戦後改革と高度経済成長によって、伝統的な「家」と「村」が解体し始めた時、日本の家族と村落は大きな社会変動を経験することになった。戦前社会の前近代性を克服して近代化を達成することを国民的課題としていた戦後初期の日本において、家族のこの構造変動はまさに国民的規模での大きな関心事であり、家族社会学はこの意味でカレント・トピックスになった。その反面で、この時期の家族社会学には、消えつつある「家」としての日本の伝統家族を記憶の中にとどめようとする動機もはたらいていた。

家族社会学における「家」の理論化には、大きく分けて二つの立場の対立

があった．第一の立場は，日本の家制度においては家が直系家族として世代を超えて存続するだけでなく，家の連合体が「同族団」（本家―分家関係）を形成しており，家と同族団は西洋の家族（ファミリー）とはまったく異なる日本の伝統文化に深く根ざすものだから，その説明には日本的特殊性のタームが用いられるべきであると主張するものである．この立場の代表は有賀喜左衛門[1]であった．

　戦前日本においてさえ例外的であった大家族のフィールド調査を手がけてきた民俗学出身の有賀には，戦後日本の家族の将来がまったく見えていなかった．日本の家制度は戦後改革によって法的基盤を失ったにもかかわらず，有賀は1960年代になってもなお，彼が戦前に調査した東北地方の農家における特殊な大家族の事例が日本の家の特性を典型的にあらわしていると言い張った．有賀は，戦後においても家制度は不変であり，日本の「家族」はいつまでも「家」であるから，日本では家族という語を用いることをやめて家という語に一本化すべきである，と主張した．有賀の「日本的特殊性論」は，諸外国の家族を比較文化史的視点に立って研究した上で，日本が特殊であると結論したのではなく，日本の同族団を西洋古代の「氏族」および近現代の中国・韓国の「宗族」と制度比較するという視点は欠けており，また高田保馬の近代化論テーゼにおける「中間社会喪失」によって氏族が消滅していく——同族は氏族の一形態である——という認識に対して盲目であった．

　これと対立する第二の立場は，日本の家制度といえども世界のすべての地域に存在してきた家族類型の一つ（「家［父］長制家族」）であり，その説明には通文化的普遍性のタームが用いられ得る，と主張するものである．戸田貞三は，戦前に1920年の第一回国勢調査の1％抽出集計によるデータ解析をみずから行い，『家族構成』（弘文堂書房，1937）において日本全国の世帯構成員の81.9％が小家族（核家族）成員であるとの実証的な結論を出した．もちろんこれは，戸田が「家長的家族」と呼んでいた「家」家族の成員を含めた数字である．戸田はこの数字に基づいて，家族結合の本質を夫婦と親子の親密な感情的融合に求める，通文化的普遍性のタームによる小家族理論を定式化した．

　有賀は戦後，戸田の没後になってから，論文「家族と家」（1960）その他に

おいて，彼が戦前に発見した東北地方の農村家族の特殊な諸事例を一般化して，日本の家族の原型は伝統的な「家」とその連合体としての「同族」からなる大家族制に求められると主張して，戸田の小家族論に挑戦した．しかし有賀のこの挑戦に対しては，戸田門下の喜多野清一[2)]がこれを受けて立ち，著書『家と同族の基礎理論』(未來社，1976）において，日本の「家」は核家族を世代間でつないだものとしての直系家族であり，夫婦と親子の親密な感情的融合を求める核家族の求心力が中心になっているという点で基本的に小家族であると主張して，有賀に対する徹底した反批判を展開した．喜多野によれば，日本の家はなんら文化的に特殊なタームを必要とするようなものではなく，「家［父］長制的伝統にもとづく直系家族」として普遍語によって特徴づけられ得るものである．戦後においてはその家［父］長制的伝統はすでに解体し，夫婦結合中心の核家族に移行しつつある．

戸田門下の小山隆[3)]は，宗門人別帳を用いて徳川時代の農村家族を調査し，それらもまた小家族であったことを立証した．鈴木榮太郎・岡田謙らもまた，「家連合」としての同族を中心において村落構造を見る有賀の理論に対して，批判的な見解を提示した．私自身も，近代化論の視点から日本社会を見てきたものとして，世界先進諸国の親族集団が近代化の流れの中で解体してきたことを考えれば，日本のイエだけが例外であり得るはずがないとの観点をとってきた（富永健一『社会学原理』岩波書店，1986）．「日本的特殊性論」の主張は，日本において社会学を超えて根強く支持され，それが西洋社会学の受容に屈せず日本人としての「独創性」を発揮したものであると持ち上げる議論がなされた（村上泰亮・佐藤誠三郎・公文俊平『文明としてのイエ社会』中央公論社，1979）．しかし有賀の研究は近代化の流れに対して後ろ向きのもので，文化的特殊性を日本の「民族的」特性と見なし，それを固定化して将来とも持続すると主張するような見解を，独創的であるとすることはできない．

有賀が「日本の家族は家である」としたのに対して，戦後の家族の現実が示したことは，有賀とは反対に「日本の家族はもはや家ではない」ということであった．それどころか，1970年代以降になると，少子化と高齢化によって，核家族さえ揺らぐようになった．山根常男が主張したように，1960年代

は家族研究にとっての重大な転機をなした（山根常男『家族と人格』家政教育社, 1986）. この時期を境にして,「家」の観念はもはや過去のものになり,「家」を問題にするのが家族社会学であるという考え方は消滅した. 家族社会学の研究課題はもはや,「家は存続し得るか」ではなく,「家族は存続し得るか」を問うことであると考えられるようになった.

1970年はまた, 65歳以上の高齢者の割合が7%を初めて超えて, 日本が「高齢化社会」になった年でもあった. 高齢化は少子化の結果でもあり, 両者は密接に関連しあっている. 核家族化は, かつての直系家族において中心機能の一つであった高齢者ケアを, もはや家族の中では不可能にしつつある. これらのことから, 現在の家族社会学が中心課題としているのは, 少子化と高齢化の中での家族の変動という問題である, と言えるであろう.

しかし戦後すぐから1960年代まで, 有賀の「家と同族団」論の影響力は大きく, 領域社会学としての家族社会学は, 事実上日本の伝統的「家」制度の研究と同義であるかのように見なされた. この章の第1節では, このことを示すために, 有賀喜左衛門と喜多野清一の論争, および有賀門下の森岡清美と中野卓の著作を取り上げて, それらを批判的に検討することにしよう.

有賀喜左衛門「家族と家」・『家の歴史』

有賀喜左衛門はきわめて多作で, それらは『有賀喜左衛門著作集』全11巻（未來社, 1966-71）にまとめられている. 有賀の戦前の主著『大家族制度と名子制度──南部二戸郡石神村に於ける』（アチックミューゼアム, 1939, 著作集III所収）,『日本家族制度と小作制度』（河出書房, 1943, 著作集I, II所収）などは本書の時間枠外なので, ここでは目下の主題である有賀-喜多野論争における有賀側の直接文献として,「家族と家」（1960, 著作集X所収）を取り上げよう. ただこれは論文であって本ではないため, これだけでたりないところを補うために, 有賀の『家の歴史』（著作集XI所収, 旧題『日本の家族』至文堂, 1965）を合わせ参照することにしたい.

有賀の論文「家族と家」は, 戸田貞三の『家族構成』における家族のとらえ方を批判することを目的として書かれた. 戸田が分析の材料としたのは1920年の第一回国勢調査データから作成された「千分の一抽出写し」であっ

たが，有賀が問題にしたのは，戸田は国勢調査において調査の便宜上用いられたにすぎない「世帯」の概念をそのまま無批判に踏襲したため，有賀が日本の家族とは「家」であるとするその「家」をとらえそこなっている，ということであった．国勢調査が調査単位として設定した「世帯」は，住居と家計をともにする人びととして定義されており，国勢調査では寄宿舎などに居住している「準世帯」を除いたものを「普通世帯」と呼んでいる．戸田貞三はこの普通世帯から「同居人・女中・徒弟等」の非親族者を除去したものを「親族世帯」と呼び，これが戸田の定義する意味での家族，すなわち「夫婦及び親子関係にある者を中心とする比較的少数の近親者が感情的に緊密に融合する共産的共同」に当たると考えた．

有賀は戸田が統計的にとらえた上記の家族を「通文化的に使用されるfamilyに対応するもの」といい，日本の「家」は戸田のこのような統計操作によってはとらえられていないと主張して，つぎのように述べている．

「……世帯の概念は国勢調査の便宜のために設けたものにすぎなかったので，この意味が正しいわけではなかった．戸田はこの調査の結果から日本における家族の正しい概念を定立しようとしたが，世帯の意味については深く追求することはなかった．したがって彼がこの普通世帯の中からとり出した家族のうちには，家族の本拠となっている世帯もあれば，他出家族員による分派世帯も含まれている点に気がつかなかった」(著作集 XI：20)．

分派世帯で最も多いのは，単独世帯が本拠世帯から一時的あるいは過渡的に別居し，あるいは準世帯の構成単位をなしているような場合である．しかし別居が個人単独で行われずに，配偶者や子供をともなっている場合もある．一つの家が「嫡系」と「傍系」に分けられている場合がそうである．これらのケースにおいて，送金や生活物資の支給が行われたり，帰省や隔意のない通信が行われたりして，別居者およびその世帯と本拠世帯とのあいだに生活共同が成立している限り，そこには同居世帯単位を超えた一つの家があると考えねばならない．有賀はそのような分派世帯に加えられる家の求心力を，「家の要求」とか「家による規制」とかいいあらわす．有賀の表現によれば，「世帯は家に規制されて存在している」のである．にもかかわらず，戸田

の方法では，それらはそれぞれが完結した同居世帯としてとらえられ，同居世帯単位を超えたより大きい家の存在は気付かれない，というのが有賀の批判点であった．

『家の歴史』第2章「近代の家」において，有賀は大要つぎのように述べている．戸田貞三は「家」と家族（ファミリー）を区別して，親族世帯を西洋のファミリーと同じものと考えようとしたが，そういう操作をしてみても，親族世帯をもって構成された家の内部の人間関係は，西洋のそれと同じにはなっていない．そのことを示すために，日本の近代に存在していた家の類型を並べてみよう．

第一は，最も単純な単独世帯である．ところがこの単独世帯でも，家産があり，家業があって，まわりの人びとが配偶者の心配をしたり，養子夫婦を探したり，万一独身のまま死んだとすれば相続者を探す，などのことが行われる．これらのことは，その単独世帯がまったくの単独個人なのではなく，家に規定されていることを示すものである．

第二は，世帯主夫婦と未婚の子供たちからなる単婚家族である．単婚家族は，核家族のかたちになっているが，実は家の要求はここでも貫徹していて，未婚の子供たちは嫡系成員と傍系成員に区分されている．嫡系成員は結婚すると親夫婦と同居して直系家族に移行する．傍系成員は結婚すると家を出て，男子は分家するか，養子に行くか，離村し，女子は他家に入る．分家した次三男は，長男が家督を継いだ本家とのあいだで「家連合」を形成する．これが「同族団」といわれるものである．

第三は，タテに二世代の夫婦が同居している直系家族である．直系家族（有賀の語では「単一の家」）は，嫡系成員にのみ異世代の夫婦が二組またはそれ以上あり，傍系成員は家にとどまっているかぎり未婚である．嫡系成員は結婚して家業を継ぎ，傍系成員も家業が人手を必要とするかぎり同居して働くが，それは彼らが未婚のあいだに限られ，結婚すると家を出て，男子は分家するか，養子に行くか，離村し，女子は他家に入る．分家した次三男は，長男が家督を継いだ本家とのあいだで「同族団」を形成する．

第四は，直系親の夫婦と傍系親の夫婦が同居している複合家族であり，第五は，これに加えて非血縁の使用人夫婦が家の中に取り込まれている複合家

族である．これらの複合家族（有賀の語では「複合の家」）は，有賀が彼のモノグラフで好んで語る青森県三戸郡野沢の野沢家のケースと，岩手県二戸郡石神の斉藤家のケースによって例証される．これらの家は，家成員が二十数人からそれ以上に達する「大家族」であった．野沢家のケースと斉藤家のケースの違いは，前者が使用人夫婦も血縁者であるのに対して，後者が非血縁の使用人夫婦を家の中に取り込んでいる点である．分家した次三男は，長男が家督を継いだ本家と「同族団」を形成することは，上記のとおりであるが，複合家族は大家族であって大きい農地をもっていたから，分家も多く出したし，したがって同族団も大きかった．

なお「大家族」として知られているかつての飛驒白川村の事例は，環境条件のきびしさのために，次三男や女子が外に出て行く機会がなくて大家族になったケースである．白川村の大家族では，夫婦は嫡系成員のみで，複雑な関係の傍系成員がたくさんいるために大家族になっているが，彼らは結婚できないか，できてもツマドイ（ヨバイ）婚であった．この場合は，傍系成員に既婚者がいないという意味では「単一の家」に見えるが，傍系成員の女子は子供をもっているので，やはり「複合の家」ということになる．

以上の諸類型から有賀が引き出した結論は，「日本の家族は家である」というものであった．有賀によれば，日本の家族は西洋のファミリーと同じにはなり得ない．なぜなら，日本の家は，戸田の定義した「親族世帯」のように一見西洋の家族と同じかたちをとっているように見える場合でも，家族の中の人間関係が「家の要求にみちみちている」ので，単婚家族から直系家族へ，直系家族から複合家族へ，複合家族から「家連合」としての同族団へとつながっていく可能性をいつももっている．有賀は，青森県の野沢家や岩手県の斉藤家のようなケースこそが，特殊な条件下にあったが故にかえって，通例の家においては明らかにならないことを明らかにしたと言い，戸田はこれらを例外として捨て去ったために問題をとらえ得なかった，と主張した．

富永コメント 有賀理論は多くの人びとに強烈な影響を与えたが，しかしそれは誤った理論化であった．現実には，野沢家や斉藤家のような大家族も，戦後には縮小した．有賀が論文「同族と親族」（著作集Ⅹ所収）において，日本の家と同族は「社会関係の民族的性格」としてとらえられねばならないと

主張したことはよく知られているが，1965年の『家の歴史』第1章「現代の家」になると，有賀も当時のベスト・セラーであった並木正吉『農村は変わる』(岩波新書，1960) を引用し，家長権のような日本の家の伝統的な特質はいまや変わりつつあるということを認めるようになった．有賀テーゼは，彼の晩年にはある程度和らげられたといえる．しかしそれでも基本的な主張に変化がないことは，「家の内部における人間関係の広汎な変化——一般に民主化といわれている——にもかかわらず，……家は全体的にまだ崩壊していないと私は見る」とか，「戦後二〇年間に家は大きく変化したが，民主的思想や制度，法律の改新や，またはかなり大きな経済組織の発展によって，直ちに家は瓦解するほど，家制度は底の浅いものではなかったことを示している」などの言葉によって，うかがわれるであろう．有賀には「日本の近代化」という論文 (著作集X所収) があるが，これを見ると，有賀には近代化ということの社会学的ポイントが摑めていなかったとしか思われない．とりわけ「家と同族」のような伝統的親族集団は前近代のもので，それらは近代化とともに解体していくという，高田保馬の「基礎社会衰耗の法則」のテーゼの意味しているところが，まさに日本の「基礎社会」の研究者であった有賀によって理解されていなかったことが，指摘されねばならない．

喜多野清一「日本の家と家族」

つぎに，有賀と同様に家と同族の研究者であったが，戸田貞三の小家族論を擁護し，近代化による家と同族の解体を承認して，強力な有賀批判者となった喜多野清一の理論に眼を転じよう．

『家と同族の基礎理論』(未來社，1976) は，著作数の少ない喜多野清一が，家と同族についての諸研究を，死の数年前にまとめた論文集である．喜多野はながく農村調査に従事し，家と同族を研究したので，有賀喜左衞門と並ぶ存在であるかのように位置づけられることが稀でないが，家と同族についての喜多野の理論化は有賀と根本的に違うことが理解されねばならない．喜多野が単なる農村調査のモノグラフ作者でないことは，日本人文科学会の総合学術大会「封建遺制」研究会において彼が報告した論文「同族組織と封建遺制」(1949) を読めば明らかである．この論文は，マックス・ヴェーバーの家

産制と封建制の区別に関する論点を基軸とし，同族組織は「封建遺制」ではなく，封建制の対立概念である家産制に非常に近いとする独自の見解を述べている．これは喜多野が，有賀をはじめとする日本の多くの同族研究者と異なって，同族を普遍概念として説明する意図をもっていたことを示す．「同族組織と封建遺制」は，『家と同族の基礎理論』第一部の冒頭に位置づけられており，他方ここでの本題として取り上げる有賀批判論文「日本の家と家族」は，第二部の冒頭に位置づけられている．

「日本の家と家族」における喜多野の有賀批判の第一の論点は，家のとらえ方という視角から有賀に切り込んでいくことである．「私は家を日本の家父長制的伝統の家族を指称する用語に限定することにしたい．そしてこの家から脱却して近代化された夫婦結合中心の生活原則を持つ家族を近代家族と指称することにする．日本にもそういう家族は形成されつつある」(p.87)．これは明らかに，有賀が「家族と家」の冒頭で「家を日本に特殊な慣習の方に使用する」と書いていること，および「日本の家族は家である」と書いていることへの反論を意識したものである．第一に，有賀が家を日本に特殊な慣習としたのに対して，喜多野は家を家父長制的伝統の家族という普遍史的タームとして使用する．第二に，有賀が日本の家族は家であるとすることによって，日本の家族の近代化はあり得ないとしているのに対して，喜多野は日本の家族はすでに近代化されつつある，としている．

喜多野の第二の批判論点は，戸田貞三の家族理論についての理解の仕方という視角から有賀に切り込んでいくことである．有賀は戸田批判を展開したさいに，それに先立って，批判の対象である戸田の家族理論の要約を試みた．しかしその要約は，有賀の信奉者である門下の中野卓によるものの引用であった．喜多野は，この要約が戸田理論の正しい理解の上に立っていないことを指摘する．戸田の『家族構成』は，第1章「家族の集団的特質」と第2章「我国の家族構成」の二部からなる．第1章が理論部分であり，第2章が実証部分であるが，有賀－中野の要約は第2章のみについてなされていて，第1章が無視されている．第1章の最も重要なポイントは，戸田の家族理論が家族を「単に外形的に把えるのでなく，これを家族員相互の内的態度にもとづいて，家族結合の内的契機に結びつけて解釈しようとした」(p.93)ところに

ある．喜多野は，有賀が戸田理論のこのポイントを理解していないだけでなく，有賀自身の家族理論にこの契機が欠けている，と指摘する．この論点は，後段で出てくる有賀の野沢家や斉藤家のような引証例が果たして「家族」と言えるのだろうか，という喜多野の疑問に直接つながっていく．

　喜多野の第三の批判論点は，戸田貞三『家族構成』の実証部分についての有賀による批判に切り込んでいくことである．喜多野はまず，この実証部分における戸田の目的は，第1章の家族結合理論を事実によって立証しようとすることであった，と指摘する．このような喜多野の観点から見ると，有賀が「この場合用いられた世帯の概念は国勢調査の便宜のため設けられたものにすぎなかったので，その意味が正しいわけではなかった」とか「戸田はこの調査の結果から日本における家族の正しい概念を定立しようとしたが，世帯の意味については深く追求することはなかった」などと言っているのは当たらない．戸田が国勢調査のいう普通世帯から同居人や使用人や下宿人などを除いたものを家族と見なしたのは，戸田の家族結合の論理にもとづき，そうすることで「相互に隔意なく共産的共同をなす近親者の共同を求めることが出来る」(p.109)と考えたからである．戸田もはじめは有賀と同様に，「日本の家族は家父長的家族（有賀のいう「家」）の傾向を帯びている」と考え，そうだとすると家父長的家族は世帯主夫婦とその子のほかに，子の配偶者とその子，直系尊属，家長の第一傍系親などを含みやすいはずだから，そのことをデータによって検討しようとした．ところが結果は，全国で8割強，大都市で約9割，東北地方においてさえ7割が，世帯主夫婦とその子のみによって占められている，ということがわかったのである．

　喜多野の第四の批判論点は，日本の家に関する有賀自身の積極的な立論を検討し，これに切り込んでいくことである．喜多野はまず，有賀が繰り返しあげる野沢家や斉藤家のような事例は，徳川期の農村でも記録的に見てそれほど多くない，と指摘する．とくに，有賀が重視する非血縁者を包含しているケースは，当時でも問題を含んでいた．家族を親族世帯としてとらえた戸田は，使用人のような非血縁者を家族成員から排除した．これに対して有賀は，野沢・斉藤両家の事例から，奉公人（野沢家では遠縁，斉藤家では非血縁）も家成員であるとした．ところがこの両家において，召使いというのは

無年期の奉公人で,徳川時代の表現でいう「譜代下人」であったことを,有賀も認めている.そうだとすれば,「譜代下人が主家の家族員——特に家の成員であるかどうかは当然問題にさるべきものである.そして彼らが主家から立ててもらう世帯が分家であるかどうかは,これと内的に関連する問題であることもまた言うまでもない」(p. 126)というのが喜多野の考えであった.

戸田貞三は家族を「家計の共産的関係」と規定した.「共産的」とは,感情的融合によって打算がないということである.有賀の「家」はそうではない.このことは,有賀が「もし各成員が平等の権利を以て共同に用益することが共産的関係であるとすれば,日本の家の財産は完全な意味で成員にとって共産ではなかった」と述べ,また日本の家において「家の成員が嫡系・傍系・非親族の別によっていかに家の財に対する関係を異にしているか,ひいては家の内外の生活においていかに社会的地位や扱い方の差を受けるに至るかについて説明」していることによって明らかである.つまり有賀のいう「家」は家成員の権利関係を主動的関係として成立しているもので,戸田の「共産的関係」と根本的に異なるのはもちろん,ヴェーバーのいう家共産主義 (Hauskommunismus) が主従間のピエテート関係によって結ばれているのともまったく違っている.以上の考察から,喜多野は有賀のいう「家」は家族でなく,経営体であると結論する.そもそも,戸田理論が家族結合の中核として論じているものの中に,「主従関係や雇用関係にあるものがどうして一体的に入ることが出来るだろうか」と喜多野は問い,「それは家族社会学が家族結合の本質を追求してきた方向とは逆の方向である」と結んでいる.

富永コメント 喜多野清一の徹底した有賀批判は,有賀のいう家が家族とは言えないものであることを明らかにした.有賀が彼の得意とする野沢家や斉藤家の事例によって明らかにしたのは,日本の伝統的な農家経営の形態にほかならなかった.同様のことは,有賀の野沢家や斉藤家の事例を日本の伝統的な商家経営に置き換えた,後述する中野卓『商家同族団の研究』についてもあてはまるであろう.そのような農家経営と商家経営の伝統的形態は,日本社会の近代化と産業化によって,いまではもう消滅してしまった.有賀や中野が日本的特殊性のタームによって研究してきた「家と同族」は,農家経営と商家経営におけるそのような伝統的形態の随伴物だったのであり,そ

うである以上，それらが消滅していけば，家と同族もまた消滅するのは当然である．有賀の没後20年，家族社会学の問題は，いまや「家」は崩壊するかどころではなく，核家族化の問題を超えて，家族は崩壊するかというところまで進んでいる．有賀 - 喜多野論争そのものが，いまでは遠い昔の物語になったのである．

森岡清美『真宗教団と「家」制度』

有賀喜左衛門の「家」と「同族団」研究が，有賀の次世代に与えた影響力がいかに大きいものであったかを知っておくことは，戦後日本社会学史を批判的な観点から見る上で，ぜひとも必要である．なぜなら，戦後日本における家族研究の課題は，戦後改革の一環としての「家」制度の解体に目を向けることが時代の趨勢であったはずなのに，戦後に有賀門下から出てきたのは，それとは反対に日本社会における「家」と「同族団」の重要性を強調する，森岡清美[4]と中野卓[5]という二人の家族研究者であったからである．

研究方針 森岡清美の660頁からなる大著『真宗教団と「家」制度』(創文社，1962) は，日本仏教における最大の宗派である浄土真宗についての社会学的研究である．森岡はこの本の始めの部分で「仏教社会学」という語を用い，仏教社会学は仏教集団の宗教社会学であると言っている．しかし宗教社会学といえば，われわれが最も多く連想するのは，ヴェーバーの『宗教社会学論集』と，デュルケムの『宗教生活の原初形態』である．それはヴェーバーにおいてはプロテスタンティズムの経済倫理と近代資本主義の精神との関係であり，デュルケムにおいては「聖なる事物」についての信念と儀礼の問題であった．デュルケムの宗教社会学は原始宗教の研究だから，ヴェーバーの宗教社会学のような近代化の原動力にかかわる視点とは関係がなかったとはいえ，「集合的沸騰」というようなダイナミックな視点を含んでいた．「真宗教団」と「家制度」を「と」で結んだ題名をもつ森岡の著作からは，そのようなイメージは湧いてこない．

では森岡の宗教社会学が「家」制度というテーマを掲げたのは，なぜだったのだろうか．森岡の観点からすれば，真宗教団を「家制度」として分析することこそが，真宗教団の宗教社会学的研究にほかならない．この意外なテ

ーマ設定がなされた理由は，彼の師としての有賀喜左衛門の存在をおいて他には考え得ない．その有賀学に導かれつつ，森岡は仏教集団を「家」制度としてとらえるという視点を提示した．

しかし著作の多い森岡のそれ以後の著作系列をたどって見ると，彼の専門は宗教社会学ではなくて，家族研究であることに気づくだろう．つまり森岡社会学の全体としての主題は，宗教社会学であるよりは，家族社会学なのである．『真宗教団と「家」制度』はたしかに宗教社会学の一視点であり得るが，森岡の選んだ道は，通常の宗教研究とは異なる道であった．このユニークな入り方のうちに，森岡が有賀学から受けた強力な影響が認められる．森岡は，彼がなぜ仏教の研究を志すにいたったのかについては語っていないが，仏教に強いコミットメントをもつ立場から仏教研究に入ったわけではなかったことは，彼が日本の仏教はすでに「垂死」の状態にあるとか，大衆の中に宗教的生命を保っているとは言えないとか述べて，仏教をはじめから批判的に見ていることによって知られる．では森岡は，なぜ浄土真宗の専門的研究を志したのであろうか．

真宗門徒　森岡は浄土真宗に着目した理由を，それが「わが国最大の教団であり，また垂死の仏教諸集団のなかでは最もよく生命力を保持している」からであると説明している（p. 13）．しかしそれらだけが理由でないことは，もし浄土真宗の研究が「家」制度からのアプローチに適するものでなかったとしたら，彼が浄土真宗に関心を示すことはなかったであろうと考えてみれば，明らかである．彼が浄土真宗について大著を書くにいたった真の理由は，それが日本仏教の中で一宗をあげて住職の地位を世襲相続によってきめてきた唯一の宗派であって，そこでは「寺」という概念と住職の「家」という概念が渾然一体となってきた，ということによるものである（pp. 17-9）．

伝統的日本社会において，寺の住職が代々世襲できまっているならば，「寺」は「家」の「家業」として性格づけられることになるだろう．その「寺」という「家」を中心として，檀家群が形成されている．真宗では，寺の財的責任を分担し，葬儀を依頼する檀家を「門徒」と呼ぶ．その門徒もまた，檀家という「家」を形成している．森岡は寺と檀家の関係を「寺檀関係」と呼ぶが，寺檀関係は有賀学の用語を用いれば「家連合」にほかならない．この

用語からすれば，真宗教団とは，寺が「本山」-「末寺」という「本末関係」が多数連なることによって出来上がっている組織体であり，この本末関係は，有賀学の用語で言えば，本山住職家を棟梁とする寺と寺との譜代の「主従的家連合」としてあらわされる．その「本山」も「末寺」もともに世襲相続によっているのであるから，それらは超世代的結合として固定されている．重要なことは，寺檀関係も本末関係もともに「家と家との関係」であり，だからどちらも「家連合」として分析される，ということである．

　森岡は，真宗門徒が，明治維新の神仏分離に抗して激しく廃寺に反対したこと，および日本に例の少ない宗教一揆を中世末と明治初年と二度まで起こした歴史をもつことに言及し，それは彼らが個人でなく「家」として門徒集団を形成したためであったと説明する．森岡があげている具体的な二つの例，すなわち北陸門徒の東国移民，および近江商人について考えてみよう．北陸から東国に移民したのは，人口圧迫によって生活に困窮したため，加賀藩が移住政策をとった貧しい農民たちであったが，彼らは移住先で圧迫を加えられながらも，蓮如の教えによる阿弥陀如来の信仰に支えられて結束し，勤倹力行に励み，移住という危機を克服した．また近江商人は，内藤莞爾が有名な論文「宗教と経済倫理——浄土真宗と近江商人」(『年報社会学8』，1941)で分析した，江戸中期以後に行商に従事した近江出身の貧しい商人たちであるが，森岡は内藤を批判して，近江商人の倫理は営業での成功に必要な心構えから生まれたという面をもつとはいえ，彼らが節約を励行し，正直と誠実を重んじたのは，浄土真宗の教説に支えられたところが大きいと結論づける．

　森岡はまた，輪島市川西での通婚圏調査の結果にもとづいて，川西内部での内婚者のうち，真宗門徒内部での通婚が34件，真言宗内部での通婚が28件に対し，真宗と真言宗とのあいだの通婚は5件にすぎないことを明らかにし，蓮如の教えが門徒の規範意識に作用して「教団内婚」の傾向をつくりだしていることに注目している．このような内婚傾向もまた，真宗門徒の強い結束をあらわすものである．他方，森岡は同じく川西における調査にもとづいて，真宗門徒が村落内で異なる寺に分属していても，真宗門徒としての強い結束から，共通の「地域門徒団」を形成する事実を詳細に論証している．

　寺檀関係　真宗教団の制度的構造を分析する森岡にとっての二つのキイ・

ワードは,「寺檀関係」と「末寺関係」である.まず「寺檀関係」は,門徒と所属寺院の関係である.真宗教団では,所属寺院のことを「手次寺」と呼ぶが,これは本山への手次を頼む寺という意味をもち,門徒とは本山の門徒であるという意識をあらわすものである (p. 144).住職家は門徒家に対する葬祭担当者,門徒家はその依頼者であって,両者の関係は,手次寺から門徒に対する法施と,門徒から手次寺に対する財施との交換関係である.このような寺檀関係が,寺(住職家)と檀家との特定主義的な結合関係として定まったのは,近世初頭の「寺請制度」においてであった.寺請制度とは,切支丹禁圧のための宗門改が,切支丹でないことを寺僧に証明してもらう制度として確立されたものである.この寺請制度が,戸口調査簿である人別帳の作成と合体して,寺僧が切支丹でないとの請判を人別帳に押すという,宗旨人別帳の制度になった.これによって,寺は宗教統制という民衆支配の末端機構を担当することになった.

森岡によれば,寺檀関係は各家の自由な選択によってきまったのではなく,同族団・主従関係・姻戚関係・近隣関係など,それに派閥関係や社会階層などの諸要因が加わって決定されたものと推測される (pp. 151-5).手次寺を中心とする門徒の集団は,寺門徒団と呼ばれる.寺門徒団には,非常に大きいものからごく小さいものまであるが,昭和35年の大谷派教勢調査によれば,平均の大きさは150世帯である.寺門徒団は,村落ごとに門徒を結集して「講中」を組織している.講中は,寺院運営に関するさまざまな任務を分担している.それらのうち最も重要なのは,毎年,開祖親鸞の忌日に講中が交代で分担する「報恩講」(または単に「お講」)と呼ばれる仏事である.報恩講には住職の法話があり,「お斎」(オトキ,共同飲食)がこれに続く.

末寺関係 つぎに「末寺関係」は,地域ごとに隣接する同宗の寺と寺の相互関係である.それらの寺は,五人組制度に範をとり,数ヵ寺宛で一組(三ヵ寺,四ヵ寺,五ヵ寺,六ヵ寺,あるいはそれ以上)になって「組寺」を形成してきた (p. 243).組の制度化は江戸時代の藩(寺社奉行)からの要請にもとづいたものであったが,現在にいたるまで持続している.組寺は,寺が仏事を協力関係によって行う(これを「合力」と呼ぶ)組織である.森岡は福井県で真宗教団におけるそのような組寺の協力関係を調査しているが,それ

によると，合力で行われる仏事としてあまねく見られるのは上記の「報恩講」で，「永代経」と「御正忌」がこれに加えられる．自家の住職または寺族が死亡したとき葬儀の導師を他家の住職に依頼する導師関係も，寺と寺の合力の一形態である．

　森岡は，寺と寺の結合関係を，(1)組結合，(2)主従結合，(3)与力結合，の三つに分ける（p.266）．組結合とは，相互に対等な独立身分にある寺同士の結合である．主従結合とは，経営共同をともなう独立身分と従属身分の結合である．与力結合とは，経営共同をともなわない結合，および独立身分と旧従属身分のあいだの結合である．森岡が「主従結合」というのは，「大坊（門徒が300戸を超える有力寺院）の経営の内部に包摂されている譜代の従属的僧侶のうち，その境内ないし至近距離にあってとくに密接な関係を有するもの」としての「寺中」と，「多少とも離れた村落所在のもの」としての「下道場」の，「本坊」（寺中・下道場を抱えている寺）に対する関係をさす（p.227）．寺中と下道場が本坊に対して「主従結合」の関係にあるというのは，俗世において本家に対する分家の関係が従属的であるのに対応するもので，寺中も下道場も自分自身の門徒をもち得ず，本坊門徒の寺役の下請けをすることによって生計を維持したことをさす．これに対して森岡が「与力結合」というのは，「旧従属身分の寺が独立身分の寺とのあいだにもつ組結合でも主従結合でもない第三の結合」をさす．近世において与力結合の制度化されたものは，「上寺」-「下寺」の関係であった．「上寺」-「下寺」という序列は寺格の差であって支配-従属の関係ではないように，与力は寺中や下道場のように本坊に対して従属の関係にはない．しかしそれは対等の関係でもないので，「第三の結合」として位置づけられた．

　富永コメント　森岡清美の『真宗教団と「家」制度』は膨大な研究であって，以上の紹介はそのすべてを覆うものではない．この膨大な研究が，戦後日本の社会学の生み出したすぐれた力作の一つであることには，もちろん高い評価が与えられねばならない．しかし真宗教団を「家制度」としての観点から分析するという森岡に固有の着眼は，この研究の独自の貢献であると同時に，またその限界でもあることは否定することができない．家制度は戦前の日本が制度化していた近代以前の家族形態であり，それは戦前日本が前近

代の社会構造を保持し続けていたことを示すものであった．だから戦後日本においては，それは民法改正と社会意識の革新の両面から，日本社会の近代化とともに，解体に向かうはずのものであった．

　森岡の真宗教団の研究は，宗教社会学として始められたというよりも，真宗教団を「家」連合として見る関心から始められた研究である．森岡はこの本の題名と同じ題名をもつ最終章において，戦後の民法改正が教団に与えた影響について言及し，住職家の世襲相続について反省と検討を加える動きがあること，真宗教団の家制度はもともと真宗の教義と結びついたものではないこと，アメリカで創建された真宗寺院には家制度はないこと，について述べている．しかし森岡は，戦後日本の近代化が教団における家制度の解体をもたらすであろうとは述べておらず，むしろ家制度は教団を倫理的に高めてきたという肯定的な受け止め方をしている．もし森岡の研究が，真宗教団，ひいては日本の仏教教団が，西洋におけるプロテスタンティズムのような近代化の原動力を日本の内部から生み出し得なかったのはなぜだったのか，という視点から浄土真宗を見るという問題提起に発するものであったとしたら，それは日本の宗教社会学に燦然と輝く位置をもったものになり得たであろう．残念ながら，森岡の問題設定はそのような動的な視点から日本の宗教と社会制度の関係を見ようとするものではなかった．

中野卓『商家同族団の研究』

　森岡にもまして有賀学から強い影響を受け，同族団の研究を生涯のテーマにしたのは，森岡の同世代者である中野卓である．「農家」の同族団を研究した有賀喜左衛門は，『日本家族制度と小作制度』において，都市の「商家」にも同族団があることに言及し，それらを研究する必要があると指摘していた．有賀門下の中野卓は，有賀のこの指摘を導きの糸として，『商家同族団の研究』(未来社，1964，第二版は上・下，1978) という題目の下に，近世 (徳川時代) における京都の三つの町内を事例として，そこに多数存在してきた中小「商家」の同族団の歴史的解明という問題に取り組んだ．

　近世には，給与を支払う近代的な雇用関係は存在していなかったので，都市の商家経営が家族外労働力を必要とする時には，農家の次三男などを住込

奉公人として雇い入れることが行われていた．これらの住込奉公人は，給与を支払われなかった代わりに，家族の一員のように遇されて衣食住が与えられただけでなく，10歳前後で「丁稚」入りしたあと，20歳前後で「手代」に昇進し，30歳前後で「年季明け」に達すると，「暖簾分け」（自営開店または通勤別家）によって妻帯独立することができた．この暖簾分けは，家長の次三男のそれが「分家」と呼ばれるのに対して，「別家」と呼ばれて区別された．しかしながら別家も，分家と同様に，同族団の一員としての地位を与えられた．これは，有賀が調査対象とした東北地方の農家の同族団において，非血縁の奉公人にも同族団の一員としての地位が与えられたのと同様である．

中野の研究は，京都市内の二条・三条・五条に並ぶ商家を対象に，これらの事実を個別的に詳細にあとづけたものである．扱われている時代は1850年代から明治初年まで，すなわち日本が近代化に向かう以前の段階であって，資料的には宗門人別改帳を用いている．800ページを超える膨大な紙数を費やして明らかにされているのは，商家の家族構成，住込奉公人の構成，暖簾内の構成，同族結合と組（株仲間）結合，等々についての歴史的諸事実である．それらの多くは，表やグラフを用いて丹念に分析されている．ここではそれらの細部にまで立ち入り得ないが，とりわけ重要と思われる点は，商家の「家」成員の中に住込奉公人すなわち非血縁者の占める割合が30-40%と非常に高い，ということである．このことは，商家同族団の中に，「分家」と区別された「別家」の占める割合がかなり高いことを意味する．

近世商家に同族団が発達した理由は，何だったのであろうか．中野はそれを，経営体としての家連合の「共同性」という観点から説明できると主張する (p.62)．すなわち，これらの中小商家の経営は，個別的には弱体なものであったから，共同によって支えあうことが必要であった．とくに暖簾内の中に，家産と言えるほどのものをもたない零細な商家がある場合，暖簾内全体として顧客や取引先から受けている信用を守っていくことを重視しなければならない商業においては，本家はもちろん，他の分家・別家も，それらの零細な家を庇護していくことが必要である (p.102)．同族団の機能を，このように経営体としての相互扶助の機能（それは「家族」の機能的必要ではなく「経営体」の機能的必要である）に求めることは，たしかに説得的である．

しかしそれらの商家同族団において，非血縁者の比率が 30-40％ と非常に高いのは，なぜであったのだろうか．「家族」はほんらい親子の血縁関係を普遍的な「核」とする（だからマードックは「核家族」という呼び名を創始し，これが戦後日本でも普及した）ものであり，商家も家族である以上，家族それ自体の中にこのように高い比率で非血縁者を取り込む必然性はない，と言わなければならない．自営業以外のふつうの家族は，そのようなことをしないであろう．農家も自営業であるが，ふつうの農家はこのような高い比率で外部労働を取り込むことはしていない．有賀喜左衛門が東北地方で調査した，多数の使用人家族を取り込んだ野沢家や斉藤家のような「大家族」は，特別に大きな地主（「豪農」）であって，広大な農地を小作に出さずに自家経営（「手作り地主」）するために，外部から使用人をたくさん取り込む必要があった．これが農家における非血縁分家の起源である．しかし当時の日本の大部分の農家は，自分の次三男さえ分家させることができないほど零細であったのだから，農家の非血縁分家（別家）は，ごく限られていたのである．

中野は，彼が調査した京都二条・三条・五条の商家が，中小商家であったことを強調している．農家と違って，商家は中小経営であっても，高い比率で非血縁者を取り込んでいたことを中野の研究は示しており，そのことは注目に値する．その理由は当然，経営上の必要からくるものであったと説明しなければならない．すなわち商業は，たとえ零細であっても人手を必要とする度合いが高く，近代的な雇用形態のなかった前近代の日本において，家族外労働を丁稚・手代として取り込む必要が高かったのである．この意味で，喜多野清一が指摘したように，有賀の「家」（農家）が家族ではなかったのと同じく，中野の「家」（商家）もまた，家族ではなかった．

富永コメント　中野の研究は，近世における前近代的な「家‐企業」の研究として意義をもつ．私がこの研究に関心を寄せたのは，彼が着目した「商家同族団」が，家であると同時に企業であり，近世においては，企業が本家‐分家関係によって形成された同族という家原理と融合していた，ということを指摘した点にあった．このような企業形態が，明治以後にそのまま資本主義にもちこまれてできたものが，明治以後の「財閥」である．財閥は，第二次大戦前の日本・中国（中華民国）・朝鮮，第二次大戦後の韓国に共通に見ら

第1節 家族社会学

れる前近代的な大企業の形態であり，同族の家産のみによって大規模で多角的な企業集団を封鎖的に所有し支配する．それは私のいう「社会的近代化」が達成されていないところに持ち込まれた前近代的な資本主義であり，「基礎集団」と「機能集団」が未分離な資本主義であった（富永健一『日本の近代化と社会変動』講談社，1990）．

中野は財閥に言及はしているが（p.105），彼の研究は財閥に視点をおいていない．中野はこの点を，近世の中小商家の研究であるので，中途半端に財閥の事例を持ち込むことは避けた，と弁明している．中野の関心は，もともと日本における資本主義の形成に向けられたものではなかった．これは，有賀喜左衛門の青森や岩手の「大家族」の研究が，日本における資本主義の形成と何の関係もないのと同様である．その意味で，有賀の研究も中野の研究も，近代化に対しては完全に後ろ向きのもので，近代化によって解体していった伝統的な血縁社会——非血縁を含むとはいえそれらは近代的雇用関係につながっていくような非血縁ではなかった——に懐古的な関心を向けたのである．

社会学の主流は，テンニェス，ジンメル，ヴェーバー，デュルケーム，高田保馬のいずれにおいても，近代化の研究に向けられたことはよく知られているとおりであり，それがまた社会学第二世代が現在の社会学の興隆につながり得た理由であった．国民的関心が日本の近代化に向いていた戦後の時点で，中野の研究のような逆向きの大作が生まれたのは，有賀学がそのような特殊なあり方をつくり出した事実を物語るものである．

1) 有賀喜左衛門（1897-1979）はもともと民俗学者で，東京大学文学部美術史学科を卒業後，柳田國男に師事して民俗学の調査に従事し，また渋沢敬三の主催するアチックミューゼアム（のち日本常民文化研究所と改名）に参加してモノグラフ的な農村調査を進めた．岩手県二戸郡石神での長期にわたる大家族調査は有名である．有賀は「家」およびその連合体としての「同族団」が，この大家族制の分居形態として説明できるとし，日本の家族は西洋のファミリーとは違うもので，大家族の系譜を引く「家」であるとした．1949年に東京教育大学の社会学教授に迎えられ，東京教育大学定年後は，慶應義塾大学教授，さらに日本女子大学学長をつとめた．有賀の諸著作は，『有賀喜左衛門著作集』（未來

社, 1966-71) に集められている.
2) 喜多野清一 (1900-82) は, 1924 年東京大学文学部社会学科を卒業, 東大で当時助教授に就任したばかりの戸田貞三から家族研究の指導を受け, また鈴木榮太郎から農村調査の指導を受けた. 長野県更級郡若宮と山梨県北都留郡大垣外で, 同族組織のモノグラフ的調査を手がけたことは有名である. かたわらヨーロッパ経済史を研究し, マックス・ヴェーバーの家共同体論の影響を受けた. 1948-56 年九州大学教授, 1956-64 年大阪大学教授, 1964-70 年早稲田大学教授.
3) 小山隆 (1900-83) は, 1924 年東京大学文学部社会学科を卒業, 同大学院を経て, 1928 年高岡高等商業教授, 1936 年長崎高等商業教授, 1938 年文部省社会教育官および東京高等師範教授, 1946 年連合軍総司令部情報教育局 (CIE) の世論・社会調査部顧問, 1950 年大阪大学教授, 1955 年東京都立大学教授, 1964 年東洋大学教授. 戦前は富山県氷見郡太田村で新旧戸籍を用いた家族の研究からスタートし, 河川を遡る調査法によって越中五箇山・飛騨白川地域の家族調査に到達した. 戦後は 1955 年に家族問題研究会を組織し, 家庭裁判所調査官らとともに問題家族のケース研究に従事する一方, 他方ユネスコ・フェロウとしてアメリカ・イギリス・ドイツなどの比較家族研究を行い, 国際家族研究セミナーを組織した. 主要編著『現代家族の研究——実態と調査』(弘文堂, 1960), 『現代家族の役割構造——夫婦・親子の期待と現実』(培風館, 1967), 論文は, 「越中五箇山および飛騨白川地方に於ける家族構成の研究 1」高岡高商『研究論集』6-2, 1933.
4) 森岡清美 (1923-) は, 1950 年東京文理科大学大学院研究科修了, 有賀喜左衛門の指導を受けた. 1954 年東京教育大学助教授, 74 年同教授, 85 年成城大学教授, 94 年淑徳大学教授. 文学博士. 歴史研究と社会調査の積み重ねによって, 「家」の研究, 家族社会学・ライフコース論, 宗教社会学などの諸分野できわめて多くの著書を書いた. 著書の主要なものをあげると『真宗教団と「家」制度』(創文社, 1962), 『家族周期論』(培風館, 1973), 『近代の集落神社と国家統制』(吉川弘文館, 1987), 『新宗教運動の展開過程』(創文社, 1989), 『決死の世代と遺書』(吉川弘文館, 1993), 『華族社会の「家」戦略』(吉川弘文館, 2002) など.
5) 中野卓 (1920-) は 1944 年東京大学文学部社会学科卒業, 1949 年東京教育大学講師, 52 年助教授, 64 年教授, 1977-86 年千葉大学教授, 同定年後は中京大学教授. 有賀喜左衛門の「家と同族団」研究に熱烈に打ち込み, 有賀の農家同族団の研究に対し, 都市の商家同族団を研究して, 大作『商家同族団の研究』(未來社, 1964, 第二版, 1978-81) をあらわした. 松島静雄との共著による『日本社会要論』(東京大学出版会, 1958) は, 日本の家族と企業を「家と同族団」の視角から見た日本家社会論の典型である.

第2節　農村社会学

　日本における農村社会学は，鈴木榮太郎『日本農村社会学原理』(時潮社，1940) によって創始された．細谷昂は，鈴木と並べて有賀喜左衛門『日本家族制度と小作制度』(河出書房，1943) が日本農村社会学を確立したと述べている（細谷『現代と日本農村社会学』東北大学出版会，1998）が，これは正確な言い方ではなく，「家」の社会学と「村」の社会学は概念レベルを異にしていることに注意しなければならない．家は血縁集団であり，村は地縁集団である．だから「家と同族団」に焦点を合わせた有賀家制度論の著作は，地域社会に焦点を合わせた鈴木農村社会学の著作とは区別されねばならない．鈴木の『日本農村社会学原理』は有賀の『日本家族制度と小作制度』と同じく本書の時間枠の外にあるので，戦後日本の社会学において農村社会学を確立した著作は，福武直の『日本農村の社会的性格』と『日本村落の社会構造』に求められることになる．

「家」から「村」へ

　日本の伝統家族は「家」であり，家の典型は農家と商家であった．有賀喜左衛門と喜多野清一は農家における家と同族団の研究者であり，中野卓は商家における家と同族団の研究者であった．森岡清美の研究対象は農家でも商家でもなく「寺」であったが，森岡は真宗教団も農家や商家と同じく家と同族団を形成する「家制度」であるとした．家と同族団が農村に立地する時，それらは「村」を形成していた．

　鈴木榮太郎の『日本農村社会学原理』は，もちろん家族（家）も同族も詳細に取り上げているが，それらは「定住する土地の上に投影されている」ものとして，近隣集団や氏子集団や経済集団など他の諸団体とともに日本農村の社会構造の諸要素の一つとして位置づけられている，ということが重要である．この「定住する土地の上に投影されている」という認識は，鈴木が「農村」を地縁社会として概念化していることを示すものである．だから鈴木の

『原理』こそが，日本農村社会学を初めて確立した創始者なのである．

有賀喜左衛門の『日本家族制度と小作制度』は，家が一定割合の非血縁者を含むことを強調したが，それは血縁のいわば擬制であると解され，家が血縁集団であることを否定するものではない．家の成員は地縁によって集まったわけではないから，家は地縁集団ではない．有賀社会学は，本家‐分家関係と地主‐小作関係という二重の支配従属関係の複合体の中から「家」の連合体としての「同族団」ネットワークの存在を抽出した．同族団ネットワークはもちろん農村という地域社会の上に広がっているのであるが，有賀にとっては農村という地縁社会への関心は第二次的であった．有賀門下の中野卓が研究した商家における家と同族団が都市の上に広がっていたからといって，これを都市社会学とは呼び得ないのと同様に，有賀の『日本家族制度』は，農村社会学であったというよりは家族社会学であった．

鈴木の『原理』は本書の時間範囲に入らないが，以下必要なかぎりで多少のことを述べておくことにする．鈴木が強調した「社会関係が土地の上に投影される」という認識方法は，農村社会学にとって本質的なものであり，これは農業経済学にはない視点である．鈴木の名を高からしめた「第一社会地区」「第二社会地区」「第三社会地区」という区分は，この認識方法によって抽出された概念であり，それらはすべて地縁社会を基礎においた概念である．このうちの第二社会地区が彼のいう「自然村」であるから，自然村もまた当然に地縁社会を基礎において認識された概念である．鈴木はこのような認識方法を「生態学的方法」と呼んでいた．鈴木のいう「生態学」は，こんにち用いられる生物生態学の意味でのそれと同じではないが，土地の上に関係が広がるという考え方においては共通している．鈴木の農村社会学は家と同族団からスタートした社会学ではなく，地縁社会からスタートした社会学である，ということが重要である．

鈴木は『原理』の冒頭において，彼の日本農村社会学が「日本に関すること」「農村に関すること」「現時に関すること」であるという三原則をかかげた．このうちの第一原則に関連して，鈴木は日本農村社会が日本文化の所産であると述べ，日本農村は「日本的なる特性」をもつということを強調した．この点では，鈴木榮太郎は有賀喜左衛門と共通していた．しかし他方では，

鈴木は明らかに有賀と異なって，日本的特性の強調からはけっして出てこない「原理」という語を書名につけ，普遍主義の貫徹を表明した．鈴木は有賀のように日本の特性だけを見ていたのではない，ということが重要である．農村社会学はヨーロッパでは未発達であったが，アメリカには鈴木がしばしば引用したソローキン－ジンマーマンの『農村－都市社会学原理』(1929)や，ソローキン－ジンマーマン－ギャルピンの『農村社会学の体系的資料書』全3巻(1930-32)などがあった．鈴木は一方で，アメリカの農村社会学は実用学であるから，文化の違う日本では役に立たないと言いながら，他方ではギャルピンの用語である「都鄙共同体」(ラーバン・コミュニティ)の概念に注目して，それが集団累積体の概念を立てる上で重要な示唆を与えたとし，日本における自然村の社会的統一が将来もし崩壊した場合には，日本の農村はアメリカの都鄙共同体のようになるかもしれない，と述べている．鈴木の日本農村社会学は，1932年から精力的に展開された日本農村の社会調査に立脚したものであるが，鈴木の農村社会学は国際的な視野の広がりをもっていたということが強調されねばならない．

福武直『日本農村の社会的性格』と『日本村落の社会構造』

　鈴木農村社会学と有賀家社会学が完成して数年後の1945年に日本は第二次大戦の敗戦国となり，そしてその敗戦と連合国による占領政策を契機とする戦後改革によって，「家」制度と地主－小作関係はどちらも解体された．さらに1955年以後の高度経済成長とこれにともなう急速な都市化によって，戦前以来の「自然村」もまた解体の道をたどった．戦前の日本社会の前近代性は，伝統的な「家」制度と並んで，「村」の中にその源泉があったという意味で，家制度と地主制と自然村の解体は，戦後日本の近代化と社会変動をもたらすものとして，大きな国民的関心事となった．かくして戦後日本の農村社会学は，家族社会学と並んで，これら戦前の日本農村の前近代性からの解放をあとづけることを中心課題として担うものとなった．

　戦後日本で，農村社会学の若手リーダーとしてあらわれたのが福武直[1]である．福武の研究歴は戦時期に始まっているので，本書の定義からすれば彼は戦前世代として位置づけられるが，戦後まもない1949年に『日本農村の社

会的性格』によって戦後日本の農村社会学のリーダーとして学界に登場したので，戦後世代の筆頭としてイメージされた．

『日本農村の社会的性格』　福武と農村社会学との最初の出会いは，第二次大戦中における日本軍占領下の中国江蘇省における農村調査にあった．この農村調査は興亜院の委嘱によるもので，通訳を介してなされた農民との面接調査によっていた．その調査報告は，福武直『中国農村社会の構造』（大雅堂，1946）として戦後すぐに出版された．中国の農村と日本の農村との比較は，『日本農村の社会的性格』所収の「日本の村と中国の村」に簡潔にまとめられているから，ここでは直接『日本農村の社会的性格』（東京大学協同組合出版部，1949）から始めたい．

この本は，戦後の日本農村の社会構造変動を決定した農地改革がいまだ完了しない時期に出された，福武農村社会学の出発点を示す論文集である．戦後日本の農村社会学にマルクス主義を導入することは，後述する『日本村落の社会構造』から急速に鮮明になるが，その下地は『日本農村の社会的性格』の段階においてすでに読みとることができる．この本は論文集で，冒頭に「緒論」がおかれ，そのあとが三部に分けられて，第一部が「農村社会結合の特質」と題された理論部分，第二部が「農村社会調査覚書」と題された調査報告部分，第三部が「農村社会の諸問題」と題された新聞・雑誌への寄稿による評論部分，となっている．ここでは「緒論」と第一部を取り上げよう．

『日本農村の社会的性格』をとりわけ有名にしたのは，第一部の中心論文である「同族結合と講組結合」であり，このテーマは同書の他の諸論文でも一貫した基調をなしているが，このテーマを導く前提になっているのが，初期福武農村社会学の主要なキイ・ワードが出揃っている冒頭の緒論「農村民主化の課題」である．福武はこの緒論を，つぎのように説き起こす．

　「我国農村の生活共同体は，今もなお所謂旧村たる部落である．……農村の理解は，先ずこの部落から始められねばならない．／これらの部落は，その基本的社会構造から見て，同族結合的部落と講組結合的部落との二つの類型に分かつことができる．すなわち，前者は，有力な本家を中心とし血縁非血縁の分家及び準分家的農家を従属者とする上下的結合であり，後者は，このような存在を欠く場合に見られる大体平等な横の連繋的結合である．……もちろんこの二つの類型は

第2節　農村社会学

両極的な理想型であり，現実には，大体に於いて東北型西南型として地域的に分けられる……．／けれども，同族結合的部落は，経済的に遅れた農村には地方の如何を問わず現れるのであり，かかる構造を留めない純然たる講組結合の村が生産力の相対的に高い先進地域に見られ且つ漸次にこの種の型の比重が大きくなってきているとしても，この同族結合的原則は程度と規模を異にしながら，我国のあらゆる農村社会に残存していると概言されてよい．ここにわれわれは，我国農村の特異な性格を認めざるを得ないのである．すなわち，このことを反面からいえば，地主小作という農村社会の基本的生産関係は，多かれ少なかれかかる同族的結合によって支持されているということである」(pp. 5-6).

　この引用文のキイ・ワードが，「同族結合の村」対「講組結合の村」という対比であることはいうまでもない．これについて，福武は二つのことを言っている．第一点は，この両者のうち近年では講組結合の村が増えてきているとはいえ，同族結合の村が日本の村のいたるところに残存しており，同族結合の村は日本の村の原型である，ということである．第二点は，この同族的結合は地主 - 小作関係と結びついて存在しており，本家の多くは同時に地主，分家の多くは同時に本家の小作であるという，二重支配の構造が形成されていたということである．

　同族結合は本家支配の構造をつくりだすが，上記の第二点から明らかなように，その本家支配は地主支配と重なり合っている．ここから引き出される結論は，日本村落の社会構造が「地主を中心とするヒエラルキー的構造」である，ということである．これを，この論文の表題である農村民主化という問題と結びつけることにより，農村民主化を妨げているのはまさにこの「地主を中心とするヒエラルキー構造」にほかならない，という福武の中心テーゼが導出される．

　論文「農村民主化の課題」には，もう一つのキイ・ワードが登場する．「家族主義」というのがそれであって，「農民の意識は，すべて……家族主義的性格によって貫かれている」(p. 10) とされる．この日本農村の家族主義が，本書第一部の第一論文「封建的家族主義の問題」における中心テーマをなす．福武のいう家族主義とは，「家」中心主義ということであって，それは「個人」中心主義と対比される．「同族」は本家と分家の連合体であるから，同族結合

においては「家」中心主義は「本家」中心主義となる．同族団においては，分家は本家に奉仕し，本家はその見返りとして分家を保護する．このような本家‐分家関係の性質を，福武は「主従関係的性格」と呼ぶ．主従関係的性格は，福武によれば，封建制における領主と家臣の関係に由来しており，それゆえ同族団における家族主義は，「封建的家族主義」にほかならない．

　福武の提示するもう一つのキイ・ワードは，「過小農」である．これは，日本の農家は経営規模が小さいために，各農家が自立できず，村内に本家‐地主への依存関係がつくり出され，また封建的家族主義がこれを強化する，という観点である．かくして，同族結合と地主支配，封建的家族主義，それに過小農，という初期福武農村社会学の分析枠組が出来上がった．

　以上の二論文を受けて，この本の中心論文「同族結合と講組結合」が位置づけられる．福武はまずこの対概念が有賀喜左衛門の論文「同族と親族」に発することを明記しているが，福武は有賀と違ってこの二つの型は「条件次第で相互転換しうるものとは考えない」し，同族を日本人の「民族的特質とすることもしない」(p.34)．では同族結合　対　講組結合という二類型はなぜ重要なのか．福武の答は，日本の村の社会構造は家を単位としており，その家と家とをつなぐ結合構造にこの二種類があるからだ，というものである．

　福武によれば，両者の歴史的起源はそれぞれ，村の開発が有力な家とその従属者によって行われた場合と，数戸の同格の家が共同して行われた場合とに発するが，開発の年代とその地理的位置がこれに関連している．第一に，古代からの歴史をもつ西南日本の村では，講組結合が基本であった．第二に，中世末期に武士的土豪が山間僻地に開発した東北日本の村では，同族結合が支配的であった．第三に，近世以降に平地で新田開発が行われた村では，講組結合が多かった．だから概括すれば，西南日本と平地では講組結合，東北日本と山地では同族結合，という分布になる．しかし福武は，徳川時代には全体として同族結合が優位したと主張する．これは，講組結合の村でも次三男の分家があると同族結合を生ずることに加えて，村内に富農と貧農の階層分化を生ずると，これが本家‐分家間の親分‐子分的な主従関係を強めるゆえである．かくして福武は，講組結合は徳川封建期をつうじてその純粋型を維持し得ず，同族結合の優位が強められていったとする．これを論証する歴

史的資料を福武は提出していないが，その論拠として彼があげるのは，上述した主従的依存関係を生み出さざるを得ない日本農村の「過小農」的性格である．かくて「二つの型の対置にも拘わらず，前者〔同族結合〕を以て封建期を通ずる我国村落の基本的性格としなければならない」(p. 41) と福武は結論する．

　以上は明治以前の状況であるが，明治以後はどうか．明治以後の趨勢は，これとは反対に，同族結合を維持する条件が減退してきたことによって，「同族結合の解体と講組結合の優越という方向を歩んでいる」(p. 42)．その理由は，三点ほどあげられている．第一は，貨幣経済の浸透によって，地主手作りが縮小したこと．第二は，行政村への編成替えによって，旧村内における地主の統制力が小さくなったこと．第三は，公教育の普及によって，村民の知識水準が向上したこと．以上の三点に加えて，戦後はさらに，農地改革によって戦前に同族結合を支えていた地主小作関係が消滅した．いまや同族結合の残存を支え得る条件としてあげられるのは，過小農経営という特性だけである．だからこれからの農村においては，「同族結合は今後一層意義を薄めてゆくであろう」(p. 47)．

　第一部の最後は第三論文「日本の村と中国の村」で，ここでは以上に論じた日本農村の社会的性格についての福武テーゼが，同じアジアに位置する中国の農村と比較したらどういうことになるか，という視角から論じられている．中国の農村家族も日本の農村家族と同じく家父長制家族であり，福武は第一論文「封建的家族主義の問題」ではどちらも家族主義によって特徴づけられるとしていた．また彼は，中国の農村も日本の農村と同じく過小農経営であるとしている．しかし日中の共通性はここまでで，中国の「家」と日本の「家」，中国の「宗族」と日本の「同族」，中国の「村」と日本の「村」のあいだには，それぞれ違いが大きい．それらは，中国の家が均分相続であるのに対して日本の家が家督相続であること，中国の宗族は族産をもち外婚制があるのに対して日本の同族にはどちらもないこと，中国の宗族が強い血縁主義によって貫かれているのに対して日本の同族が婿養子を受け入れること，中国の村には村有財産がないのに対して日本の村は入会地をもつこと，中国においては祖神と土地神が分離しているのに対して日本では同族団の氏神と

村の地域神が融合していること，などのように数え上げられる．福武はそれらを，中国の家族主義が均分主義と世代主義に貫かれていることから封建身分的な支配と従属を生まないのに対して，日本の家族主義は直系主義で家族・同族・村落が統一されて封建身分的な主従関係をつくり出している，と総括する．

『日本村落の社会構造』『日本農村の社会的性格』（以下「旧著」と呼ぶ）から10年後に，福武農村社会学の第二作『日本村落の社会構造』（東京大学出版会，1959）（以下「新著」と呼ぶ）が出版された．この新著におけるキイ・ワードは，題名の示すように，「日本農村の社会構造」である．旧著において研究対象とされた日本農村はまだ農地改革以前の村であり，したがってそこでの農村の社会構造は基本的に戦前のものであったのに対して，十年後の新著で研究対象とされた日本農村は，農地改革がすでに完了して戦後の新しい発展が進行しはじめた後の，しかし1955年にスタートした高度経済成長が日本の農業をすっかり変えてしまうよりも前の，いわば過渡期の日本農村であった．だから当然，新著における日本農村の社会構造は，もはや旧著における同族結合 対 講組結合そのままではありえなかったし，ましてや地主-小作関係ではあり得なかった．ではそこでの「社会構造」の中身はいかなるものであっただろうか．

『日本村落の社会構造』は，既発表論文と個別の調査報告を多数集め，それらを「緒論」，第一部「村落構造の理論」，第二部「村落社会の諸相」，第三部「村落と社会運動」，および「付論」の五つに区分して，配列したものである．そのうち緒論と第一部が本書の主題である村落の社会構造を論じた理論部分で，緒論には第一論文「日本農村社会学の課題」と第二論文「村落構造の研究のために」が位置づけられ，第一部には第三論文「日本農村における部落の問題」と第四論文「現代日本における村落共同体の存在形態」と第五論文「町村合併による村落構造の変容」が位置づけられている．ここでは第一論文から第四論文までを取り上げよう．

第一論文「日本農村社会学の課題」は，題名が示すように日本農村社会学史を論じながら，その中に福武農村社会学を位置づけたものである．彼はまず，戦前日本における農村社会学を評して，「日本資本主義論争が時代の動き

第2節 農村社会学

によっておしつぶされ，民俗学的研究を中心とする郷土研究が全国的におしすすめられてゆく中で成立」(p.5) したと位置づける．ついで福武は，戦前日本において農村社会学を創始した人びととして，鈴木榮太郎，喜多野清一，及川宏，有賀喜左衛門の名をあげ，彼らの研究を「社会科学としての統一的把握に欠けるところ」があり，この点に「決定的な弱点」があったと批判する．「社会科学としての統一的把握に欠ける」と福武がいうのは，具体的には「経済学ないし農業経済学的分析との交流が乏しく，社会構造の分析が経済的基礎構造にむすびつけられなかった」(p.6) ことをさす．福武はこの観点から，とくに彼が「日本農村社会学史上不滅の金字塔」と呼ぶ鈴木榮太郎の『原理』を批判して，「鈴木の分析では，家や村の精神が強調されるにとどまらざるをえなかったし，階級構造との総合的把握がなされなかった」(p.6) と述べる．さらに第三論文「日本農村における部落の問題」では，この批判をさらに進めて「精神というような形而上学的な臭味のする用語……の克服，いいかえれば『精神』からの解放の方向が探られなければならないのである」(p.40) と主張する．

第一論文に戻ると，福武は戦後日本の農村社会において，民法改正が家制度を解体し，農地改革が地主制を解体したことによって，「日本の農村は地主制では割りきれなくなった」(p.7) とし，また「戦後農村の変化は，地主制とむすびついた同族的村落構成をも一層解体させ，これを日本村落の基礎構造のひとつに数えることさえ許さなくなった」(p.9) と述べている．そうだとすると，福武自身が前著『日本農村の社会的性格』において「地主小作という農村社会の基本的生産関係は，多かれ少なかれかかる同族的結合によって支持されている」と書いたのは，戦後農村においては，どのように修正されることになるのだろうか．福武の「経済的基礎構造との関連の上で社会構造を理解する」(p.8) というテーゼは，戦前農村を分析した『社会的性格』の文脈で言われているのではなく，戦後農村の分析である『日本村落の社会構造』の文脈で言われていることに注意しなければならない．戦後農村では，地主‐小作関係は農地改革によって解体されたし，民法改正によって家が解体した以上，「家」と「家」との結合関係である同族は解体せざるを得なかった．「経済的基礎構造」というのがもはや地主小作の生産関係を意味せず，

「社会構造」というのがもはや同族結合と講組結合だけを意味するのではないなら、それらは何を意味することになるのだろうか。

この点について第二論文「村落構造の研究のために」では、村落構造とは「経済構造を基礎として成り立つところの村落の全体的社会構造、すなわち政治構造をも含む村落社会の全体的な仕組み」(p.18) である、と規定される。福武によれば、経済は基礎構造であって、第一に農業生産の様式をさし、第二にその立地条件およびその村落をめぐる地域の産業構造をさすとし、他方、村落の社会構造とは「家を構成単位として形成される……家々の結合態様」であると述べる。第一の「農業生産の様式」というのは曖昧に思われるが、これについては説明がない。第二の立地条件としては、水利と山林があげられ、地域の産業構造とは都市に近いかどうか、またその都市の性格によって農村の経営や経済は異なってくる、といった説明がなされている。しかし福武によれば、これらの基礎構造は農村社会学が説明すべき対象ではない。

では農村社会学が説明すべき対象は何か。福武はそれを、村落の社会構造であるとする。彼は村落を部落と行政村を合わせたものであるとし、村落の構成単位は「家」であるとする。その「家々」が多数集まって「結合」したものが村落であり、その結合の「態様」が村落の社会構造である。具体的には同族、姻戚関係、親分子分関係、組関係、講関係、農事組合などがこれである。福武が旧著において提示した同族結合 対 講組結合という類型は、この結合態様の型を概念化したものであったが、農地改革後の農村はもっと多様化しており、また発展をとげているから、村落構造の類型論は村落構造の発展論へ、さらに村落構造の変動論へと進まねばならない、というのが新著における福武の問題提起である。これに加えて、福武は村落の社会構造が政治構造を含むとする。政治構造とは、村落における村びとたちの支配被支配の構造を意味し、具体的には村議や総代などの選出形態、部落費の徴収、村落自治の運営から、山林と用水の管理、道路の修復、氏神祭祀にいたるまでのものを含む。

旧著における福武のもう一つのキイ・ワードは「過小農」であった。新著の第三論文「日本農村における部落の問題」で、福武はこの過小農を日本における農業生産の「基底的な条件」と呼び、農地改革はこの基底的条件を解

消しなかったので,彼のいう「部落的強制」の構造は農地改革後も持続しているとする。この部落的強制の構造が,第四論文「現代日本における村落共同体の存在形態」の主題としての,「共同体」にほかならない。福武のいう共同体は「農民が自主的に行動することができず,相依り相助けなければ生産をいとなめない」(p.66)状態であると定義され,彼はこれを封建制から区別してゲマインシャフトとしてとらえる。福武は,この共同体が解消されないことこそが,日本の農村の民主化を妨げている原因であるとするが,彼はこの共同体を「資本主義が利用し維持してゆくものであると考えたい」(同上)とし,「独占資本を背景とする国家権力が,こうした共同体的構造を利用し強化する」(p.78)と考えるので,「共同体からの全面的な解放は,……資本主義体制のもとでは不可能」であると結論する。この奇妙な結論については,すぐあとで述べる五つのコメントの第五点で,問題としてとりあげよう。

　以上のことから,「過小農生産を共同化への方向によって止揚」(p.79)することが必要であるという,福武に特有な政策提言が引き出される。「共同化」というのは農業をどのようにすることなのか,福武は明確な説明を提出していないが,「独占資本の権力が共同体的封鎖性を存続させるのとは逆に,社会主義的計画経済の基盤の上で……村落共同体のもつ封鎖的社会の重層構造を解体させる」(p.80)といった表現があることから,旧ソ連のコルホーズ型集団農場,あるいは毛沢東中国の人民公社に近いものが想定されていたと思われる。実は『日本農村の社会的性格』にもすでに,「協同化へ更に社会化へ」とか「農民の自主的運動が国家的な企画によって指導される」などの表現があった。福武のいう「社会化」は社会主義化の意味であり,このようにソ連・中国型の集団農場が福武の憧れになっていたことは,断片的な表現ながらはっきりうかがわれる。

　富永コメント　旧著『日本農村の社会的性格』は,福武農村社会学のスタートであった。このスタートにおいて,福武のキイ・ワードは,地主‐小作関係,同族結合 対 講組結合,および過小農という三組の概念セットによってあらわされていた。当時32歳の福武は,この本の「序」でたいへん謙虚に,「やっと研究の出発点に立ったばかりの著者には,今のところ,何もわからないという苦悩がある」とか,この書に収録された諸論文は「専門学術誌に掲

載されたものでない」から「啓蒙的役割を果たしうる」にとどまる，というようなことを書いている．しかし同書は著者の若さゆえの情熱のみなぎりを感じさせる点で，当時の学生の人気を集めた成功作であった．

　それでは福武の新著『日本村落の社会構造』は，どのように評価されるであろうか．これについての私のコメントは，六つある．第一は，新著の第一論文に述べられた日本の農村社会学についての福武の理解にはバイアスがある，ということである．福武は，戦前日本の農村社会学が「日本資本主義論争が時代の動きによっておしつぶされ，民俗学的研究を中心とする郷土研究が全国的におしすすめられてゆく中で成立」したと書いているが，日本資本主義論争がおしつぶされたとは何をさしているのか．日本資本主義論争とはマルクス経済学が講座派と労農派に分かれ，とりわけ農業問題を中心に日本資本主義の特質をめぐって争ったことをいうのであるが，当時マルクス主義が存在していなかった農村社会学は，これにはまったくかかわっていなかった．ここで日本資本主義論争を引き合いに出すべき必然性は何もなく，また日本の農村社会学は，有賀を除いて民俗学でも郷土研究でもなかった[2]．

　第二に，福武が鈴木榮太郎の農村社会学を念頭におきつつ，「［マルクス］経済学ないし農業経済学的分析との交流が乏しく，社会構造の分析が経済的基礎構造にむすびつけられなかった」と批判していることにもまた，バイアスが含まれている．福武農村社会学は強いマルクス経済学への指向をもっていたが，これを鈴木にまで押し及ぼして，「［マルクス］経済学ないし農業経済学的分析との交流」をしなかったのが悪いと批判をするのは，まったくの見当違いである．「交流」するのは福武の自由だが，独立したディシプリンとしての農村社会学がマルクス経済学としての農業経済学と交流「しなければならない」ときめつけられる理由はないし，ましてや農村社会学が農業経済学によって基礎づけられ「ねばならない」とする理由は何もない．

　第三に，福武は鈴木に対して「鈴木の分析では，家や村の精神が強調されるにとどまらざるをえなかった」と言い，「精神というような形而上学的な臭味のする用語……の克服，いいかえれば『精神』からの解放の方向が探られなければならない」と述べる．このような「批判」に対しては，マックス・ヴェーバーの有名な『プロテスタンティズムの倫理と資本主義の精神』につ

いて,「精神が強調されるにとどまらざるを得なかった」とか,「精神というような形而上学的な臭味のする用語……からの解放の方向が探られなければならない」とかいった「批判」を福武はするのだろうか, と私は反問したくなる.「精神」はヴェーバーの Geist の英訳 spirit でもよく, ミードのキイ概念であった mind でもよいが, それらは要するに「心」を意味していて, 社会学的分析の文脈では「形而上学的な臭味のする用語」では全然ない[3].

　第四のコメントは, 福武が社会構造の分析は経済的基礎構造と結びつけられねばならないと主張した, 彼の中心テーゼにかかわっている. これは福武がその点でとりわけ鈴木を批判した中心論点であり, きわめて強いトーンで述べられているが, それなら福武自身は社会構造の分析を経済的基礎構造に結びつけたのであろうか, ということが問題になる. 旧著の段階ならば, 戦前の日本農村の社会構造において地主－小作関係と本家－分家関係とが重なり合っていたことから, 前者を経済構造, 後者を社会構造と呼んで, 両者を結びつけ得たとすることは容易であった. しかし戦後における農地改革は地主制を解体し, また民法改正は制度としての「家」を消滅させ, 家の連合体である同族団構造を解体させたので, 社会構造を下部構造としての経済構造に結びつけねばならないと強調しても, 具体的に何と何をどのように結びつければよいのかが明確でない. 福武自身の言い方によれば, 経済的基礎構造とは, 第一に農業生産の様式であり, 第二にその立地条件およびその村落をめぐる地域の産業構造をさす, とされている. しかし上述したように, 福武が農業生産の様式と言っているのは何のことをさすのか不明確で, 彼が立地条件としてあげているものは, 農村社会学の主要な研究対象ではない.

　第五のコメントは, 福武の共同体論についてである. 福武は, 社会学の観点に立って, 共同体概念をヨーロッパ中世に関するマルクス－大塚久雄の経済史上の共同体概念から切離し, 日本農村の共同体性は,「過小農」のゆえに個人が自立できないという条件によって再生産されているとした. この見解それ自体は私もこれを受け入れるが, 理解できないのは「資本主義が共同体を維持し強化する」という奇妙な福武テーゼである. 共同体をどう規定するにせよ, 共同体は資本主義的市場の浸透によって解体されるものであり, 実際それが歴史的事実であったと私は理解している. したがって近代資本主義

の形成が進めば，共同体が解体することは自明である．日本の農村で共同体がなかなか解体しなかったのは，資本主義の浸透が遅れたためである．もし「共同体からの全面的な解放は，……資本主義体制のもとでは不可能」であるという事実があるとしたら，その資本主義は前資本主義的な資本主義である，すなわち資本主義化の遅れを意味している．事実，日本の資本主義が発展をとげた高度経済成長段階以後の日本農村では，農民の大量流出によって過小農体質は解消に向かい，かくして村落共同体は解体した．福武の新著は日本における資本主義発展の過渡期の段階で書かれたから，当時は日本農村の現実はまだそこまで行っていなかったにすぎない．福武は，たぶん講座派マルクス主義に強く影響された結果，長期的な見通しを誤ったのである．

　第六のコメントは，福武農村社会学が，その実践的な面において，ソ連型あるいは中国型の集団農場制を素朴に礼賛し，日本の農村を「社会化」（福武自身の表現）しなければならないと説く社会学であった，ということについてである．新著が書かれた当時は，ソ連に関しても中国に関しても，農村の実状についての具体的な情報はとぼしかったから，それらの発言は批判されずにすんでしまったが，ソ連でも中国でも，集団農場が農民の働く動機づけを確保し得なかったことが共産主義経済の発展にとって致命的であったことは，今日では広く認識されている．それらを礼賛していた福武農村社会学が，批判されねばならないことは明らかである．しかし今となっては，それらのことはいわばもう「時効」になった．福武批判は結局出されないまま，福武農村社会学はベルリンの壁崩壊の年にその生涯の幕を閉じることとなった．

　付記　福武直先生は，私が学部学生の時にゼミでお世話になった恩師である．大学院でも私は先生のゼミの一員であった．私の福武批判は，その一端を大学院リポートに書いたことがあり，先生はそれへの言及を公的な場所でなさった．先生を編者とする『講座』に，私は二度とも参加を求められた．福武先生は公平でフランクな方であったと思う．

1)　福武直（1917-89）は，1940年東京大学文学部社会学科を卒業，大学院を経て1942年東京帝国大学助手，1948年東京大学助教授，1959年同教授，夏休みごとに学生の指導を兼ねて全国各地で農村社会調査に従事した．1977年同定年退

官, 同名誉教授, 1981年社会保障研究所長, 全国大学生協連合会長. 著書・編著の数は極めて多いが, 主要なものは, 『社会学の現代的課題』(日本評論社, 1948), 『日本農村の社会的性格』(東京大学協同組合出版部, 1949), 『中国農村社会の構造』(大雅堂, 1946, 増補版, 有斐閣, 1951)『社会調査』(岩波書店, 1958), 『日本村落の社会構造』(東京大学出版会, 1959), 『日本農村社会論』(東京大学出版会, 1964), 『現代日本社会論』(東京大学出版会, 1972), 『社会保障論断章』(東京大学出版会, 1983) など. 主要著作は『福武直著作集』全11巻, 別巻1, 補巻1 (東京大学出版会, 1975-86) にまとめられている.
2) 有賀喜左衛門は講座派 - 労農派の論争に「第三の立場」として参加することを意図していたといわれているが, 鈴木榮太郎および喜多野清一に関しては, 日本資本主義論争とのかかわりは何もない. また「民俗学的研究を中心とする郷土研究」という福武の表現は, もともと民俗学者であった有賀喜左衛門にはあてはまるが, 鈴木榮太郎および喜多野清一には全然あてはまらない.
3) 鈴木が福武とまさに同じ「村落構造」という用語を使いながら, 福武とはまったく異なる「生態学」的手法 (社会関係を「土地の上に投影された」ものとして分析する手法) を選んだことに対して, 福武は何の理解も示していない. 福武はまた, 鈴木のこの方法が彼の戦前の農村社会学を戦後の都市社会学につなぐ共通の方法を開拓したということに, まったく思いいたっていない. これらのことは, 福武農村社会学の社会構造概念の狭さを示している. なお鈴木榮太郎の「生態学」については, すぐあとの第3節で述べる.

第3節 都市社会学

　農村社会学が有力な領域社会学の一つであるならば, 都市社会学もまた同様に有力な領域社会学の一つとして存在していなければならない. しかし日本における都市社会学の成立は, 農村社会学よりも遅れた. 日本の最初の都市社会学書は, 奥井復太郎『現代大都市論』(有斐閣, 1940) であるとされている. この書の出版は鈴木榮太郎『日本農村社会学原理』(時潮社, 1940) と同年であったが, それにもかかわらず日本における都市社会学の成立が農村社会学よりも遅れたと述べた理由は, 奥井が経済学者・社会政策学者であったことと, 奥井が都市社会学者として認知されるようになったのが戦後であったことによる. また奥井の本の出版後, 日本は戦時下になり, 都市は疎開

と空襲で発展が妨げられたという事情もある．日本の都市化が本格的に進んだのは戦後の高度経済成長によってであり，都市社会学の発展が戦後のものであったのもこのためであったと言えるであろう．

この節では戦後の出版順に，磯村英一[1]，鈴木榮太郎[2]，矢崎武夫[3]の諸著作を取り上げよう．

磯村英一『都市社会学』と『都市社会学研究』

日本の都市社会学は，都市経済学から都市社会学に進んだ奥井復太郎が，1940年に出版した大著『現代大都市論』によって創始されたとされる．奥井の著書は本書の時間枠外だからそれ自体を扱うことはしないが，それが日本の都市社会学の出発点であったことは，戦争を括弧にはさんで戦後へという連続性に注目するなら，奥井の先駆的着眼を意味するということができる．まもなく日本は太平洋戦争に突入し，主要都市は疎開で人口が流出するとともに，空襲を受けて焦土と化してしまったから，終戦直後の日本は都市社会学どころではなかった．しかし1955年以後の高度経済成長期を迎えると，都市化の急速な進展があり，これとともに日本の都市社会学は戦後日本における本格的な領域社会学の一つに成長した．その発展を戦後の最も早い時期に担ったのが，磯村英一であった．

磯村は，奥井復太郎と同様にシカゴ学派の人間生態学から出発したが，シカゴ学派の「同心円構造」はそのまま東京に適用できないと考えた奥井とは異なり，東京には副都心を中心とした同心円構造が多数あると考えれば，同心円理論は東京にも適用できると主張した．しかし磯村は，シカゴ学派になかった視点として，農村とは異なる都市の生活構造の特性が家族と職場の空間的分離にあることに着目し，両者のあいだを通勤することから昼間人口と夜間人口が異なった分布を示す，という観点を導入した．だから磯村の描く都市の同心円構造は，定期的移動をともなう多元的・多心円的な構造として表示される．

磯村は都市社会学という題名をもった本を，6年をへだてて二つ書いた．『都市社会学』（有斐閣，1953）と『都市社会学研究』（有斐閣，1959）がそれである．前者は，第一編「都市社会の理論」，第二編「都市社会の実態」，第

第3節　都市社会学

三編「都市の社会病理」の三部構成からなっている．後者は九つの章からなり，それらは「都市社会の形成理論」「都市社会の構造理論」「都市地域構造の実態」「都市社会分析の基礎指標」「都会人のパースナリティ理論」「都市化の理論」「都会人のパースナリティと都市化の実態」「都会社会の計画理論」「都会社会計画調査の枠組」とそれぞれ題されている．ここでは，前者の「都市社会の理論」と，後者の「都市社会の構造理論」を取り上げる．

「**都市社会の理論**」　ここで磯村は，都市を「人類の集団」が「特定の地域」に「結合の媒体」をつうじて集まったものであるとし，それらを解明した主要な学説を，(1)集団化した人口，(2)その人口が占拠する地域，(3)それらの人びとの結合の諸形態，に分けて順次に検討したのち，都市社会の地域的形態をあらわす概念化として，シカゴ学派のバージェスがシカゴを対象として定式化した「同心円説」に到達する．なぜ都市が同心円なのか，シカゴについての定式化であった同心円説がいったい東京にあてはまり得るのか，等々の疑問についての磯村の答は，「都市社会の形成理論」に詳論されており，ここではそれらの中身には立ち入らないが，磯村の著書のこれらの部分を読むと，磯村が「外国の研究者の著書を引用するのは好きでない」といいながら，実際にはいかに深くパーク，バージェス，マッケンジーらの「人間生態学」，そしてワースの「アーバニズム」論にまでいたるシカゴ学派の諸理論に影響されているかがわかる．

しかし学説の研究家でなく，データを集めて現実を語るタイプであった磯村は，学説紹介が終わるとただちに目をシカゴから東京に移し，東京の地域別による人口増加の年次別トレンドを，第1圏から第6圏までの同心円として描き出す．すなわち，磯村によれば，東京も同心円構造をもっているのである．その第1圏は半径2キロメートルの都心部で，ここはかつて人口増加率が最も高い地域であったが，いまでは高層ビル化した結果，昼間人口の密度は高いが夜間人口の密度は減少しつつある．第2圏は中央から半径5キロメートルの範囲で，現在は人口密度が最も高いが，将来はここも第1圏のように人口増加率が低下し，人口密度は逓減しはじめると予想される．以下同様に，外側の圏に向かうほど，現在の人口密度は小さくなっていくが，人口増加率は逆に高くなっていく．ここで重要なのは，磯村が「都心」と「盛り

場」を区別していることである．磯村によれば，都心は台風の「目」のように真空に近く，商店や娯楽機関が集まって最も活気を呈するのはその外側，すなわち第1圏と第2圏との接触地帯である．

「**都市社会の構造理論**」　つぎに磯村は，これぞ彼自身の都市理論であるとのふれこみで，「都市社会の構造理論」を提出する．磯村が都市社会の構造というのは，都市の社会集団の構造である．人間生態学の意味での生態学的構造は，磯村によればいまだ都市社会そのものの構造ではなく，都市社会にとっての下部構造である．またワースが提示した「生活様式としてのアーバニズム」という概念は，磯村によれば生態学的下部構造の上につくられた文化の上部構造である．磯村のいう社会集団の構造は，この両者に挟まれた都市社会そのものの構造である．磯村はそのような集団として，血縁的集団，地縁的集団，利害的集団，政治的集団，職能的集団等々をあげるが，それらのうちから血縁的集団としての家族，および職能的集団としての職場を取り出してきて，この両者の分離こそが都市構造を特徴づけているとする．近代都市の住民は，家族と職場という二つの集団のあいだを毎日通勤している．家族はゲマインシャフト，職場はゲゼルシャフトであるが，近代都市の構造にとって本質的に重要なのはどちらであろうか．

近代都市は「巨大な機能集団」なのだから，重要なのは家族ではなくて職場である，というのが磯村の答である．しかるに都市の社会調査をする社会学者は，都市を「コミュニティとして，その基礎的・組織的単位を，住居を中心とする近隣集団において観察する．その結果が，たとえば人口密度といえば夜間人口（定住人口）を基礎として，都市人口といえば住民登録を資料にして比較検討している．いずれももっとも都市的機能が休止されている状態を基礎にしている．はたしてそれで都市社会の実態が把握できるであろうか」（『磯村英一都市論集』: p.375）．磯村が都心そのものと区別しつつ重視した上述の「盛り場」は，家族（第一の空間）と職場（第二の空間）のあいだに発達した都市に固有の第三の空間である．この第三の空間は，鈴木榮太郎の「正常人の正常生活」の概念から外れる部分であり，それゆえ磯村が鈴木と批判的に対決した論点であった．磯村は盛り場を，自由で平等な匿名の人びとの集団という意味で「マス」と呼んだが，これは都市そのものが「マ

ス・ソサエティ」であるという捉え方と同じではない，ということを彼は強調した．磯村にとっても，鈴木にとってと同様に，都市は「構造」をもった社会である．

富永コメント 磯村英一に固有の鋭い視点は，鈴木榮太郎の「正常人の正常生活」の概念だけでは押さえきれない部分を鋭くつかんだことにあった．しかし磯村が見落としていたのは，鈴木にとって正常人の正常生活とは，ほんらい農村社会と共通する原理であったということである．農村にはもともと通勤はなく，農村では生活の場と職業活動の場は分離していない．通勤による両者の分離が，盛り場という空間をつくり出す．農村には盛り場はない．鈴木は農村社会学から出発したゆえに，農村と都市の共通要素に着目した．磯村ははじめから都市社会学を出発点とし，農村を見る準拠点をもたず，だから鈴木のように都市を農村との関係において見るという視点をもつことができなかった．磯村は鈴木と異なり，生涯を通じて都市社会学者でのみあった．

鈴木榮太郎『都市社会学原理』

農村社会学者と都市社会学者は日本に多いが，大きな問題は，現実の農村と都市が地域社会として交流しあっているにもかかわらず，農村社会学と都市社会学がまったく切離されて別個に発展をとげてきたということである．その結果両者のあいだには，共通の理論はおろか，共通の基礎概念さえ一つもなかった．なぜだろうか．それは，通常の農村社会学は「ムラ」と「イエ」を主題としているのに，都市社会学はシカゴ学派の人間生態学に依存しているというように，方法論がまるで違っていたからである．

そういう中で，日本の農村社会学の創始者鈴木榮太郎だけは，戦前に第一の大著『日本農村社会学原理』（時潮社，1940, 著作集 1, 2）を書き，戦後に第二の大著『都市社会学原理』（有斐閣，1957, 著作集 7）を書き，そして最後に死がその完成を阻んだとはいえ，第三の大著『国民社会学原理』のノート（著作集 8）を残した．そのようなことができたのは，鈴木が理論的視座をもって農村と都市を研究していたからである．この理論的視座によって，農村社会学と都市社会学ははじめて同一の方法論によってつなげられただけで

なく，両者はさらに「国民社会学」として統一された．農村社会学と都市社会学を同一の方法論によってつないだ，鈴木に独自の方法的視点は，生態学的方法と結節機関理論の二つである．

生態学的方法　1940年に46歳で『日本農村社会学原理』を書き上げた鈴木が，戦後に一貫した説明原理で『都市社会学原理』を構築し得たのは，鈴木の農村社会学と都市社会学の両方に共通する原理として，生態学的方法が用いられたことによるところが大きい．鈴木の農村社会学の生態学的方法と，それによる「自然村」の概念については，すでに述べたから繰り返さない．

鈴木は，都市も地域的・社会的統一である点で村落と共通しているとし，都市にも生態学的方法を適用して，両者を「聚落社会」として一括した．都市も村落と同様に，「第一生活地区」(近隣的地区)，「第二生活地区」(副都心地区)，「第三生活地区」(都心地区)に分けられる．鈴木のいう聚落社会は地域社会であり，その機能は鈴木によれば共同防衛と生活協力にある．この点において都市も村落も基本的な違いはない．

　　「……聚落社会としての近代都市は，その規模においてはなはだしく巨大であり，その質においてもはなはだしく分化している．けれども，その基本的原則においては，都市の生態は村落の生態と相通ずるところがすこぶる多い．……私は都市の生態を，村落の生態との関連において考察している」(著作集7: p.336)

日本には農村社会学者はたくさんいても，村落構造を概念化するのに生態学的手法を導入した人は，鈴木榮太郎のほかにはだれもいなかった．日本の農村社会学はイエとムラを対象としており，日本の都市社会学はシカゴ学派の生態学を用いていたからである．鈴木は生態学的手法をまず村落構造の概念化に導入し，次いでこれを都市コミュニティに適用したことによって，それまで他に例のなかった農村社会学から都市社会学へ，そしてさらに国民社会学へといたる道を開くことができた．鈴木榮太郎における農村社会学から都市社会学への転進は，けっして単に領域Aの研究が終わったから領域Bの研究に転ずる，という意味での関心の移動だったのではない．農村と都市の両方を研究して，両者をともに生態学的概念によってつなげるというのは，

鈴木に固有の理論的定式化であったということができる．

結節機関のシステム的つながり　農村と都市をつなぐエコロジー的思考は，鈴木にオリジナルなもう一つの着想を導いた．それが，都市の結節機関が村落と都市とをつないでいるという考えである．戦前に村落を社会関係の累積としてとらえた鈴木は，戦後の『都市社会学原理』において，都市も聚落社会である点において村落と同様であるとする着眼から出発した．村落も都市も，共同防衛と生活協力の機能を確保するために人びとが集まって集落をつくっている点において，共通である．このように生態学的な考え方の上に立って都市と村落の関係を概念化すると，都市と村落の違いもまたおのずから浮かび上がってくる．すなわち，自然村の概念と並んで鈴木榮太郎の名を高めた，「社会的交流の結節的機関」という概念がそれである．鈴木によれば，都市の生態学的構造には，村落のそれと決定的な違いがある．それは，村落が「結節的機関」のない集落であるのに対して，都市は「結節的機関」のある集落であるという点である．そこで鈴木は，都市とは「社会的交流の結節機関である」とのテーゼを立てた（著作集 7 : 62-64, 68-72）．

結節的機関とは，社会的交流の結び目になる人間の集まりである．鈴木が結節的機関としてあげているものは，九項目ある．商品流布の結節的機関，国民治安の結節的機関，国民統治の結節的機関，技術文化の結節的機関，国民信仰の結節的機関，交通の結節的機関，通信の結節的機関，教育の結節的機関，娯楽の結節的機関，というのがそれである（著作集 7 : 141-42）．このリストには，銀行や証券などの金融機関と，マスコミや出版などの情報機関が落ちているので，これらを加えれば，結節的機関の種類は大体揃うだろう．結節的機関という概念は，奥井復太郎の「中心機能の地域的結集」という概念から示唆を受けているが，結節的機関のない多数の村落が都市の結節的機関を中心として交流しあい，かくして村落と都市が結節的機関をつうじてシステム的に連なっているという考え方は，鈴木に固有の理論的定式化をあらわしている．

自然村を生態学的な社会的統一として，一つのシステム——鈴木はシステム理論を明示的に援用することを最後までしなかったとはいえ，鈴木理論はシステム理論的手法になじみやすいようにできている——と見なすと，その

システムの外部には環境があり，システムと環境とのあいだには境界を超えてのインプットとアウトプットの相互交換がある．そしてその相互交換の相手方は，環境の中に浮かぶ他のシステムというたくさんの島であり，それらの島は他の村落であり得るが，近代産業社会では通常その中に都市がある．すなわち，自然村をエコロジカルに概念化するということは，自然村を単に閉鎖的な村落共同体（閉じたシステム）とのみ見るのではなく，村落を都市とのつながりにおいて見る（開いたシステム）ことを可能にするのである．すなわちここに，農村社会学は農村社会学だけとして完結せず，都市社会学へ，ひいては国民社会学へと導かれる必然性が生まれてくるのである．

正常人口の正常生活　聚落社会としての都市は，一定の社会構造をもっている．そのような社会構造の構成要素として，鈴木は世帯，職場集団，学校集団，生活拡充集団（余暇集団），地区集団（町内会）をあげる．都市は一見無秩序に見えるが，村落と同様に一定の生活パターンが持続していく仕組みをもっている．鈴木はこれを，「正常人口の正常生活」と呼ぶ．これを例証するために，鈴木はゴミ問題をあげる．村落ではゴミは自家浄化されるが，都市ではそれは不可能だから，ゴミを聚落社会として処理するメカニズムを確立していなければならない．それによって生活パターンが持続していくのが，鈴木のいう正常人口の正常生活である．

正常人口の正常生活を支えているのは，世帯と職場と学校である．鈴木は都市住民の生活時間調査を行い，世帯・職場・学校のあいだの規則的な往復がある人とない人とでは，生活時間のパターンが違っていることを見出した．正常人口の裏面には異常人口があり，正常生活の裏面には異常生活がある．それらは都市の社会構造からの逸脱をつくり出す．世帯と職場と学校によって支えられた社会構造の外にある集団，とりわけ生活拡充集団がそのような異常性をつくり出す原動力になっており，それらを中心に都市を見る都市社会学者は，都市の無秩序を強調する傾向がある，と鈴木は指摘している．

富永コメント　鈴木のアプローチが磯村のアプローチと違っている点を，磯村が都市の中だけを見る視点に立っていたのに対して，鈴木が都市を村落と関係づけつつ国民社会全体の中に位置づけて見る視点に立っていたと考える．都市的（とりわけ大都市的）なものということからただちに盛り場を連

想するのは，都市の中だけを見る視点である．鈴木榮太郎が中心的に着目するのはそういうことではなく，聚落社会相互間での社会的交流の過程である．彼が魚類・蔬菜の流通経路や，都市住民の買物圏について詳細なデータを集めている（著作集7：第8章）のは，このような問題関心に由来する．彼はそういう観点から，都市に集まってくる人や物資はどこから来るか，都市でつくり出された物資はどこへ行くか，ということを熱心に調査した．彼は都市の内部よりも，都市と農村との関係から都市を見ていた，というのが正しいであろう．

このことから，われわれはつぎのように結論することができる．鈴木榮太郎は農村社会学から彼の研究歴をスタートしたが，彼の農村社会学は，生態学的アプローチを基礎においたことによって，単なる農村社会学を超える視点を当初から含んでいた．そのような視点に導かれて，彼はしだいに目を農村の外に向けるようになり，かくして農村社会学の完成後に都市社会学に転進した．しかしその都市社会学も，彼の農村社会学を基礎づけていた生態学的アプローチの延長において考えられていたかぎり，やはり単なる都市社会学を超える視点を含むものであった．したがって都市社会学の完成後に鈴木榮太郎が進むべき道は，すでに定まっていた．彼の農村社会学と都市社会学とを包摂するより高次の平面に進むこと，これである．そこでつぎに，彼の死によって完成にいたらなかったとはいえ草稿として出版されている，鈴木の「国民社会学」を見ることにしよう．

鈴木榮太郎の遺著『国民社会学原理ノート』

鈴木の絶筆が「国民社会学」と題されていることは，とりわけ注目を必要とする．経済学では18世紀いらい国民経済学という名称が行われてきたが，それは「国民経済」の学すなわちマクロの理論経済学そのもののことであった．社会学では国民社会学という呼び名は行われてこなかったが，仮に行われたとすれば，それは「国民社会」の学として，「国民国家」の学を「社会」の面から理論化したものになるであろう．鈴木榮太郎が国民社会学という名称を選んだということは，彼が単なる農村社会学をも単なる都市社会学をも超えていたことを示している．農村社会学にも都市社会学にも，鈴木の視野

のこのような広がりを評価し得る人はいなかった．鈴木のいう国民社会学は，農村社会学と都市社会学を合わせたマクロの理論社会学である．農村社会と都市社会はどちらも地域社会であるが，国民社会は一国の地域社会の全部，すなわち国土の全広がりの上に定住しているすべての人びと，つまり国民がつくっている社会として考えられることになる．しかし農村社会と都市社会をただ足し算すれば国民社会ができる，というわけにはいかない．農村社会学と都市社会学はどちらも地域社会学だから国家論はなくてもよいが，国民社会学では国家論との関連で社会を考えることが不可欠である．それは，これまで社会学——「国際社会学」という領域社会学がまだ明示的に存在していなかった段階における社会学——で「全体社会」と呼びならわされてきたものに当たる．

鈴木榮太郎の『国民社会学原理ノート』は，鈴木門下の布施鉄治らが，鈴木の没後に残された「国民社会の研究」と題する43冊のノートを整理して，著作集第8巻として出版したものである．このノートは項目ごとの断片の巨大な集積であるが，章別構成はよくととのえられ，分量的にも布施鉄治と塚本哲人による解説部分を除いて331ページに達している．それらの中から，国民社会とは何か，国民社会をどうとらえるか，という問題に直接ふれている文をいくつか抜き書きしてみよう．

- 私は［『日本農村社会学原理』および『都市社会学原理』では］……村落も都市も共に一応完結した統一として取り扱い，村落と都市をそのうちに含めているもっと大きな社会的統一体としての国民社会の体制というようなものの追求には及んでいなかった（p.47）．
- 私がいま理解している国民社会は，具体的にはっきり明示することのできるものである．それは国家の統治に従属している人びとの中にみられる社会的統一で，明確に同一の国家統治主体の支配をうけている一群の人びとの中にみられる社会的統一である．……その統治に服従している人びとを一般に国民というから，国民社会の語をもちいる（p.48）．
- 日本国民社会——日本政府によって設立され，万国がこれを認めている国境線内に居住する日本国民によって営まれている一切の社会生活の総体が日本国民社会である（p.52）．
- ……国民社会の広場における社会事象といっても，具体的には村落か都市にお

第3節　都市社会学

ける社会事象にほかならず，村落および都市を離れて国民社会の広場は考えられぬ．国民社会自体の社会事象というものは考えられない（p. 53）．
- 共同体がまずあってそこに国家が生まれるのではない．その共同体は国家が創りだすのである．かくしてできた共同体の上にさまざまの結社ができる．……その意味の共同体を私は国民社会というのである．国民社会の枠を決定するのは国家である（p. 84）．
- 国民の立場を中心にして考えると，国民社会は主権者共同団体であり，土地共同団体である．……／コミュニティーは共同体としての地域社会．／国民社会は土地共有団体である．／国民社会は国家共同団体である（pp. 101-2）．
- ……国民社会は次のように定義される．土地を共同して占有している人びとが如何なる［他の］国家の統治にも服さない者を自分たちの共同の統治者として頂き，その治下に隷属したとき，彼ら一団の社会を国民社会という．彼らがうける統治の組織を国家という（p. 102）．
- 国家はつぎつぎと興亡するが，国民社会は時間的同一性を保っている．悠久なのは国家ではなく国民社会である．国民社会は国家の企画の上に設定されているものであるから，国家の滅亡ごとに国民社会も滅亡するはずであるけれども，次に起こる国家が前と同一の枢の上に構成されるならば，国民社会は存続するといいうる（p. 146）．

　以上いろいろと言い換えられているが，これらを読んでわかることは，多数の村落と多数の都市が，鈴木のいう社会的交流をつうじてシステム的に連なって全体的統一体を構成したものが，彼の考える国民社会というものの実質的な中身であるということである．村落も都市も地域社会――鈴木自身の用語では聚落社会――であり，そして両者のあいだの社会的交流といわれているものは生態学的に考えられた地域間交流にほかならないから，それらをすべて包摂する国民社会というのは，いわば最大の地域社会（高田保馬はそれを「世界社会」にまで拡大した）ということになるであろう．
　しかしながら他方，国民社会は単なる地域社会以上のものである，ということもまた否定できない．それは，国民社会という概念が「国」という語を含むかぎり，国家というものと不可分の関係にあるという事実から出てくる．農村社会学と都市社会学は地域社会論に終始していてよく，国家論に足を踏み入れることが特別に要求されることはない．しかし国民社会という概念を立てるとなると，もはやそうとはいかない．鈴木自身が，だれよりもこのこ

とを最もよく意識していたことは，上記の引用文によってすでに明らかであろう．国民社会論は，地域社会論と国家論との総合の上に立脚する，ということを鈴木は十分に自覚していたといえるであろう[4]．

けれども，国民社会はもちろん国家と同じではなく，国民社会は国家から区別されねばならない．この問題は，国家と社会との区別および関連という，19世紀いらい20世紀初頭までの政治学と社会学が繰り返し直面してきた伝統的なテーマであって，周知のようにその答には一元的国家論と多元的国家論の二つがあった．この二つのうち，一元的国家論は，市民社会が未発達で社会の側の自律性が確保されなかった第一次大戦以前のドイツで，国家が社会を吸収するかたちでの国家の絶対性を正当化しようとする理論として形成されたものであったから，近代民主主義の制度化が達成された第二次大戦後の日本を含む先進諸国では，これはもはや問題ではなくなった．問題として取り上げられるべきは，多元的国家論である．鈴木榮太郎も当然に，この多元的国家論の検討から彼の議論を出発させた．多元的国家論は，国家と社会を完全に切離して概念化する．この切断は，コミュニティーとアソシエーションとを区別して，国家を多数のアソシエーションの一つとして位置づけたマッキーヴァーによって定式化された．これを受け継いだ高田保馬は，マッキーヴァーのコミュニティーに相当する位置に「全体社会」の概念をおき，アソシエーションに相当する位置に「部分社会」の概念をおいた．鈴木はこの多元的国家論を評して，つぎのように書いている．

「国民生活の中には多くの団体［アソシエーション］があるが，国家もその一つの団体である．多くの団体をその中に含んでいる社会的統一体に名づけてコミュニティーの語を用いる．だから個々の団体は部分であり，コミュニティーは全体である．その意味からも高田保馬博士はコミュニティーを全体社会，団体を部分社会という．だが部分社会が集まって全体社会ができたとたんに部分社会の一つが全体社会自体と名のりでたというのは手品師のようである（p. 77）．

この批評は鋭いと思う．「手品師のようである」というのは，国家をアソシエーションであると言いながら，いつのまにかそれがコミュニティーでもあるということを認めざるを得ないようにしているのが多元的国家論ではない

か,ということであろう.鈴木がここでとりわけ重視しているのは,「この国家という結社は,その目的が秩序と防衛ということであり武力をもつものである」(p.81) という認識である.国民社会はそのような特性をもった国家によってつくり出されたものであり,その意味で国民社会の枠を決定するのは国家である,というのが鈴木のテーゼである.「私の国民社会はコミュニティーに近い」(p.89) と鈴木は述べている.そうだとすると,鈴木のいうコミュニティーは全体社会だから,国家も国民社会もこれと同じ広がりをもった全体社会であると考えられる,ということを右の見解は示唆するだろう.

富永コメント 鈴木榮太郎の「国民社会学」というのは,鈴木以外の社会学者が誰も立てなかった視点である.『国民社会学原理ノート』は著書として完成されなかったから,われわれは決定的なことを言い得ないにしても,以上の考察から導かれる私の結論は,村落社会論と都市社会論と国家論を統合することをつうじて,それまでの中範囲理論からの脱皮を達成して一般理論に迫ること,これが鈴木の「国民社会学」の目標とするところであったというところに帰着する.もっと具体的に言えば,農村社会学からくる素材と都市社会学からくる素材を合わせて,これに国家社会学からくる素材――『ノート』に用いられている用語でいえば「統治構造と統治現象」――を統合したものが,鈴木榮太郎の考えていた『国民社会学原理』であった.これだけの素材が統合されたものを,領域社会学の名で呼ぶことはもはやできない.国民社会学原理は,一般社会学原理が「(狭義の) 社会」(家族や組織や地域社会や社会階層) のすべてに定位するのとは違って,「国民社会」だけに定位するものであるが,それは一般社会学原理の最もマクロな部分であるというべきだろう.

矢崎武夫『日本都市の発展過程』

都市社会学において奥井復太郎・鈴木榮太郎・磯村英一に続く世代として,矢崎武夫 (1916-) をあげよう.矢崎は戦時中に慶應義塾大学を卒業,兵役に服して中国を転戦した後,1949年から52年までシカゴ大学でルイス・ワースらに都市社会学を学んだ.アメリカ留学から帰国後の矢崎は,はじめシカゴ学派の都市社会学を日本に紹介することから出発したが,矢崎の名を高

めたのは独自の日本都市史研究たる『日本都市の発展過程』(弘文堂，1962)であった．この著作は，大和朝廷の都市造営から説き起こして，明治維新後の産業革命期にまでいたる日本都市史の通論的な研究である．矢崎はこのような研究を企てるにいたった理由について，同書の序文において，シカゴ大学から帰国後何年かたつうちに，日本の都市社会学はアメリカの都市とは異なる日本都市に固有の歴史から理論構築をしなければならないと考えるようになったと述べている．

矢崎武夫の『日本都市の発展過程』を，歴史学者や地理学者の都市研究から区別する社会学理論としての拠りどころは，「都市の社会構造」の概念におかれている．矢崎のいう都市の社会構造とは，シカゴ学派の生態学的アプローチを超えて，鈴木榮太郎からの影響のもとに，都市を「何らかの意味で機関を中核」として構成された権力機構として考えるところにある (p.8)．そのような機関の最古のものは，矢崎によれば，4世紀に応神天皇によって造営された大和の軽の宮であった (p.28)．大和朝廷の時代，中央の都に居住していたのは臣や連の姓をもつ氏の氏上であり，彼らの一族が地方で従属していた国造や県主らの氏上に国内の行政を行わせ，それらを管理していた．

大化の改新に始まる律令体制は，日本に初めて大きな人口と大きな統合機能をもった政治的中心都市と，地方政治の中心としての太宰府・国府をつくりだした (pp.36-37)．中央の飛鳥京や平城京や平安京は，天皇を頂点として律令制を統合する中央集権的な権力機構であり，地方の太宰府や国府は中央から派遣された官吏によって中央と地方を結ぶ権力機構であった．これらの都市はすべて，政治権力によって計画的に造営された都市であり，都市の住民は公家・貴族・官僚・僧侶と，彼らの自家消費需要に応ずる工人にかぎられていた．この段階では，全国の農村は自給自足経済で，市場は存在していなかったから，商工業を中心とする自然発生的な都市の形成はなかった．

源頼朝が鎌倉に武家政権を開くと，政治の中心は京都を離れて鎌倉に移った．鎌倉時代の政治都市は，鎌倉と京都と平泉の三つであった．鎌倉は，解体した律令制にとって代わった，封建支配者としての武士の権力機構であった．鎌倉には，幕府三庁と呼ばれる侍所・公文所（政所）・問注所が設置され，頼朝と封建的主従関係によって結ばれた御家人（守護および地頭），それ

に寺社がここに集まり，また彼らの需要に応ずる大工などの職人が集まった．しかし鎌倉の人口は小さく，数万にとどまったと考えられている．京都は引き続き公家・貴族と寺社の都市であったが，彼らは荘園領主であったので，地方の荘園から輸送されてくる物資が京都に集まり，これを加工する手工業が発達した．平泉には，藤原氏の荘園庁の権力機構があり，奥州における在庁官人や郡司が世襲化して武士となったものがここに集まった（pp. 71-79）．

　建武中興政府が崩壊して，古代日本の最後のあがきが解体したあとに成立した足利尊氏の室町幕府は，守護の勢力均衡の上に乗った弱体な政権であったが，この時代には商工業の発展とこれにともなう市場の形成があって，自生的な都市の形成が開始された．室町時代の守護は，鎌倉時代よりもはるかに強大な勢力になり，しだいに大名へと移行して，守護領国を形成するようになった．この守護領国の成立は，とりわけ応仁の乱以後になると，戦国大名による城下町の形成を促し，商品経済の発達によって，城下町には武士だけでなく商人が集まるようになった．これと並行して，京都でも，荘園制の解体によって古代的貴族が衰退したのに代わって，土倉・酒屋などの町人勢力が強くなった．これらによって，日本における都市の形成は，新しい段階を迎えることになった．矢崎はとりわけ，寺社町・宿駅・港町・自由都市の発展に注目している（pp. 115-122）．

　織田信長・豊臣秀吉を経て，徳川家康にいたって完成された，鎌倉・室町の封建制とは異なる中央集権的封建制は，日本全国で260余にのぼる城下町を形成し，新しい都市社会をつくりだした．徳川幕藩制のもとで，城下町とは，徳川幕府と諸藩の権力機構であった．各藩の大名は，兵農分離によって武士を土地から引き剝がし，城下町に集住させる一方，農村における商工業を禁止して，彼らを城下町に集めた．農民離村は禁じられていたにもかかわらず，土地の不足と長子相続制のため，次三男は都市に流入した．矢崎は，徳川時代において都市人口は増加しているから，「向都離村の傾向は相当強かったと推測され得る」としている．しかし矢崎によれば，城下町は封建社会の中核として領国全体の統合の維持を目的としてつくられたのであるから，封建領主が近代化に向かう都市化をめざすことはあり得ない．封建領主がめ

ざしていたのは，まったく反対に，農村の封鎖性・自給性を維持すること，農村への商品経済の浸透を防止することであった．にもかかわらず，現実には，徳川時代をつうじて商品経済の発展が進み，村や藩の封鎖性・自給性は破れ，全国は江戸と大阪を中心とする一つの経済圏を構成するようになっていった（p.233）．

明治維新によって封建制が解体され，1871年の廃藩置県によって藩の封鎖性が破られると，城下町は大きな打撃を受けた．人口の半ばを占めた武士は身分と禄を失って没落し，城下町商人は最大の顧客を失って商売は不況になった．しかし城下町の多くは県庁所在地として再生し，または商業都市・工業都市・教育都市・貿易都市・軍事都市などとして機能分化をとげていった．城下町で以上いずれの道をもとり得なかったものは，田舎町に転落していった．明治維新後の近代日本において，都市とは行政組織と機能分化した産業・商業などの諸機関であるといい得る．

富永コメント　矢崎武夫の『日本都市の発展過程』は，都市を何らかの機関を中核として構成された権力機構という一般的なタームによって定義し，これを日本史の時代区分ごとに具体化して，時代とともに異なるそれぞれの構造を比較研究した通史である．日本都市史を通観した結論として，矢崎は，日本における都市の形成は，古代の律令都市も，封建前期の政治都市も，幕藩制下の城下町も，市場の自然的発生によらずに単一の政治・軍事的権力体系によってなされたところに特徴があったとし，産業革命以後にそれが初めて多元化に向かって進んだ，と概括している．矢崎の研究は，歴史のないアメリカの都市を対象としてつくられたシカゴ学派の都市社会学を学んだ著者が，あえて古代いらいの長い歴史をもつ日本都市史の仕事に挑戦した労作である点で，高く評価される．ただそれが歴史叙述に流れすぎて分析的でなく，社会学的概念枠組の設定が十分でない，という点で物足りないことは否定できない．都市の社会構造を権力機構としてとらえる矢崎の「都市の社会構造」理論は，古代の律令都市から幕藩制下の城下町までの日本都市をとらえる枠組としてはたしかに有効性をもつが，矢崎が「多元化」と表現している産業革命以後の都市化を分析することができるためには，理論自体もより多元的な構造をもつものに彫琢される必要があるだろう．

第3節　都市社会学

1) 磯村英一 (1903-97) は，1928 年に東京大学社会学科を卒業して，東京市社会局に勤務，1948 年東京都民政局長，53 から 66 年まで東京都立大学教授，同名誉教授，都立大定年後は東洋大学教授，69 年に同学長となった．東京市社会局での社会事業や社会調査の経験が，彼を都市社会学研究に向かわせた．他方では東大の学生時代はセツルメント，東京市社会局ではホームレスの調査，1961 年以後は「同和対策審議会」など，都市の貧困問題に一貫して関心を向けた．主要著書は『都市社会学』(有斐閣，1953)，『都市社会学研究』(有斐閣，1959). 主要著作は『磯村英一都市論集』(3 冊，有斐閣，1989) に集められている．
2) 鈴木榮太郎 (1894-1966) は，1922 年東京帝国大学倫理学科を卒業 (鈴木は実際には社会学科の学生だったのであるが，建部遯吾と争ったために急遽倫理学科に変更して卒業した)，大学院は京都帝国大学社会学科に学び，1925 年岐阜高等農林学校教授，1942 年京城帝国大学助教授を経て，1947 年北海道大学教授，1958 年同定年退官，1958 年東洋大学教授，1965 年和光大学教授．1923 年にスペンサーの『個人対国家』を，1924 年にホブハウスの『国家の形而上学的学説』を翻訳した．主要著書は『日本農村社会学原理』(時潮社，1940)，『都市社会学原理』(有斐閣，1957，増補版 1965)．『都市社会学原理』の完成後は，『国民社会学原理』が次のステップであると宣言し，そのために研究ノートを書き続けたが，完成を見ることなく没した．鈴木の主要著作は，『鈴木榮太郎著作集』全 8 巻 (未來社，1968-77) に集められている．
3) 矢崎武夫 (1916-) は，1941 年に慶應義塾大学を卒業，東芝に入社後，兵役にとられて中国各地を転戦．戦後東芝に復職，1949-52 年シカゴ大学大学院に留学．54 年慶應義塾大学講師，62 年同教授，1971-72 年ハワイ大学客員教授，1975-76 年香港中文大学客員教授，1982 年慶應義塾定年後は明星大学，いわき明星大学各教授．主要著作は『日本都市の社会理論』(学陽書房，1963)，『現代大都市構造論――新しい人間生態学的研究』(東洋経済新報社，1968)，『日本都市の発展過程』(弘文堂，1962，12 版 1978)．
4) 布施鉄治が述べているところによれば，鈴木はその 43 冊からなるノートの第一号に，「私の学問研究，歴史『十八世紀英国国家論』」と書きはじめて，国家論研究が若いときの彼の学問のスタートであったことを記し，その後の学問的遍歴をあげたあと，北海道大学定年後に「東京にきて，国家研究に復帰／そのつぎに国民社会，まだ研究の段階」と書いていた (著作集 8：p. 13)．

第4節　産業社会学

　家族社会学・農村社会学・都市社会学は，日本において戦前からの歴史をもった領域社会学であったのに対して，産業社会学は戦後に出発し，1950年代以後に本格的な領域社会学に成長した，新しい領域社会学である．日本において産業社会学を初めて手がけたのは，さきに第2章第4節で『社会学の本質と課題』および『現代の社会学』の著者として取り上げた尾高邦雄であった．1950年代から60年代にかけての東大社会学科は，尾高の産業社会学と福武の農村社会学を二つのセンターとしていた．この節では，尾高産業社会学の二つの著作と，これに続く松島静雄[1]と間宏[2]の諸著作を取り上げることにしよう．

尾高邦雄『産業社会学』と『産業社会学講義』

　尾高の産業社会学の出現以前には，日本の社会学には近代産業社会の中心的な制度体である企業を対象とする部門はなかった．その理由は，企業が経営学の研究対象であると考えられたためである．しかし近代産業社会における主要な地域社会は都市であり，そして都市に居住する人びとの多くは毎朝起きると家族から企業に通勤しているのであるから，家族社会学と都市社会学があるのに企業の社会学がない——経営学は「経営経済学」と呼ばれていたように企業の社会集団としての面を対象にしていなかった——のは大きな欠落であるといわねばならなかった．尾高による産業社会学の創始は，社会学のこの欠落を埋めた重要な貢献であったということができる．

　『**産業社会学**』　尾高の産業社会学には，二つの前史があった．その一つは，戦前の尾高の著書『職業社会学』（岩波書店，1941）である．これは戦前のものだからここでの時間範囲に入らないが，これがもとになって戦後の産業社会学がつくられたという意味で，尾高の研究にも戦前から戦後にかけての連続性があったことを見過ごしてはならない．もう一つは，尾高邦雄編『鋳物の町』（有斐閣，1956）である．これは埼玉県川口市に多数集まっていた伝統

的な中小企業である川口鋳物工場についての調査研究で，調査は戦後すぐの時点で開始されていた．工場労働者に質問紙法調査を行うことによって職場志気その他の態度を測定する，という尾高の経験的研究の方法はここに発している．この調査の問題設定は，日本の中小企業の「日本的」特殊性を明らかにすることを目的としており，これらの中小企業においては，工場主の多くは「徒弟奉公」からたたき上げた伝統的な職人の出身者であって，従業員の多くはこれらの工場主と血縁や地縁のネットワークによって結ばれていた．調査の結果は，このように血縁や地縁によって工場主と特殊的な関係をもつ従業員は，そうでないものにくらべて職場志気が高い，ということを明らかにした[3]．

論文集『産業における人間関係の科学』（有斐閣，1953）に続いて，尾高は彼自身の理論構築を示す『産業社会学』（ダイヤモンド社，1958）を書き上げた．この本の冒頭で，尾高は短く社会学論にふれ，社会学を社会科学一般と混同するのは誤りであって，社会学は社会諸科学の中における一つの特殊科学である，と述べている．さりげないこの言い方の中に，注意深い尾高の読者ならば，9年前の『社会学の本質と課題』，およびその翌年の「社会学における私の立場」論争において，彼があれほどこだわった「総合」の視点が，あっさり落とされていることに気付くであろう．すなわち，社会学の本質と課題を問うていた若い尾高の大上段にふりかぶった姿勢は，領域社会学の一分野に自己を限定した『産業社会学』では，すっかり影をひそめているということが重要である．もちろん，企業という具体的な問題に関心をもっている産業社会学の読者に対して，『社会学の本質と課題』を説くのは場違いであるとの自制の気持が，ここには働いたであろう．しかしここに述べられた簡潔な表現の中には，かつてあのように大問題を掲げて苦しんだ尾高が，産業社会学だけに専念するという立場に転じたことによって，社会学は特殊科学であればよく「総合」などは必要としない，というあっさりした態度に変わったことが見て取れるだろう．

尾高によれば，その特殊科学としての社会学がとる視点は，人間の集団生活を「生きた実態に即して」研究するということにあり，そのようなアプローチは「人間遡及的」と呼ぶことができる．産業社会学は企業という対象に

この人間溯及的アプローチを適用した結果,「産業における人間関係」という研究対象を発見した．社会学を人間関係の学であるとし，社会学とは人間溯及的アプローチをとるものであるとするこのようなミクロ的視点は,『本質と課題』当時の尾高にはなかったものであることが，注意されねばならない．ということは，このようなアプローチは，彼が産業社会学という特定領域の研究に特化するようになってから，新しく身につけた変化であったことを意味する．尾高は「人間関係」という彼のキイ・ワードが，本来的に社会学の分析用語であって，第二次大戦後の産業界に広く流布している経営政策ないし労務管理の方式としての「人間関係」（ヒューマン・リレーションズ）から来ているのではないとする．尾高のいう人間関係とは，彼の表現によれば，社会学が集団を分析して，成員個々人のあいだの相互関係にまで掘り下げた時に到達する,「相互行為」（インタラクション）の様式にほかならない．

　尾高は，産業社会学にとっての研究対象である人間関係を，企業における労務管理政策の対象としての人間関係から区別して「あるがままの人間関係」と呼び，これに対して後者を「望ましい人間関係」と呼ぶ．尾高によれば，望ましい人間関係を実現することは「人間関係管理」の目標であって，「モラール」（職場志気）が高くて企業に対する「帰属意識」の高い人間関係が，企業にとって望ましい人間関係である．これに対して，あるがままの人間関係を，尾高はロースリスバーガーに従って「技術上の人間関係」「制度上の人間関係」「人格上の人間関係」の三つに分けた．技術上の人間関係は，生産工程における関係であって，相手に対する感情や態度をともなわない．制度上の人間関係は，フォーマルな組織における人間関係であって，パーソナルな関係にまではいたらない．これらに対して，人格上の人間関係は，インフォーマルな人間関係であって，相手に対する感情や態度をともなうパーソナルな関係だから，ミクロ社会学的には最も重要性が高い．尾高が「産業における人間関係」というのは，この三番目のインフォーマルな人間関係のことをさす．このような人間関係にアプローチするには，相手に対する感情や態度を調べることが必要である．尾高が職場における態度調査を重視したのは，このゆえである．

　『産業社会学講義』　1960年代以降になると，企業現場において労務管理の

技法として重視されていた人間関係管理の急速な退潮があった．そこで『産業社会学』の23年後に出版された『産業社会学講義』（岩波書店，1981）において，尾高は人間関係論からの大きな転進をはかった．『講義』は全部で12の「講」からなるが，それらにおいて前著に直接つながる内容が含まれているのは四つだけで，それ以外の八つの講はすべて新しいテーマを扱っている．それらは「日本的経営」論（第2講「日本的経営の社会的背景」と第3講「集団主義経営の将来」），「疎外労働」論（第4講「高度産業化社会の特質と問題」と第5講「オートメーションと単調労働」と第6講「組織の中の人間疎外」），「自主管理」論（第7講「労働者の経営参加」と第8講「職場の自主管理」と第9講「自主管理制度と組織改革」）の三グループにまとめることができる．これらのうち『講義』の中核をなしているのは自主管理論で，疎外労働論はその前提であり，日本的経営論は人間関係論の変形と見なされよう．

　自主管理論を扱っている三つの講を見よう．これらは，職場志気という著者の在来からのテーマとつながっている．第7講「労働者の経営参加」は，「労働者には職場の運営における自主決定と自主管理の権利がある」（p.222）とのテーゼから始まる．労働者は，どうしてそのような経営参加の権利をもっているといえるのか．尾高は二つの根拠をあげている．第一の根拠は，「最近における企業の公共的性格の増大と，企業における所有と経営の分離の進行」（p.227）である．第二の根拠は，労働者は常に主体的な人格として扱われなければならず，それゆえ「自分の仕事のやり方，目標，スケジュールなどを自分できめる」ことができなければならず，また「仕事を実施するプロセスにおける自治，すなわち自主管理の自由が与えられている」のでなければならない（p.229）．経営参加の形態には，(1)労働組合による参加（労使協議制，労使共同決定など），(2)従業員代表による参加（経営協議会，パルトナーシャフトなど），(3)従業員の職場集団による参加（QCサークル，小集団自主管理など），(4)従業員個々人による参加（情報への参加，提案による参加，所有への参加など）が考えられる．しかし尾高によれば，(4)は本格的な意味での参加とはいえないし，また(1)と(2)は要するに「代表参加制度」であって，組織の末端で働く人びとにとっての「労働の人間化」は，それらによ

っては達成され得ない．かくして，(3)自主管理制度の重要性がクローズアップされることになる．

　直接このテーマを論じた第8講「職場の自主管理」は，「職場に自発的につくられた作業小集団が主体となっておこなう直接参加の方法」(p. 278) による自主管理の提唱を目的とする．職場の小集団といえば，1960年代の後半いらい急速に日本の企業内に普及した，ZDグループとかQCサークルのような小集団活動がただちに思い浮かぶが，尾高がここで作業小集団による直接参加の方法といっているのは，それらとは異なる．ZDグループとかQCサークルなどは，フォーマルな職場の生産業務とは切り離されたところで，無欠陥作業とか品質管理などのような特殊テーマについて，勤務時間外に自主的に行われるインフォーマルな小集団活動である．会社はこれについては，会社主催の発表会をやったり，賞状や賞金を出したりはするが，それ以上の関わりはもたない．これに対して，ここで尾高が提唱する小集団自主管理は，従業員自身の自主的な意思による小集団活動である点ではZDグループやQCサークルなどと共通であるが，小集団が携わる作業が会社の正規の生産業務そのものである点が根本的に違っている．尾高はこの小集団を，「自律作業小集団」と呼ぶ．

　自律作業小集団は，会社から課せられた正規業務を，自主決定と自主管理によって遂行する．自律作業小集団のメンバーは，管理者や監督者を含まないヒラの労働者だけからなっているが，メンバーの中から選出されたインフォーマル・リーダーをもつ．自律作業小集団の事例は各国にあるが，スウェーデンのサーブ・スカニア社やボルボ社の事例によれば，小集団自主管理制度の導入は，小集団のチームワークが，外部からの規制によらずに自律的につくりだされていることによって，メンバーのモラールを高める効果をもち，そのことが職場に対する満足度を高め，その結果として欠勤・遅刻・サボタージュ・退職率・災害率などを低下させただけでなく，グループの生産性を高め，製品の不良率や欠陥率を引き下げた，ということである．

　第9講「自主管理制度と組織改革」は，小集団自主管理制度の導入が，自律作業小集団を末端の単位とした新しい企業組織をつくる，という意味での組織改革であるゆえんを述べている．ここでいう組織改革とは，尾高によれ

第4節 産業社会学

ば，集権的で封鎖的な在来のビューロクラシー組織を，分権的で開放的な「経営の民主化と労働の人間化」の実現された組織に変える，ということである．自律作業小集団の内部には，選出されたインフォーマル・リーダーがいるだけで，会社によって任命された管理者や監督者は，すべて小集団の外部にいて，インフォーマル・リーダーたちに助言し，彼らと会社の上層部とのあいだをつなぐ．自律作業小集団は，それぞれが完成品を製造するので，外部とのヒエラルヒー的な序列に組み入れられない．このようにして，自主管理制度は官僚制的組織に由来する疎外労働から労働者を解放する．

『講義』が前著『産業社会学』につながっている部分として，第10講「職場志気とリーダーシップ」と第12講「労働者意識の構造」を見よう．「職場志気とリーダーシップ」は，「人間関係と職場志気」で扱った「モラール」（モラール1から4まで）の概念から始まる．ところがその先を読んでいくと，以前とは問題の立て方が違っていることに気づく．すなわち，尾高は23年前の『産業社会学』とは違って，ホーソン工場実験とモラール測定から人間関係管理を引き出してくる考え方を，次のようにはっきり否定している．

「［ここでは］いわゆるヒューマン・リレーションズ・スキルズの必要を説こうとするのではない．……第二次大戦後アメリカや日本で一時流行したこの技術は，……結局において職場の周囲にいる人々の温情的な心づかいだけを強調する操縦主義の管理技術に堕していたと考えられるからである」(p. 388)

と．これに代わって尾高がここで新たに目指しているのは，職場志気を高めるようなリーダーシップはいかなるものかを明らかにすることである．尾高はこの問題を「リーダーシップの環境づくり」と「リーダーシップの行動様式」に分け，前者は，職務設計，適正配置，チームワーク，自主管理制度，の4項目を含むとし，後者は，管理者教育，育成と援助，訓練と研修，評価と承認，の4項目を含むとする．それらは，前著における尾高の「モラール1」から「モラール4」までと関連づけられている．他方で尾高は，リーダーシップを，強権的指導，機械的指導，操縦的指導，温情的指導，放縦的指導，民主的指導の六つに分け，真にモラールを高めるのは民主的指導である，と

結論づけている．

　他方，第12講「労働者意識の構造」は，尾高が「帰属意識調査」と呼んできた，「会社に対する帰属意識」と「労働組合に対する帰属意識」それぞれ6問ずつからなる12の質問セットによって測定された従業員態度調査データの分析である．これらの調査は，1952年から1967年までの15年間にわたって，9企業14事業所で行われた．これらのデータ解析をつうじて尾高が引き出した主要な結論は，会社に対する帰属意識と労働組合に対する帰属意識が，一見予想されがちのように方向の相反するものではなくて，すべての事例において順相関することが見出された，というものである．尾高はこの結果から，会社帰属と組合帰属のあいだに見られるこの順相関こそ，労使関係の安定化を促進する重要な要因であると結論している．

　23年を隔てた尾高邦雄の旧著『産業社会学』と新著『産業社会学講義』を比較すると，新著では，メイヨー－ロースリスバーガーの名前はもはや出されなくなり，ホーソーン実験は終わりの方に出ては来るが，「インフォーマル組織」と「ヒューマン・リレーションズ・スキル」の重要性をそこから引き出してくることは否定されている．尾高産業社会学は1930年代の人間関係論から独立し，大幅に作り変えられたことが分かる．この作り変えには，少なくとも二つの面からの意味付与がなされ得るであろう．

　一つは，人間関係というミクロの領域から出発した尾高産業社会学が，「産業化の社会学」と彼が呼ぶマクロの領域にまで目を向けるようになったことである．もう一つは，「フォーマル」な組織が官僚制化され非人間化されるマイナス面を修正するために「インフォーマル」な組織を対置してきたこれまでの尾高産業社会学のミクロ視点に対して，「フォーマル」な組織それ自体の構造と機能を変え，そうすることによってこれを官僚制化と非人間化の弊害から救い出そうとするマクロ視点が提起されたことである．自主管理論を導入することの意義はここにあった，といえよう．これらの作り変えによって，新著はもはや人間関係論でも相互行為主義でもなくなった，と言えるであろう．

　富永コメント　尾高邦雄は，元来は応用学的な指向をもった学者ではなく，純粋の一般社会学に指向した学者であった．彼は1953年の『産業における

第4節　産業社会学

『人間関係の科学』の直前に，われわれが第2章で見た1949年の『社会学の本質と課題』を書き，1950年には『社会科学方法論序説』と題する方法論的な著書を書いている．しかし彼の旧著『産業社会学』と新著『産業社会学講義』を比較すると，新著は旧著にもまして，一般社会学レベルの指向が徹底的に追い払われていることが特徴的である．旧著ではまだ，集団とか相互行為のような一般社会学レベルの概念から説き起こされていた．ところが新著は，「職場志気」「会社と労働組合への帰属意識」「自主管理」「経営参加」「労使協力」といった企業レベルに固有の諸概念のみから構築されている．すなわち，インフォーマル組織やとヒューマン・リレーションズ・スキルは消えたとはいえ，尾高産業社会学が1953年の『産業における人間関係の科学』いらいその出発点において身につけた，ハーバード大学の「ビジネス・スクール」という応用学部からの影響によって形成された応用指向的な性格は，ますます強められている．尾高が元来の「本質と課題」的方法論指向から，産業社会学に特化して以後のビジネス・スクール的な応用指向に向かって急転直下していった，ほとんど信じがたいほどの大きな変身は，新著にいたって最終的に完成したと言えるであろう．

　尾高のこの変身は，1951年論争における彼の挫折と関係があるというのが，私が本書の第2章で立てた説明仮説であった．私は晩年の尾高との個人的な会話を通じて，論争後の尾高と新明が，相互反発によって，ともに極端な方向を選ぶようになった経過を多少とも聞くことができた．尾高にとってそれは，彼のそれまでの研究とまったくカラーの違うビジネス・スクールの応用学に強くコミットしていく道であった．実は尾高はそうする代わりに，ジンメルに始まるミクロの心的相互作用論（中央公論社版世界の名著『デュルケーム－ジンメル』(1968)につけられた尾高の解説を読むと，尾高はジンメルの形式社会学に対して新明のような強い偏見を全然もっていなかったことがわかる），ヴェーバーに始まるマクロの支配の社会学や経済社会学（初期の尾高はヴェーバーの研究家であった），パーソンズに始まるミクロの行為理論とマクロの社会システム論（1950年代までの尾高はパーソンズを讃美していた），ミードを学祖とするシンボル的相互行為理論（上述したように尾高は『産業社会学』で「相互行為のアプローチ」にたびたび言及していた），ヨ

ーロッパ生まれの現象学的社会学（邦雄の兄・朝雄はヴィーン留学中にシュッツと親交があり，邦雄も現象学に詳しかったことは，私が邦雄自身からしばしば聞いていた），それらよりも遅れるがホーマンズとブラウによって創始された社会的交換理論（ブラウは1950年代以降の代表的な組織社会学者である）など，尾高の先行世代，もしくは同時代人によってつくり出されてきた社会学理論そのものの流れに拠りどころを求めつつ，組織社会学ないし産業社会学を「理論的な社会学」としてつくり出す方向を選ぶことは十分できたはずであり，社会学者としてはそのほうが自然な選択であったのではないかと思う．産業社会学者としての尾高の一貫した歩みに対して，私は賛辞を贈るにやぶさかではないが，尾高がこの選択によって，『社会科学方法論序説』やヴェーバー研究やジンメル研究など，戦後まもなくの尾高の眼前に広がっていた他の諸選択肢を追求する可能性をみずからに禁じたことを，きわめて残念に思う．

松島静雄『中小企業と労務管理』

松島静雄は，尾高邦雄門下から出て産業社会学を専攻し，尾高と同様に企業の調査に特化した．しかし尾高がアメリカ文献の集中的研究から引き出したアプローチを質問紙法調査によって日本の多くの大企業に適用したのと異なり，松島は日本企業の労務管理をテーマとして企業ごとの聞き取りによるケース・スタディを積み重ねるという方法をとった．この方法は生涯にわたって変化しなかったが，彼の研究は終戦直後から高度経済成長期をはさんで1970年代末までにわたったので，ケース・スタディのテーマは日本の企業の変化とともに次第に変化していった．初期の研究は鉱山労働者の共同体「友子」の調査に始まり，中期の研究は『労務管理の日本的特質と変遷』（ダイヤモンド社，1962）において経営家族主義の発展に関心を向けたが，後期の研究は『中小企業と労務管理』（東京大学出版会，1979）における成功した中小企業における「日本的」労務管理から「能力主義的」労務管理への移行を主題とするようになった．ここでは後期の研究『中小企業と労務管理』に注目しよう．

この本は五つの章からなっているが，はじめの三つの章は，高度経済成長

の中で発展に成功した三つの中小企業のケース・スタディをそれぞれ扱い，あとの二つの章は，高度経済成長を経過して変化をとげた日本の中小企業全体の動向を観察している．ここでは，ケース・スタディの報告であるはじめの三つの章を取り上げよう．

「労使協議制と中小企業の発展」 この章は，自働包装機械のメーカーとして急速に発展をとげた「A自働機械」のケースの調査報告である (pp. 1-85)．当社は明治期に個人企業として創業したが，戦後にタバコ製造機械のメーカーとして再出発し，1949年にタバコ・キャラメル・チューインガム・食パン・合成洗剤などを自動的に計量・仕分け・包装する機械を開発して，自働包装機械のメーカーとなったことから，「包装革命」の波に乗って急速な発展を開始した．1959年にアメリカの大包装機械メーカーであるP社と技術提携し，高度経済成長を背景に中小企業的性格から脱皮するようになった．

松島は，A自働機械がこのようにめざましい発展をとげた基本要因を，労使協議制の導入が成功したことにあると解し，これを章の題名としている．当社の労働組合は，従業員数が200人を越えるようになった1956年2月に，現場作業員と組長たちを中心に結成された．労働基準法違反，残業割増，有休手当の是正などについての要求が出され，経営側は団体交渉に応じたが，5月に組合が総評傘下の全国金属への加盟を決議すると，組合幹部を含む四人の人員整理を発表した．組合は臨時大会を開き，加盟から一カ月で全金脱退を可決して57年に総同盟加入に切り替えた．この出来事は，企業側と組合側がそれぞれ，互いに対立を避けて歩み寄る姿勢を強くもっていたことを示す．

労使はそれぞれ労働協約案をもちより，長い交渉の末に協約が締結された．また労使協議の機構として，労使それぞれ20人によって構成される「労使経営会議」が設置された．同会議では社長が司会して，団体交渉事項を除き，説明事項である業績の概要・生産計画・労務管理など，および懇談事項である生産能率・福利厚生・安全衛生・職場教育などについての論議が行われた．労使はそれぞれ日本生産性本部主催の労使会議に出席し，その結果にもとづいて「労使生産性基本規定」が調印され，「生産性協議会」が構成された．ここでは労使のあいだで企業の長期計画が立てられ，過去10年の実績によっ

て，今後10年の従業員数・一人当たり売上高・一人当たり付加価値・平均賃金などが算定された．

これらの労使協議の成果をもとにして，従業員の最大の関心事であり，労働組合結成の大きな契機であった賃金制度の改革，および職員—工員の身分制度の廃止が実現された．まず賃金制度については，1962年に，それまで職員が「基本給」（年齢・学歴などで属人的に決定される）により，工員が「請負給」（単純出来高）によってそれぞれ決定されていたのを，職能給方式にあらためて，事務系・技術系・作業系の三系列それぞれを六段階に分けた資格表（各「級」が職務遂行能力に対応する）を定めた．ただ賃金には生活保障的な要素も必要であるとして，固定給（年齢給）と職能給（事務系の場合が資格給，作業系の場合が能率給）を分ける二本立て方式とした．職員—工員の区別が撤廃され，翌63年には部課長制が撤廃された．部課長制に代わって「グループ」がおかれ，各グループに「リーダー」「サブリーダー」「リードマン」がおかれた．

当社は1964年から4年計画で，一時間ほど離れたところに2万坪の土地を買って，工場を移転した．そのさい，労使協議によって作成された長期計画にもとづき，「体質改善基案」を作成した．この基案では，新敷地に工場・倉庫・事務所・研究室・運動場などを十分な広さでつくること，最新の工場設備と事務の合理化を実現すること，労働時間を短縮すること，独身寮・訓練生宿舎をつくること，従業員持家政策を推進すること，福利厚生施設を充実すること，従業員持株制度をつくることなどが，すべて労使協議によって計画された．

「**目標による管理と能力主義の日本的適応**」　この章は，プラスチック産業を主力として，急速な成長をとげた「B工業」のケースの調査報告である（pp. 87-204）．当社は1956年に，弱冠32歳の青年起業家によって創始された．彼はサラリーマン時代にプラスチック産業の技術を身につけ，プラスチックを用いたトランジスタ・ラジオ，小型照明器具，玩具などを製造する工場の建設に踏み切った．高度成長期の1960年代に，それらの製品がアメリカで大いに売れて成功し，従業員数は1960年に100人，67年に200人を越えた．当社は，プラスチック事業部（当社の主力でプラスチック成型品の製造と販

売),金型事業部(プラスチック成型のための金型の製造と販売),Bライト事業部(小型照明器具製造と販売),商品事業部(B商会から引き継いだ代理店業務),トイ事業部(輸出用プラスチック玩具の製造と販売)の五部門からなる.これらのほかに,管理グループと企画室がある.

松島は,この章の題名が示すように,B工業のめざましい発展の基本要因を「能力主義」と「目標による管理」にあるととらえている.能力主義とは,賃金決定における職能給の導入をさすもので,それは1966年から始まった.また目標による管理とは,事業部ごとに毎期の予想純利益を算出し,これを目標値として毎期の実績値と比較するという管理方式をさすもので,それは1968年から実施された.

職能給は,第1章で扱ったA自働機械でも導入された賃金決定方式であるが,A自働機械の場合とは異なって,当社では手当と基準外賃金を除くすべての賃金が職能給一本にしぼられており,その段階は15職階ある.それらは,高い順に1～3が「専門職」,4～6が「指導職」,7～10が「上級職」,11～13が「一般職」,14～15が「女子作業職」の5つに区分され,この境界を越えて上級職に上がるには昇格試験を受けなければならない.昇格試験の合格率は,上に行くほど低く抑えられている.同一職級内における職階の上昇は,人事考課によってなされる.

目標による管理は,松島によれば,当社の経営活動を支えている支柱である.目標とは,上述のように事業部ごとに立てられた純利益についての目標値をさす.企画室が六年間をかけて策定した長期経営計画によれば,株式第二市場への上場を目的として,1970年から76年まで,売上高増加,従業員数増加,平均年齢の引き下げ,資本金の増資額の目標値が算定され,これらの長期計画をもとにして,売上高を事業部ごとに分割し,費用を差し引いて純利益を求める.毎期ごとにこの目標値を実績値と比較し,目標達成度が判定される.このようにして当社は,職能給一本による賃金決定と目標による管理とを通じて,「学歴無用」「年功序列無視」「能力主義」をスローガンとした.

ところがこの労務管理方式は,まもなく修正を余儀なくされた.まず職能給は,能力があって早い昇進を獲得した若い従業員には好評をもって迎えら

れたが，30歳くらいまでで伸びるものと伸びられないものとの質的分化が明瞭になるため，伸びられないものは会社を辞めていくという傾向をつくり出した．このため1970年にオール職能給方式は分解されて，「本給」と「職務給」の二本立てに移行した．職能給の15段階は，13段階にして維持されたが，各職階別に年齢給を導入してこれを「本給」とした．年齢は勤続ではないからこれは年功制ではないが，職階が年齢とともに上がっていくので，能力主義は背後に退いて，日本的な「生活保障」の論理がこれに取って代わったことになる．他方「職務給」というのは，職務を「一般事務職」「中級事務職」「上級事務職」「現場作業職」「成型職」「金型職」「営業職」「上級営業職」「技術職」「上級技術職」「監督職」「管理職」「経営職」の13に区分し，いくらか年齢を加味して，100から150までの係数を定め，本給にこの係数をかけたものである．

「目標による管理」については，目標達成度をめぐる競争が事業部間のセクショナリズムになることを防止するために，10級以上の全従業員に，自己申告によって目標の設定を求める方式が導入された．こうすると，目標とは職務における個人の目標を意味することになる．自己申告を求められる項目は，「信用蓄積」「人材育成」「利益貢献」の三つで，各項目について三つずつの小項目を定め，それぞれについて目標を設定する．直属上司との話し合いによって，自己評価によって目標達成点を記入する．目標達成点は，課長以上の管理職において，賞与と結びつけられる．

松島は，これらの修正を「日本的適応」と呼ぶ．松島によれば，高度経済成長下の日本の諸企業では「年功序列・年功賃金から能力主義へ」という脱皮が唱えられたのに対し，B工業のケースはそれとは逆に，他企業に先がけて能力主義を掲げたが，それが従業員の生活保障要求に合わないと見るや，ただちに能力主義の日本的適応をはかった．このような先駆的なやり方によって，当社は成功したのである．

「**IE・行動科学の活用と中小企業の成長**」　この章は，1910年に個人企業として創設され，戦後に再出発して機械メーカーとして成功した「C機械工業」のケースの調査報告である（pp. 205-292）．当社は，戦前は鉄道や発電所などの鉄骨工事，各種土木機械の製作を行い，最盛時には300人の従業員を有

第4節　産業社会学

していたが，戦時中に初代社長が，さらに終戦直後にその長男の二代目社長が亡くなった．ただちに大学生であった弟が学業をやめて現社長となったが，ほとんどゼロからの出発で，1946年の従業員は12人，製罐・機械・仕上げの三部門からなる小さな鉄工所にすぎなかった．ところが1948年に社名を現在のC機械工業にあらため，熱交換機を主力製品とするようになってから，急速な発展が始まった．売上高は，高度経済成長期の1956年から65年までの9年間に33倍，70年までの14年間に98倍になった．1963年に自社設計によるクレーンの製造を開始し，64年に中小企業庁から中小企業合理化モデル工場の指定を受けた．1970年に資本金を9千万円とし，敷地1万6千坪の第二工場を完成した．第一工場では主力製品としての熱交換機の製造が続けられたが，第二工場では自動包装機，自動鋳造機，電子溶接機へと製品の転換がはかられ，需要は大きかったが付加価値が低かったクレーンの製造は縮小された．1970年の大阪万国博では，「空飛ぶ円盤」3台で1億6千万の売り上げを達成した．

　松島がこの章の題名に用いたIEの手法とは科学的管理法のことで，これは標準動作を定めストップウォッチで所要時間を測定するといった，作業効率を高めるという意味での「合理化」を目的とした「非人間的」管理法である．これに対して彼が行動科学といっているのは，目標による管理やマグレガーの「Y理論」（「X理論」に対する）のように，労働の動機づけを高めるという意味での「人間化」を目的とする管理法である．科学的管理法も行動科学的管理法もアメリカから輸入されたものであるが，相互に対立する考え方である．松島はこの点について，両者の統合は「科学的管理法を基軸におくかぎり不可能であるが，人間性回復を基軸とし，行動科学を基礎とするかぎり可能」（p.206）である，と述べている．ここに当社が成功し得たポイントがあった，というのがこの章における松島の中心テーゼである．

　このような統合主義は，1968年の「資格制度」の導入から始まった．「資格」というのは「参事」「副参事」「主事・技師・工師」「主事補・技師補・工師補」「書記・技手・工手」「書記補・技手補・工手補」「一級」「二級」「三級」「四級」「五級」の11ランクからなり，すべての従業員はこの11のどこかに格付けされる．資格は職務と対応する関係にあるが，職務が現にやっている

「仕事」であるのと違って，資格は評価された「能力」を意味しており，職務に空席がなくて昇進できない場合でも，技能において能力が上がったと認められれば，資格表の上で昇進ができ，それによって給与が上がる．資格の昇進は人事評価によってなされ，能力が認められれば勤続年数にかかわりなくどんどん昇進ができるという意味で，資格制度は能力主義である．しかし当社の給与の構成要素には，能力のほかに年齢・勤続・学歴・基礎額がある．年齢・勤続・学歴は年功要素であり，基礎額というのは市の鉄工機械工業協同組合が採用している生計費である．それらは生活保障の要素であり，松島は，この意味で当社は「能率の論理」と「生活保障の論理」を「統合」しているとする．

C機械工業は1967年から「企画室」を設置して長期計画を作成し，これにもとづいて，企画室をコントロール・タワーとする「目標による管理」を導入した．また生産現場における工程と作業方法については，生産管理課がコントロール・タワーとなって，IE担当者が目標値の合理的な達成を管理する体制がつくられた．これらはいうまでもなく，個人ごとに「能率の論理」を貫徹することを目的としている．しかしこれらと並行して，「人間化」を目的とするZD運動や提案制度のような自主的な活動，若い従業員の意欲づくりを意図する青年企画室のような小集団活動などの体制もつくられ，IE的な技法と行動科学的な技法との「統合」がはかられている．

富永コメント　尾高邦雄（松島は尾高門下）においては，企業の社会調査は，多数の従業員を対象とする質問紙法調査であった．松島はこれとは違って，中小企業を対象とした聞き取り調査によるケース・スタディ（質的社会調査）の方法を選んだ．これによって，彼の研究は高度経済成長下で急速な発展を遂げた中小企業の，いわば「成功物語」になった．

彼の三つのケース・スタディは「それぞれの企業はなぜ成功し得たか」という成功要因に着目し，それらを社会学的語り（ナレーション）に仕立てている．物語の主題は，A自働機械の事例では「労使関係と労使協議制」であり，B工業の事例では「能力主義と目標による管理」であり，C機械工業の事例では「IEと行動科学」である．どの企業も，高度経済成長下でとんとん拍子に発展したことは共通であるが，成功要因はこのように事例ごとに異なる．

それらは，高度経済成長期でなければ遭遇し得ない，今となってはまことに貴重な材料である．40年たった現在，これらの物語がとりわけ高度成長期の日本企業を知るものにとって興味深く読めるのは，松島の事例調査が発掘した貴重な歴史的記録を巧まざる手法によって社会学的物語に構成したことが，読むものに高度成長期の記憶を呼び起こすからであろう．このような手法は，意図せずに本書第6章第2節で取り上げる「構築主義」の先駆になっているといってよいであろう．

間宏『日本労務管理史研究』

　間宏は有賀喜左衛門の門下から出て，若くして大著『日本労務管理史研究』（ダイヤモンド社，1964）によってデビューした．間のこの著作は，「日本的」労務管理を経営家族主義としてとらえることをテーマとしたもので，松島の労務管理研究と相互に影響しあったと考えられるが，松島の研究対象が現代で，方法的にケース・スタディ調査に基づくものであるのに対し，間の研究対象は労務管理史で，方法的には史料の分析に基づいている．間の研究は，尾高にも松島にもなかったテーマである点で注目された．

「経営家族主義と家族主義管理」　間によれば，日本の企業の家族主義的労務管理は，職員層については，日本の企業が出発した最初から形成されていたが，それが工員層を含めた経営組織全体にまで拡大されたのは，ほぼ第一次大戦前後から大正末・昭和初期にかけてであった．間は有賀の影響を受けて「家」を日本人の民族的特質であるとし，その家の「論理」が企業の労務管理の中に，(1)経営社会秩序における身分制，(2)雇用関係における終身雇用制，(3)賃金制度における年功型賃金，(4)生活保障としての企業内福利厚生制，(5)労使関係における家族主義的イデオロギー，という五つの要素の相互補完関係において浸透したものが経営家族主義であるとした（pp. 19-23）．

　上記五つの要素のうち，間が企業の身分制（職員と工員）を筆頭にあげているのは，明治から大正末・昭和初期まで，企業が直傭していたのは職員だけで，工員は親方に従属して企業間を移動していたからである．したがってこの時期までは，企業まるごとの経営家族主義は成立していなかった．工員の直傭化は機械化の産物で，これは第一次大戦後の産業革命後に広まったも

のである．間は，「家」のアナロジーによる経営家族主義が，もともと職員を対象に，商家における家長と奉公人（番頭―手代―丁稚）の関係を母体として形成されたことを強調する．明治から大正末・昭和初期までの企業と工員との関係は，とくに重工業においては，まだ「原生的労使関係」の段階を出ていなかった（pp. 31-8）．

他方間は「温情主義」と「恩情主義」を区別し，また後者を「主従的恩情主義」と「家族的恩情主義」に分ける．間が「温情主義」というのはパターナリズムの訳語で，日本的なものではなく，逆に日本の企業が西洋から輸入したものである．その典型は鐘紡の武藤山治による有名な「大家族主義」で，これはドイツのクルップやアメリカの金銭登録機から学んだものであった．これに対して，間が「日本的」労務管理としての経営家族主義（それは企業まるごとの経営家族主義で，終身雇用と密接に結びついていた）と見なすのは「家族的恩情主義」である．これを発達させたのは，文字どおり日本の「家」制度によって形成された財閥企業であった．大正末・昭和初期以後に大企業に広がった経営家族主義は，これの浸透によるものである．間はその形成過程を，機械化と直傭化が早かった順番に，化学・軽工業が最も早く，重工業がこれに次ぎ，次いで鉱業，最も遅かったのが建設業であるとしている（pp. 43-69）．

「製紙業における労務管理の変遷」 製紙業は，機械化と直傭化が最も早かった化学工業の代表として選ばれたものである．製紙業の発足は非常に早く，有恒社と王子製紙が明治5年に創業しており，神戸製紙所や梅津製紙所，また紙幣を目的とする官営の製紙所がこれに続いた．これらの企業は最初から直傭制をとり，社内教育制度や福利厚生制度の発達があり，家族的恩情主義の労務管理が浸透していた．このため製紙業では，労働運動はほとんど表面化するにいたらなかった．

大正年間の製紙業は，王子製紙，富士製紙，樺太工業の三社が鼎立していたが，第一次大戦後から昭和にかけての不況期に，製紙業の企業合併が進み，三井系の王子製紙が富士と樺太を合併して王子の一社独占体制となった．王子製紙は賃金を高めるよりも福利厚生制度の充実に力を入れ，労使関係も恩情主義を浸透させた（第2章）．

「紡績業における労務管理の変遷」　紡績業は，製紙業と並んで機械化と直傭化が最も早かった軽工業の代表として選ばれている．洋式紡績所で設立が最も早かったのは，慶応3年の鹿児島紡績所（藩立），明治3年の堺紡績所（同），明治5年の鹿島紡績所（民営）の三つであったが，明治10年代以後になると，民営企業の三重紡績，大阪紡績，鐘淵紡績をはじめ，多くの紡績会社がつくられた．労働者は初期には男工が中心であったが，しだいに女工の比率が高まった．雇用は最初から直傭制であったが，労務管理は整備されておらず，長時間労働と過酷な懲罰に依存し，労働移動が激しかった．

このような一般的風潮を打破し，自発的な勤続の長期化と出勤率の向上を目指したのが，鐘紡の「大家族主義」である．その制度的要点は，共済組合の設置，福利厚生費支出，消費組合による物品供給，注意函制度，社内誌の発行，企業内教育などである．鐘紡の大家族主義は，武藤山治個人の経営理念によるところが大きいが，鐘紡が関西に募集の地盤をもたなかったことから，雇用確保の必要に発したものであることは事実である．

第一次大戦以後になると，「五大紡」をはじめ紡績会社は大企業化して合理化され，工場法制定にともなって深夜業禁止と労働時間短縮があり，労務管理組織の発展があった．賃金支払い制度は，単純な能率刺激から勤続奨励的な方向へと変化した．鐘紡によって創始された福利厚生制度は，他の大企業にも広がった（第3章）．

「重工業における労務管理の変遷」　ここで重工業とは，造船・造機・製鉄を対象としている．日本の重工業は，製紙や紡績よりも発展へのスタートが遅れたが，官営工場として出発し，あるいは民営企業の場合にも政府や軍との関係が強かったので，その発展は急速であった．機械化が進められるとともに，親方制の廃止によって労働者の直傭化が進行した．それだけでなく，熟練工の技能養成とその定着化が必要だったため，長期勤続者優遇による生活保障と終身雇用の方向が打ち出された．財閥企業が重工業に進出してきたことも，これらの方向を促進した．

重工業は軍需と結びついてきたから，第一次大戦以後の発展はより急速であった．しかし大正から昭和初年にかけての時期は労働運動の高揚期であり，高揚のピークは大正10年で，その中核をなしていたのが重工業の労働者で

あった．このため企業は労務対策を重視し，組織上も労務部門を強化するようになった．争議の鎮圧には警察や軍隊の出動もあえて辞さなかったとはいえ，賃金や労働時間短縮などの要求項目に対しては，温情的着色を加えて実施されたものが少なくなかった．また重工業では同一職種間で熟練工の企業間移動が多く，この点は紡績において非熟練者の移動が多かったのとは異なって，企業にとっての重要性が大きかった．このため熟練職工の企業内養成への努力がなされ，彼らを社内にとどめるため，定年を設定した終身雇用制がこの時期に定着した．しかし他方では，大正末から昭和初年にかけての時期は，第一次大戦直後の好況から一転して世界的な不況期が到来したので，臨時工はもちろん，常傭工の大量解雇も行われた．福利厚生の面については，重工業の賃金水準が他産業を上回っていたため，生活補助的福利制度は発達しなかったが，共済組合，扶助救済手当，退職手当などが重視された（第4章）．

「**鉱業における労務管理の変遷**」　ここでは，金属鉱山と石炭産業が取り上げられている．明治政府は明治2年，生野鉱山，佐渡鉱山，三池炭坑，高島炭坑，釜石鉱山など10鉱山を政府直轄にして洋式技術の導入を図ったが，その後は順次に民間に払い下げる方針を採った（別子銅山のみは江戸時代から住友の家業経営）．しかしこの民営化は，飯場制と呼ばれる間接雇用（飯場頭による請負制）によるものであったため，機械化の進行が遅れただけでなく，鉱夫は企業（個人ないし少数出資者の共同経営）と飯場頭から二重に収奪されていた．鉱夫の労務管理は飯場頭にまかされ，劣悪な条件下におかれていた．

明治年間に鉱山経営はしだいに三井，三菱，古河などの財閥系資本に吸収されるようになり，間接雇用も徐々に直傭制に切り替えられるようになった．飯場制廃止が最も早かったのは明治26年の北海道炭礦汽船であり，次いで明治39年に別子銅山が直傭制に切り替えられたが，多くは大正末から昭和初年まで待たねばならなかった．直轄制への切り替えとともに，福利厚生と家族主義管理の発展が進み，鉱業の福利厚生費は諸産業中のトップを占めるまでになった（第5章）．

富永コメント　「日本的経営」が崩壊した現在，経営家族主義の形成をテー

マとした研究がなされる可能性はなくなってしまったので，間の研究は，松島の研究と同様に今となっては貴重なものであり，記録されるに値すると言えるであろう．間は有賀の影響によって「家」を日本人の民族的特質であるとし，その家の「論理」が企業の労務管理の中に浸透したものが経営家族主義であるとした．しかし間の扱った四つの産業部門のうち，本当に有賀の意味での「家」の概念が企業に浸透した結果として説明できるのは，企業そのものが文字どおり「家」であった財閥企業だけなのではなかろうか．例えば，鐘紡の事例は「大家族主義」という語が使われたことで有名であるが，間自身も認めているように，鐘紡の大家族主義は有賀の意味での「家」の概念をあらわしたものではなかった．間自身が第2章から第5章までのすべての章の題名を「〇〇業における労務管理の変遷」とし，「〇〇業における経営家族主義の発展」としなかったのは，この点を考慮したからであろう．「経営家族主義」の語は，日本労務管理史の特定時代の特定部分にしか適用できないもので，その全体を「経営家族主義の形成と展開」と呼ぶのは妥当ではない，と言わねばならないであろう．

1) 松島静雄（1921- ）は，1943年東京大学社会学科を卒業．日本鉱業に入社，労働科学研究所研究員を経て，1951年東京大学教養学部助教授，58年同教授，82年日本大学教授．鉱山労働者の共同体「友子」の調査研究からスタートし，産業社会学の観点から労務管理論を専門とするようになってからは，独自の聴き取り法による企業のケース・スタディ調査を積み重ねて，「労務管理の日本的特質」を追求した．主要著書は『日本社会要論』（中野卓と共著，東京大学出版会，1958），『労務管理の日本的特質と変遷』（ダイヤモンド社，1962），『中小企業と労務管理』（東京大学出版会，1979）．
2) 間宏（1929- ）は，1953年東京教育大学文学部社会学科を卒業．1958年同大学院博士課程修了．文学博士．58年助手，61年専任講師を経て，64年助教授，1976年早稲田大学文学部教授，2000年同定年退職．「家と同族団」の専門家である有賀喜左衛門に師事しながら，有賀とは分野のまったく違う企業の労務管理の産業社会学的研究に打ち込んだ．有賀とのつながりは，日本企業の文化的特質としての「経営家族主義」に着目したことと，労務管理史の研究として明治時代に遡って歴史的研究に従事したことである．主要著書は『日本労務管理史研究——経営家族主義の形成と展開』（ダイヤモンド社，1964），『日本的経営の系譜』（日本能率協会，1963），『日本的経営——集団主義の功罪』（日経新書，

1971)，『経営社会学』（有斐閣，1989）などがある．
3) 『鋳物の町』は純然たる「国産品」であって，アメリカ産業社会学からの影響を受ける前の尾高の問題関心を示すが，この問題設定には，この調査の共同研究者であった中野卓と松島静雄が大きく関与していたことを見過ごし得ない．中野と松島はともに「日本的特殊性」派であって，西洋文献の動向を取り入れる指向をもたなかった．これに対して尾高のアプローチは，『職業社会学』にすでに示されていたように，欧米で発達した国際的な理論枠組を広範にサーベイして，それらとのつながりにおいて自分自身の理論枠組をつくるというものであった．

第4章　リベラル社会学

第4章へのまえがき

　ここで用いる「リベラル社会学」という語は，戦後日本の社会学で一般的に用いられてきた語ではない．そのこと自体が，戦後社会学に「リベラル」への指向が乏しかったという事実を示す．「マルクス主義」に対比する語として経済学では「近代経済学」という語が使われてきたが，これを転用して「近代社会学」という呼び名を用いることは，「近代」という語を「近代化理論」という文脈で用いている本書では避けたい．しかしマルクス主義社会学に対比される流れを単に「非マルクス主義社会学」と表現したのでは，その積極的な意義が表示されない．「リベラル社会学」という語は，この理由から選ばれた．リベラル社会学は，「経済的」行為のシステムにおける「資本主義」の自由市場制度と，「政治的」行為のシステムにおける「民主主義」の自由投票制度に対応するものとしての，「社会的」行為のシステムにおける核家族・私企業・自治体・社会階層・自由主義国家，グローバル化した世界社会などの諸制度，および「文化的」行為のシステムにおける価値の多元性を理論化することによって，特徴づけられる．

　自由市場制度は，個々の経済行為者が交換の相互満足を求めて自由に行為することを原則に，個人が行う目的指向的な選択に対して，国家や自治体が上から集権的に課する拘束を必要最小限度にとどめ，分権的な需要と供給を貨幣価格の動きを媒介にして市場的に均等させることをめざす制度である．それらの選択を理論化するディシプリンとしての新古典派経済学は，リベラル経済学と呼ぶことができる．同様に，民主主義制度は，国家や自治体の法と政策を決定する議会の構成員を，個々の投票者が行為者自身の価値と利害にもとづいた自由な選択によって決定する制度である．そのような政治制度を理論化するディシプリンとしての政治学は，リベラル政治学と呼ぶことができる．リベラル経済学とリベラル政治学は，それぞれ経済的行為と政治的行為を，個人の自由な選択に委ねるような経

済システムと政治システムを理論化する立場をとる点で，共通している．

　これらとパラレルに，ミクロからマクロへの順に家族・組織・地域社会・社会階層・国民社会・世界社会として制度化されている社会的行為のシステムを，社会的交換の相互満足を求める対等で自由な行為者間で行われる相互行為によって構成されている相互依存的なシステムと見なし，それらの相互行為が依拠する価値の多元性を許容するような社会システムを理論化するディシプリンを，リベラル社会学と呼ぶことができる．リベラル経済学が自由市場制度のワーキングを理論化することをめざし，リベラル政治学が民主主義制度のワーキングを理論化することをめざすのとパラレルに，リベラル社会学は自由で民主的で価値多元的な家族・組織・地域社会・社会階層・国民社会・世界社会における相互行為のワーキングを理論化することをめざす．

　日本におけるリベラル社会学の学祖は，高田保馬である．高田社会学は，戦前に『社会学原理』から始まり，戦後に第2章第1節で見た『世界社会論』にいたって完成した．ところが1951年論争で高田理論は「形式社会学」として排斥され，これに代わって，第3章で研究対象にした，日本の「家」「農村」「都市」「産業」などにおける「日本的特質」を，質的な社会調査によって発見しようとする実証的な諸研究の中に水準の高い諸著作があらわれるにいたった．

　しかしながら「現実派」の人びとには理論の持ち合わせがなく，彼らは日本の社会学を共通の基礎概念さえもたない「バラバラ学」にしてしまったので，逆に社会学の新しい理論が求められるようになった．それらの流れは，ドイツのマックス・ヴェーバーによって創始された行為理論・宗教社会学・経済社会学・支配社会学の諸研究，かつて形式社会学として排斥された同じくドイツのジンメル社会学の再評価，戦前から研究が進んでいたが戦後は一時研究が停滞していたフランスのデュルケーム社会学の再評価，そしてヴェーバーとデュルケームを深く研究しそれらの統合の中から新しい理論をつくりだしたアメリカのタルコット・パーソンズの行為理論・社会システム理論・近代化理論の諸研究へと向かった．なおドイツにおけるパーソンズの後継者としてルーマンの行為理論と社会システム理論の展開が重要であるが，ルーマンは非常に多作であって関心領域が広く，またその理論が難解であるために，日本ではまだその全貌をとらえきっていないと思われるので，日本のルーマン研究はなおこれからの課題であると考えて，ここでは取り上げずにおくことにした．

　社会学のリベラル理論的諸研究は，マックス・ヴェーバーの『プロテスタンティズムの倫理と資本主義の精神』の研究からスタートし，ヴェーバー宗教社会学

の全貌と『経済と社会』に集約された諸理論の研究へと進んだ．第1節では，これらヴェーバー理論の研究を，大塚久雄，青山秀夫，阿閉吉男によって代表させたい．またジンメル社会学の再評価については，第2節で阿閉吉男と居安正らの諸研究を，デュルケーム社会学の再評価については，第3節で宮島喬と折原浩の諸研究を，それぞれ取り上げよう．

第4節では，ヴェーバー研究とデュルケーム研究の統合の上につくられたタルコット・パーソンズの理論についての諸研究を取り上げる．パーソンズの学説研究は，1980年代から高城和義によって精力的に推進された．富永健一はそれより早く1960年代から，パーソンズ研究に立脚した社会システム理論と行為理論を，学説研究としてではなく自分自身の理論構築として推進した．パーソンズ以後の新しい社会システム理論と行為理論についての研究は，今田高俊と盛山和夫らによって推進されつつある．これらの諸研究が，第4節においてあとづけられる．

なおWeberとDurkheimの片カナ表示法は統一されていないが，本書では異なる表記の混用を避けるために，著者たちの書き方の多様性にかかわらず，それぞれ「ヴェーバー」および「デュルケーム」に統一させていただいた．

第1節　戦後日本におけるヴェーバー受容
——リベラル理論としてのヴェーバー社会学——

ドイツにおけるリベラル社会学の学祖はジンメル (1858-1918) とマックス・ヴェーバー (1864-1920) であり，ジンメル研究とヴェーバー研究の中から戦後日本のリベラル社会学が形成された．ここではまずヴェーバー研究を取り上げる．ヴェーバーの宗教社会学の全体像を早い時期に明らかにしたのは戦前世代の大塚久雄であり，またヴェーバーの『経済と社会』の全容を日本で初めて明らかにしたのは同じく戦前世代の青山秀夫であった．

大塚久雄『宗教改革と近代社会』と「マックス・ヴェーバーにおける資本主義の〈精神〉」

ヴェーバーの宗教社会学に関する諸研究は，戦前に梶山力訳『プロテスタ

ンティズムの倫理と資本主義の精神』(1937, 以下『プロ倫』) が出されたことによって, 日本で早い時期から広く知られ, 今日まできわめて多くの人びとによって親しまれてきた. 梶山は夭折したため, 彼の『プロ倫』の翻訳は膨大な脚注を部分的に訳し残したまま出版されたが, 大塚久雄は故人との約束によって戦後にその完訳を梶山力・大塚久雄共訳 (岩波文庫, 上・下, 1954; 大塚久雄訳, 1988) として出版したほかに, 大塚久雄・生松敬三共訳『ヴェーバー宗教社会学論選』(1972) を出版して, ヴェーバー宗教社会学研究の中心的な推進者となった. 以下では, 戦後まもなくの『宗教改革と近代社会』(みすず書房, 1948, 三訂版 1961) と, これに先行して1943年から東大『経済学論集』に小刻みに書き進められ 1965 年に完成した論文「マックス・ヴェーバーにおける資本主義の〈精神〉」(大塚・安藤・内田・住谷共著『マックス・ヴェーバー研究』岩波書店, 1965 所収) を取り上げる.

　大塚久雄[1]は経済史家・思想史家で, 西洋中世から近代への移行について経済史と精神史の両面から多数の諸著書を書く一方, カール・マルクスとマックス・ヴェーバーの研究家であった. 大塚がマルクスとヴェーバーを並行して研究したのは, マルクスの『資本論』が資本主義成立の経済的過程の分析であり, ヴェーバーの『プロ倫』ほかの宗教社会学的研究が資本主義成立の精神史的過程の分析であって, 両者は補完関係にあると彼が考えていたことを示す. マルクスとヴェーバーは思想家として両立し難い要素をもつので, この取り合わせには疑問が提起されてきたが, この疑問は大塚がマルクス主義者ではなかったことによって氷解する, というのが私の理解である[2].

　大塚久雄は後述する青山秀夫とともに, 大学の講座上においては社会学者でなかった. 私は大塚と青山によるヴェーバー社会学の研究が, 本来社会学者がやるべきであったことをやらなかったために, そのアナを埋めていただいたのであると考えて, 大塚と青山を社会学者でもあった人として日本社会学史の中に位置づけたい[3]. 大塚は 1964 年に, ヴェーバー生誕百年記念シンポジウムをオーガナイズして, ヴェーバーを研究してきた経済学者・政治学者・法律学者・社会学者・歴史家などを広く結集し, これがその後のヴェーバー研究を大いに促進する効果をもった (大塚久雄編『マックス・ヴェーバー研究——生誕百年記念シンポジウム』東京大学出版会, 1965).

『**宗教改革と近代社会**』 大塚久雄の『宗教改革と近代社会』(みすず書房,1948, 三訂版1961) は, 大塚がヴェーバー研究者となるに先立って, 西洋史家として宗教改革の問題と取り組んだことを示す本であり, 宗教改革を担ったルターとカルヴァンの歴史的背景を語っている. この著作は出版当初, (1)「経済と宗教」, (2)「ルッターの背景」, (3)「ジャン・カルヴァン」の3章だけからなる小型本であったが, 改訂版, 三訂版と進むうちに増補されて, ヴェーバーの宗教社会学を直接扱った(4)「資本主義と市民社会」, (5)「プロテスタント倫理の現代文化への貢献と責任」, (6)「内と外の倫理的構造」を加え, 6章からなる充実した本になった. 以下では章別の区分をせず, この順序で全体の流れをつなげて見ていくことにする (引用ページは『著作集』第8巻, 岩波書店, 1969, による).

　大塚の問題提起はこうである. マックス・ヴェーバーの本の題名になっている「プロテスタンティズムの倫理と資本主義の精神」というのは, ヴェーバー以前から近代ヨーロッパの社会史上に存在していた有名な問題である. それによれば, 資本主義という利潤追求システムの形成に, プロテスタンティズムという宗教の倫理が, 重要な貢献をしたというのである. しかし宗教が金儲けを倫理的によいことであるとして奨励するというようなことが, 果たしてあり得るだろうか. 宗教倫理は, 貪欲を悪いこととして禁ずるのがふつうなのではなかろうか.

　大塚はこの本で, この問いに一歩一歩順序を追って答えていく. ヴェーバーは, プロテスタンティズムという「神中心」の世界と, 資本主義という「富中心」の世界とが同一物である, と言ったのでない. ヴェーバーが資本主義の精神を古典的な純粋さで表現しているとして引用したベンジャミン・フランクリンの処世訓を見ると,「時はカネである」「信用はカネである」「支払いがよいことはカネをもたらす」というように, 勤勉・信用・誠実といった美徳 (倫理) が, 貨幣という報い (富) をもたらすものとして, 倫理の世界と富の世界とが関連づけられていることがわかる. 大塚はこの点で, フランクリンの「近代資本主義の精神」が, ヴェーバーによって「賤民資本主義の精神」と呼ばれた伝統主義的な商人や高利貸の金儲けに「全然倫理的色彩がない」のとは違っているとした. ここには明らかに,「賤民資本主義」の精神か

ら「近代資本主義の精神」へという「倫理の転換」(著作集 8, pp. 364-5) があったことが見て取れる．

　この倫理の転換は宗教改革の産物に他ならなかった，というのがここでの中心命題である．この転換の最初の契機をなしたのが，マルティン・ルターに始まる「Beruf」(神に召されること＝職業) の観念，すなわち神に喜ばれる道は修道院に入ることではなく，世俗において職業に励むことであるとする考え方であった．ルターは「農民の子」であると自ら語っていたが，ルターの父ハンスは，テューリンゲンの農民から北部の鉱山地域の「鎔夫」(Hüttenmeister) に転じた人であった．鎔夫というのは鉱山労働者ではなく，精錬の設備などをもった親方職人であり，大塚が「中産的生産者層」と呼びならわしている，興隆しつつあった自営業者層である．これらの中産社会層こそが，ルターの宗教改革の旗揚げに呼応して集まった人びとであった．

　「農民と鎔夫」の子であるルターは，巨大富豪ヤーコプ・フッガーを媒介として利害の相互的な結びつきの上に立っていたローマ法王・神聖ローマ帝国皇帝・ドイツ領邦諸侯の大封建勢力に対して，激しい反感を抱いた．フッガーから巨額の高利借金をしていたローマ法王庁・神聖ローマ帝国・ドイツ諸領邦は，それらの高利借金が返済できないために，法王庁は免罪符を売りつけ，農民から「十分の一税」を取り立てたし，帝国と諸領邦も農民と職人から年貢の取立てを強化した．ルターが「九五ヵ条の論題」を突きつけた当の相手はローマ法王であったが，ローマ法王は法王であるだけでなく，僧職にあると同時に選帝侯でもあったマインツ・トリアー・ケルンの大司教 (エルツビショッフ) の上に君臨する政治上の支配者でもあった．そのローマ法王の財政がフッガーと密接に結びついていたことを，ルターは見抜いていた．

　ルターの職業観念を継承しつつこれを「予定説」と結びつけ，「世俗内禁欲」の観念を完成したのが，カルヴィニズムの職業倫理である．ローマ教会に対してルビコンを渡ったのはルターであったが，近代社会の形成に決定的な影響力を及ぼしたのはカルヴァンであった．大塚はその理由を，ルターの改革が消極的な方向に転じたことにあったとして，次の点をあげている．すなわちルターは，法王に激しい憎悪を燃やしていた農民運動に対して，暴力に訴えないよう訓告したが，農民はこれを受け入れなかった．このためルタ

ーは，逆に領邦諸侯と手を結び，みずからを農民運動から絶縁した．

　カルヴィニズムの教説を特徴づけている「予定説」は，あの世で救われるかどうかは神のみの意思によって決められることであり，この世における人間の信仰や善行為によるものではないとして，神の意思の絶対性を強調する．大塚はこれについて，このようにただ盲目的な服従のみが讃美されるのでは，それはまさに奴隷の教説ではないかと反問し，これに対して「この〈怖るべき教義〉は，16, 7世紀のヨーロッパにおいては奴隷の教義どころではなく，むしろ〈戦闘の教会〉の無数の勇士たちにとって彼らの良心の解放と自由のための闘いの〈ときの声〉であった」(p. 406) と答える．

　この職業倫理を担ったのは，カルヴィニズムの場合もルターの場合と同様，大塚が「中産的生産者層」と呼ぶ農村の自営農民と都市の独立職人（彼らはしだいに小産業資本家とプロレタリアートに分解していった）であった．当時のカトリック教会は，それ自体が強力な封建的支配者（領主）であったから，カルヴィニズムはそのような古い封建的支配者に対抗するものとして，ヨーロッパ各国の中産的社会層の中に，最も忠実な信奉者を見出した．カルヴァンはフランス人であったが，フランスのユグノーはその後フランスがナント勅令の廃止によってカトリックの国になったため，オランダに脱出してオランダのカルヴィニストとなり，イギリスに広がったカルヴィニズムはイギリス国教会に批判的なピュリタンとなり，そのピュリタンの最も先鋭な部分がイギリスから逃げ出してアメリカ合衆国の礎石を据えることになった．これら諸国の中産的生産者層はいずれもカルヴィニズムの旗を高く掲げて，カトリック教会およびこれと一体化した封建的支配者との英雄的な戦いを戦ったのである，と大塚は述べている．

　カルヴァンの教義は，いったいいかにして中産的生産者層のそのような「良心の解放と自由のための闘いの〈ときの声〉」を呼び覚ましたのか．大塚は三つの要因をあげる．第一は，それらの勤労民衆が，教会的権威や封建的権力の中にではなく，最も徹底的に世俗を拒否したカルヴィニズムの中に，最も積極的な世俗生活の肯定を読み取ったということである．第二は，カルヴィニズムが，ヴェーバーのいう「魔術からの解放」によって，それらの勤労民衆に「合理的に思惟すること」を教え，かくして科学的精神を推進した

ということである．第三は，カルヴィニズムの「予定」教義が，日常生活のうちに自己の「選びの確かさ」を見出そうとする願望を呼び覚まし，積極的な「内面的自発性」を呼び起こしたということである（pp. 416-18）．

しかし大塚は，このようにしてカルヴィニズムが古い封建的宗教性に対して強力な批判力を発揮した反面において，それが「社会史的限界」をもっていたと考える．それは，カルヴィニズムが「利潤」を社会に貢献したことの標識であると説くことによって，資本主義の高度な生産力を実現したと同時に，他面では利潤さえ上げればそれで社会に貢献したことになるという「倒錯」をも生み出した，という事情をさす．大塚がカルヴィニズムの「社会史的限界」というのは，それがこのような倒錯の中に含まれている「貨幣の物神崇拝」に対して，批判力をもっていなかったという意味である．

ここまでが『宗教改革と近代社会』の前半部分（第1章から第3章まで）であるが，後半部分（第4章から第6章まで）に入るとトーンが変わり，主題は宗教改革の歴史物語から資本主義形成の経済史物語へと転ずる．大塚は第4章の冒頭において，西ヨーロッパの史学には，初期資本主義の形成について二つの対照的な把握の仕方があったとして，それらを次のように提示する．第一の見解は，彼が「解放説」と呼ぶもので，それによれば，資本主義の発展は，人間の感性的欲求としての営利欲（利己主義的欲望）が伝統的束縛から解放されて自由になっていく過程であり，それの完成は倫理的束縛に対する利己主義の自由の全面的な解放としてとらえられる．第二の見解は，彼が「禁欲説」と呼ぶもので，それによれば，資本主義の発展は，上述のような営利欲が逆に徹底的に圧殺されていく過程であり，それの完成は「禁欲」によって企業家が修道僧（「祈りかつ働け」）のようになっていくこととしてとらえられる．解放説の最も代表的な主張者はルヨ・ブレンターノとヴェルナー・ゾンバルトであり，禁欲説の最も代表的な主張者はマックス・ヴェーバーとエルンスト・トレルチである．

「資本主義」という語は広い意味にも用いられるが，大塚はこれを「近代西ヨーロッパにおける資本主義」に限定し，その歴史的特質を「営利」すなわち利潤追求が高い「生産力」の実現と結びついたという事実に求める．「営利」だけならば，それは時代と地域を問わず，地球上のいたるところに存在

してきた．近代西ヨーロッパにおける資本主義の歴史的特質が他の時代および地域のそれと異なるのは，マックス・ヴェーバーが指摘したように，営利が産業革命による高度の生産力の達成と結びついているという点である．この点を，上述した「解放説」対「禁欲説」という大塚の立てた区別と関連づけてみよう．

もし生産力の高い近代西ヨーロッパの資本主義の営利が，かの「人類の歴史とともに古い」営利欲と連続しているのだとすれば，「解放説」が支持されるであろう．なぜならその場合には，両者は人間に生来的な欲望という同一範疇のものが，近代以前の伝統的束縛から解放されることによって高い生産力に到達した，と説明できるからである．これに対して，もしそれが「人類の歴史とともに古い」営利欲から断絶しているのだとすれば，「禁欲説」が支持されるであろう．なぜならその場合には，近代西ヨーロッパの資本主義の営利は，人間に生来的な欲望とは範疇的に異なって，逆にそれを禁欲する倫理によって成立した，と説明しなければならないからである．

近代西ヨーロッパの経済史上の事実に照らして，上記の「連続」と「断絶」はどちらが正しいであろうか．大塚はこの問題を，ポール・マントゥーの『イギリス産業革命史』，およびジョージ・アンウィンの『16, 7世紀のイギリスの工業組織』という二冊の実証的なイギリス経済史の著作によって検証する．「解放説」は，産業革命以前の「前期的営利」を担っていた「問屋制商人」が，工場制の形成とともにマニュファクチュアとなり，産業革命とともに彼らが「産業資本家」に移行した，と想定していた．ところがマントゥーの『イギリス産業革命史』が明らかにしたところによれば，近代イギリスの工場主の主流は問屋制商人ではなく，半農半工の「中産的生産者層」の出身であった．またアンウィンの『イギリスの工業組織』も，産業資本家たち（マニュファクチュア主と工場主）が農村の自営農民（ヨウマン）と都市の職人（小親方）たちの末裔であったことを明らかにした．そして大塚によれば，「禁欲説」の典型であるマックス・ヴェーバーの見解は，イギリスについてのこれらの史実確認を基礎として樹立されたものであり，逆に西ヨーロッパにおいて資本主義の発展がイギリスより遅れていた諸国は，その遅れている度合いに応じて，商人あるいは問屋から産業資本家になったものが多いという事情

が認められる．

「解放説」は，資本主義の発展を商業化と貨幣経済の発達という客観的な観点からのみ見て，それを担った社会層（階層）がどのような人たちであったかという主体的・能動的形成の面を見ていない．これに対して「禁欲説」は，近代西ヨーロッパにおいて，営利と生産力が結合したものとしての近代資本主義が，古い商人層にではなく，新しく登場しつつあった中産的生産者層に淵源するものであることに着眼した．近代西ヨーロッパに固有のものとしての近代資本主義の形成を説明するのに，この点の着眼が不可欠であることは，イギリスの経済史と中国の経済史を対比してみれば明らかである．イギリスでは，中産的生産者層が登場してきて，新しい発展を阻止する古い商人層の商業的支配に反抗しつつ，近代資本主義の形成を推進した．これに対して中国では，古い商人層が自己の支配力を維持し続け，中産的生産者層の登場を妨げた．

以上から，大塚の結論は次の二点に要約される．(1) 近代西ヨーロッパに固有のものとしての近代資本主義の形成は，これを商業主義ないし商業社会と規定して商人の社会的系譜によって説明することはできない．近代西ヨーロッパの資本主義は，それとは社会的系譜を異にする中産的生産者層のイニシアティブによって，商業主義とは切れたところで新たに生み出されたものである．(2) このような社会的系譜の違いを確認するならば，商人による古い営利の営みは，これを資本主義とは呼ばず前期的資本と呼ぶのがよい．近代資本主義は，前期的資本の社会的末裔なのではなく，それに対抗しそれを圧服しつつ，別の社会的系譜から発達したものである．だからブレンターノらの解放説は誤りで，ヴェーバーの禁欲説が正しい（pp. 441-3）．

このような大塚の結論を，ヴェーバーの「資本主義の精神」の概念に引き戻して考えるならば，ヴェーバーの意味する資本主義の精神は営利欲ではなく，営利心一般でもなくて，営利の「倫理」，すなわち感性的な欲求を抑制する禁欲的・倫理的態度，ヴェーバーの術語で言えばエートスである，ということがわかる．それが近代資本主義という高い生産力を実現することになったのは，その倫理的特性が，フランクリンの『自伝』にあらわされているように，勤労・質素・周到のような禁欲的性格をそなえており，それらを実践

することが職業労働という生産の場で行われたことによって，生産力を高めることになったからである．これこそが，まさにプロテスタンティズムの倫理を資本主義と結びつけた特性であった．

「**マックス・ヴェーバーにおける資本主義の〈精神〉**」　この長大論文は，四つの節から構成されている．第一「問題の所在」，第二「資本主義の〈精神〉」，第三「フランクリンの著作によるその検証」，第四「生産倫理としての資本主義の〈精神〉」というのがそれである．しかしそれらは一つながりのものなので，ここでも節を分けずにこの順序で論文の流れを追っていくことにしたい．

ヴェーバーの勤労・質素・周到が雑誌論文として発表されるや，経済史家の多くはこれに賛同せず，ヴェーバーを批判する側に回った．この問題は，前項で述べた大塚の著書『宗教改革と近代社会』の第4章にあげられた「解放説」と「禁欲説」の対立にかかわっている．経済史家の多くがヴェーバーを批判したのは，彼らの多くが解放説をとっていたのに対して，ヴェーバーが禁欲説を主張したことによるものである．解放説の代表的な主張者は，ルヨ・ブレンターノ（1844-1931）とヴェルナー・ゾンバルト（1863-1941）であった．彼らの生没年によってわかるとおり，ブレンターノはヴェーバーより20歳年長で経済史学界の長老であり，ゾンバルトはヴェーバーの同世代者であった．これに対して，禁欲説の主張者は，マックス・ヴェーバーのほかには，神学者エルンスト・トレルチがあげられるにとどまった．だからヴェーバーは，『プロテスタンティズムの倫理と資本主義の精神』を書いたことによって，これらの有力な先輩および同輩者の批判にさらされた．ただゾンバルトは折衷的な立場を取ったので，大塚はブレンターノに同調的であった学界の後輩リチャード・トーニー（1880-1962）をブレンターノと並べて取り上げている．

大塚は，ヴェーバーの批判者であったブレンターノとトーニーが共通して「資本主義精神」（kapitalistischer Geist）という語を用い，それがヴェーバー自身の用いた「資本主義の〈精神〉」（〉Geist〈 des Kapitalismus）という語と微妙に違っていることに着眼した．大塚の理解によれば，ブレンターノとトーニーのいう「資本主義精神」は，「資本家の」ないしは「資本主義的企業家の」精神あるいは心的態度を意味している．ブレンターノとトーニーは，

これらの資本家や資本主義的企業が、宗教改革に先立ってヴェニスやフローレンスや南ドイツやフランダースに広く存在していたことを指摘し、宗教改革が資本主義を生み出したとは言えないとヴェーバーを批判した。しかし大塚によれば、ヴェーバーのいう「資本主義の精神」は、「資本家」だけでなく「賃金労働者」を含んだ資本主義的経済社会の担い手の全体、とりわけ資本家と労働者の共通母体であった「産業的中産者層」の「エートス」(行為への実践的な推進力)を意味するものであり、この点でブレンターノとトーニーの指摘は、ヴェーバーの理解として正しいとは言えないと大塚は指摘した。

大塚がとりわけ強調したのは、ブレンターノらのいう資本主義精神が「営利心」ないし「営利欲」を意味している、ということである。これらの語は、利潤追求の欲望を意味していた。このような利潤追求の欲望は、いわば衝動的な性質のものであり、個人的利己主義ともいうべきものであって、大塚によればそれはおよそ「道徳」とか「規律」とかの反対物である。これに対してヴェーバーのいう「エートス」は、営利心にかかわるにしても、そのような利己主義的衝動とはまったく逆に、「倫理的義務」としての性格をもつものであった。これこそヴェーバーが特徴的な引用符をつけて〈精神〉と言いあらわしたものであり、これにくらべて営利欲は、それがどのように高められたとしても、本来「精神」の名に値するものではない、と大塚は指摘する(『マックス・ヴェーバー研究』p. 112)。

大塚は、ヴェーバーが『プロ倫』の第1章第2節で引用しているフランクリンの〈An Advice to a Young Tradesman〉に加えて、〈The Way to Wealth〉をも要約し、それらの著作に述べられているフランクリンの教訓においては、営利はけっして否定されていないが、それらは感性的・衝動的欲望にすぎないブレンターノの意味での「営利欲」とはまったく異なって、そのような欲望を充足するのではなく、反対にそれらを抑制する「勤勉」「質素」「周到」などの禁欲的倫理こそが、営利を実現する資本主義の精神であるとしている。ところがフランクリンの考えでは、勤勉・質素・周到などの禁欲的諸徳性を実践するものは、結果として富裕になる。だからこの意味での「富裕に至る道」は、とりもなおさず「道徳的完成」の道にほかならない(p. 139)。

大塚は，資本主義という現実の利害状況の中で，「倫理」と「営利」は果たして等しいウェイトで両全されていたと言えるであろうか，という問いを立てる．大塚によれば，ヴェーバーは，現実には「〈営利〉に〈倫理〉が仕えている」(pp. 147-9) という関係にあったと考えていた．なぜなら，資本主義の発展とともに世俗内禁欲のエートスから宗教的生命がしだいに失われ，それに代わって「営利」が中心的位置を占めるようになったからである．大塚はこれを，「倫理と営利の倒錯」と言いあらわす．大塚によれば，古い商人資本主義に対抗しつつ新しい産業資本主義を担った「産業的中産者層」(上層は中小資本家，下層は賃金労働者へとしだいに分化していった) において，プロテスタンティズムの倫理は資本主義の精神とのあいだで「価値の倒錯」を引き起こし，「営利それ自体を最高善とする倫理」が成立するようになった，というのがヴェーバーの考えであった．そのようなことが起こった理由は，成立期のピュリタニズムの時期に比べて，倫理の内面的規制力が著しく弱化したためである．

ヴェーバーがとりあげたフランクリンは，18世紀ピュリタニズム時代のアメリカを生きた人で，植民地時代から独立初期までのアメリカ資本主義形成期の「精神」を代表していた．またヴェーバーが同書第2章第1節から第2節にかけてとりあげたリチャード・バクスターは，17世紀イギリスのピュリタニズムを代表する著述家で，ヴェーバーは彼を「プロテスタンティズムの倫理」から「資本主義の精神」にいたる歴史的中間項として選んだ．バクスターは，ヴェーバーが引用しているように，「神のためにあなた方が労働し，富裕になるというのはよいことなのだ」(大塚訳, p. 228) と述べていた．しかしピュリタニズムは，後期になると「資本主義の精神」の変化と過渡的に複雑な姿で重なり合うようになる．資本主義の発展とともに「豊かな社会」が実現されていくと，フランクリンのような「吝嗇の哲学」はもはや維持できなくなっていく．

ヴェーバーの『プロ倫』は，周知のように，プロテスタント倫理万歳！を唱えて終わるのではない．ピュリタンの勤勉と禁欲の倫理が生産を高めて消費を抑制した結果，富の資本主義的蓄積が進んだことに説き及ぶ同書の第2章第2節「禁欲と資本主義の精神」になると，ヴェーバーのトーンはそれ以

前の個所と変わってくる．すなわちヴェーバーは，ピュリタニズムが「富の誘惑のあまりにも強大な試練に対してまったく無力だった」と指摘し，18世紀のメソディスト派の開祖ジョン・ウェスリーが「富の増加したところでは，それに比例して宗教の実質が減少してくる……．宗教の形は残るけれども，精神はしだいに消えていく」と書いているのを引用している（大塚訳，p. 258）．このように宗教の実質がなくなって，資本主義という機構の形だけが残ったものこそ，ヴェーバーが「鉄の檻」と呼んだものに他ならない．大塚はこの語から，「資本主義の精神は，近代に独自な経済制度としての資本主義——産業資本主義——の機構の成立を力強く促進した．しかしそれは，……そうした資本主義の機構の確立とともに消失していく．というのは，確立された鉄のごとき機構自体が，みずから，諸個人に禁欲的生活を強制するのであって，その維持のために禁欲的〈倫理〉の支柱などをもはや必要としなくなったからである」と結論する．かくて大塚は，職業義務の思想はかつての資本主義の単なる残滓となり，生活の外枠をなすに過ぎなくなったと指摘して，この論文を終えている（p. 184）．

富永コメント　大塚二著作は，一方でヴェーバーの『プロテスタンティズムの倫理と資本主義の精神』のすぐれた宗教理論的解明であると同時に，他方で経済史家として近代西ヨーロッパの資本主義についてのオリジナルな理論を提示している，ということが重要である．ヴェーバー『プロ倫』は，一方でキリスト教とりわけプロテスタンティズムについての広範な専門知識を要求する本であり，他方で宗教社会学と経済史をつないだヴェーバー独自の理論構築を含む本である．大塚はクリスチャンとして前者の視点から，また西洋経済史家として後者の視点から，ヴェーバー理論のこの両面をとらえ，近代西ヨーロッパの資本主義が商人層の前期的資本と切れたところで中産的生産者層によって担われたという大塚理論へとつないでいる．この意味で大塚の分析は，ヴェーバーの宗教理論を西洋経済史の視野の中に引き入れるという，独自の理論的課題を果たした．

しかしここで，ヴェーバー理論と大塚理論との結びつきによって語られた世界の外に目を転じてみよう．西洋経済史家としての大塚は，ヴェーバーの宗教社会学理論を，大塚の専門である近代西ヨーロッパの資本主義の特徴を

説明するのに適用した．大塚が宗教社会学と経済史を結びつける点をそこに求めたのは，それが大塚理論の最も強い部分だからである．しかしそのことの反面は，これら二著作の段階では『プロ倫』のあとに広がっているヴェーバー社会学における他の諸要素への関心が乏しかった，ということでもある．

ヴェーバー社会学は行為理論として特徴づけられるが，大塚は『経済と社会』の冒頭におかれた「社会学の基礎概念」に展開されている行為理論には，関心を向けなかった．しかし実は，そのあとに展開されているヴェーバーの「経済行為の社会学的基礎範疇」や「宗教社会学」は，ヴェーバー自身によっていずれも行為理論と関連づけられており，またその経済社会学は，ヴェーバーの『一般社会経済史要論』に登場している多様な経済史的諸カテゴリーと関連づけられている．大塚二著作は，『プロ倫』と大塚史学との諸関連を専門的な視点から掘り下げたが，『プロ倫』と他のヴェーバー社会学との諸関連，とくに経済社会学と宗教社会学との関連に関しては，目を向けることが少なかった．そこで本書の以下の部分では，大塚二著作を青山秀夫の二著作，および阿閉吉男の著作との補完関係において位置づけることを考えることにしよう．

青山秀夫『近代国民経済の構造』と『マックス・ウェーバーの社会理論』

ヴェーバーの大著『経済と社会』の膨大な全内容を体系的に明らかにした日本で初めての著作は，戦後まもなく出版された青山秀夫[4]の二著作『近代国民経済の構造』（白日書院，1948）と『マックス・ウェーバーの社会理論』（岩波書店，1950）である．青山は新古典派経済学者で，戦中から戦後にかけてヴェーバー研究と取り組み，その成果をこの二冊の本として出版した．大塚久雄のヴェーバー研究が『宗教社会学論集』を中心においたものであったのに対して，青山秀夫のヴェーバー研究は『経済と社会』を中心においたものであることから，大塚と青山は戦後日本におけるヴェーバー社会学の研究の二大主柱として位置づけることができる．青山は京都大学経済学部教授であったが，京都大学定年後は関西学院大学社会学部教授として社会学の講義を担当したから，彼を社会学者と見なすことには問題がない．

『近代国民経済の構造』　青山はヴェーバー研究と取り組んだ理由について，

『近代国民経済の構造』の序文でつぎのように述べている．戦時下において，超国家主義者たちは「日本経済学」「皇道経済学」などの名によって，自由経済の段階から統制経済の段階への移行の必然性を主張し，「この段階移行にともなって近代経済理論はその意義を失う」として，自由主義の経済学である近代経済学を否定した．青山は彼らの「非科学的俗論に対して学問の立場から異論を提出する」ために，「近代経済理論の支持者であり，……その社会理論は近代経済理論の最良の姉妹科学である」として，ヴェーバーの『経済と社会』と取り組んだ．自分の専門はあくまで「近代経済理論」であるとしていた青山は，ヴェーバーの「社会理論」にとりついたことを「越境」であったとみずから言っているが，青山にこの越境をあえてさせた動機は，彼自身の表現によれば，近代経済理論の弱点である与件の構造について，ヴェーバーから学びたいと考えたことにあった（「序」pp. 1-12）．

ところが戦後になると，超国家主義者たちの退場のあと，マルクス経済学者たちが登場してきた．「近代経済理論」に深くコミットすると同時にヴェーバーの「社会理論」にも深くコミットしていた青山は，社会主義的計画経済は不可能であると考え，第一次大戦下のドイツでなされたオットー・ノイラートの管理経済論（「配給切符の社会主義」と呼ばれた）の主張に同調し得なかった．かくてこの本では，リベラル経済理論の立場から，戦時中の超国家主義者たちに向けた統制経済論への批判と，戦後の社会主義たちに向けた計画経済論への批判との，いわば両面作戦が意図された（「序」p. 13）．

この本は，三つの章と長大な「結論」からなっている．第1章「基礎概念」では，行為，理解，経済行為と，行為の四類型（目的合理的行為・価値合理的行為・情緒的行為・伝統的行為），支配，団体などヴェーバー社会学の基礎概念が解説されている．第2章「近代国家」では，国家統治の基礎を武力組織としての軍隊と文官組織としての官庁からなるものとし，両者に共通する組織原理として官僚制を理論化した，ヴェーバーの支配社会学の分析枠組が解説されている．第3章「近代資本主義経済」では，近代資本主義経済の構成要素として，家計と企業，および資本計算があげられ，近代資本主義経済の中心特性を合理性に求めて，これを形式合理性と実質合理性に分け，さらに形式合理性を計算合理性と営利合理性に分けるなど，ヴェーバーの経済社

会学の分析枠組が解説されている.

しかしこの本の最大の特徴は,全282ページ中の三分の一以上を占める異例に長い「結論」にある.この長大な「結論」は,第1章から第3章までにおいて周到に整理されたヴェーバーの行為理論と経済社会学と支配社会学の道具立てを用いて,戦時中に近代経済学に加えられた不当な攻撃,すなわち統制経済への移行によって自由主義経済理論は不要になるとの攻撃に対して反論したものである.これをここでは「計画経済は可能か」という表題でまとめ,以下に要約しておくことにしよう.

計画経済は可能か 近代国民経済は,青山が「機構性」と呼ぶ一貫した不変的特性をそなえている.機構性とは,軍隊と官庁と企業の三つによって代表される「合理的経営」という特性を指す.青山によれば,統制経済は,しばしば誤って主張されるように近代資本主義経済の対立物ではなく,その下位類型の一つである.このように統制経済も近代国民経済の機構性の一環である以上,近代的組織に共通する特性としての「合理的経営」を必要とすることは,基本的に自由市場経済と変わらない.もちろん戦時下であれば,統制経済は自由市場経済と違って,国防目的がいちじるしく肥大することを避け得ない.青山はこの問題を,ヴェーバーの「形式合理性」に対する「実質合理性」の概念によって受け止める.しかし軍隊と官庁と企業の「合理的経営」という近代の組織に固有の性格が,その故に失われてよいということは決してない,というのがヴェーバーに従って近代国民経済の構造を分析する青山の基本視角である.

組織は行為の組織化されたものだから,合理的経営の基礎はヴェーバーのいう「目的合理的行為」にある.青山によれば,目的合理的行為という概念は,ヴェーバーが近代経済学における限界効用理論を念頭に置いて考え出した概念であり,これはワルラスが一般均衡理論の名によって考えた「多数の主体の目的合理的行為の間の関連の分析」(p. 196)につながる行為システムの理論化に他ならない.目的合理的行為においては目的と手段のあいだに一義的関係が成立しているので,目的合理的行為からなるシステムを想定することは「法則」定立を容易にする.また目的合理的行為は,限界効用理論が明らかにするように,高度の明証性(Evidenz)をもって理解することが可能

である．しかし青山は，ヴェーバーが目的合理的行為のシステムと見なした近代資本主義経済には，より非合理的な他の行為類型が含まれていることを無視し得ないとする．なぜならヴェーバーは，近代資本主義の精神を分析して，それが非合理的行為の領域である宗教倫理の産物であることを示したからである．この点でヴェーバーの宗教社会学は，パレートの社会学における「非論理的行為」の理論と並行している，と青山は指摘する (p.199)．

　近代資本主義経済が，ヴェーバーの言ったように目的合理的行為からなるシステムである以上，その目的合理性は戦時下の統制経済においても失われてはならない．そうでなければ，戦争に勝利するという国家目的の達成それ自体が不可能になるからである．このことは，戦時下における統制経済への移行が，自由主義経済の理論としての近代経済学を不要にする，とした「皇道経済学」の主張がいかに浅薄な誤りであったかを明らかにするであろう．かくして青山は，目的合理的行為の理論としての一般均衡理論が，近代国民経済の機構性にとって不可欠の分析用具である，ということを確認する．

　しかしながら，ここには一つの論争的問題がある．青山はこの問題を，ヴェーバーの「形式合理性」対「実質合理性」という対比において，つぎのように受け止める．国家の戦争目的の達成という戦時下における実質合理性確保の要求は，官僚が国民の経済生活に干渉して，形式合理性を犠牲にすることを正当化するであろうか．いまヴェーバーの意味での形式合理性を「計算合理性」と「営利合理性」に分けると，計算合理性と営利合理性とのあいだに一定のコンフリクトが生じる可能性を否定し得ない．この二つのうち，計算合理性はこれをできる限り維持することが必要である．そうすると，問題は個別経済（企業）のアウトノミイ（営利合理性）に国家が制約を加えて，国家目的にとっての実質合理性を高めようとすることが正当化され得るか，というところに帰着する (pp.250-61)．

　青山はこの問題を，「計画経済」論の問題の特殊ケースにほかならないとする．なぜなら計画経済とは，国家目的の計画的達成という実質合理性の確保のために，官僚が流通経済組織に修正を加えるということであり，戦時下の統制経済における国家の戦争目的という問題は，国家目的の計画的達成という計画経済論の特殊ケースにほかならないからである．第一次大戦後のヨー

ロッパで，第一次大戦中のドイツにおける統制経済の経験——第二次大戦中における日本の統制経済の諸施策はこのときのドイツのやり方から多くを学んでいた——と，1917年のロシア革命を契機とする社会主義計画経済の問題との関連から，計画経済は可能かという問題をめぐって一連の論争が行われた．青山はそれらの中から，オットー・ノイラートの管理経済論とオスカー・ランゲの競争的社会主義論に対するヴェーバーの批判を取り上げる．ここではそれらの議論の詳細に立ち入る余裕がないので，青山の結論のみを書き留めておくことにする．

青山は一方で，最も徹底的に流通経済的要素を追放したノイラートの管理経済の提案は，近代国民経済の要求たる計算合理性をまったく保証し得ないとする．なぜならそれは，貨幣を配給切符とすることによって，価格が需要と供給を調節する機能をゼロにしているからである．だからそれは到底支持することができない．しかし他方で，流通経済的要素を大幅に受け入れた折衷的なランゲの競争的社会主義の提案には，計画経済のメリットがほとんど認められない．だからこれも到底支持することができない．かくして計画経済は可能であるとする立論は青山によって全面的に否定され，近代国民経済の「機構性」についての青山テーゼの妥当性が最終的に確認される（pp. 261-82）．青山が『近代国民経済の構造』において，ヴェーバーに依拠する自由主義経済論の観点から，統制経済論への批判と計画経済論への批判との両面作戦を貫徹したことは，1948年という早い時点において，まさに特筆に値するものだったといい得る．

『マックス・ウェーバーの社会理論』　次に，同じ青山秀夫がその2年後に出版した『マックス・ウェーバーの社会理論』に目を転じよう．『マックス・ウェーバーの社会理論』は五つの独立論文からなる論文集であり，ここではそれらを一つずつ要約する．この本の重要性は，1964年に大塚久雄によってオーガナイズされたヴェーバー生誕百年記念シンポジウムを契機として日本にヴェーバー研究ブームが起こるよりも14年も前に，詳細で包括的で高水準のヴェーバー研究を達成していた点にある．

「マックス・ウェーバーにおける行為・理解および理想型」（第1論文）は，ヴェーバーの行為理論と，それに基づく社会科学方法論の解明をテーマとして

いる．『近代国民経済の構造』においてもそうであったように，ヴェーバーの行為理論は近代経済学とつながっている，というのが青山の基本的なヴェーバー理解である．『近代国民経済の構造』では，ワルラスの一般均衡理論がヴェーバーの意味での目的合理的行為からなる行為システムを理論化したものであることが強調されていたが，『マックス・ウェーバーの社会理論』ではこのことと並んで，ヴェーバーが『経済と社会』第1部第1章の行為理論で述べている「行為者は主観的に思念された意味の理解に指向する」というテーゼが，ヴェーバーの同第2章における「経済行為は主観的な価値としての効用に指向する」というテーゼと対応する，ということが強調されている．ヴェーバーがベーム－バヴェルクに由来する「効用給付」(Nutzleistung) の概念を用いていることから明らかなように，行為の主観的意味に着目するヴェーバーの社会的行為についての概念化は，主観的効用に着目するオーストリア学派の経済行為についての概念化と，密接につながっているのである．

青山はアルフレート・シュッツの『社会的世界の有意味的構成』を援用して，ヴェーバーにとって目的合理的行為はすべての行為の「原型」(Archetypos) になっていると指摘する．ではなぜ目的合理的行為がすべての行為の原型たり得るのかといえば，それは目的合理的行為が，行為者の主観的意味，すなわち行為の意図ないし動機を最も理解しやすい行為だからである．これがヴェーバーのいう「動機理解」による説明ということの意味であって，動機が理解できるということはヴェーバーの「文化科学の論理学」における適合的因果帰属の方法論的基礎をなしている．重要なことは，因果帰属の論理構造というヴェーバーの「文化科学の論理学」の方法論は，彼がリッケルトから引継いだ「歴史に於いて厳密なる意味の科学とは何か」という問題を明確にしたいという止み難い要求 (p.52) に基づくものであったということである．青山の論証から，この論理構造はヴェーバーの経済社会学および支配社会学だけでなく，オーストリア学派のミクロ経済学にも共通のものであることがわかる．

「マックス・ウェーバーにおける近代資本主義の概念」(第2論文) は，ヴェーバーの理念型方法論と，それに基づいた近代資本主義の概念の解明をテーマとしている．ヴェーバーの理念型方法論は，ドイツ歴史学派の方法論を特徴

づけていた経済発展段階説に対して，ヴェーバーが投げかけた強い批判を契機として生み出されたものであった．この論文で中心的に扱われているのは，ヴェーバーの『経済と社会』第1部第2章と『一般社会経済史要論』（黒正巌の旧訳を青山秀夫が改訳）において詳細に展開されている「理念型のカズイスティーク」である．カズイスティーク（決疑論）とは，青山の表現によれば，「予め可能な場合を網羅的に考えておくことによって，実際に一定の具体的事実が与えられそれについての判断が求められた場合，それがいかなる種類の場合に属するかを，正確に一義的に決定し得るよう，準備することを意味する」(p. 72)．

例えば古代エジプトや古典中国や西洋中世や徳川日本や近代資本主義等々，歴史上に実在しているさまざまな「支配の構造」を考えてみると，それらは時代により国により地域によってきわめて多様である．しかしそれらをただ単に多様であるとするだけでなく，それらが「官僚制」構造にどれだけ近いか，どこまで「封建的」であるか，どの程度「家産的」構造をもつか，どれだけ「カリスマ的」な要素をもつかというように，「理念型と比較し，その接近の程度を測る」(p. 75) ならば，それらは座標系の中に位置づけられて，それぞれの特徴をきちんと摑むことができるであろう．純粋の「封建制」とか純粋の「資本主義」とかいったものはどこにも実在しないが，それらを実在としてではなく理念型として構築しておけば，それらは歴史的な実在を位置づける座標軸として役立つ．

ヴェーバーが『経済と社会』第1部第2章の第15節から第21節まで（富永健一訳，中公世界の名著ペーパーバックス『ウェーバー』pp. 367-403）に展開した長大な「経済的ならびに技術的な給付配分の諸類型」は，青山によれば12のそのような座標系を組み合わせてつくられた類型構成であって，近代資本主義はこの中に「自主的」で「自律的」な「流通経済的」給付配分として位置づけられている．そのほか「デミウルギー的実物ライトゥルギー」（伝統インドの村落における手工業者団体の仲間的 genossenschaftlich な団体によって賦課された給付義務）とか「オイコス的実物ライトゥルギー」（古代エジプトのファラオの私的大家計によって賦課された給付義務）とか「団体的実物ライトゥルギー」（団体の家計によって賦課された給付義務）な

ど，ヴェーバーの歴史分析に登場する特徴的なタームもまた，それらの類型構成から引き出された「要素的純型」である．

しかし青山は，ヴェーバーにおける近代資本主義の概念は，もちろん理念型の一つではあるが，座標軸として設定された要素的純型とは区別されるべき「複合型」であるとする．青山はその意味を「価値への関係づけによる歴史的個性の形成」(p.94) と言いかえ，ヴェーバーにおける近代資本主義の概念がそのような価値への関係づけを前提としていることを示す例として『プロテスタンティズムの倫理と資本主義の精神』の末尾に出てくる「ピュリタンは職業人たらんと欲した，［現代の］われわれは職業人たらざるを得ない」という有名な一句をあげる．これは現代人がかつてのファウスト的な多面的人間性を放棄せざるを得ないことを述べたものであるが，ヴェーバーが好んで用いる語でいえば，ここには現代人の宿命が表現されている．青山は，「宿命的」(schicksalsvoll) とは何らかの理念の実現が阻止されていることに対する感傷の表現であるという意味で価値関係的であると言い，そこにヴェーバーの近代資本主義に対する価値関係的理解があらわされているとする．ヴェーバーは「資本家の行為の背後にある主観的意味連関」としての「資本計算」によって資本主義的という語を定義し，この資本計算における最高度の形式合理性こそが，近代資本主義の最も特徴的な性格であるとする．理念型そのものは没価値的であるが，ヴェーバーの近代資本主義の概念は価値関係的である，というのが青山の結論である．

「近代資本主義経済の合理性」（第3論文）は，第2論文で解明したヴェーバーの近代資本主義の概念に準拠しながら，「資本主義か社会主義か」の問題を論ずることをテーマとしている．戦後日本におけるマルクス主義全盛の時代に，青山がその流れに抗して社会主義を批判したことは重要であるが，ヴェーバーに準拠してこの問題を論じる青山の視点はすでに上述した『近代国民経済の構造』によって明らかであるから，ここでは要約はできるだけ簡略にとどめよう．

問題の要点は，「資本主義化は形式合理性を高め，社会主義化は実質合理性（勿論社会主義の立場に於けるそれ）を高める，然し両者を同時に高め得るような経済形態はこの地上にはあり得ない．これがこの問題についてのヴェー

バーの結論である」(pp. 141-2) というところにある．資本主義については「貨幣計算を伴う資本主義的流通経済が資本計算の最高度の形式合理性を生む」ということ，しかしながら資本主義の合理性はあくまで形式合理性にとどまるから「実質的に不合理であり得る」ということがいえる．また社会主義については「社会主義化は実質合理性を高める」としても，ノイラートの考えたような利潤も貨幣も交換も価格もない「管理経済」では，経済計算がそもそも不可能である．しかしだからといって，ランゲのように多くの経済的自由を認めてしまえば，社会主義のメリットはなくなってしまう．ヴェーバーは，ここに社会主義のディレンマを見る．また社会主義的計画経済においては，一方で企業家は「形式合理的経済行為のための誘因……を断念せねばならず」，他方で労働者は働く動機づけを失うから，「社会主義経済は経済の形式合理性の実質的条件に於いて欠くるところがある」というのがヴェーバーの洞察であった (pp. 144-7)．

「**ウェーバーの中国社会観序説**」(第4論文) は，ヴェーバーの『儒教と道教』および『経済と社会』に展開されている中国社会論を典拠にして，中国を西洋中世の封建制と異なる「家産官僚制」(Patrimonialbürokratie) の国として分析し，この家産官僚制のゆえに中国が経済と社会の停滞 (Stereotypierung) におちいった，そのメカニズムを解明することをテーマとしている．この論文には「マックス・ウェーバーと内藤湖南先生」という副題がついており，中国の近代化を阻んだ要因は何かという問題の立て方において，ヴェーバーの中国社会論が京都大学東洋史教授であった内藤湖南の『支那論』のそれと一致していることが結論されている．

家産官僚制は官僚制の一形態であるから，近代官僚制と同じく管理幹部としての官僚をもっているが，家産官僚は近代官僚と次の諸点で決定的に異なる．すなわち，近代官僚は専門的な教育を受けて，専門試験によって登用され，その専門知識に従って法に拘束されて行為するのに対して，家産官僚は人文的な教育を受けて，中国の「科挙」試験のように人文的教養を試す試験によって登用され，伝統または専制君主 (ヘル) の恣意に従って行為する．近代官僚制は法によって支配されているから，上司と部下の関係は非人格的・即物的 (ザッハリヒ) であるのに対して，家産官僚制は伝統またはヘル

の恣意によって支配されているから，支配関係には家臣の「伝統に対するピエテート」，および「ヘルの人格に対するピエテート」(敬虔の情) が本質的な要素となる．近代官僚制の法による非人格的・即物的な支配関係は，行政の「形式合理性」を生み出すのに対して，家産官僚制の伝統またはヘルに対するピエテートを介しての支配関係は，行政の「実質主義的性格」を生み出す．このことから，近代官僚がディシプリンを要求され「責任倫理」によって行為するのに対して，家産官僚は「心情倫理」によって行為する，というエトスの違いが生じることになる (pp. 160-178).

　家産官僚制は近代官僚制と同じく中央集権的であるが，家産官僚制は近代官僚制のように法的基礎をもつものではなく，もっぱら強大なヘル権力に基づくものであるから，王朝の始祖のような「英主」でなければそれを維持することは困難である．強力な中央集権制が維持され得なくなって，王朝が弱体化した場合には，家産官僚制は分権的な「身分的家産制」(ständischer Patrimonialismus) に移行する．身分的家産制とは，ヘルの直接支配が崩壊し，家産官僚たちが身分集団として権力をもつようになった家産官僚制のことである．身分的家産制の分権化がいっそう進むと，家産制は解体して，かつてヘルが独占的に専有していた領土や租税収入や営利チャンスなどが，家産官僚に分配されるようになる．かくしてあらわれるのが，ヴェーバーのいう「プフリュンデ封建制」である．プフリュンデ (封禄) とは，上述の領土や租税収入や営利チャンスなどが，ヘルから任命された官職に対する報酬として，家産官僚に与えられるようになったものをいう．この場合，それら家産官僚のヘルに対する「家産制的隷属」の関係は保持されたままである，ということが重要である．プフリュンデは官職に対して与えられるものだから，官職が一代かぎりのものである以上，世襲は許されない．ヴェーバーはこれに封建制という呼び名を与えたけれども，プフリュンデ封建制は固有に封建制といえるものではなく，プフリュンデを獲得した家産官僚は「領主」になったわけではなくて，租税収入の一定割合を中央のヘルに納める「徴税請負」(Steuerpacht) 業者たるにとどまる．

　これに対して西洋の封建制は，ヴェーバーが「レーエン封建制」と呼ぶもので，家産官僚制の解体の過程から形成されたものではない．レーエン封建

制においては、ヘルと家臣のあいだには官職関係も家産的隷属関係もなく、ヘルは家臣との「自由なる契約関係」に基づいて、家臣に「レーエン」(封土)を授封し、これと引替えに、家臣に対して信義誠実の義務の履行を要求する。この授封によって、家臣は領地を獲得して「領主」となり、領地の人民から上がってくる租税収入や領地内の営利チャンスなどはすべて、完全に領主のものになる。授封者たる中央のヘルと受封者たる各領主の関係は、家父長制のもとでのピエテート関係ではなく、むしろカリスマの関係の日常化したものとして取り扱い得る、とヴェーバーは述べている。レーエン封建制は、ヘルが多数の家臣に封土を与えて独立させたものであるから、本来的に権力分散的な構造をもち、家臣たちの領国はきわめて小さい。だからヘルにとっても領主にとっても、行政上の必要から官僚制を発達させる度合いはミニマムであった (pp. 178-194)。

　西洋がレーエン封建制の国、中国が家産官僚制の国、というヴェーバーによる以上の対比から、西洋の歴史と中国の歴史の違いについての重要な示唆が得られる。レーエン封建制は権力分散的で官僚制がミニマムであったのに対して、家産官僚制は一君万民の高度な中央集権制をもち、皇帝の支配は官僚行政に依存していた。中国は古来、自然条件からして耕地をつくるのに大規模な治水事業が不可欠な国であり、そして治水は膨大な人民の賦役労働を必要とする権力的な事業であった。中国が古代エジプトと並ぶ家産官僚制の国になったのは、この事実に見合っている。これに対してヨーロッパでは、耕地は森林開墾によってつくられ、そして森林開墾は家族労働だけで可能である。ヨーロッパが権力分散的で官僚制がミニマムなレーエン封建制の国になったのは、この事実に見合っている。

　中国の家産官僚制は、なぜ行政と経済の停滞化をつくりだしたのであろうか。まず行政の停滞化が引き起こされた最も大きな理由は、ヘル権力の低下とともに家産官僚が権力をにぎり、彼らのプフリュンデが封建化して私的財産に転ずることにあった。こうなるとだれも家産官僚をコントロールすることができなくなり、彼らは身分集団として団結して、既得権を守るために一切の改革を阻止するようになった。「中国の政治改革家はつねに官僚集団の盤石の如き団結の抵抗に遭遇せねばならなかった」(p. 203)。

つぎに家産官僚制が経済の停滞化を引き起こした理由としては，四つのことがあげられる．第一に，人民からの苛斂誅求と家産官僚によるプフリュンデの専有によって，一切の富がヘルと家産官僚に集中し，「民間に於ける私的資本の蓄積それ自体が困難となる」(p. 204) ことである．第二に，ヘルと家産官僚の恣意が行政を支配することによって，合理的な経営が成立しなくなり，「営利は，合理的生産ではなく，寧ろ投機と政治とに志向せざるを得ぬ」(p. 205) ようになったことである．第三に，家産官僚制の非効率のために，行政は中国社会を薄く被う皮膜にすぎず，その下では，「中央政府の統制を離脱して自由に放任された氏族の土着的社会が長い伝統を保持しつづけていた」(pp. 198-9) ことである．第四に，強力な家産官僚制の存在が，「西洋の如き自治都市，即ち自己の法律・自己の役人・自己の財政・自己の軍隊をもつ自治団体としての都市を完全に窒息せしめた」(pp. 207-8) ことである．以上を要約すれば，伝統中国の行政と経済の停滞化を引き起こしたのは，近代官僚と違ってディシプリンと責任倫理の意識を欠く家産官僚の支配であった．

「マックス・ウェーバーに於ける国民主義と自由主義」（第5論文）は，ヴェーバー31歳の時のフライブルク大学教授就任講演「国民国家と経済政策」(1895) と，ヴェーバー54歳の時の長大論文「新秩序ドイツにおける議会と政府」(1918)（ともに『政治論集』所収）を比較し，ヴェーバーの政治に対する発言の中にナショナリズムと自由主義という二つの対立する要素が織り合わされている，という問題をテーマとする．

青山によれば，若きヴェーバーのフライブルク就任講演は，一方で彼の強烈なナショナリズム宣言であったと同時に，他方でユンカーおよび保守派官僚と「ビスマルクの負の遺産」に対する宣戦布告であった．しかしヴェーバー晩年の「議会と政府」論文は，ビスマルクの負の遺産によってドイツが官僚国家になり，政党と政治家が無力化したということを批判して，政治的自由主義の立場を強力に展開した．

結論的に青山は，ヴェーバーにおいてナショナリズムと自由主義とを媒介するものが「政治的成熟」の概念であったとする．31歳のヴェーバーがナショナリズム宣言から出発しながら，54歳のヴェーバーが政治的自由主義の立場に到達し得たのは，ビスマルクの負の遺産がもたらしたドイツ国民の最大

の弱点が「政治的未成熟」にあることに気づいたからである．若きヴェーバーのナショナリズムへの指向は彼の生涯を通じて変わらなかったが，そのナショナリズムは政治的成熟の概念を経由したことによって自己限定されたのである，と青山は結論している．

富永コメント　私が青山秀夫の『マックス・ウェーバーの社会理論』を初めて読んだのは，それが出版されてまもない学生の時で，目の覚める思いでこれを熱読した．青山の二著作が私にとってとりわけカリスマ性をもっていたのは，多くのヴェーバー論がヴェーバーとマルクスを結びつけたのに対して，青山がヴェーバーの行為理論を新古典派経済学と結びつけた点にあった．ヴェーバー自身はマルクスに対して終始否定的だったのであるから，日本において「マルクスとヴェーバー」という問題設定が普及しすぎたのは偏っていた．ヴェーバーは『経済と社会』における「経済行為の社会学的基礎範疇」を見れば明らかなように，ミーゼスやベーム-バヴェルクらのオーストリア学派の近代経済学を大いに取り込んでいたのに，そのことに言及したのは青山二著作だけであった．

阿閉吉男『ウェーバー社会学の視圏』

大塚二著作におけるヴェーバーの解明が『プロテスタンティズムの倫理』に集中し，青山二著作におけるそれが『経済と社会』の行為理論・経済社会学・支配社会学に集中しているのに対して，ヴェーバー社会学の全体としての包括的な見取り図を提示することを意図した著作としてあげられるのが，阿閉吉男[5]の『ウェーバー社会学の視圏』(勁草書房，1976) である．この本は，第1章「ウェーバー社会学の方法と対象」，第2章「政治社会学的思考」，第3章「経済社会学的思考」，第4章「法社会学的思考」，第5章「宗教社会学的思考」という5章からなり，それぞれヴェーバーの理解社会学方法論，政治社会学，経済社会学，法社会学，宗教社会学を順次に解明している．

ヴェーバーの理解社会学　ヴェーバー社会学とは「理解社会学」である．阿閉はヴェーバーのこの着想が，『ロッシャーとクニース』(1903-6) における「人間行為の有意味的解明」および「理念型」概念の提示に始まったとし，従ってヴェーバーが社会学者になったのは1903年からであるとする．阿閉に

よれば、ヴェーバーを社会学に導いたのはテンニェスとジンメルであり、理解社会学という考えを導いたのはヴィンデルバントの「法則定立的」に対する「個性記述的」、リッカートの「普遍化的」に対する「個性化的」「価値関係的」のような歴史科学方法論であった。かくしてヴェーバーは、1913年論文「理解社会学の若干のカテゴリーについて」および『経済と社会』第1部第1章の「社会学の基礎概念」における定式化に到達した。

これらの論文においてヴェーバーが理解社会学といっているのは、社会学が「行為についての科学」であり、その方法が「理念型」であるということをあらわしたものである。ヴェーバーは社会学を、歴史学とともに行為の科学であるとするが、歴史学が行為の個別連関について因果的帰属を行うのに対して、社会学は行為について類型概念を形成し、出来事の一般的諸規則を探求する。行為は、主観的に思念された意味にしたがって他者の行為に関係づけられる時、社会的行為となる。他者とのあいだに「社会的」行為が成り立ち得るのは、他者が行為者によって思念された「意味」を「理解」することによってのみである。以上から阿閉は、理解社会学の対象は社会的行為であり、理解社会学の方法は理念型である、と結論づける (pp. 20-35)。社会学は、社会的行為から、「社会関係」（ゲマインシャフト関係、ゲゼルシャフト関係）および「団体」（国家、教会、組合、婚姻）という社会学的分析の中心概念を構成する。

ヴェーバーの政治社会学　阿閉がここでヴェーバーの政治社会学というのは、「支配社会学」のことである。だからここで扱われるのは、『経済と社会』の第1部第2章「支配の諸類型」と、第2部第9章「支配の社会学」である。

阿閉によれば、ヴェーバーの支配社会学は、ジンメルの『社会学』第3章における「上位と下位」をその先駆とする。ジンメルは、上からの支配権力を論じる通常の支配論と異なって、逆に下位主体の自発性と協力性に着目して支配を論じた。同様にヴェーバーも、支配を「命令に服従するチャンス」と定義し、下位者に「最小限度の服従意欲」があることが支配の構成要素をなすとした。この意味で、ヴェーバーは支配を命令権力と服従義務の統一として捉えたと言える。ヴェーバーが支配の「妥当性」という概念を立てたのは、この意味である。ヴェーバーは、支配の妥当性（正当性）の究極原理と

して，合法的支配，伝統的支配，カリスマ的支配の三類型をあげた．阿閉も，この三つを順次に考察する (pp.56-70)．

 第一に，近代官僚制は，ヴェーバーが合法的支配（合理的支配）の典型としたものである．阿閉は近代官僚制を，計算可能性によって特徴づけられること，近代化された団体（行政的官僚制と産業的官僚制を含む）において形成されること，専門的知識を不可欠の手段とすること，という三点によって特徴づける．これらは官僚制の卓越性を示すが，ヴェーバーは官僚制がこれらの卓越性にもかかわらず，「前進する〈大衆民主主義〉から分かつことのできない影」であって，愚民的大衆民主主義への傾向をもっており，ひとたび成立すれば人間はその歯車にすぎなくなってしまうことを認めた．

 第二に，伝統的支配は，近代官僚制が「ゲゼルシャフト関係」の道具であるのと反対に，「ゲマインシャフト関係」によって形成されている支配団体である．ヴェーバーは「家産制」を，ヘルと家臣団がピエテート（恭順）関係によって結ばれたもので，ゲマインシャフト行為を典型的に代表するとした．家産制においては，すべての所有はヘルに集中しており，家臣団（家産官僚）は一代限りで世襲されないプフリュンデ（秩禄）のみを支給される．家産官僚制におけるプフリュンデは，職務に対する支給である点では官僚制に類似するが，近代官僚制とは異なって，ピエテートを媒介とした主従関係にもとづいている．家産官僚制におけるプフリュンデが，家臣による土地の世襲的専有に移行したものが，レーエン封建制である．だからヴェーバーは，封建制を家産制の極限的ケースとして説明している．家産制は，「オイコス」すなわち「家」における家長と家成員を基礎にして生まれたものだから，家産制の原型は「家父長制」である．最年長者が家長に選ばれるのが長老制であり，家長が伝統的威信によって名声をもつ場合が名望家支配である．

 第三に，カリスマ的支配は，預言者，軍事的英雄，偉大なデマゴーグなど，非日常的な天賦の才に対する情緒的帰依によって成立する．カリスマ的支配は，一方で規則に拘束され貨幣経済と税金収入に依存している官僚制的支配と対比され，他方で伝統に拘束され家計という秩序ある基礎にもとづいている家父長的支配と対比される．阿閉はカリスマ概念との関連において，ヴェーバーの「アンシュタルト」の概念に注目する．アンシュタルトは元来「営

造物」を意味していたが，ヴェーバーはこれを任意団体に対する強制団体の意味に用い，政治的アンシュタルトとしての国家（政治的ゲマインシャフト）と，聖職者のアンシュタルトとしての教会（宗教的ゲマインシャフト）を対比させた．

ヴェーバーの経済社会学　阿閉は，ヴェーバーが1903年の論文「ロッシャーとクニース」において歴史学派経済学を批判し，経済学を離脱して社会学に転じたことを強調する．ここから，ヴェーバーの経済社会学がスタートすることになった．

ヴェーバーの経済社会学は，『経済と社会』第1部第1章「社会学の基礎概念」に続いて，第2章「経済行為の社会学的基礎範疇」として位置づけられ，「基礎概念」が行為の概念から始まるのとパラレルに，経済行為の概念から始まる．ヴェーバーは「経済行為」(Wirtschaften)と「経済的な指向をもっている行為」(wirtschaftlich orientiertes Handeln)とを区別して，「経済行為」を「財の処分力の平和的な行使であって第一次的に経済的な指向をもっているもの」と定義し，「経済的な指向をもっている行為」を「主観的に思念された意味の上からいって効用サービスの欲求への配慮に向けられているかぎりでの行為」と定義した．「経済行為」は第一次的に経済的な指向をもっていなければならない点で，「経済的な指向をもっている行為」より限定的である．

ヴェーバーは「経済」と「技術」を区別して，経済は目的であり，技術はそのための手段であるとするが，これは彼が経済を行為論的観点において「目的‐手段関係」として考えていることを示す．同様にしてヴェーバーは，経済行為を社会学的に考察するためには，他者との関係への着目が不可欠であるとして，他者との契約とか，顧客との信頼関係などをあげている．例えば彼が，人と財との関係だけを意味する「消費者需要とその満足」から出発してはならず，他者との交換契約の中で達成されるものとしての「処分力」(Verfügungsgewalt) という概念の導入が必要であると言うのはこの理由による．またヴェーバーが，経済行為はほんらい株式会社などの「団体」を形成しており，他者もまた同様に団体を形成しているのであるから，上述した「経済行為」と「経済的な指向をもっている行為」の区別と同様に，団体を(1)経済行為に従事している団体，(2)経済団体，(3)経済規制的団体，(4)秩序団

体，の四つに区別することが必要であるとするのも，この考え方による．

次にヴェーバーは，市場経済について考察する．市場とは，貨幣を交換手段・支払手段として用いて，貨幣と引換えに交換対象を手放したり獲得したりする機会である．ヴェーバーは，そのような交換機会が実現されている状態を「市場状態」(Marktlage)，市場において対象物が交換対象に転じ得る規則性の度合いを「市場性」(Marktgängigkeit)，交換の自律性の度合いが高い状態を「市場の自由」(Marktfreiheit)，それらが制限されている状態を「市場規制」(Marktregulierung) という．資本主義は市場状態・市場性・市場の自由が実現されている経済制度であり，社会主義はそれらが規制されている経済制度である．資本主義における自由で自律的な交換を可能にしているのは，貨幣である．資本主義的市場では，貨幣が交換手段・支払手段として，「表券」(Chartal) のかたちで通用している．表券とは，一定の金額が表示されることによって，計算可能な交換手段・支払手段のことである．表券でない交換手段・支払手段を，ヴェーバーは実物的交換手段・支払手段であるとする．ヴェーバーは，第一次大戦中のドイツの経験に言及し，社会主義のもとでの貨幣は一定量の「労働」にもとづいて発行される「切符」であるとして，社会主義は貨幣を廃止しないとはいえ，実物交換の制度に他ならないとする．実物交換において貨幣計算は不可能であり，従って社会主義において合理的な貨幣計算はできない (pp. 104-5)．

ヴェーバーは資本主義の概念を，マルクスの場合とはっきり異なって，市場における自由な取引が実現されている合理的な経済制度であり，そのような取引の自由は計算可能な交換手段・支払手段としての貨幣によって実現されている，ととらえている．これに対して社会主義は，貨幣が表券として機能しておらず，その結果，市場における自由な取引が不可能であるような経済制度である．

経済行為において技術的に貨幣計算が可能であることを，ヴェーバーは経済の「形式合理性」と呼ぶ．「形式合理性」は「実質的合理性」と対比され，後者は「一定の価値評価の公準を前提した合理性」として定義される．形式合理性は一義的であるが，実質的合理性は高度に多義的である．ヴェーバーは貨幣を経済計算の「完全無欠」な手段であるとし，個別企業の資本主義的

な営利は,貨幣による資本計算によって初めて明らかにされ得る,ということを強調した.単一の財(例えば古代エジプトにおけるナイル谷の穀物)のみを生産するオイコス(大家計)ならば,実物計算でも収益や損失を計算できるが,複数の異質な生産要素を購入し,複数の異質な財を生産する近代企業では,貨幣計算によることなしには収益性の計算をすることはできない.ヴェーバーはこの観点から,ノイラートによって「完全社会化」(Vollsozialisierung)と呼ばれた配給切符制による社会主義(有効価格の消滅した社会主義)の概念を批判し,ルートヴィヒ・フォン・ミーゼスの社会主義計算不可能論に賛意を表明している(pp. 114-5).

ヴェーバーは,市場状態・市場性・市場自由を前提した市場経済を「流通経済」と呼び,これを生産が中央政府によって管理される「計画経済」と対比する.流通経済においては,自主的な経済主体が自律的に行為し,家計と経営の分離が前提とされ,家計は貨幣所得の限界効用に従い,投資家は市場機会に従い,営利経営は資本計算に従う.これに対して計画経済においては,経済主体のすべての経済行為は厳密に家計的な性質のものになり,中央政府の命令によって他律的に動き,経済の実質的な基礎は究極的に実物経済におかれる.流通経済において経済行為を動機づけるものは,無産者の家計においては家族が衣食の道を失うリスクに対して扶養責任を負うこと,有産者の家計においては営利によって高い所得を得る機会に指向すること,営利企業においては自己資本のリスクを回避し利得機会に指向することである.これに対して計画経済においては,家計は衣食の道を失うリスクから解放されるので働く動機づけが弱められ,生産経営においては管理の自律性が大幅に排除され,資本計算の形式合理性が失われる.ヴェーバーはこれらの考察にもとづいて,形式合理性と実質合理性が両立し得ないものであると結論する.

ヴェーバーの法社会学 『経済と社会』には,法社会学を扱った章が二つある.第2部第1章の「経済と社会秩序」と,同第7章の「法社会学」がそれである.前者において,「社会秩序」という法にかかわる概念が,「経済」という語と「と」で結ばれているのは,法秩序を扱う法社会学と,経済秩序を扱う経済社会学とが橋渡しされていることを示す.ヴェーバーは,法秩序を主題とする学問を「法教義学」(法ドグマティーク)と「法の経験科学」に分

け，法の経験科学が法社会学であるとするが，この定義からすると，初期のヴェーバーの中世商事会社史や古代ローマ農業史や取引所調査などの研究は，法社会学を経済史と関連づけた研究であったと言える．法秩序と経済秩序が橋渡しされているのは，ヴェーバーのこのような関心に由来する．

阿閉はヴェーバーが，『経済と社会』の第1部第1章「社会学の基礎概念」で，社会的行為の規則性（Regelmäßigkeiten）を「習慣」（Brauch）と「慣習」（Sitte）に分け，同第2部第1章「経済と社会秩序」で，「正当的秩序」（legitime Ordnung）を「因習」（Konvention）と「法」（Recht）に分けている（訳語は訳者によって違うが，ここでは阿閉訳に統一する）ことに注目する．前二者は社会的行為レベルの概念で，習慣とは社会的行為の規則正しさを意味し，慣習とはそれが長いあいだのしきたりであることを意味する．後二者は法レベルの概念で，因習とは違反すると法的処罰ではないが非難を受ける秩序を意味し，法とは国家アンシュタルトによる強制装置をもって制定され，秩序遵守が厳格に保障された行為規範を意味する．どちらも秩序である点では同じだが，前二者は秩序の維持が外的に保障されていないのに対し，後二者はそれが外的に保障されている点で異なる（pp. 156-7）．

ヴェーバーは「慣習」と「因習」と「法」が流動的に推移しあうとしているので，結局これらは慣習を媒介にしてつながっていることになるが，しかし習慣と慣習における「社会学的な考察方法」と因習と法における「法学的な考察方法」との違いに，厳密な注意を向けねばならないと述べている．ヴェーバーは「法」を，行為者が社会秩序を遵守することを保障する「強制装置」としてとらえる．社会学的な考察方法においては，行為者が経験的に妥当であるとして受け入れている社会秩序はどのようなものか，その社会秩序はどのようにして形成されたものか，ということが問題である．これに対して法学的な考察方法においては，法として概念的に妥当するものは何か，法規範の論理的に正当な意味は何か，ということが問題である．

法学的な考察方法からすれば，法形成と法秩序の保障にとって，強制装置としての国家とその行政幹部は不可欠のものである．しかし社会学的な考察方法にとっては，社会秩序の形成と維持に国家はなんら不可欠のものではない．例えば氏族や家共同体や地域ゲマインデは，古代いらい社会秩序の形成

者であったし，部分的には現在でもそうである．同様にして，経済秩序の形成と維持にとっても，国家はけっして不可欠ではない．例えばヴェーバーのいう「券貨」(カルタル貨幣)は国家の保障なしにも存在してきたし，近代の資本主義市場における経済的取引関係は，国家内でも国家間(グローバル化の進展)でも，国家とは独立に存在している．

第2部第7章の「法社会学」は長大な章で，ここでは到底その全体を語り得ないが，阿閉の限定にしたがって，法の発展についてヴェーバーが述べていることに若干ふれよう．ヴェーバーは法の発展の考察を「法創造と法発見」からスタートさせる．法創造はこんにち立法と呼ばれるものであるが，最初は家計の管理のような私的のものから始まり，次第にそれが国家アンシュタルトによる管理に移行していった．法発見は法規範の個別ケースへの適用であり，法執行の手続きを含む．法創造と法発見には，合理的なものと非合理的なものとがある．非合理的なものとは，例えば神託などである．合理的なものとは，個別ケースの基準となる根拠を一つまたは複数の「諸原理」に還元することである．法と訴訟の一般的な発展段階を，ヴェーバーはカリスマをもった法預言者の啓示から始まるとし，それが次第に祭司や「法名望家」に移行し，世俗的なインペリウム(家父長的権力から家外的な家産制的権力までを含む)や神政政治的な権力を経て，最後に法学教育を受けた専門家による体系的な法制定と形式的・論理的な訓練を受けた人による裁判にまで，論理的な純化と演繹的な厳格さが進むとした．

ヴェーバーの宗教社会学　ヴェーバーの宗教社会学には，膨大な『宗教社会学論集』全三巻に加えて，『経済と社会』所収の長大論文「宗教社会学——宗教的ゲマインシャフト関係の諸類型」(第2部第5章)がある．人間の行為は，宗教的行為といえども「この世」(diesseitig)でなされるのであり，「あの世」(jenseitig)でなされるのではないから，それは例えば雨乞いのように，現世的目的意識をもってなされた日常的な行為として考えられねばならない．しかし天から雨を呼び起こすことができると信じられているのは，「カリスマ」的な能力をもった人のみである．そのようなカリスマ能力として信じられているのは，雨乞いのほかにも，精霊が乗り移って語るとか，死者の霊魂を鎮めて無害なものにするとか，いろいろあり得る．これらが「呪

術的」(magisch) な能力といわれるものである (pp. 186-7).

　社会進化のより高度な段階に達すると，呪術的な「鬼神」(Dämon) から区別された「神」観念が形成される．「呪術」から区別されたものとしての「宗教」の成立は，「呪術師」(Zauberer) から区別されたものとしての「祭司」(Priester) の成立を指標として可能となる．阿閉は，呪術師・祭司・預言者などを理念型として設定しながら，それらのあいだの相互移行が流動的であるとするヴェーバーの分析手法は，ジンメル『社会学』所収の「秘密と秘密結社」で用いられた手法と同様であると指摘している．ギリシア神話もローマ神話も「神々」を複数考える多神教であったが，パンテオンの中で特定の神が独占的地位を占めるようになると，一神教が形成される．しかし厳密な一神教は，ユダヤ教とイスラム教にしか見られない．キリスト教は一神教だが，それはユダヤ教に依存してそうなったのである．ユダヤ教，イスラム教，キリスト教以外では，一神教への宗教進化は妨げられた．それは，古い呪術的な諸観念が除去できなかったためである．

　「預言者」は，祭司とも呪術師とも対立するカテゴリーである．ヴェーバーは預言者を，みずからの使命によって宗教的な教説ないし神命を告知する，もっぱら個人的なカリスマの所有者と定義する．この「個人的なカリスマ」という徳性が，預言者を祭司から区別する．また預言者が呪術師から区別されるのは，内容ある啓示を教説として示すという点においてである．預言者は，一方ではモーゼのように立法者と結びつき，他方ではギリシアの賢人たちのように教説家と結びつく．預言者の二類型として，仏陀のようにみずからの範例を通じて他の人びとに宗教的な救いへの道を指し示す「模範的」預言者と，マホメットのように神の委託を受けてそれに服従することを要求する「倫理的」預言者をあげることができる (pp. 188-9).

　成功した預言者を信奉する持続的な信徒の一団が，「教団」(ゲマインデ) である．個々の地域的教団の封鎖的な組織体を，「宗派」(ゼクテ) という．教団において正典文書と教義をつくり，信徒の教化を行うのは祭司の仕事である．ヴェーバーは『世界宗教の経済倫理』の「序論」において，騎士的戦士階層，農民，商工業者，読書人的な訓練を積んだ知識人などの諸階層と宗教との関係を論じている．阿閉の要約によれば，第一に騎士的戦士階層は，

その関心があくまで現世に向けられ，宗教とは無縁であった．第二に農民は，その生活全体が自然に拘束され，自然の威力に依存しているために，呪術に親しみやすかった．第三に商工業者は，冷静な実践的合理主義の担い手で，非合理的指向を含む宗教を軽蔑していた．第四に，知識人は理論的合理主義の担い手であった．インドでは，上流知識人が現世とその「意味」をひたすら思索によってとらえようとし，瞑想的・神秘的体験が重んじられた．中国では，儒教が読書人的教養のある現世的-合理主義的なプフリュンデ受給者層の身分倫理であった．西ヨーロッパでは，経済的合理主義の担い手である市民的諸階層が，プロテスタンティズムの倫理の担い手であった (pp. 226-8)．

富永コメント 阿閉吉男『ウェーバー社会学の視圏』は，ヴェーバー社会学を「理解社会学方法論」「政治社会学」「経済社会学」「法社会学」「宗教社会学」の五つに区分し，ヴェーバー社会学の構造の全体を明らかにするという，他に類例のない広範な作業に取り組んだ研究である．私が大塚久雄と青山秀夫の各二著作の次に阿閉をおいたのは，この整理に感銘を受けたからである．社会科学方法論と政治と経済と法と宗教のすべてを見通すことは誰にとっても至難だが，ヴェーバーにおいてはそれらの四領域に理解社会学という筋金が一本通っているのだから，阿閉のような努力がぜひとも必要であった．

ヴェーバー『経済と社会』の諸章は現在では翻訳がかなり出揃っているが，阿閉のこの作業が進行中であった当時はまだそれらは不十分であった．また阿閉は次節で取り上げるジンメル研究においても専門家であったので，この本にはジンメルがしばしば登場し，この点でもこの本は両者を結びつけた他に類例のないレベルの研究書である．

1) 大塚久雄 (1907-92) は，1930 年東京大学経済学部を卒業，東京大学経済学部教授，同名誉教授となったあと，国際基督教大学教授，文化勲章受章．著書はきわめて多く，単行書として出されたものだけで『株式会社発生史論』(有斐閣，1938)，『欧州経済史序説』(時潮社，1938)，『近代欧州経済史序説』(日本評論社，1944，改訂版，弘文堂，1951)，『近代資本主義の系譜』(学生書房，1947；改訂版，上・下，弘文堂，1951)，『宗教改革と近代社会』(みすず書房，1947，三訂版 1961)，『近代化の人間的基礎』(白日書院，1948)，『共同体の基礎理論』(岩波書店，1955)，『欧州経済史』(弘文堂，1956)，『国民経済』(弘文

堂，1965)，『社会科学の方法——ヴェーバーとマルクス』(岩波書店，1966)，『社会科学における人間』(岩波書店，1977) などがあげられ，それらは多数の独立論文とともに『大塚久雄著作集』(岩波書店，全13巻) に収められている．
2) 大塚先生は私の博士論文『社会変動の理論』において審査委員のお一人であったが，この審査の席で「ヴェーバーとマルクス」問題が論じられた時，先生は私に非常に明確に言われた．「私，マルクスではないんです」．
3) 社会学史家である小笠原真の著書『ヴェーバー／ゾムバルト／大塚久雄』(昭和堂，1988) は，大塚をヴェーバー，ゾンバルトと並ぶ社会学者として研究対象としている．
4) 青山秀夫 (1910-92) は，1932年京都大学経済学部を卒業，高田保馬門下として理論経済学を専攻，1939年京都大学経済学部講師，1940年同助教授，1946年同教授．経済学博士，社会学博士．1973年京都大学経済学部を定年退官，同名誉教授，関西学院大学社会学部教授．著書には『独占の経済理論』(日本評論社，1937)，『近代国民経済の構造』(白日書院，1948)，『経済変動理論の研究』(日本評論社，第1巻，1949；第2巻，1950)，『マックス・ウェーバーの社会理論』(岩波書店，1950)，『マックス・ウェーバー』(岩波書店，1951)，『ビジネスの擁護』(創文社，1952) などがある．これらは『青山秀夫著作集』全7巻 (創文社，1999) に収められている．高田保馬が社会学から転じて近代経済学者になったのと逆の順序で，青山は近代経済学の研究に専念したのち，戦中から戦後にかけてヴェーバーの大著『経済と社会』と取り組んで社会学研究に足を踏み入れた．ほかに，黒正巌の旧訳を改訂した『一般社会経済史要論』(上・下，1954-55) を出版した．ヴェーバーの宗教社会学，学問論，政治論ほかほとんどすべての著作へと視野を広げ，パーソンズ研究とも取り組んだ．
5) 阿閉吉男 (1913-92) は，1937年東京大学文学部を卒業，名古屋大学助教授，教授，同名誉教授となったあと，創価大学教授．著書は『市民社会の系譜』(培風館，1955)，『ウェーバー社会学の視圏』(勁草書房，1976)，『ジンメル社会学の方法』(御茶の水書房，1979)，『ジンメルとウェーバー』(御茶の水書房，1981)，『ジンメルの視点』(勁草書房，1985)，『ジンメルの世界』(新版，文化書房博文社，1991) など，ヨーロッパ社会学史に関するもの多数．

第2節　戦後日本におけるジンメルの再評価
——リベラル理論としてのジンメル社会学——

ドイツにおけるもう一人のリベラル社会学の学祖はジンメルである．ジンメルの「形式社会学」を否定する運動が1951年論争によって戦後日本に高ま

ったため，ジンメルの日本における地位は低迷した．今日ジンメルは，ヴェーバーおよびデュルケームと並んで日本のリベラル社会学の隆盛をもたらしたキイ・パーソンの一人と見なされているが，それは論争の悪影響を払拭する努力がなされたためである．それを達成した著作として，ここでは阿閉吉男『ジンメル社会学の方法』(御茶の水書房，1979) と，居安正ほか編『ゲオルク・ジンメルと社会学』・『21世紀への橋と扉』(世界思想社，2001) をあげよう．

阿閉吉男『ジンメル社会学の方法』

ジンメルが日本で親しまれるようになった最初の契機は，1928年に戸田貞三が『社会学講義案』の第一部（学説史部分）を「コントの社会学」と「ジンメルの社会学」の二本立てだけに単純化し，対比を際立たせたことにあった．戸田はコントの社会学が「総合社会学」で，社会学に学としての独立性を確保したものではなかったのに対して，ジンメルの社会学は「特殊科学としての社会学」で，社会学に固有の研究対象を定めたものであったとした．

ところが阿閉吉男が指摘するように，昭和初期に文化社会学の台頭とマルクス主義からの社会学批判があらわれ，ジンメル社会学は不毛であると主張されるようになった．形式社会学を「不毛」であるとする合言葉は戦後の1951年論争でピークに達し，日本におけるジンメルへの関心の広がりを停止させてしまった．これに対してジンメルの生国ドイツでは，1958年にジンメル生誕百年が記念された前後から，ジンメルの論文集『橋と扉』やジンメル全集が刊行されて，ジンメルへの関心の高まりがあった．アメリカでは，19世紀末から1920年代にかけてスモールやパークによってジンメル研究がなされたあと，1950年代から60年代にかけて，クルト・ウォルフ，カート・ローゼンソール，ドナルド・レヴィーンらによる英訳や，ルイス・コーザーの著書『社会闘争の機能』(ジンメル『闘争』についての研究書) などが出て，ジンメル研究が隆盛になった (pp. 42-44)．かくして日本でもようやく，ジンメルの再評価が必要であるということが理解されるようになった．その最初のものが，阿閉吉男『ジンメル社会学の方法』であった．

阿閉の著書は，第1部「ジンメル社会学の基礎」と第2部「ジンメル社会

学の諸相」からなり，前者は第1章「ジンメル社会学と哲学」と第2章「ジンメル社会学方法論の再検討」の二つ，後者は第1章「ジンメルの理論」，第2章「小集団論の古典的形態」，第3章「支配の社会学」，第4章「闘争の社会学」の四つから成る．以下「ジンメル社会学と哲学」「ジンメル社会学方法論の再検討」「ジンメルの理論」の三つをとりあげよう．

ジンメル社会学と哲学　ジンメルは，社会学者であるよりも前に哲学者であり，とりわけカント研究家であった．このことが，彼の社会学を理解する上で重要である．そこで阿閉のジンメル論は，「ジンメル社会学と哲学」から始まる．阿閉によれば，ジンメル社会学にとってのキイ概念である「心的相互作用」は，カントの『純粋理性批判』の範疇論の中にある「相互作用」に由来する．これについて阿閉は，ジンメルがカントの初期論文『物理的単子論』を批判的に検討した学位論文にふれる．カントのこの初期論文は，「引力」と「斥力」と「惰力」をキイ概念とするものであったが，ジンメルはそれらの力が互いに相互作用しあって合力を生む過程に注目した．相互作用とは，複数の諸要素が互いに他に作用を及ぼし，また他から作用を受けるという原理である．すべての作用は「相互的」であるから，いずれの要素も他の諸要素を単独で支配することはできない．これは多数の力の相対主義という考えを導く．かくして阿閉は，ジンメル社会学の立場を「方法的相対主義」と呼ぶ．

　ジンメルの方法的相対主義は，彼のデビュー作『社会的分化論』(1890)にあらわれている．阿閉が述べているように，社会に統一的な力がまずあって，そこから個々人の性質や関係や変化が出てくるということはない．そうではなく，個々人の活動と関係がまずあって，それらが相互作用しあう中から社会が形成されるのである．ジンメルが論文「社会学の問題」において提唱した「人間相互の関係形式」すなわち「社会化」に関する科学が社会学であるという考えは，この方法的相対主義から導かれたものである．これが，のちに大著『社会学』の第1章で定式化されたジンメルの「特殊科学としての社会学」，すなわち形式社会学の中身となった (pp. 11-24)．

　阿閉はまた，ジンメルのこの方法的相対主義の立場が，『貨幣の哲学』(1900)にきわめて鮮やかに認められるとする．ジンメルは『貨幣の哲学』において，貨幣を「人と人との関係，相互依存，各人が欲求充足を常に他人に

依存している相対性の表現であり，手段である」と規定して，人間を「交換する動物」と呼んでいる．ジンメルは貨幣をメディアとする経済的交換が，相互作用の特殊ケースと見なすことができると考え，相互作用を「より広い概念」，交換を「より狭い概念」と見なしている．この意味でジンメルの『貨幣の哲学』は，貨幣を扱っていても経済学の理論にはならず，方法的相対主義にもとづく相互作用の理論として，社会学の理論になっているのである．

阿閉によれば，『カント』(1904)，『カントとゲーテ』(1906) 以後の中期のジンメルは，新カント主義へと転回する．ここでのジンメルは，カントの「観念論の真の核心」を求めて，「世界は私の表象作用である」という考えに行き着く．この時期のジンメルはまた，ゲーテなどの芸術作品に関心を向け，芸術の本質をその諸部分の相互作用によって実現された内的統一に求める．晩年に向かうにつれて，ジンメルは芸術哲学を生の哲学へとつなげ，また文化哲学に向かうようになる．ジンメルの最後の著作『生の直観』(1918) は，著しく形而上学的である．

ジンメル社会学方法論の再検討　ジンメル社会学の研究対象は，「心的相互作用の諸形式」である．心的相互作用は，人の心の内部過程にかかわるものであるから，ジンメルはこれを比較心理学的な分析であるとしている．しかしそれは個人と個人とのあいだの相互作用なのであるから，心理学ではなくて社会学である．ジンメルはそのような個人と個人との関係が，愛や団結のような「結合」と「和合」の関係に見出されるだけでなく，憎しみや離反のような「敵対」と「競争」の関係にも見出されるとする．

さらに重要なことは，それらの関係形式が，貨幣的交換のような経済の領域にも，工場生産のような産業の領域にも，教団の聖職者と信者の関係のような宗教の領域にも，政党における党派の形成のような政治の領域にも，絵画のグループのような芸術の領域にも，貴族の集まりのような社交の領域にも，領域の違いを超えて見出されるということである．それらのさまざまな領域の中に，それぞれ人間の集まりがあり，それらの人間の集まりは，心的相互作用を繰り返すことによって「社会」を形成する．そのような多数の諸領域の中に「社会的なもの」を見出し，それを分析していくやり方を，ジンメルは「一つの新しい方法」であるとし，「方法としての社会学」と呼んだ．

第2節 戦後日本におけるジンメルの再評価

阿閉はこのことから,ジンメル社会学とは「方法」であるとする (p. 71).

このように,ジンメルは社会学を「一つの新しい方法」として発見した.それが「方法」であるとは,新しい見方という意味であって,これまで知られていなかった何か新奇な研究対象を地球上のどこかに発見した,ということではないからである.上述の諸例で言えば,経済とか,産業とか,宗教とか,政治とか,芸術とか,社交とかいうのは,すでによく知られたものばかりであって,新しく発見されたものではない.ジンメルが発見したのは,「社会的なもの」という「方法的」視点なのである.彼はそれを「社会化の形式」と呼んだ.社会化の形式は,空間的形式が質料なしには存在できないのと同じように,「内容」を離れては存在することができない.阿閉はこのことを強調することによって,これまでジンメルの社会学が,形式だけしか扱わないとか,内容に入っていくことができないなどとして攻撃されてきたことに対してジンメルを擁護する.

社会学についての最後の著書『社会学の根本問題』(1917) において,ジンメルは形式社会学を「純粋社会学」と呼び変えるとともに,純粋社会学のほかにもっと拡大された視点をとった「一般社会学」および「哲学的社会学」という二つのものを提示した.

第一に「一般社会学」の例として,ジンメルは「社会的水準と個人的水準」という問題をあげている.阿閉はこれが,『根本問題』において突如として出されたものでなく,「方法としての社会学」を前提として出されたものであると説明する.例えば,言語が個人の発明であるとする時,それは「個人的な生産方法」として考えられている.他方,言語が神の賜物であるとする時,それは「超越的な生産方法」として考えられている.ところがジンメルはこの二つのほかに,もう一つ「社会的な生産方法」というものがあるとする.それは,言語は多数の個人間の相互作用によって生産されたとする説明であって,これが彼のいう「社会的水準」である.ジンメルはこのような説明を「社会学的史観」と呼び,それは社会的水準をいわば下部構造とすることによって,経済を下部構造とする唯物史観よりもいっそう深遠な解釈を与えるものであるとする.

第二に「哲学的社会学」の例として,ジンメルは「18世紀および19世紀の

人生観における個人と社会」という問題をあげる．阿閉はこれを，「社会認識論」および「社会哲学」として説明する．これらもまた，『根本問題』において突如としてあらわれたものではなく，初期の論文「社会学の問題」や初期の著作『社会分化論』，さらに中期の『社会学』にすでに含まれていたものである．ジンメルは，初期および中期から，社会学のうちに「二つの哲学的領域」を認めていた．阿閉によれば，その一つは個々の社会科学の個別領域における認識論であり，もう一つはそれらの個別領域において経験的事実を超えていく形而上学である．それらは以前には哲学的社会学と呼ばれていなかったが，『根本問題』ではそれら二つを合わせてこの名称が与えられた．

ジンメルの社会学理論　ジンメルは社会の形式と内容を区別し，社会の本質はこのうちの形式に該当するとした．ジンメルが形式とするのは，他の人間と集合し，互助行為や共存行為や対立行為をいとなむ，結合と分離から成る社会関係であった．阿閉は，ジンメル社会学の理論とはこのような「形式社会学の理論」であるとし，形式社会学の理論の中に「小集団理論」「支配理論」「闘争理論」の三つがあるとする．しかしこれはジンメルの著書『社会学』の中だけを見たもので，それに先立って出版されていた『貨幣の哲学』や『宗教』を社会学理論の視野からはずした見方である．阿閉はジンメルの『社会学』の中だけに限って，ジンメルの社会学体系の中心に立っているのはこれらの形式社会学である，としているわけである．

　第一は，小集団理論である．これは『社会学』第2章「集団の量的被規定性」に展開されている．集団の量的被規定性とは，社会化における諸個人の「単なる数」が，集団の構造を規定するという意味である．ジンメルが具体的に考察しているのは，二人集団と三人集団の違いである．二人集団は，方法的に最も単純な社会学的形成体で，社会化の形式がその中にきわめて純粋に実現されている．二人集団においては，その成員のいずれかが脱退すれば，集団が消滅する．これに対して三人集団には「三様の典型的集団形式」があり，それらが「不偏不党の者と仲裁者」「漁夫の利を占める者」および「分割支配」として具体化される．そこにあるものは，二人の成員と第三者との関係である（pp. 163-6）．

　第二は，支配理論である．これは『社会学』第3章「上位と下位」に展開

されている．支配社会学としてはヴェーバーのそれが広く知られているが，ジンメルの支配社会学はその先駆をなすものである．ジンメルの「相互作用」の原理は，支配においても貫徹される．すなわちジンメルは，支配者が一方的に被支配者の行為を決定してしまうということはなく，被支配者は支配者に反作用を行使する，ということを強調する．すなわち支配者と被支配者のあいだにも，相互作用がある．いかなる従属関係においても，すべての自発性を排除することは，実際にはできない（pp. 166-9）．「最も圧制的で，最も残酷な服従関係のうちにさえ，かなりの程度の個人的自由が存在する」．

　第三は，闘争理論である．これは『社会学』第4章「闘争」に展開されている．通常の見方では，闘争は社会化ではないと見なされるが，ジンメルは社会が結合と分離の両方を含むとし，闘争はあくまでも社会化と見なされねばならないとする．というのは，闘争は徹底的に貫徹されるものではなく，闘争それ自体の中に「対立するもののあいだの緊張の解消」があるからである．逆に，単に調和的で和合でのみある集団というものもまた，存在しない．社会には，結合と分離という相互作用の二つの範疇が，常に並存する．ジンメルは，闘争の四つの類型を区別する．競技，訴訟，非人格的利害，派閥間の闘争がそれである．競争は闘争の一類型ではなく，闘争とは区別されて，間接的闘争と見なされる（pp. 169-72）．

　富永コメント　ジンメルは，一方で哲学や歴史や芸術や宗教などについて，広い視野から独創的な多数のすぐれた諸著作を発表しつつ，他方でテンニェスやヴェーバーやデュルケームと並んで，20世紀社会学の発展を軌道に乗せた本格的な専門社会学者でもあった．ジンメルの形式社会学は，19世紀の総合社会学に対する鋭い批判的視点によって社会学そのものをつくりかえたのであるが，戦後社会学の流れの中では新明正道らによってその意義が否定されたままになっていた．阿閉吉男の『ジンメル社会学の方法』は，ジンメルの諸著作を包括的に検討することを通じて，ジンメルの形式社会学を再評価することをめざした，戦後はじめての本格的なジンメル研究であった．

　阿閉のジンメル研究は，この『ジンメル社会学の方法』のあと，『ジンメルとウェーバー』（御茶の水書房，1981），『ジンメルの視点』（勁草書房，1985），『ジンメルの世界』（文化書房博文社，1991）と続き，阿閉は戦後日本

における最も多作なジンメル研究家となったが、私が一点だけコメントしたいのは、ジンメル社会学の再評価がそれゆえに必要であると考える最も中心的なポイントが、必ずしも阿閉の諸著作によって正確に押さえられているとは言えないことである。私がジンメル社会学において最も重要であると考えるポイントは、ジンメルが社会を個人間の「相互作用」としてとらえ、いかなる単独個人によっても一方的に決定されることのない、多数個人の相互依存によって初めて成り立ついわば「相互行為のネットワーク」であるとしたことである。社会学を「行為理論」によって基礎づけ、方法論的個人主義の社会理論を構築したのはヴェーバーであったが、ジンメルの「心的相互作用理論」は、そのヴェーバーの行為理論を導いた先駆であった。

ジンメルは「相互作用」(Wechselwirkung)という語を用いて、「行為」および「相互行為」(Interaktion)という語を使わなかった。「作用」という語は物理学を思わせるが、ジンメルがこの語を用いたのは、阿閉の指摘にも示唆されているように、カントの「引力」「斥力」「惰力」という物理学的なアナロジーがその出発点をなしていたためである。しかしジンメルは「相互作用」に「心的」という形容語をつけて、これを個人間の比較心理的な分析であるとしたのであるから、物理的なアナロジーはすでに超えられていた。この心理作用を個人が他者を必要とする精神過程としてとらえ、それを「行為」という語によって置き換えれば、ジンメルの形式社会学から「行為理論」までは、ほんの一歩の距離にすぎなかった。重要なことは、ヴェーバーの方法論的個人主義が、ジンメルの「相互作用理論」を先駆とするものであり、どちらも「社会」というものを意志の自由をもった多数個人の行為から成るものとしてとらえたという点で共通であった、ということの認識である。日本の社会学における方法論的個人主義の最初の主張者は高田保馬であったが、それはジンメルに由来していたということがここで想起されねばならない。

居安正・副田義也・岩崎信彦編『ゲオルク・ジンメルと社会学』と『21世紀への橋と扉』

表記の二冊の本は、居安・副田・岩崎の三人を共通の編者とし、題名が異なっていて、執筆者が相互に重複しない二つの論文集として、同一の出版社

から同時に出されたジンメル論で,合計 23 の論文からなっている.この二冊の論文集は,阿閉吉男の『ジンメル社会学の方法』他三冊のあと,阿閉の没後にあらわれた次の世代によるジンメル研究として,戦後日本の社会学におけるジンメル再評価という課題を達成することをめざした本として重要である.ここでは最初に取り上げる居安論文の主張に沿って,ジンメルの『貨幣の哲学』と『宗教』を論じた諸論文に焦点を合わせることにしたい.

居安正「ジンメルと日本社会学」 筆頭編者である居安正[1]は,実に半世紀に達する年月をジンメルの『社会分化論』『社会学』『貨幣の哲学』『宗教』およびいくつかの重要な独立論文の単独訳の出版に捧げ,難解なジンメル社会学の主要著作を日本語訳で通読できるようにしたジンメル研究の功労者である.その居安が「ジンメルにおける形式社会学の成立は,社会学史上の記念すべき出来事ではあったが,必ずしも好ましいものではなかった」(『ジンメルと社会学』p. 48)としていることに注目しよう.その理由は,形式社会学の成立がジンメルの研究を二つに分離させることになったからである.居安の表現によれば,一つは「社会化の形式の社会学的な研究」,もう一つは「現代分化社会の総合的な哲学的研究」である.前者は『社会学——社会化の諸形式の研究』(1908) であり,後者として居安があげるのはとりわけ『貨幣の哲学』(1900) と『宗教』(1906) である.そうするとただちに判明することは,前者は後二者よりもあとに完成したものであるということである.このことを考慮に入れれば,ジンメルの社会学理論として形式社会学だけを考えることが,いかに偏った見方であるかが明らかになる.

このことを示すために居安は,ジンメルが最後の社会学書である『社会学の根本問題』において,一般社会学・純粋社会学・哲学的社会学という三部門を立てたことの意味を想起することを,読者にうながす.「一般社会学」は「社会的水準と個人的水準」と題されており,この題名は形式社会学の成立以前に書かれた『社会分化論』の第 4 章「社会的水準」にすでに登場している.しかし居安は,ジンメルのいう一般社会学には,『分化論』よりも後,『社会学』よりも前に書かれた『貨幣』と『宗教』を移籍させることができると指摘する (p. 50).そもそもジンメルはなぜ貨幣論と取り組んだのか.この問いに対しては,先行する『分化論』が答える,と居安はいう.『貨幣』におい

てジンメルは，貨幣は社会分化によって異なる生産物を作る人びとの相互作用を媒介する必要から，生みだされたとした．他方『宗教』においてジンメルは，相互作用における信頼をテーマとし，貨幣と同様に宗教が相互作用を媒介する機能を果たすことに着目している．この意味で，『貨幣』も『宗教』も，そのままジンメルの一般社会学として，『経済社会学』および『宗教社会学』の題名で通用するものであり，現に欧米ではこの両著作はそのようなものとして位置づけられている．形式社会学が「社交」の例に示されているように「社会化の純粋形式」を対象とするのに対し，一般社会学は経済や宗教やその他の文化領域についての研究のように「社会化の現実形式」を対象とし，また哲学的社会学は「歴史哲学」や「生の哲学」を含む，というのが居安の整理である．

居安はジンメルの『貨幣』と『宗教』を一般社会学として以上のように位置づけたあと，日本における戦前と戦後のジンメル研究を辿る．その論旨を短く要約すれば，戦前日本のジンメル論はジンメルを過大に評価していたが，ジンメル受容は「形式社会学」のみに限定されており，これに対して戦後日本のジンメル論は，「形式社会学」中心であることにおいては戦前と変わらないが，戦前とは逆にそれゆえに過小評価されるようになった，ということである (p. 81)．その中で『貨幣』と『宗教』は一貫して無視され続けており，したがってジンメルの「一般社会学」の意味は理解されていない，というのが居安が最も強調するところである．

向井守「ジンメルとヴェーバー——『貨幣の哲学』をめぐって」 居安がその意義を強調した『貨幣』と『宗教』を論じた研究として，この論文集には合計四つの論文がある．それらのうち，まずヴェーバーのジンメル評を通じて『貨幣』を論じた向井守[2]の論文を見よう．向井論文は，テンブルックによって紹介されたヴェーバーの未完の草稿「貨幣経済の社会学者および理論家としてのゲオルク・ジンメル」を読み，またアーヘンの図書館に保存されているジンメル『貨幣』へのヴェーバーの書き込み（向井論文にはこの書き込みの第一ページのフォトコピーが掲載されている）や，ヴェーバーの手紙などを読むというライブラリーワークを通じて，ヴェーバーの側からジンメルを照射している，ユニークで興味あるジンメル研究である．

ヴェーバーの「貨幣経済の社会学者および……」と題するこの草稿断片は,向井によれば,ジンメルの『貨幣の哲学』と『社会学』を批判的にレヴューすることを意図した論文の書き出しの部分である.ヴェーバーは,ジンメルの才気に対する「惜しみない賛嘆」と,ジンメルの著作に対する「途方もない反感」とを交えながら,ハイデルベルク大学教授の人事がうまくいかなかったのはそのためであるとして,ジンメルの思考における両面性を批判する.両面性とは,一方で経験的な「事実」を問題にしながら,他方で超経験的な「形而上学」の問題にそのまま移行するという,レベルの混同である.しかし本論に入る前で,草稿は途切れている.

向井はそこで,ヴェーバーはこのあとどのようなことを書くつもりであったのだろうかと自問し,ヴェーバーが残しているジンメルの『貨幣の哲学』への書き込み(下線と疑問符)を手がかりに,ヴェーバーが意図していたことを解読することを試みる.向井論文にまとめられているその要旨をさらに要約すると,次のようになる.ヴェーバーは,プロテスタンティズムの倫理によって基礎づけられた「近代資本主義の精神」を,人類の歴史とともに古い「貨幣利得の追求」から峻別するが,ジンメルは,「貨幣経済の社会学」と「近代資本主義の社会学」とを区別しない.ヴェーバーにとっては,ローマ帝政時代の初期の貨幣経済と,西洋近代の資本主義経済とのあいだには質的な断絶があったが,ジンメルにとっては,この両者はともに同じ貨幣経済であった.ヴェーバーの関心は,あくまで経験科学の領域における「近代資本主義」の分析にあったが,ジンメルの関心は,形而上学的直観による,貨幣の「相対性のイデア」の洞察にあった(『ジンメルと社会学』p. 128).

岩崎信彦「堕落する『世俗の神』=貨幣」『貨幣の哲学』を論じたもう一つの論文は,岩崎信彦[3]によるものである.岩崎は,情報化とグローバル化が極端にまで進んだ今日,資本主義はヴェーバーの「資本主義の精神」からはまったく遠ざかり,実物経済とも禁欲主義とも何らのかかわりをもたない,金融資産の売り買いだけで莫大な儲けを手に入れる「カジノ資本主義」(スーザン・ストレンジ)になってしまったと指摘する.岩崎によれば,ジンメルの『貨幣の哲学』は,国際金融市場のそのような変貌をまだ知らない,一国ごとに貨幣が兌換によって裏付けられていた段階において,貨幣市場を人間と人

間の信頼にもとづいて形成された安定的なメカニズムであると見たことによって，成立した．

岩崎は，ジンメル『社会学』第5章「秘密と秘密結社」の注に，「信頼」(Vertrauen) と「信用」(Glauben) の区別が論じられていることを指摘する．完全に知っているものには，信頼をいう必要はない．完全に知らないものは，けっして信頼することができない．この意味で，信頼は知と無知のあいだを漂う．これに対して信用は，知と無知の彼方にある．それは宗教的な信仰のカテゴリーに入る．しかし信頼と信用は，同じものではないが，別のものでもない．人間は市場における行為の結果をすべて知っているわけではなく，知らないからこそ貨幣的交換のルールを発展させてきた．人間はそうすることによって，いわば信頼できない貨幣を信頼し，信仰の対象でない貨幣を信仰してきたのである．貨幣はいわば「神ならぬ神」である．ジンメルはこのことを，ハンス・ザックスを引用して「貨幣はこの世において世俗の神である」と言っている．このテーゼは，岩崎が彼の論文の表題に選んだものである．

では貨幣に対する信頼は，いかにして形成されたのであろうか．岩崎はその説明のカギになる概念として，ジンメルが「羨望」をあげていることに注目する．人が金銀を身につけて自分を装飾するのは，他人に対して自分を魅力的に見せるためである．他人はその魅力に対して羨望を覚える．装飾に対するこの欲求が，金や銀を「装飾貨幣」にしたのである．岩崎は，ジンメルが「装飾とは社会的な欲求である」と言っていることに注目する（『橋と扉』p. 226）．私は岩崎とともに，この「社会的」というキイワードこそ，社会学者ジンメルの経済への発言の背後にあった固有の視点ではないかと考える．

浜日出夫「神と貨幣」 この論文集には，ジンメルの『宗教』を論じた研究が二つある．その第一が，浜日出夫[4]の論文である．浜論文には貨幣も登場するが，この論文の主題はジンメルの宗教社会学である．この論文において，浜はまず，これまでヴェーバーとデュルケームの宗教社会学が広く知られてきたのに対し，それらの宗教社会学とほぼ同時期に構想されたジンメルの宗教社会学が，一般に知られてこなかったのは大きな欠落であったと指摘する．浜は，彼の論文が「この欠落を埋めるための初歩的な素描」たることを期し

第2節　戦後日本におけるジンメルの再評価

て書かれたものである，と述べている．

　ヴェーバーは『世界宗教の経済倫理序論』で，宗教を「行為への実践的起動力」としてとらえ，「利害」と「理念」を対比して，人間は一見利害で動くように見えるが，実は理念こそが転轍手として，歴史の軌道を決定するのであるとした．またデュルケームは，宗教を「聖」と「俗」とを区別する「集合意識」としてとらえ，未開社会のトーテミズムの中にそのような集合表象を見出した．浜はヴェーバーにおいて，利害は経済，理念は宗教であり，同様にデュルケームにおいて，俗は経済，聖は宗教である，と鋭く指摘している．経済と宗教は，ヴェーバーにおいてもデュルケームにおいても対極的な位置に置かれているが，どちらも社会学の観点から宗教と経済を結びつけたのである，というのが浜の理解である．それでは，これらに対して，ジンメルが独自にとらえた宗教とは何であったのだろうか．

　浜によれば，ジンメルが宗教の源泉として見出したのは「人間と人間のあいだの相互作用」であった（『ジンメルと社会学』p. 174）．そしてこの相互作用は，人間と人間との「信頼」および「統一」である，というのがジンメルの発見であった．「信頼」は，親に対する信頼，友人に対する信頼，上司に対する信頼，祖国に対する信頼などが示すように，たとえその信頼の根拠が疑わしい場合でも，嫌疑や検証を超えて生き延びる．この意味でそれは，信仰につながる性質をもっており，信頼が特定の人間に対する関係から解放されて抽象化されるとき，そこから宗教的な信仰が生まれる．

　社会的な現象と宗教的な現象との類似は，「統一」においても見られる．「神の理念の最も深い本質は，事物の多様性と対立とが，神の理念の中に統一を見出すことにある」とジンメルは述べている．集団の統一も，これと同様に，異質な諸個人の相互作用によって生み出される．ジンメルが宗教のうちに見出したものは，人間と人間の相互作用によって作り出される信頼と統一であった．貨幣もまた，人間と人間の相互作用のメディアであることによって，交換当事者のあいだに信頼と統一を作り出す．事物と引き換えに貨幣を安心して受け取るのは，社会的な圏の中に，そのような信頼と統一があらかじめ作り出されているからである．今ある人から受け取った貨幣が，次に他の人によって受け取ってもらえると信じることが，貨幣に対する信頼である．

これは一方で過去の経験に由来するが，それは100％確実とは言えないから，他方で宗教的な信仰に似た要素にも由来する．社会圏に対する信頼が具体的に鋳貨に図案化されて表示されている例として，ジンメルは「マルタ島のコイン」をあげている．それには，互いに握手している二人の手が描かれ，「銅ではなく信頼」という文字が刻まれている．

かくしてジンメルが『貨幣』においてとっている論法と，『宗教』においてとっている論法とは，同様のものであることがわかる．だから浜は，ジンメルの宗教社会学が，経済社会学と表裏一体をなしていることを指摘する．「ジンメルはこれによって，たんに宗教と貨幣経済がともに人間と人間のあいだの相互作用であるという点で共通しているだけでなく，貨幣交換という純然たる経済行為とみえるものがそれ自体同時に宗教的行為でもあるということを発見したのである」(p.179)．この浜テーゼは，経済社会学における富永テーゼ「経済的行為は相互行為であり，だから経済的行為は社会的行為として分析されねばならない」(富永『経済と組織の社会学理論』1997)とつながることを指摘したい．

岡澤憲一郎「ジンメルの宗教観」『宗教』を論じたもう一つの論文は，岡澤憲一郎[5]のものである．岡澤によれば，ジンメルは論文「社会学の問題」(1894)において，形式社会学は「人間相互の関係形式に関する科学としての社会学」を意味すると述べ，その4年後の論文「宗教社会学のために」(1898)においても，それと同じ形式社会学の発想の延長線上で，人間相互の関係の諸形式の中に宗教の本質を発見した．「宗教社会学のために」のジンメルは，宗教社会学の中心テーゼを，宗教的表象の世界の中に「社会的な関係の諸形式」としての「信頼」と「統一」が投影されるというところに設定した．このテーゼはのちの『宗教』(1906，改訂版1912)においても引き継がれる．

ところが岡澤論文はその先で，ジンメルの宗教社会学における「生の哲学」の導入という問題に取り組んでいる．ジンメルは『貨幣』を出版した翌年，論文「宗教の認識論によせて」(1901)を書いて，宗教心が人間の心の「最も内的な生の状態」にかかわるという問題を提示し，生の哲学の一端にふれた．すなわち，上述した「宗教社会学のために」では，宗教は「社会的な関係の諸形式」として成立するとされるにとどまっていたが，「宗教の認識論によせ

て」では,宗教は「最も内的な生の状態」から生み出されるものとして考えられるようになった.さらに『宗教』においては,ジンメルは生の哲学と社会学的な思考とを交錯ないし融合させており,同書はいわば社会学体系の完成と生の哲学との分岐点に立っている,と岡澤は述べている.そこで岡澤は,「最も内的な生の状態」としての宗教心という生の哲学の観点と,先にジンメルによって示された「社会的な関係の諸形式」としての宗教という形式社会学の観点とのつながりを問う.岡澤はそのつながりを示唆するものとして,ジンメルによる次の二つの言葉をあげている(『橋と扉』p. 244).

「一定の社会学的な諸関係の中には,それらを宗教的な形式への受容へと予定する感情緊張と意義とが横たわっている」.
「人間界に対する人間の諸関係の中に作用している『力と重要性』は,宗教的な色彩を宗教の担い手の『生情調』として自己の中にもち,逆に精神的-客観的な形象としての宗教を自己から発展させる」.

富永コメント 『貨幣』と『宗教』の訳者である居安正が,それらを「一般社会学に移籍させることができる」と解釈したことは,鋭い着眼である.ジンメルの「一般社会学」とはどのようなものかということは,ジンメル自身の説明では必ずしも明確ではない.だから,貨幣と宗教を「社会的水準」において見たものが「貨幣社会学」であり「宗教社会学」であるという居安解釈は,なるほどと思わせる説得力をもっている.ただ私は,そのほかにそれらは形式社会学の材料にもなり得るのではないか,と思う.なぜなら,貨幣は市場における相互行為のメディアであり,宗教は文化における相互行為のメディアだからである.

向井守の研究は,文献実証主義の操作によって,ヴェーバーの側からジンメルを見るという,すぐれた着眼を示している.しかし私は,ジンメルについての向井のような解釈が,『貨幣』と『宗教』が一般社会学であるとする居安の解釈と両立するのかどうかを問いたい.向井の解釈と居安の解釈の両方を受け入れれば,一般社会学であるジンメルの『貨幣』は形而上学であって,経験科学ではないということになる.では,ジンメルがもし貨幣の形式社会

学を作れば，それは経験科学なのだろうか．それとも，ジンメルは本質的に経験科学者ではなく，したがってジンメルの形式社会学もまた形而上学だということになるのであろうか．私はジンメルをリベラル社会学の学祖の一人ととらえる観点から，ジンメルの方法論的個人主義を経験社会学と見なしたいと思う．

　岩崎信彦の論文における，ジンメルの『貨幣の哲学』についての中心テーゼは，ジンメルの貨幣理論とは「信頼」理論であるというもので，岩崎はこのテーゼをバブルの崩壊によって累積された金融機関の不良債権というカレント・トピックスに適用し，政府が赤字財政からの脱却のためにインフレ政策をとることを警戒する論旨を展開している．私の注文は，インフレ政策は「信頼」の崩壊を結果するもので，政策当局にとってそれは自己自身を破壊する自殺行為にほかならないことを指摘して，政策当局はそれほど愚かではないはずだ，という結論にもっていくべきではないかというものである．

　浜日出夫論文のポイントは，ジンメルのいう相互作用という視点が，経済的行為にも宗教的行為にも適用できる，というテーゼにある．今日のグローバル化を見ればわかるように，経済においては国際貿易が全世界に市場的ネットワークを広げ，これが戦後世界における先進国間の平和と経済発展を生み出してきた．それでは宗教においてはどうであろうか．ベラーのいう「市民宗教」は，プロテスタントとカトリックのあいだにも，同様のグローバル化テーゼがあてはまることを示唆している．しかし他方では，イスラムの過激主義が世界を激烈な対立によって分断している，という問題がある．ジンメルは，形式に「結合」と「分離」の両側面があると考え，『社会学』の第4章「闘争」を書いた．宗教においても，「信頼」と「統一」だけでなく，闘争を分析する必要があるのではないか．

　岡澤憲一郎論文については，彼が引用しているジンメルの言葉が，宗教感情は社会関係から形成されるということを述べたものとして，注目に値する．岡澤は，そのようにして形成された社会的態度として，「献身と受容」「贈与と受領」「義務」「敬虔」をあげている．岡澤の貢献は，ジンメルが「神の概念によって一つにまとめられている宗教的な統一の中には，集団の統一の独特な形式が反映ないし昇華している」ということを示したことにあるが，こ

れには浜論文と同様の二面性があるのではなかろうか．

1) 居安正 (1928-) は 1953 年神戸大学文学部卒業．1970 年神戸大学助教授，74 年教授，88 年大阪大学教授，龍谷大学教授．著書は『政党派閥の社会学』(世界思想社，1983)，『ある保守政治家』(御茶の水書房，1987)，『ジンメルの社会学』(いなほ書房，2000) など．ジンメルの翻訳家として知られ，『社会学』上・下，『貨幣の哲学』，『社会分化論・宗教社会学』などの訳がある．
2) 向井守 (1934-) は 1962 年京都大学大学院文学研究科博士課程修了．1964 年大阪府立大学工業短期大学部講師，1983 年神戸大学文学部教授，1997 年同名誉教授，龍谷大学教授．著書『ウェーバー 支配の社会学』(有斐閣，1979，共著)，『マックス・ウェーバーの科学論』(ミネルヴァ書房，1997)，翻訳ジンメル『貨幣の哲学』分析篇 (ジンメル著作集 2, 白水社，共訳)．
3) 岩崎信彦 (1944-) は 1971 年京都大学大学院文学研究科博士課程修了．1972 年高野山大学講師，助教授，1978 年立命館大学助教授，1983 年神戸大学助教授，1994 年教授．著書『都市論のフロンティア』(共著，有斐閣，1986)，『町内会の研究』(共著，御茶の水書房，1989)，『阪神・淡路大震災の社会学』(共編，昭和堂，1999) など．
4) 浜日出夫 (1954-) は 1980 年大阪大学大学院人間科学研究科博士課程中退．1982 年新潟大学教養部講師，1988 年筑波大学社会科学系助教授，1999 年慶應義塾大学文学部助教授，2001 年教授．論文「社会学の形成」「シュッツ科学論とエスノメソドロジー」ほか多数．
5) 岡澤憲一郎 (1945-) は 1978 年中央大学大学院文学研究科博士課程修了．1982 年鹿児島経済大学 (現鹿児島国際大学) 助教授，教授，1990 年名古屋学院大学教授．著書『マックス・ヴェーバーとエートス』(文化書房博文社，1990)，『ゲオルク・ジンメルの思索——社会学と哲学』(同，2004)．

第 3 節　戦後日本におけるデュルケームの再評価
——リベラル理論としてのデュルケーム社会学——

　デュルケームは，ヨーロッパ第二世代の社会学者中，ジンメルと並んで日本で最も早い時期から着目され，しかもジンメルと違って日本で否定的な批判の対象にされたことがなかった．『社会分業論』『社会学的方法の基準』『自殺論』『宗教生活の原初形態』の四部作は，すべて戦前に翻訳書が出揃っていたし，戦後は『社会主義論』『社会学講義』も翻訳された．戦後日本社会学の

流れの中でデュルケーム社会学の位置づけと、その再評価に貢献した諸著作として、宮島喬『デュルケム社会理論の研究』(東京大学出版会, 1977) と『デュルケム理論と現代』(東京大学出版会, 1987)、および折原浩『デュルケームとウェーバー』(上・下, 三一書房, 1981) をあげよう。

宮島喬『デュルケム社会理論の研究』と『デュルケム理論と現代』

　デュルケームが戦後日本の社会学において再評価を必要としたというのは、彼が同世代者ジンメルおよびヴェーバーとはかけ離れて、長いあいだ個人主義者ではないかのように考えられ、またコントやスペンサーを引き継ぐ総合社会学者であるかのようにイメージされてきた、ということのためである。宮島喬[1]のデュルケーム研究は、この点でデュルケームを再評価したものとして特筆される。

　宮島はフランス政府給費留学生として「デュルケムの産業社会論」を研究テーマに渡仏し、『デュルケム社会理論の研究』(東京大学出版会, 1977) を、またその10年後に続編『デュルケム理論と現代』(東京大学出版会, 1987) を書いた。宮島は『研究』の「あとがき」に「本書にあえて副題を添えるとすれば『デュルケムの産業社会論』とでもすべきであったであろう」と書いている。これは戦前に『社会学的方法の規準』がデュルケーム研究の原点に置かれたのに対して、戦後に産業化論・近代化論がカレントな問題とされたことを背景に、デュルケーム研究の新しい着眼点を述べたものである。「産業社会論」はサン−シモンとコント以来のフランス社会学において近代化論の出発点をなしたテーマであり、宮島はその流れの中にリベラル理論としてのデュルケーム社会学を位置づけた、と私は理解したい。

　デュルケームの産業社会論　デュルケームが生きた19世紀末から20世紀初頭にかけてのフランスは、フランス革命を基点に展開された二つの共和制、二つの帝政、二つの王政のめまぐるしい交代という不安定な時期を離脱して、第三共和制がようやく安定的に発展し、本格的な産業化の達成による急速な資本主義形成へと進んだ時期にあたっていた。これによってフランスは経済的には豊かを実現したが、しかしその反面として、対立と危機の進行、功利的個人主義の意識の高まり、道徳の低下と「アノミー」現象の表面化、自殺

率の上昇など,あいつぐ社会問題が発生したとデュルケームは考えた.彼の『社会分業論』は,産業化による社会構造の変動の方向性を,一方では職業的分化の進展による「機械的連帯から有機的連帯へ」という図式によって,分化にもかかわらず連帯の新しい形態がつくられるとした点で楽観的な見方を基調において捉えた本であったが,他方ではこの図式のあとに「分業の異常形態」と題するパートをおくことによって,分業化が有機的連帯の形成へと順調に進むことを妨げ,異常形態としての「アノミー」(無規制状態)の出現があったという問題を提起した本でもあった.

「産業」および「産業主義」は,もともとサン-シモンがキイワードとして提出したものであり,このキイワードはコントによって継承されただけでなく,デュルケームによってもまた彼のサン-シモン研究を通じて受け継がれた.デュルケーム社会学の中心テーマをここに求めるということは,デュルケームをまさにサン-シモンに発するフランス社会学の伝統の中に位置づけることを意味する.もちろんサン-シモンとデュルケームのあいだには,ほとんど一世紀に近い開きがある.サン-シモンは,フランスに産業革命が起こるよりも前のフランス革命の時代を生きて,フランス革命後に産業革命の熱烈な唱道者という役割を取ったのに対し,デュルケームは,第三共和制下においてフランス資本主義が高度経済成長をとげた時代を生きて,産業主義に対して批判的観察者としての役割を取った.デュルケームにとっては,産業化の推進はもはやスローガン化されるべき目的ではあり得ない.デュルケームにとってそれはすでに既定の事実であり,彼にとっての問題は,宮島が強調するように,その産業化によって作り出された「アノミー」に対する批判にあった.デュルケームが分業の意義としてとらえたのは生産力の増大ではなく,それの結果として起こった欲望肥大に対して道徳的な面からブレーキをかけることであった.

デュルケームにおける「経済」と「社会」 デュルケームにおける「経済」と「社会」という表題は,宮島『研究』の第3章と同『現代』の第2章の両方に登場し,彼が重視しているテーマである.これは,「デュルケームの産業社会論」という彼の掲げた研究主題が,経済と社会との関連にかかわるものであることによる.私の表現で言いあらわせば,経済と社会の関係を担っている

のは，企業における生産，市場における交換，家計における消費という行為である．デュルケームの『社会分業論』は，イギリス啓蒙主義において形成されてきた功利主義的個人主義の思想を，とりわけスペンサー批判をつうじて，否定的に評価したものである．

宮島はまず，『研究』の第2章において，デュルケームが功利主義的個人主義を斥けるようになったのは，1886年の彼のドイツ留学において，シュモラー，ヴァグナーらのドイツ歴史学派との交流から強い影響を受けたことによるものである，ということに注目する（『研究』p. 84）．宮島によれば，デュルケームはけっして，最初から反個人主義の立場をとっていたわけではなかった．宮島はギデンズを引用して，1883年ごろの若きデュルケームは「個人主義の精力的な擁護者」であったと述べている．宮島によれば，このことは1950年代以降のデュルケーム研究の中で，徐々に明らかにされてきた「事実」であり，今日ではそれはほぼ正当な見方として結論づけられている．また宮島は，彼が『研究』の付論「ドレフュス事件とデュルケム」で論じているドレフュス事件への発言や，デュルケームの死後出版された1912年までの講義録『社会学講義』において，デュルケームが国家に対して個人の人格の価値的優位性を断固として主張している，ということを強調する．

次に宮島は，同じく『研究』の第2章において，スミスに始まるイギリス古典派経済学における「経済人」（ホモ・エコノミクス）の論理に対して，コントが批判の視点を向けたことに注目する．コントは『実証哲学講義』第4巻で，古典派経済学が自由放任の産業秩序を是認したことに対して，第一にア・プリオリな抽象的概念をドグマ化していて実証的でないこと，第二に経済学が社会的全体から経済的側面を不当に切り離して扱っていること，という二点から批判を加えた（pp. 112-3）．コントのこの古典派経済学批判は，上述したシュモラー，ヴァグナーらのドイツ歴史学派経済学がイギリス古典派経済学を批判したのと，共通の観点を示すものということができる．デュルケームは，コントならびにドイツ歴史学派経済学による，これらの古典派経済学批判を受け入れた．

宮島はまた『現代』の第2章において，デュルケームが1908年4月のフランス経済学会の討論「経済学と社会諸科学」に招聘されたさいに，経済的事

実に関する認識視角について，次のような見解を述べたことを引用している．すなわち，「経済学の対象である財はものであり，外見上本質的に客観的なもの，人びとの意見からは独立しているように見える．……しかし現実には，経済的諸機能は，他の集合的機能と堅く結びついている社会的機能なのである．だから経済的機能を後者から切り離してしまえば，本当には説明できないものになる．労働者の賃金は需要と供給の間の関係だけに左右されるのではなく，ある種の道徳的観念にも依存する．……結局のところ個人の人格について我々が抱く観念にしたがって，賃金は高くなったり低くなったりするのである」というのである（『現代』p. 69）．デュルケームのこの発言は，財の価格や賃金決定は，単にその客観的な属性によってのみならず，人びとが抱く意見によっても左右される，すなわちそれらは「集合意識」による影響や規制のもとにある，という意味に解される．つまり財の価値はモノの客観的な属性ではなく，人びとがそれについて抱く意識によって左右されるのである．これは，経済的事実に関する実証的・科学的研究は経済社会学としてのみ成立する，という意味として結論される．このような見地は，のちにシミアンやアルヴァクスによって継承され，デュルケーム学派に固有の経済社会学を形成していくことになる．

宮島によれば，デュルケームにとっては，「経済的なもの」と「社会的なもの」は相互に異質であり，対立し，相克しあう．例えば財の交換という利害関係にかかわる相互行為は「経済的なもの」であるが，"moral"な要素によって媒介される相互行為は「社会的なもの」であって，両者は峻別される．"moral"な要素によって媒介される相互行為は，同一の目的あるいは価値を共有することによって精神的な結合を生み，また生を規律する正当な規範を通して成り立つ連帯を生む．ところがデュルケームの考えでは，資本主義における「経済的なもの」の論理は，なんらの規範的な要素をも含まない，「非社会的」ないし「反社会的」なものとして特色づけられる．このことから，経済界には，デュルケームが『社会分業論』第二版序文において強調した「無規制状態」すなわち「アノミー」が常態化している，との結論が導き出される．そこで宮島は，デュルケームのアノミー概念に注目する．

デュルケームのアノミー論 デュルケームが『社会分業論』と『自殺論』の

両方で用いた「アノミー」の概念は，デュルケーム用語の中でも社会学で最も普及したものの一つである．宮島は『研究』第5章「アノミー論への現代的視角」，『現代』第6章「アノミーの社会理論」，同第7章「アノミーの論の現代的展開」をこれにあてている．多数のテーマを含むデュルケーム社会学の中から，アノミーに三章をあてるのは過剰ではないかとも思われるほどであるが，その中に興味ある着想が含まれていることはたしかである．

　宮島は，デュルケームが『社会分業論』において最初に提示したアノミーの概念を，有機的連帯の形成という仮説に反する産業社会の秩序の不統合を意味するものとして，「外在的」視角と呼んでいる．これは，『自殺論』で用いられているアノミーの概念が，諸個人の欲求と社会的規範との不統合状態をあらわすものとして，「内在的」視角と呼ばれているのと対比される（『研究』pp. 196-7）．宮島は，デュルケームが『分業論』と『自殺論』のちょうど中間に『社会主義とサン‐シモン』の研究に打ち込んだ時期をもっていることから，サン‐シモン批判をつうじて近代産業体制の矛盾についての新しい自覚が，前者の視角から後者の視角への移行を生み出したと主張している．しかし『分業論』は社会構造変動の分析であり，『自殺論』は個人の行為の分析であると考えると，前者から後者への移行が社会主義研究の結果であるとするのは，解釈として疑問があるようにも思われる．

　デュルケームのアノミー概念が『分業論』から出発したということは，アノミーが産業化の産物であることを意味している．これが『自殺論』において再度あらわれた時には，それはデュルケームが立てた自殺の三類型の一つ「アノミー的自殺」(suicide anomique) という名称において使われており，それが社会状態としての産業化と密接に関連してとらえられていることを示している．もう一つの類型「自己本位的自殺」(suicide égoïste) もまた，アノミー的自殺と同様に産業化とともに高まった自殺の型である．これらに対して「集団本位的自殺」(suicide altruiste) は，産業化以前の伝統社会において支配的な自殺の型であるから，例外的な場合を除けばアノミーとは関連がない．

　デュルケームはアノミー的自殺を，産業化とともに人間の欲望が有機体の生理的必要を超えて過度に肥大し，有機体の中にこれを抑制する原理がなく

なった結果として起こったと説明した．また彼は自己本位的自殺を，やはり産業化とともに個人主義化が過度に進行し，宗教のようにこれを経済外的に抑制する要因が弱まった結果として起こったと説明した．どちらも伝統社会では起こりがたいことであり，産業化によって人間の欲望を規制する度合いが弱められたことによって起こったという点で，この両者は共通している．宮島は，産業化によってこれらのことが起こった理由を，利潤に方向づけられた市場経済と，欲求を規制する社会的規範体系の崩壊ないし弛緩の二つに求めている．

　他方宮島は，アノミーを「正常」としてとらえるという視点もまたデュルケームにあったという見方を示唆している．デュルケームが『社会学的方法の規準』の中で，犯罪の発生は過度にならないかぎり正常である，と主張したことはよく知られているが，同様にアノミーを近代の社会理論として考えていこうとする時，「正常としてのアノミー」という視角も必要になってくるというのが宮島の理解である．宮島はこの洞察を，デュルケームに先行するアノミー概念の提示者であり，デュルケームがそれの書評をしている，ジャン・マリー・ギュイヨーの著作『未来の非宗教』を検討することから得ている．ギュイヨーは「宗教的アノミー」を無宗教ないし個人主義の意味に解し，アノミーの語を肯定的な意味合いで用いた．近代において宗教はドグマ的性格や神聖性を失いつつあり，伝統的なものによる個人意識の抑圧をしだいに断念しつつある．未来の宗教のあるべき姿は，既成のドグマを受け入れるのではなく，個々人がみずからの信仰の創造者となることである．

　宮島はデュルケームの『道徳教育論』を引用しながら，デュルケーム自身の宗教観もまた，ギュイヨーのこのような伝統的宗教批判の観点と大きく違うものではなかったことを示している．宮島によれば，デュルケームは宗教や道徳が個人化していく傾向を必然のものとして受け入れていた．デュルケームが異常であるとしたのは，個人化そのものではなく，「過度の個人化」としてのエゴイズムなのであった．例えばデュルケームは，『自殺論』の結論部分において，「進歩と完全性の道徳」という概念を提示しているが，これは産業化とともに，諸個人が自己向上，すなわちより高度の欲望充足を求めて行為することを「進歩」と見なし，これを容認する道徳規範である．際限のな

い欲望充足に駆られることは「無規範」であり異常であるが、デュルケームは産業化とともにある程度の欲求水準が上昇することを「正常」な道徳として認めていた、というのが宮島の「正常としてのアノミー」という洞察にほかならない（『現代』pp. 188-203）。

デュルケームの社会的行為論　デュルケームは『社会分業論』を「分業の機能」から、『社会学的方法の規準』を「社会的事実」から、ともに社会レベルでの概念として説き起こしているので、デュルケーム社会学に個人レベルでの理論化たる社会的行為論があるというようなことは、従来考えられてこなかった。ところが宮島は、『現代』第4章「デュルケムにおける社会的行為論への視座」において、『自殺論』と『宗教生活の原初形態』から、功利主義の文脈とは異なった独自の社会的行為論をひきだすことを試みる。

自殺は、物的刺激に対する反応や、生物的な素因の自動的な発現ではなく、また外的強制力に対する受動的な服従でもなくて、道徳的で有意味な「行為」である。『社会分業論』においては、説明の対象は個人の行為ではなく社会構造であったから、デュルケームは形態学的・人口学的要因による説明を重視した。これに対して『自殺論』の主題は個人の行為であり、これについてデュルケームは、「極端実証主義」的な説明を排除したあと、形態学的・人口学的要因に代えて、価値的・規範的な要素を説明変数として立てている。宮島はこれを、デュルケームにおける社会的行為論の視点であるとする。

デュルケームによる自殺の三類型のうち、「集団本位的自殺」においては、外部に存在する規範が自殺を義務として強制し、またはその規範が内面化して内側から自殺を促すという意味で、集団規範とのかかわりは最も明瞭である。しかし他の二類型たる「自己本位的自殺」および「アノミー的自殺」においても、自殺は次のような意味で集団規範にかかわりをもち、あるいは媒介される。例えばデュルケームは、自己本位的自殺がカトリックよりもプロテスタントに多い理由として、プロテスタント教会がカトリック教会ほど強力に統合されていないという理由をあげたが、これは集団規範が消極的な意味でやはり自殺率と一定のかかわりがあることを示している。またデュルケームはアノミー的自殺について、経済的繁栄がかえって自殺率を高める理由になるのは、好景気が人びとの欲望を限りなく上昇させるからであるとした

が，これは集団規範が媒介となって自殺率を高めることを意味している．自殺はこのように，人間の他の行為と同じく，価値や規範とのかかわりにおいて説明される．

富永コメント　以上に検討した宮島喬のデュルケーム研究の二部作は，高い研究水準を平易に書きあらわした有意義な著作である．とりわけ「産業社会論」「経済と社会」「社会的行為」の三テーマは，私自身が研究してきた問題とも関連するところが多い．

難点を二つほどあげたい．一つは，二冊ともテーマの取り上げ方がアドホックにとどまって，体系性がないことである．デュルケームの諸著作は一作ごとに研究主題がどんどん変化していくが，それらの経過と関連が，例えば伝記的記述や研究主題の変化についての後世の学者たちによる解釈などによって適切に説明されていたら，よりいっそう読者を啓発したであろう．もう一つは，『研究』にも『現代』にも序論がつけられているが，それらは似た表題になっていて，宮島の10年を隔てた二つの研究において，研究の進展がどこにあったのかが伝わってこない．各章が既発表論文であるだけに，それらを書いたあとを振り返りつつ事後的なデュルケーム論の整理が序論でなされていたら，本自体にもアクセントがつけられたのではなかろうか．

折原浩『デュルケームとウェーバー』（上・下）

折原浩[2]は今日ヴェーバー研究家として知られているが，初期にはヴェーバー研究に先立って，デュルケーム研究に深く入っていた．ヴェーバーについて書いたものが多い彼の著作の中から，ここではデュルケームとヴェーバーの両方を表題に掲げた『デュルケームとウェーバー』（上・下，三一書房，1981）を取り上げることにしたい．というのは，この本はデュルケームの『自殺論』（以下『自殺』）とヴェーバー『プロテスタンティズムの倫理と資本主義の精神』（以下『プロ倫』）の二冊に限定して，両者を比較するというユニークな試みとして書かれており，本書の文脈に適していると考えられるからである．

しかしこの本は，題名にもかかわらず，目次を開いてみると，緒論，本論「デュルケーム自殺論の方法論的解読」，第一編「非社会的なものから社会的

なものへ」,第二編「社会的なものと自殺」,第三編「自殺と社会」のすべてがデュルケームの『自殺』を中心にして書かれており,ヴェーバーの『プロ倫』は「補説」として適宜挿入される,という構成になっている.これは「自殺」と「プロ倫」が性質の非常に異なったテーマを扱っているため,このような構成をとらざるを得なかったことによるものと思われる.その後の折原がヴェーバーの専門研究者になったにもかかわらず,本書ではデュルケームの方がはるかに詳細に扱われ,ヴェーバーはあまり出てこない章節が多いのは,このような構成によるものである.ここでは長さの制約もあることから,折原がデュルケームとヴェーバーの両方を直接に比較している章節のみを選ぶにとどめたい.またこの本が構成の上でデュルケームを主役にしているので,ここではこれをデュルケーム研究の文脈に位置づけた.

　折原の中心問題は,『自殺』と『プロ倫』を,社会学史における「経験的モノグラフ」の古典的な二つの代表と見なし,それらの分析における論理を比較対照するということにある.ここでは,折原自身の目次の立て方にはとらわれないで,彼が両者の比較を試みているいくつかの主題を重点的に選び出し,それらの主題ごとに,折原がとらえたデュルケームとヴェーバーの共通する点と対照的な点を——多少私の追加もまじえながら——あとづけていくことにしたい.

　デュルケームの「実在論的社会観」とヴェーバーの「理解社会学」『自殺』も『プロ倫』も実証的モノグラフであるが,デュルケームもヴェーバーもそれぞれ他の理論的著作において,社会学のそれぞれ異なった定義を展開している.折原はこの定義の違いに注目し,これらのモノグラフにおける主題が,それらの異なった社会学の定義との関係において,どのように位置づけられているかを考察している.デュルケームにおいては,『社会学的方法の規準』(以下『規準』)に述べられているように,社会学に固有の研究対象は「社会的諸事実」であり,社会的諸事実とは個人には還元できない「独自の実在」であって,社会学はそれを「ものとして」取り扱う,とされている.折原は,これを「実在論的社会観」と呼ぶ.これに対してヴェーバーにおいては,『社会学の基礎概念』(以下『基礎概念』)に述べられているように,社会学は「社会的行為」を行為者の主観的「意味」ないし意味上の根拠である「動機」に

第3節 戦後日本におけるデュルケームの再評価

溯って、一方で「解明的に理解」し、他方で「因果的に説明」する、とされている。折原によれば、ヴェーバーが「理解社会学」と呼ぶのは、このように行為の外面的経過と結果を観察し記述するだけでなく、行為者の意味と動機の内面に溯って、それらを「理解」し「説明」することである。デュルケームが社会学の対象を実在論的にとらえたのに対して、ヴェーバーはそれを方法論的個人主義によって行為者の主観的意味ないし動機においてとらえたのであり、ここに両者の重要な違いがあることに、折原は注目する。

しかし『自殺』も『プロ倫』もモノグラフである以上、これらの理論だけから特殊研究の主題が出てくるわけではなく、具体的な諸事実に適合するように問題を明確に限定しなければならない。デュルケームのモノグラフにおけるキイ概念は「自殺率」である。自殺率は国レベルでの統計数字によって、データとして与えられるものであり、それらの数字は個人に関するものではなくて、統計数字それ自体がデュルケームのいう「社会的諸事実」をあらわす「独自の実在」である。この点でそれらは、『規準』において彼が述べたこととよく一致している。他方ヴェーバーのモノグラフにおいては、キイ概念は「資本主義の精神」という「エートス」(倫理的価値)である。ところが「精神」とか「エートス」というのは、ヴェーバーが『基礎概念』において述べたような個人の行為における意味や動機に関するものではなく、歴史的現実の中の諸関連における一つの複合体で、ヴェーバーはそれを「歴史的個体」と呼んでいる。個人のもつ精神やエートスを論じることはできるとしても、それらはきわめて多様なので、それらから歴史的個体としての精神を引き出してくるためには、「理念型」という方法論的概念が必要になる。ところが歴史的個体というようなことは、ヴェーバーの『基礎概念』には述べられていない。そこでこの問題については、デュルケームの『自殺』における「自殺」の定義と、ヴェーバーの『プロ倫』における「資本主義の精神」の定義とを対比しながらが、それぞれがどうなっているかを調べてみなければならない。

デュルケームの『自殺』の定義とヴェーバーの『資本主義の精神』の定義　デュルケームの『自殺』におけるキイ概念である自殺率について、デュルケームは具体的な統計数字を表に掲げ、それらは国(デュルケームは国を「社会」と呼ぶ)ごと(統計学の分散分析でいう「within」)に見ると時系列的にかな

り安定した特性が認められるのに対して，国と国とのあいだ（分散分析でいう「between」）で見ると差が大きい，ということを示している．他方，ヴェーバーの「資本主義の精神」はこのような数字ではあらわし得ないものであり，そこから「理念型」という方法的概念を使う必要が生ずるのであるが，ヴェーバーにとっての問題は，そのようなエートスはヨーロッパのキリスト教諸国のあいだで，もっぱらプロテスタントとカトリックとのあいだの違いに帰せられる，ということである．それらが国による違いや民族による違いに帰せられるように見える場合でも，よく検討してみると，信仰の内面的特質による違いが大きいことがわかる．これが，『プロ倫』冒頭の第1部第1章で提示された「信仰と社会層分化」の問題である．

　デュルケームの著書『自殺』は，「序論」における自殺の定義から始まる．デュルケームでは，これが「最初の定義」と「最後の定義」の二段階になっている．折原は，デュルケームが前者と後者のあいだに，自殺は「意図」された行為であると言えるかどうかという問題を挿入して，意図という要因は外側から観察できないという理由でこれを退け，結果を「予知」していたということを自殺の定義に追加している，という点に注目している．しかし折原は，「意図」を棄てて「予知」をとったデュルケームの「最後の定義」の選択には根拠がないとして，デュルケームのやり方を批判する（上：73-74）．

　それならば，ヴェーバーにおいては「資本主義の精神」の定義はどうなっているだろうか．ヴェーバーは，折原の表現によれば，「動機による内面からの規定という人間行為の固有性を正面から取り上げ，それに即応する固有の方法として動機理解の方法」を選ぶ．これが，ヴェーバーの理解社会学である．しかしヴェーバーは，『プロ倫』第1章第2節において「資本主義の精神」を定義しなければならない必要に迫られた時，その定義を提示することなく，有名なベンジャミン・フランクリンからの引用によってこれを「例示」するにとどめた．ヴェーバーはなぜそのようなやり方をとったのだろうか．折原は，ヴェーバーにおいて「研究対象を定義するとは，当該対象の理念型を構築することである」ととらえるが，そのような理念型概念は一挙に構成され得るわけではなく，歴史的現実における個々の構成要素から一つずつ組み立てていくほかはないと考える．すなわちそれは，研究に先立って最初に

定義することはできず,研究の結末においてはじめて得られるものである.これが,ヴェーバーが「資本主義の精神」をいきなり定義することをせず,当面まず例示にとどめた理由である.

ヴェーバーの「理念型」とデュルケームの「共変法」 ヴェーバーが論文「社会科学的および社会政策学的認識の客観性」において提示した方法概念としての「理念型」を,折原は「歴史的個性」を構築する方法として捉える.そのような歴史的個性として捉えられた「資本主義の精神」とは,折原によれば,「貨幣増殖を自己目的と見なし,それに仕える職業労働を使命‐義務と感得し,勤勉,規律,節約,正直といった徳目を遵守しつつそれに専念する生き方」であり,それは「伝統主義の精神」と対比される(上:93-94).ヴェーバーはその典型的事例をフランクリンに見出し,それはフランクリンの父が所属していたカルヴィニズムに「因果帰属」される,という仮説を提起した.

ところが折原は,デュルケームにもまた「理念型」という語の使用例があると述べて(上:95,下:41),読者を驚かせる.折原の指示によって『自殺』の当該個所(『世界の名著』版,宮島訳:41)を見ると,そこにはデュルケームが自殺の三類型の第一としてあげた「自己本位的自殺」について,ラマルティーヌの小説に登場する主人公ラファエルが「その典型的なタイプ le type idéal」である,と書かれている.宮島訳ではこれを「理念型」と訳していないが,それはデュルケームによるこの語の使用が,ヴェーバーの理念型と異なっていることを考えれば,妥当であると言える.しかし折原はこれも理念型であるとして,彼の第2編第6章につけられた副題に「デュルケームにおける理念型的方法」という表現を用いている.ヴェーバーの理念型を「歴史的個性」として捉えた折原が,ヴェーバーの概念とは異なって「歴史的個性」として用いられているのではないデュルケームのこの語の使用を,ヴェーバーと無理につなげようとしたのは不可解というほかない.

しかし他方,デュルケームの用語としての「共変法」という方法概念を,ヴェーバーにもつなげ得るとした折原の着眼には,私は全面的に賛意を表したい.「共変法」というのは元来,J. S. ミルが『論理学体系』において,五つの帰納法論理の五番目にあげたものであるが,デュルケームは『規準』において,この方法は実験のできない社会科学にとって大いに有用であるとして

推奨した．共変法の論理とは，X_1 の変化，X_2 の変化，X_3 の変化……が常に相伴って起こる時には，それらのあいだには因果関係がある，とする推理である．折原の着眼は，ヴェーバーが『プロ倫』の第1章第1節において，X_1 を「民族的あるいは宗教的な少数者か否か」，X_2 を「経済的合理主義への愛着を示すか否か」，X_3 を「プロテスタントかカトリックか」として，X_1 をコントロールし，X_1 と X_2 のあいだに共変関係があることを見出したことによって，近代資本主義のエートスとキリスト教の信仰とのあいだに因果関係があるとしたのは，共変法の適用であるというものである（上：87）．

富永コメント デュルケームの『自殺』とヴェーバーの『プロ倫』を社会学における古典的な経験的モノグラフの二大代表と見て，それらの方法論を比較することに目を向けた折原の着眼はすぐれたものである．私はこの着眼に賛意を表して，折原の研究をここに取り上げたのであるが，折原の本を読んで二つの疑問を抱いたことを述べておきたい．

第一に，自殺率を比較するというデュルケームの問題設定は，『規準』に述べられた「独自の実在」としての「社会的諸事実」という彼の方法概念とよく適合しているのに対して，「資本主義の精神」を比較するというヴェーバーの問題設定は，『基礎概念』に述べられた個人行為者の意味や動機という彼の方法概念と，そのままでは適合しないように思われる．『規準』におけるデュルケームの「社会的諸事実」と，『基礎概念』におけるヴェーバーの「行為」とは，明らかに概念レベルにおいて食い違っている．それにもかかわらずデュルケームの『自殺』とヴェーバーの『プロ倫』が食い違わなかったのは，ヴェーバーの「資本主義の精神」という概念が，個人のものとしてではなく，いわば集合体レベルのものとして考えられたからである，というのが私の理解である．こうして結果的に，デュルケームの「自殺率」もヴェーバーの「資本主義の精神」も，ともに集合体レベルの概念として立てられ，社会学の定義における両者の食い違いは，モノグラフの上では表面化しなかった．折原は，デュルケームの方法論的集合主義とヴェーバーの方法論的個人主義との違いという問題に立ち入っていないが，この問題をどのように考えるのであろうか．

第二に，折原はヴェーバーの理念型を「歴史的個性」として捉えており，

たしかにヴェーバーの「資本主義の精神」は歴史的個性をあらわす概念として考えられる．しかしヴェーバーの理念型は，単に歴史的個性をあらわすだけでなく，同時に普遍化的概念としても用いられている．例えば目的合理的行為，価値合理的行為，情緒的行為，伝統的行為のような諸類型はその例である．資本主義は，歴史的個性として概念化され得ると同時に，例えば目的合理的資本主義といえば，それは普遍化的概念としての資本主義の類型である．これに対して，デュルケームが提示した自己本位的自殺，集団本位的自殺，アノミー的自殺という三カテゴリーは，自殺の「類型」であって，歴史的個性ではない．折原は，デュルケームが用いている le type idéal という語にふれて，これを「デュルケームにおける理念型的方法」としたが，私は折原の議論を不可解であるとした．デュルケームの『自殺』には，歴史的個性という概念はないと私は理解している．

1) 宮島喬（1940- ）は1963年東京大学文学部卒業．1967年同大学院博士課程中退．1967-73年東京大学文学部助手，73年お茶の水女子大学助教授，85年同教授，95年立教大学教授．著書は『デュルケム社会理論の研究』（東京大学出版会，1977），『デュルケム理論と現代』（東京大学出版会，1987），『現代ヨーロッパ社会論』（編，人文書院，1998），『文化と不平等』（有斐閣，1999），『共に生きられる日本へ』（有斐閣，2003）ほか多数．
2) 折原浩（1935- ）は1958年東京大学文学部卒業．同大学院博士課程を修了．1966年東京大学教養学部助教授，1986年同教授，1996年名古屋大学文学部教授．著書は『デュルケームとウェーバー』（上・下，三一書房，1981），『危機における人間と学問』（未來社，1985），『マックス・ウェーバー基礎研究序説』（未來社，1988），『ヴェーバー「経済と社会」の再構成――トルソの頭』（東京大学出版会，1996），『ヴェーバー学のすすめ』（未來社，2003）ほか多数．

第4節　パーソンズ受容と日本のリベラル社会学
――パーソンズ・ルネッサンスへ向けて――

この節では，ヴェーバー理論とデュルケーム理論を深く研究してそれらを第二次大戦後の新しい社会学一般理論として発展させた，20世紀アメリカ社会学の最大の巨人タルコット・パーソンズの理論が，1960年代後半以後の日

本社会学に与えた影響の流れを分析する．この流れを日本語文献として最初に体系化し，高度経済成長がもたらしつつあった大きな社会変動の説明にパーソンズ理論を適用することを考えたのは，自分の名を出して僭越であるが，富永健一『社会変動の理論』（岩波書店，1965）であった[1]．以下この節では，富永の『社会変動の理論』が日本の社会学に与えたインパクトと，それに続いて日本にあらわれた「社会構造‐変動の一般理論」の流れについて述べたいと思う．

しかしそれに先立って，パーソンズの文献的研究である高城和義[2]による『パーソンズの理論体系』（日本評論社，1986）以下の四部作を取り上げる必要がある．高城の四部作は，パーソンズの出版された著書・論文だけでなく，実践的な政治活動を含む多くのジャーナルな発言や文書活動や手紙などを，ハーバード大学アーカイブズで丹念に調べた包括的なパーソンズ研究であった．

高城がこれらを出版したのは，時間的には，富永が『社会変動の理論』を出したのよりもずっと後のことであったが，ここではパーソンズの人と諸著作と政治活動について語るために，時間順序を逆にして，まず高城の四部作を取り上げることにしたい．

高城和義『パーソンズの理論体系』ほかの四部作

高城和義は，巨大な研究エネルギーをパーソンズ研究に集中的に注入してきた専門家で，これまでに出版された彼の諸著作の表題にはすべて，『パーソンズの理論体系』（日本評論社，1986），『現代アメリカ社会とパーソンズ』（日本評論社，1988），『アメリカの大学とパーソンズ』（日本評論社，1989），『パーソンズとアメリカ知識社会』（岩波書店，1992），『パーソンズ——医療社会学の構想』（岩波書店，2002），『パーソンズとウェーバー』（岩波書店，2003）のように，「パーソンズ」の語が入っている．これらのうち，最後の二つを除く四冊を，パーソンズ研究の四部作としてとらえることにしよう．

高城のパーソンズ研究との取り組みは，1972年の論文「パーソンズにおける秩序の問題の定立」から始まるが，著書としての四部作はすべて，パーソンズの死後，すなわちパーソンズのすべての著作活動が完結して以後に，パ

ーソンズの公刊された著書・論文はもちろん，未公刊文書や書簡や各種の活動記録をハーバード大学アーカイブズにおいて閲読することを通じて書かれた，ということが大きな特徴をなしている．これらの四部作は必ずしもパーソンズの諸著作を時間順序に配列して書かれているわけではなく，また各冊がテーマ別に体系的に区分されて書かれているわけでもない．というのは，高城の作業はアーカイブズ文書の閲読に大きな比重がかかっているので，閲読が進むにつれて，すでに取り上げた同じ問題でもそれらをより詳細に論ずる必要が出てくる，といったことが起こるからである．高城の研究のこのようなスタイルは，高城がのちに東北大学の社会学教授に転じたとはいえ，ほんらい政治学者であって，政治文書や外交文書を読むタイプの研究に発していることに由来する，と私は理解している．以下では，四部作を各冊ごとに詳細に要約するスペースは到底ないけれども，高城の取り上げた重要なトピックスを大摑みにまとめていくかたちで，彼の包括的なパーソンズ研究をスケッチすることにしよう．

『パーソンズの理論体系』　第一作『パーソンズの理論体系』においては，題名が示すように，パーソンズの「理論」が分析される．この本は，第1章「パーソンズの学問的出発点」でパーソンズの伝記を見たあと，第2章「パーソンズの行為理論と秩序の問題」において初期パーソンズの大著『社会的行為の構造』を分析し，その根底をなしていたのは「秩序問題」であって，これが中期の社会システム理論に広がっていったとする．第3章「中期パーソンズの社会体系論」では，パーソンズの『社会システム』を分析し，パーソンズ自身の順序とは逆に，医療社会学における医師－患者関係という具体的なものへの着目から説き起こして，専門職業の分析を通じてミクロの役割理論へと進み，さらに「価値の制度化」という概念を手がかりにしてマクロの社会構造にいたっている．

第4章「AGIL 図式と経済の世界」は，パーソンズが主導しスメルサーがあとから参加してできた『経済と社会』を分析して，パーソンズが社会体系の「機能」分化に着目して「AGIL」四部門を導出し，「経済」を社会システムの下位システムととらえて，これが A 部門に位置づけられるにいたったことを語っている．第5章「象徴的メディアとしての権力と政治の世界」は，

パーソンズの『政治と社会構造』を分析し，貨幣と権力のアナロジーを手がかりとして，「政治」の世界が「シンボル的メディア」（高城はこれを「象徴的メディア」と訳しているが，パーソンズのいう symbolic は言語シンボルを中心において考えられているから「象徴」と訳さないほうがよいと私は考えている）としての権力を中心にとらえられていることを示している．最後の章「展望——パーソンズにおける宗教と政治」は，パーソンズの宗教社会学についての諸論文を分析し，宗教の世俗化への着目から，アメリカにおいて禁欲的プロテスタンティズムが「道具的活動主義」の価値体系を導出したとの定式化に到達し，ほんらいプロテスタント社会として出発したアメリカ社会が，いまや「エキュメニズム」（世界教会）としてのユダヤ‐キリスト教社会に転じたとする，パーソンズの宗教分析を明らかにしている．

　しかし高城のパーソンズ論の最大の特徴は，このようにパーソンズを「理論」家としてとらえることから出発しながらも，パーソンズがけっして「象牙の塔」の人だったのではなく，ファシズム論，マッカーシイズム論，黒人問題論，現代アメリカ社会論，大学論など，さまざまな政治的・社会的問題を含んだ現実問題に積極的に発言する「時論」家でもあった，ということを明らかにするところにある．これらのことは第一作にもすでにあらわれているが，第二作以下でより本格的に展開される．

　『現代アメリカ社会とパーソンズ』　第二作『現代アメリカ社会とパーソンズ』では，テーマは社会学の「理論」から転じて，高城が第一作ですでにその重要性を指摘していたパーソンズの「時論」としての政治論とアメリカ社会論に向けられる．第1章「第二次大戦とパーソンズの行動」では，高城は若きパーソンズが政治家たちに送った書簡を分析して，アメリカの「孤立主義」を打破しようとした彼の努力を明らかにする．第2章「大戦期パーソンズの社会認識」では，高城は，(1) 大戦中に書かれたパーソンズの反ナチズム論，(2) 当時のアメリカ社会の内部に存在していた反ユダヤ人的，および反黒人的要素を「ファシズム的」として批判する視点，および(3) 対独・対日占領政策にたいするパーソンズの発言，などを紹介する．

　第3章「多人種社会アメリカとパーソンズ」，および第4章「黒人問題とパーソンズ」では，高城はパーソンズが「包摂」というシステム論的概念を用

い，ユダヤ系移民，カトリック系移民，および黒人に対して，彼らをアメリカ社会に包摂していくことこそが，アメリカの市民社会形成の基本であると主張したことを明らかにしている．第5章「現代アメリカ社会の統合理論」では，パーソンズが生前に完成し得なかった二つの大部な未発表遺稿『アメリカの社会』と『アメリカの社会共同体』をアーカイブズ文書によって読み，多様な人種と宗教の坩堝であるアメリカにとって，「統合」(AGILの「I」)の機能がいかに中心的な重要性をもっているかに着目した，パーソンズの「統合理論」について述べている．

この本の「あとがき」で，高城は，これらのパーソンズの「時論」的論稿が，欧米でも日本でも未だ本格的に検討されていないことを指摘し，パーソンズの抽象的な理論体系の背後には，アメリカ社会の現実に対するなみなみならぬ実践的使命感が秘められていたことを強調している．2002年にドイツの社会学者ウタ・ゲアハルトが英語で書いた『タルコット・パーソンズ』には，パーソンズがこれまでもっぱら純粋学問の観点からのみ扱われ，彼の生涯を一貫して流れる政治的テーマには関心が向けられてこなかったことが批判されているが，日本では高城によって，このテーマがすでに1980年代から着眼されていたことが強調されねばならない．

『アメリカの大学とパーソンズ』 第三作『アメリカの大学とパーソンズ』は，パーソンズとジェラルド・プラットの共著『アメリカの大学』(スメルサーとジャクソン・トビーが参加，1973)を取り上げ，パーソンズとプラットによる「アメリカの大学教員調査」の調査報告諸論文を読みこなすとともに，パーソンズの「大学論」を解読することを目的として書かれたものである．これについては，順序を逆にして，第6章「パーソンズ大学論の論理構造」から見ていくことにしよう．

パーソンズの「LIGA図式」によれば，行為体系は「文化体系」(L)，「社会体系」(I)，「パーソナリティ体系」(G)，「行動体系」(A)という四つのセルからなるが，そのうち「文化体系」は「構成的シンボル化」(l)，「道徳的‐評価的シンボル化」(i)，「表出的シンボル化」(g)，「認知的シンボル化」(a)の四サブセルからなり，「社会体系」は「信託体系」(l)，「社会共同体」(高城訳では「国民共同態」)(i)，「政治」(g)，「経済」(a)の四サブセルからなる．パ

ーソンズは大学を，この中で「文化体系」セルの「認知的シンボル化」サブセル（La）に位置づける．パーソンズはこれが「社会体系」の「経済」サブセル（Ia）に見合った位置をもつとして，企業が「経済的合理性」を追求するのに対して，大学は「認知的合理性」を追求する，と定式化する．しかし認知的合理性の追求が，大学に要求される唯一の機能であると考えてはならない．そのほかに，「教養ある市民」の育成を目指す一般教育と，「専門職業者」の育成を目指すロー・スクールやメディカル・スクールやビジネス・スクールがある．大学の社会的役割は，これらすべてを総合的に達成することにある．

第4章「学問の自由とパーソンズ」において，高城はアーカイブズ文書により，パーソンズが1930年代後半から「アメリカ大学教授連合」（AAUP）のハーバード支部の役員を務めて，「学問の自由とテニュア」の実現のために活動した経過をあとづけている．また第5章「マッカーシイズムとパーソンズ」においては，パーソンズが1954年に「国際組織被用者忠誠委員会」から送られてきた「尋問調書」に対して書き送った「回答」の内容が，やはりアーカイブズ文書によってサーベイされている．

最後になったが，この本の第1章から第3章までは，パーソンズ-プラットの「アメリカの大学教員調査」を紹介している．第1章では，調査の分析枠組としてパーソンズ-プラットによって構築された「制度的分化尺度」という概念が解説され，次いで420人の大学教員から寄せられた回答を分析することによって，「大学教員の役割構造」が描き出されている．第2章では「大学における意思決定の構造」というテーマを立てて，大学が「権力」行使の場ではなく，「影響力」交換の場であることを明らかにし，パーソンズ-プラットの「合議制アソシエーション」という中心概念が提示されている．第3章は「大学教員の目標」についての調査結果を，「68年調査」と「73年調査」によって比較し，これを「LIGA図式」と関連づけて，「認知的合理性」の価値がアメリカ社会の「共通価値」としての「道具的活動主義」へと統合されていることが示される．

『パーソンズとアメリカの知識社会』 第四作『パーソンズとアメリカの知識社会』は，それまでの三冊のパーソンズ研究を統合し，パーソンズの家庭環

第4節 パーソンズ受容と日本のリベラル社会学

境,大学生時代,修業時代,『社会的行為の構造』の意義,第二次大戦期のパーソンズの思想と行動,ハーバード大学の「社会関係学部」と統一社会科学運動,冷戦とマッカーシイズムの下でのパーソンズの政治活動,パーソンズ理論の発展,パーソンズの国際的活動,到達点としての「人間の条件パラダイム」を扱った諸章から成っている.この本は400ページに達し,四作中最大であるが,ここでは「冷戦とマッカーシイズム」(第7章)と,これまでにふれていない「パーソンズの到達点」(第10章)に注目しよう.

「冷戦とマッカーシイズム」は,『アメリカの大学とパーソンズ』所収の「マッカーシイズムとパーソンズ」の再論である.マッカーシイズムの赤狩りは,とりわけハーバード大学を標的としてなされ,ハーバード天文台長のシャプレー,物理学者のファーリなど,共産党員と目されたハーバード大学の教授陣が狙われた.AAUPのハーバード支部会長を務めていたパーソンズは,支部の執行委員たちと共同で,1954年10月にこれらの人びとを擁護する「意見書」をハーバード学長に提出した.これは,同じ年の5月にパーソンズが「マーシャル記念講義」に招聘され,『経済と社会』の講義をするためロンドンに滞在していた時に,「忠誠委員会」から送付されてきた「尋問調書」に彼自身が回答を送って,帰国した直後のことであった.後年パーソンズは,アーカイブ文書の『アメリカの社会共同体』の第1章で,みずからの政治的立場を「中央より左」,ラディカルでもなく保守でもないと書いているが,この表現で「中央」というのは,ニーバーやシュレジンジャー二世などの民主党主流派をさしており,それよりも「左」であるという位置づけを意味している,ということが理解されねばならない.

「パーソンズの到達点」では,1973年のハーバード大学定年退職以後のパーソンズが描かれている.1974年にパーソンズはペンシルヴァニア大学客員教授となるが,ここでの最重要の出来事は,パーソンズ門下で医療社会学を代表するレナイ・フォックス,同じくパーソンズ門下で没後にアーカイブズ文書作成の中心を担ったヴィクター・リッツらとともに研究会を組織し,最後の著書『行為理論と人間の条件』(1978)の第3部・第4部の諸論文を書いたことである.『人間の条件』とは,人間の「死」と「宗教」の世界を意味する「テリック・システム」と,人間にとっての「自然環境」である「物理

-化学システム」および「有機体システム」を含む「LIGA 図式」の最上位レベルを意味している．これ以上のマクロレベルはあり得ないという意味で，これは「LIGA 図式」の完成を示すものと言えよう．

富永健一『社会変動の理論』と『社会学原理』

富永のパーソンズ研究は，学生時代に書かれた卒業論文に始まり，それをミクロ社会学につなげた修士論文を経て，マクロ社会学に到達した博士論文『社会変動の理論』(岩波書店，1965)，およびそれを社会学理論体系に仕立てた『社会学原理』(岩波書店，1986) というステップをたどった．卒論と修論は習作にすぎないが，『社会変動の理論』はかなりの読者を得た社会学の動学理論であり，『社会学原理』は「科学理論」「ミクロ理論」「マクロ理論」「変動理論」の四部構成からなる社会学理論体系である．ここでこの両著を簡単に取り上げさせていただくことにする．

富永健一『社会変動の理論』 社会変動とは，社会構造の変動である．こう書くと当たり前のことを言っているようだが，この命題に到達するまでに，私にはかなりの長年月が必要であった．問題は，社会変動とは社会の何が変動することなのかということだった．例えば小松堅太郎『社会変動論』(有斐閣，1953) のように，生活態度，関係形態，文化，社会的勢力などをあげる多項目列挙式の答えがあったが，これでは社会変動についての認識が拡散してしまって，焦点が定まらない．私の答えは，概念分析の手続きから引き出されたもので，社会変動とは社会が変動しない時には変動しないものが変動することである，というものである．「社会が変動しない時には変動しないもの」とは社会構造にほかならないから，ここから社会変動とは「社会構造の変動」である，という定義が導出される (p. 236)．これは，それまでどの本にも書いてない答えであった．のち西ドイツのツァプフがほぼ同趣旨のことを書いた (Zapf, W., Hrsg., *Theorien des sozialen Wandels*, 1979) が，私の方がずっと早かった．

この本が出された 1965 年までに，日本はアメリカの占領政策のもとでなされた戦後改革を前提として，1955 年に始まった高度経済成長によって，遅れていた産業化と近代化を一挙に推進し，社会構造の急速な変動を生み出し

た．日本はこれによって「中進国」から「先進国」へと「成長」を遂げ，非西洋世界における最初の先進国として世界に承認された．それは現在の中国の高度経済成長におけるような不平等化を生み出す社会変動ではなく，世界でも珍しい平等化をともなった社会変動であった．それがいかにして可能となったのかを理論化したいというのが，この本を書いた動機であった．

『社会変動の理論』は，第1章「資本主義‐社会主義の問題」，第2章「経済体系と社会体系」，第3章「産業化と社会変動」，第4章「社会変動の理論」という四つの章からなっている．私がこの本を書く少し前から，日本の社会学は「マルクス主義社会学」の形成期にあった．日本社会学会のシンポジウムでこのテーマが取り上げられた時，当時の日本の社会学者たちの多くは，マルクス主義的な思考に導かれて「社会変動」を「革命」と同一視し，革命待望論におちいっていた．私はそういう考え方を批判することから出発した．

マルクス主義社会学者たちは，パーソンズの『社会システム』の中に「革命」への展望がないとして，パーソンズの構造‐機能理論は社会変動を説明し得ないと主張した．私はこれに対して，社会学理論としての視点から考えると，社会変動とは「社会の構造」が変化することであり，資本主義から社会主義・共産主義への移行が起こったとしても，もしそれが社会構造の変動を実現していない（例えば階級的不平等が存続する）ならば，それは大きい社会変動たり得ないし，逆に資本主義が資本主義であり続けていても，大きな社会構造の変動が起こる（例えば階級的平準化が進む）ということはあり得る，とした（pp. 35-36）．

パーソンズ理論では，逸脱行動の発生による社会システムの均衡からの離脱が，社会化と社会統制を中心とする諸過程によって処理されてもとの均衡に復帰すると主張されている，というのが日本の社会学者たちの理解だった．しかしそれがもとの構造に復帰するだけなら，社会変動は起こり得ず，機能的により高次の社会システムは実現され得ない．正しくは，社会システムが変動への動機づけを生み出した時，「均衡の回復」はもとの社会構造に復帰することによっては不可能で，もとの構造と異なる機能的により高次の新しい構造が作り出されるのでなければならない．この観点から正確な推論を進めていくならば，正しく捉えられた構造‐機能理論こそが，社会システムの構

造変動を説明するのに適したものであることが証明できる，と私は考えた．

この観点から，マルクス主義に代わる新しい社会変動の理論を定式化するためには，経済と社会との関係を明確にしなければならない．私はこの主題を「経済社会学」と呼び，この語をこの本の副題とした．パーソンズとギュルヴィッチにしたがって，社会科学の19世紀的形態を特徴づけていた優越要因説，決定論的思考，および自然法則的思考を排除していくと，「システム理論」的な諸要素の相互依存的関係に着目する思考がこれに代わる新しい観点として浮かび上がる．この観点からすると，経済と社会の関係は，マルクスの上部構造 - 下部構造のように「上」と「下」の関係でなく，同一平面上に並んで相互にインプットとアウトプットを交換し合う，パーソンズのAGIL四セクターのような関係になる．これを社会学的機能主義と呼ぶ．

しかし経済と社会の関係を，単に同一平面上に並んだ二つのシステムの関係であるとするわけにはいかない．なぜなら，パーソンズ的に考えれば，経済体系というのは経済的行為のシステムであり，社会体系というのは社会的行為のシステムであるが，経済的行為と社会的行為の関係は，前者が後者の特殊ケースであるという関係になっているからである．パーソンズの社会システム理論では，経済体系は社会体系のサブシステムの一つ（Aセクター）であるという関係になる．この関係から，社会体系の理論は経済体系の理論を基礎づける，という命題が引き出される．

ここから，社会変動における独立変数を産業化に求めるという本書の第一の中心テーゼが提起される．戦後日本の社会変動，あるいはさらに明治維新いらいの近代日本の社会変動全体を考えると，経済発展における成功が終始他に先行している．経済発展における趨勢的水準上昇として最も確実にとらえられるのは経済発展であり，そして経済発展は社会発展の特殊ケースであるとするさきの命題を前提にして考えると，社会変動理論の課題は，「特殊」としての経済成長から出発して，これを「一般」としての社会成長および社会発展に拡大していくことにあると考えられる．社会成長とは，社会体系の構成諸部門において，人間活動のフローとストックの量が増大することである．社会成長が社会体系の構造変動をともなう時，これを社会発展と呼ぶ．

社会発展のより具体化された形態として，近代化・産業化・都市化の三つ

をあげることができる．近代化を包括的な概念と考え，産業化をその技術的・経済的側面，都市化をその生態学的・地域社会的側面と考えると，産業化は近代を前近代から区別する最も中心的な社会変動であったと見なすことができるだろう．産業化は技術進歩とともに始まり，技術進歩が経済発展を生み出し，経済発展がさらに経済以外の社会体系の諸部門に広がって社会発展をつくりだす．そう考えると産業化の過程は，技術→経済→社会という発展の筋道をたどってあとづけられる (pp. 209-16)．

この定義は私のものであったが，社会構造の定義に関して私はパーソンズの概念化に依存し，社会構造とは「制度化された規範による人員配分および所有配分の持続的配置」であるとした．だから社会変動の定義は，「制度化された規範による人員配分および所有配分に変化を生ずる過程」となる．これが本書の第二の中心テーゼである．上述した第一テーゼとこの第二テーゼを結びつけることにより，独立変数としての産業化が従属変数としての社会構造の変動を生み出す過程が，八つの命題として定式化される．八つというのは，人員配分に関する四つの命題と，所有配分に関する四つの命題からなっている (pp. 270-300) が，それらの個別命題については，ここでは省略しよう．

なおこれら八つの命題は，独立変数と従属変数のあいだに変化における均衡が自動的に実現されると主張しているかのように受け取られ，批判を受けた．これは，私の説明が不十分であったために生じた誤解であり，私の意図はけっしてそうではなかった．私は，現実には産業化が社会階層の流動化と平準化を伴わなかったり，産業化にもかかわらず民主化がこれに伴わなかったりすることが絶えず起こるとし，変動には時間を要するためにタイム・ラグが生ずると説明して，さまざまな「社会問題」はこのラグから生ずるものであると主張した．

富永コメント　自分の著書を取り上げて「富永コメント」と書くのは自己反省というほどの意味にすぎないが，これをできるだけ客観的なコメントとするために，『社会変動の理論』が他の社会学者によってどのように評価されているかを見ることにしよう．この本が出てから30年以上たった後のことであるが，髙坂健次と厚東洋輔は『講座社会学』第1巻（東京大学出版会，

1998)「総論」の「I　日本の社会学の戦後50年」と題する共著論文で，次のように書いている．

　「社会学に新しい時代が到来したことを知らせたのが富永健一の『社会変動の理論』(1965)であった．……［このあと「経済社会学的研究」という私が付けた副題についての批判的コメントの挿入があって］『社会変動の理論』が試みようとしているのは，経済を社会の一つの分野に位置付けることである．経済は部分に，社会は全体とみなされている．社会を部分から全体へと格上げすることにより，経済の成長である産業化によって引き起こされる，全体社会の構造変動の動向が定式化可能となる．全体社会を変動させる「原因」である産業化は，政治の変化（例えば民主化）→統合形式の変化，といった因果連鎖をたどり，最終的に再び大きな影響をうけ，そのあり方を大きく変える．それは「原因」であると同時に「結果」でもある．経済決定説に陥らないように，因果連鎖の相互性・循環性が強調され，そのために『機能主義』という枠組みが前面に押し出されている」(p. 28)．

　「最新の知識に魅了された若くて有能な多くの研究者たちの努力によって，パーソンズ社会学はマルクス主義に代わる新しいメイン・パラダイムへと成長していった．確かに60年代末期から70年代の初頭にかけて噴出した大学問題や公害問題を契機に，パーソンズ社会学はさまざまな異議申し立ての標的となり，その『死』が高らかに宣言され続けてきた．しかし，繰り返し批判の標的になってきたという事実こそ，ひとつの理論が一世を風靡しパラダイムとして君臨していたことを証し立てる．構造‐機能主義は，さまざまな異議申し立てに対応しつつ自己変革を繰り返し，1970年代全般を通じてメイン・パラダイムであり続けた，と言うことができるだろう」(p. 29)．

　このコメントは，過去30年あまりの間に私の『社会変動の理論』が日本の社会学界にどのように受け取られてきたか示すものである．これによって判明するのはつぎのようなことだろう．すなわち私の本はパーソンズ社会学のパラダイムによる流れとして受け取られ，そのパーソンズ社会学はマルクス主義社会学に対抗するものとして位置づけられてきた．そしてマルクス主義の優位する中で，パーソンズ社会学は繰り返し「死んだ」と宣告されたが，現実にはそれは死ななかった．何度も批判の標的になったということは，逆に言えばそれが「メイン・パラダイム」であり続けたということである，と．

実際この総括は，私の意図をよく理解してなされた，私にとって有難いコメントであると思う．しかしここでもう一点自己コメントするなら，私の『社会変動の理論』は「攪乱に対して単に元に戻る均衡回復でなく，新たな構造の創出によって再均衡に到達すること」という構造変動のアイディアを社会システム理論として非常に早い時期に提示したものであったが，それは早すぎたために，それから21年後に今田高俊の『自己組織性』（創文社，1986）が書かれた時，両者が適切に橋渡しされなかったのは，残念なことであった．両者はあまりにも時間的に隔たりすぎていたために，私自身の側にも「自己組織化」システムの理論の展開を受け取る準備ができていなかったし，今田の側にも私の21年前のテーゼが彼のいう自己組織性につながるアイディアであったという認知が多分なかったと思われる．というのは，今田は彼の自己組織化の概念を，すぐあとで述べるように，社会学理論がミニ・パラダイム噴出の時代に入ったというテーゼ，および「解釈主義」という哲学の方法が社会学に入ってきたというテーゼとのみ結びつけ，私のテーゼとの連続性についてはまったく考え及んでいなかったからである．

今田高俊の『自己組織性』については，盛山和夫『制度論の構図』とともに，私自身の『社会学原理』のあとに取り上げることにしたい．

富永健一『社会学原理』 この本は四つの章からなり，それらは第1章「社会学の科学理論」，第2章「社会のミクロ理論」，第3章「社会のマクロ理論」，第4章「社会の変動理論」とそれぞれ題されている．

まず「**社会学の科学理論**」（Wissenschaftstheorie）は，三つの主題に分かれている．第一は，社会学に定義を与え，その研究対象を確定するという，日本で1951年論争いらいもちこされてきた教科書的問題に，きちんとした解答を示すことである．この解答は，そのあと『社会学講義』でも，また本書の第1章でも不変のまま反復されているから，ここには繰り返さない．

第二は，社会学において「理論」とは何か，社会学はそもそも「科学」たり得るのか，といった科学理論的な問題に対して，考え方の原則を確立することである．理論とは，一般化への指向をもち，事象の生起について「なぜ」という問いに答えるような言明である．社会学は，デュルケームの『自殺論』やヴェーバーの『プロテスタンティズムの倫理』が模範を示したような実証

主義の道を進むのが原則であるが，それを理念主義的な諸潮流によって補完することが必要である．

第三は，社会学の研究領域の広がりと区分を確定し，社会学の研究諸潮流を整理することである．この整理は，横軸に理論・経験・歴史・政策という認識方法による区分をとり，縦軸に家族・組織・地域社会・社会階層・国家と国民社会・世界社会という対象による区分をとって，両者をクロスさせるというものである．

「社会のミクロ理論」とは行為理論のことであり，それは「個人は社会を必要とする」という視点の上に立つ．生命をもち，欲求し（動機づけをもち），思考する（意味づける）のは個人であるから，行為理論は方法論的個人主義に依拠して社会を個人還元的に分析する．社会のミクロ理論とは，個人レベルを意味している．個人のすることが行為であるが，個人は他者なしでは言語の習得も文化の継承も価値の内面化もできないのだから，個人の行為は他者との相互行為（interaction）なしにはあり得ない．個人が社会を必要とするとはこのことを言っている．だから行為は，これを相互行為としてとらえる時に，はじめて社会学的意味をもつのである．

自我と他者との相互行為は，「社会的世界」を形成する．社会的世界の形成過程を分析するミクロ理論として「相互行為理論」と呼ばれる社会学の学派があるが，この潮流には通常「シンボル的」という形容語が付加されている．シンボルとはコミュニケーションを可能にする媒体であり，ジェスチュアや絵画や音楽や貨幣その他多くのものがシンボルとしてあげられてきたが，なんといっても言語がシンボルとして果たす役割が決定的に重要である．個人は自分自身の「意識」あるいは「自我」の世界をもっているが，これは個人の「主観」という内面の世界であるから，外から見てもわからない．他者がこれを理解することができるためには，シンボルとしての言語によってその内面が外に表現されることが不可欠である．人間の社会的世界は，こうして「シンボル的世界」（文化的世界）を生み出してきたのである．

自我は，デカルトのいう「考える我」が示すように，能動的主体である．しかし人は産まれた時には自我をまだもっておらず，自我は社会化によって形成された受動的産物である．社会は個人がつくるものだが，個人は社会に

よってつくられるものであるというこの能動 - 受動の関係は、ニワトリとタマゴのように相互的である。「自我の形成」が社会を通じてなされるというのはフロイトとミードに共通していた観点であるが、それはまた「役割の形成」という概念とウラハラの関係にある。役割の概念はミクロとマクロの両面をもっており、「自我」と「役割」は、シンボル的相互行為理論と構造 - 機能理論とを橋渡しする関係に立つ (pp. 96-109)。

ジンメルの心的相互作用の概念は、行為という概念を立てなかったが、それは相互行為が社会関係として持続している状態をあらわす概念であったと解することができる。このように考えれば、行為理論と形式社会学とが結びつくということが分かる。さらにその形式社会学は、次のようにして現象学的社会学と結びつく。すなわち、シュッツのいう「生活世界」(Lebenswelt) は、シェーラーやフィアカントのいう「共感」(Sympathie) とつなげることのできる概念である。共感(同情)というのは元来、アダム・スミスによって立てられた概念であるが、シェーラーはこれをゲマインシャフトと結びつけ、現象学的立場からこれを「我」と「汝」の共同体験であるとした。スミスのいう共感をゲマインシャフトと解し、スミスのいう「見えざる手」をゲゼルシャフトと解するならば、資本主義の市場関係を利己主義的行為の産物として功利主義的にとらえるだけでなく、市場的交換行為をゲマインシャフトにまで遡って基礎づけ得ることに思い至るのではないか。これは、パーソンズの主意主義的行為理論の提言とつながり得る、グローバル化のもとでの新しい資本主義観であると言えるのではなかろうか (pp. 110-50)。

「社会のマクロ理論」とは社会システム理論のことであり、その視点は「社会は環境に適応しつつ存続する」というものである。ミクロ理論では方法論的個人主義に依拠する社会分析が有用であるが、マクロ理論では個人還元的に分析することのできない「全体と部分」の問題がある、ということを考えねばならない。すなわち、マクロレベルにおける事象の全体としての性質は、構成諸部分の性質から予測することができない、という「創発性テーゼ」の問題がこれである。社会システム理論においてこのような問題が生ずるのは、社会システムを分析する主導概念が、個人の欲求(動機づけ)にではなく、システムの機能的要件の充足におかれねばならないためである。

相互依存しあい機能的に関連しあっている諸要素の集合体が，環境に対して境界内の恒常性を維持しているものをシステムという．機械や有機体もそれぞれシステムであるが，社会システムは構成諸要素が個々人の行為であるようなシステムである（富永『社会学講義』p. 110）．社会システムの概念モデルとして社会学史上に提起されてきたものはいくつかあるが，それらは次の四つにまとめられる．

　(1) 機能分析のモデル（全体 対 部分）．これは有機体システムと社会システムとの同形性に着目したもので，諸部分は全体が必要とする諸機能を分担するという説明原理をとる．これは最も古くまた最も多く批判されてきたものであるが，現在でも社会システム理論としての基本的な意義は失われていない．

　(2) 相互依存分析のモデル（要素の相互依存）．これは要素の相互依存を通じて因果の循環的波及を分析するもので，パレートによって定式化された．経済学の一般均衡理論に範をとっているが，社会システムにそのまま適用することは困難である．

　(3) システム - 環境分析のモデル（システムと環境の相互連関）．これはサイバネティックス - 一般システム理論からの影響によって，(1)の修正版としてパーソンズによって定式化されたもので，社会システムを，環境に対して境界を張りつつ，環境とのあいだでインプットとアウトプットの交換を行い，環境に適応していくととらえる．

　(4) 自己組織システムのモデル（オートポイエシス）．これはサイバネティックス - 一般システム理論以後に，生物学で立てられたオートポイエシス理論を社会システム理論に導入したもので，ルーマンによって定式化された．ルーマンは，社会システムにはインプットもアウトプットもなく，閉じたシステムと開いたシステムの区別もないとしているが，そのようなモデルで社会システムが説明できるとは私には考えがたい．

　社会システム理論のキイ概念は，パーソンズの構造 - 機能理論という語が示すように，構造と機能である．「構造」は無時間的，したがって空間的，したがって横断面的な概念であり，記述概念として特徴づけることができる．これに対して「機能」は時間の経過の中で進行し，したがって過程的，した

がって縦断面的な概念であり，説明概念として特徴づけることができる．

近代産業社会の社会構造は，部分社会としては社会集団が「基礎集団」(家族・親族)と「機能集団」(企業・自発的結社・行政組織)に分けられ，地域社会が「村落」と「都市」に分けられる．「国家」と「国民社会」を近似的に全体社会とし，そのほかに「社会階層」と「市場」と「民族」がある．社会階層は，国民社会的規模における社会的資源の不平等分配によってつくり出された準社会である．市場は，国民社会的あるいは地域的規模において形成された経済的交換のネットワークであるが，社会集団ではなく，地域社会でもない．民族は，近代国民国家の形成を担ったが，国家の形成に至り得ない民族(「少数民族」と呼ばれる)も多数あり，これらは社会階層と同様に準社会と見なされる．これらの民族の独立要求は，こんにち世界の地域紛争の主要な源泉となっている (pp. 208-66).

「社会の変動理論」は，マクロのレベルにおける社会変動を分析する．社会変動を量的側面と質的側面に分け，両者を組み合わせることにより，社会成長，社会発展，社会停滞，社会退行，社会循環のような社会変動の下位類型が得られる．これらのうち，変動理論の中心を形成するのは社会発展の概念であり，社会発展の主要な段階論を形成してきたのは，未開社会，農業社会，近代産業社会の区分である．農業社会はパーソンズのいう「中間社会」であり，ここから「近代産業社会」への境界を突破(breakthrough)することが，産業化論および近代化論として，サン-シモン，コント，スペンサー，テンニェス，ジンメル，デュルケーム，ヴェーバー以来，社会学の中心的な関心事とされてきたものである．その突破の指標としてあげられるのが，経済的-技術的側面(産業化)，政治的側面(民主化)，社会-文化的側面(近代化)の三つである．

近代化は，西洋人を担い手としてなされてきた世界史的過程である．ヴェーバーの『プロ倫』テーゼはこのことを明確に命題化したものであり，パーソンズが中華帝国・インド帝国・イスラム帝国・ローマ帝国という四つの高等中間諸社会のうち，イスラエルとギリシアを「苗床社会」にして，ユダヤ-キリスト教文化とギリシア-ヘレニズム文化の二大遺産を自分のものにしたローマ帝国のみが，古代を近代へと架け橋したとする命題を立てたのは，

ヴェーバー・テーゼを継承したものである．私はこの枠組にもとづいて，西洋近代社会の体系は，大航海時代・ルネッサンス・宗教改革の三つを発端とし，近代国民国家の形成・市民革命・科学革命・啓蒙主義・産業革命を五つの要素として形成されてきた，とする近代化理論の基礎的定式化を立てた．

近代化に向かう社会発展は，さまざまな社会構造の変動を生み出す．これらの構造変動は，「部分社会の変動」と「全体社会の変動」に分けられる．「部分社会の変動」は，(1) 基礎集団における変動（「家」の解体，親族集団の分解，核家族の形成），(2) 機能集団における変動（官僚制化と組織変動），(3) 地域社会における変動（村落共同体の解体，地域社会の都市化，新しい「コミュニティ」の形成），の三つに区分される．

「全体社会の変動」は，(1) 社会階層における社会変動，および (2) 国家における社会変動，の二つである．(1)は，ヨーロッパ19世紀型の「階級」概念から，大量のホワイトカラーの登場による多元的で社会移動の多い「階層」概念への移行が，中心的な関心を形成した．(2)は，ヴェーバーによる家産制と封建制の区別と近代化との関係，市民国家の形成，「福祉国家」の形成，高齢化および少子化，などの問題をめぐって展開されてきた．

社会発展を生み出す動因は何か．これを「内生因」と「外生因」に区分する．内生因とは動因がシステムの境界の内部にあるものを言い，外生因とは動因がシステムの境界の外部にあるものを言う．近代化の先発国としての西洋諸国では，内生因が次々に生み出されたので，内生的発展が可能であったが，後発国である非西洋諸国では，近代化は外生的発展によるしかなかった．上述した三つの発端と五つの要素はすべて，ヨーロッパ世界にとっては内生因として生み出されたが，非西洋国では外生因に頼るほかなかった．しかし日本はそれらを自発的に学び取り，ナショナルな文化に接木した．戦前にはこれらがナショナリズムの問題を引き起こしたが，戦後はアメリカニゼーションが受け入れられて，日本の近代化は成功し得たと言えよう (pp. 301-72)．

富永コメント 『社会変動の理論』から『社会学原理』のあいだには，21年のブランクがある．そのあいだ私が何をしていたかを，簡単に書いておきたい．『社会変動の理論』を書き上げたあと，私はすぐに『原理』にとりかかり得る力は自分にはなく，それには相当の時間をかけねばならないと思ってい

第4節　パーソンズ受容と日本のリベラル社会学　　263

た．他方私は，自分に実証研究の経験が欠けていることを自覚していた．そこに降ってきたのが，「社会階層と社会移動」(SSM) の第三回全国調査のプロジェクト・リーダーをつとめるという仕事であった．同調査は，1955年の第一回調査が私の恩師である尾高邦雄先生によってなされ，1965年の第二回調査が私の先輩である安田三郎先生によってなされていたが，データ解析のコンピューター化という大仕事が未着手であった．安田先生も勧めて下さったことであり，この仕事に挑戦してみようかと考えた．

　私は折から1968年に，慶応 - イリノイ・プロジェクトに乗せていただいて，イリノイ大学に留学する機会を与えられていたので，私はこの機会を用いて社会統計学とコンピューターをマスターし，1975年 SSM にパス解析のような数量分析の手法を導入して SSM を計量社会学化する課題と取り組んだ．アメリカ留学から帰国後，文部省科学研究費の取得，調査チームの編成，世論科学協会への実査の依頼，東大大型計算機センターでのデータ解析，出版助成金を得て東大出版会から出す報告書の作成（富永健一編『日本の階層構造』1979），アメリカの SSRC と日本の学術振興会を共同スポンサーとする SSM の日米比較分析のコンファレンスの主催などによって，12年間があっという間に過ぎてしまった[3]．

　私が再度「理論」に戻ったのは，1981年に東大 - ボッフム・プロジェクトに乗せていただいて，西ドイツのボッフム大学で講義をしながら，「ドイツ社会学における実証主義論争」と「ハバーマス - ルーマン」論争を学び，これらをヴェーバー - パーソンズ研究とつなげて，「社会学における実証主義と理念主義」というテーマを考えたことによってであった．かくして，ドイツ留学から帰国後，まず『現代の社会科学者――現代社会学における実証主義と理念主義』（講談社，1984）を書き，次いでその成果の上に立って『社会学原理』（岩波書店，1986）を書いた．『社会変動の理論』から21年，同書を書き上げた時34歳であった私は，『社会学原理』を書き上げた時は55歳になっていた．

　そのあと書いた『日本の近代化と社会変動――テュービンゲン講義』（講談社学術文庫，1990）および『経済と組織の社会学理論』（東京大学出版会，1997）を合わせた四冊を，私はこれまで書いた中の自分の主著として位置づ

けているが、あとの二冊はスペースの関係からここでは取り上げることができない。だからここでは、私がアメリカ経験とSSM経験とドイツ経験を通じて、やっと自分なりの理論的成熟を遂げたと思って書いた『社会学原理』だけに集中した。同書には私の21年の思いがこめられている。しかし私が実証研究に時間を費やした理論的ブランクのあいだに、日本における社会学理論の世界はすっかり様変わりし、私の『原理』は冷ややかに遇されるようになった。とはいえもちろん私自身は、『日本の近代化』と『経済と組織』を含めた四冊はどれもそうだが、とくに『原理』にこめられた「理論化」への努力は、今後ますますその重要性が認められるようになるだろうと考えている。

今田高俊『自己組織性』

今田高俊[4]は戦後第二世代を代表する社会学者の一人であり、私のもとで社会システム理論と社会階層分析を専攻してきた。『自己組織性』（創文社、1986）と題するこの本は、彼の最初の単著（博士論文）である。題名が示すように、今田はこの本で、社会システムはみずから構造変動をオーガナイズする能力をもっていると主張し、この過程を「自己組織化」あるいは「ゆらぎからの秩序変換」と呼んで、これまでになかった新しい社会変動理論を構築しようとする。この本は全七章からなり、第1章から第4章までを第1部「変換理性の科学哲学」と題し、第5章から第7章までを第2部「自省的機能主義の理論」と題している。第1部ではまず、これまで行われてきた三つの科学方法論を、彼が「メソドロジーの三角形」と呼ぶ図式によって要約し、次に「変換理性」という耳慣れない言葉を使って、このような構成をもった科学哲学の通念を「変換」しなければならないと提言する。この提言は難解であるが、迫力をもっている。第2部では、その提言を社会システム理論に具体的に適用し、自己組織性を社会システム理論の主題とすることによって、機能主義を「自省的機能主義」へと作り変える実行案が提示される。この実行案によって、「説明」対「理解」、「実証主義」対「解釈主義」という従来の対立を乗り超えることが、今田のめざすところである。今田はこの乗り超えによって「社会理論の復活」（「社会を構想する大きな視野をもった理論」

第4節 パーソンズ受容と日本のリベラル社会学

いうほどの意味）が可能になるとし，この語をこの本の副題にしている．

今田がこの本を出版したのは1986年で，私の『原理』と同年である．だから今田はこの本を書く段階では，私の『原理』を見ておらず，その二年前に私が書いた『現代の社会科学者』が彼に一定の影響を与えている．この時期には高度経済成長の終焉からすでに十年以上がたっており，冷戦体制の解体までにはなお四年あるが，彼は「産業社会はいま大きな転換期にさしかかっている」とする．今田にとってこの認識は，「学問の危機」というフッサールばりの認識と重なり合っている．彼が危機としてとらえるのは，「メイン・パラダイム」が次第にその力を失い，これに対抗して生み出された多数の「ミニ・パラダイム」が乱立して，「多極的な学的構造を呈している」という状況である．彼は社会学の現状を，メイン・パラダイムであった機能主義プラス産業社会論プラス自然主義がその地位から滑り落ち，現象学的社会学，エスノメソドロジー，シンボリック相互行為論などのミニ・パラダイムが，多極的に展開されていると認識している．

今田は「科学とは認識（理論）と存在（経験）を接続するものである」とし，認識の平面と存在の平面とを縦につなぐ「メソドロジーの三角形」（三角柱と言ったほうが分かりやすい）なるものを構築する．それが三角である理由は，富永が『現代の社会科学者』で立てた「実証主義」対「理念主義」という単純な二区分が，今田によって「実証主義」「反証主義」「解釈主義」という三区分に変えられたことによる．今田が「実証主義」というのはコントとミルのもので，彼はこれを「観察帰納主義」と呼ぶ．これに対して「反証主義」とはもちろんポパーのもので，論理実証主義の「仮説演繹法」による「検証」を「反証」に置き換えたものを意味している．三番目の「解釈主義」とはディルタイ起源のものだが，今田はこれを，フッサールとハイデッガーを取り込んで展開したガダマーの解釈学的哲学の方法であるとし，さらにこれをヴェーバーの「主観的意味」の概念につないで「意味解釈法」と呼ぶ．三角柱の三つの縦辺は，実証主義では「帰納」であり，反証主義では「演繹」であり，解釈主義では「解釈」である (p.16)．

ところで今田によれば，自己組織性とは，社会が自己のシステム状態を自分で変えていくことだから，自分が自分に言及すること，すなわち自己言及

が不可欠である．例えば，高度経済成長期の日本は，西洋諸国に比して自国が遅れていると考え，西洋諸国に追いつくために，産業化・近代化・民主化・都市化など，今田が「ゼーション現象」と呼ぶ変動を推進することを国民的目標とした．西洋諸国に遅れているという言明は，それ自体が自己言及にほかならない．ところがこの自己言及は，「ラッセルのパラドックス」として知られる論理的矛盾を含んでいる．「クレタ人は嘘つきである」という言明がクレタ人自身によってなされた場合がこれに当たり，この言明は真とも偽とも決定できない．この矛盾は，論理実証主義の演繹的な形式論理によっては解決することができない．

　そこで今田は，「変換理性」という語を彼の自己組織性方法論のキイワードとすることによって，このディレンマから抜け出そうとする．彼が「変換」というのは，上述の三角柱を動かないものとは考えないで，縦辺を相互に自由に入れ替え可能であるとするものである．今田によれば，これまでの社会学は「実証主義」の帝国であった．コント，スペンサー，ミル，デュルケーム以来，社会学のメイン・パラダイムは英仏のもので，それは「社会の自然科学」であり，ドイツの解釈主義は社会学には入っていなかった．確かにヴェーバー社会学は解釈主義の系譜から出自したが，ヴェーバーの有名な社会学についての定義は「解釈的理解」(deutend verstehen) と「因果的説明」(kausal erklären) を意図的に並存させたアンビヴァレントなもので，「社会の自然科学」と「理解科学」を明確に対置させたものではない (pp. 69-70)．

　ところが今田は，1970年代後半以後，英米でも日本でも，社会学にそれまでの「社会の自然科学」と「ヴェーバー的アンビヴァレンス」を打ち砕く「解釈主義」の隆盛が到来したとする．とりわけ，シュッツの現象学的社会学と，後期ヴィトゲンシュタインの日常言語哲学がそれらを代表する．今田によれば，現象学的還元は必ずしも個人の内面的な意識の問題に限定されるものではなく，広義の現象学的還元は相互主観的還元を含む．これは集合体ないし社会レベルにおける主観の問題である．「意味を個人の主観性に関連づける方法を棄て，歴史的・社会的次元の問題として扱うことが必要である」(p. 78) というのが今田テーゼである．彼はここに，ガダマーの『真理と方法』における「意味の歴史的次元」をもってくる．これは，意味を存在によって

問う形而上学的な観点である．しかしこれではまだ，社会学にはならない．そこで今田は，機能主義を現象学と結びつけたルーマンに着目し，ルーマンの観点は意味を機能と結びつけることによって「意味の社会的次元」の問題を提起した，と理解する．今田はこれらの現象学的概念化から，「意味に関する自省作用」（意味の問い直し）が必要であるとするテーゼを導出する．

「自省」(reflexion) というのは通常個人がするものだが，今田のいう自省は社会システム・レベルでの意味の問い直しにかかわる．高度経済成長以後の日本社会では，上述した産業化・近代化・民主化・都市化のあとも，情報化・少子化・高齢化・ポスト産業化・ポスト近代化などの「ゼーション現象」がつぎつぎに起こり，それまで慣れ親しんできた伝統的な状態から，いまだかつて経験したことのない新しい状態へと変化をとげてきた．これらは，意味の自己組織化を要求する．ハバーマスの主張によれば，それまで自明視されていた「妥当性要求」が問題視された時，これを克服するためには，演繹法や帰納法によるアプローチから，彼が「了解」と呼ぶ変換が必要になる．かくして今田は，自己組織性のリアリティを次の三つに集約する．(1) 自己組織性の本質は論理学的には自己言及の問題であり，社会科学的には自省作用の問題である．(2)「ゆらぎ」や変化の「きざし」の秩序変換に見られるように，自己組織性の世界では特殊・個別の事象が特に重要な意義をもつ．(3) 自己組織性の存在問題は「すでにそこにある」経験ではなく，「いつかどこかに」存在する経験にある．以上が今田高俊『自己組織性』の第 1 部である．

第 2 部「自省的機能主義の理論」では，「自省」の概念を機能主義に適用することが主題とされる．上述したように，今田は戦後社会学の「正統派」を保持してきた機能主義プラス産業社会論プラス自然主義がメイン・パラダイムの地位から転落し，現象学的社会学，エスノメソドロジー，シンボリック相互行為論などのミニ・パラダイムが社会学の多極化現象をつくりだしていると認識しているが，今田自身は機能主義を棄てるという選択はせず，「機能主義の試練と苦悩」を一身に引き受けて，みずからこれを自省的機能主義へと「脱構築」する役割をとる，と宣言する．今田は，戦後に登場してきた社会科学の「正統派」として，「一般システム理論」「サイバネティックス」「一般均衡理論」「構造主義」「構造‐機能主義」の五つをあげる．彼はこの本の

第6章「正統派の受難時代」において，この五つのそれぞれのエッセンスを，みごとに要約している（pp. 181-212）．ここにそれらの要約の要約を書くことはしないが，この五つの中で，「構造-機能主義」が最後に位置づけられているのは，パーソンズがはじめの四つを適宜吸収しながら，それらをヴェーバーとデュルケームの伝統につないで構築した総合的な理論だからである，としていることだけを述べておこう．

今田にとっての問題は，この「構造-機能主義」を，いかにすれば自省的機能主義へと「脱構築」し得るか，という問いに対して答えを示すことである．今田が到達した結論は最終章である第7章「社会理論の復活」に述べられている．

今田が構想する「社会理論」は「行為論」から始まる．ミニ・パラダイムとして登場してきた行為論について，「現象学的社会学」（シュッツ），「シンボリック相互行為論」（ミード），「エスノメソドロジー」（ガーフィンケル）の三つが検討され，それらが自己組織性のための「自省」としての役に立たないことが批判される．シュッツはフッサールの現象学的エポケーに対して，自然的態度のエポケーを重視した．しかし今田によれば，シュッツの自然的態度の構成現象学は，結局のところ生活人としての行為者を，非反省的な自我としてしか扱っていない．他方ミードとガーフィンケルの行為論は，どちらも反省作用を取り込んだ行為論を展開しているが，彼らが共通におちいっているのは，今田によれば，主観主義の誤謬と制度的視点の欠落である．

そこで今田は，パーソンズにおける行為理論と構造-機能主義理論との関係に立ち返る．構造-機能主義は，機能を中心概念としているが，経験的レファレントを強調するために構造を重視する．今田によれば，「構造」の本質は行為の「ルール」（規則）たることにあり，「機能」の本質は行為の「コントロール」（制御）たることにある．しかし構造にも機能にも，記述概念としての側面と説明概念としての側面とがあるので，両者を区別しなければならない．構造は説明概念としては「ルール」（規則）であるが，記述概念としては「パターン」（型）である．また機能は説明概念としては「コントロール」（制御）であるが，記述概念としては「パフォーマンス」（成果）である．今田はこの構造と機能に「意味」の概念を追加する．意味は説明概念としては

「リフレクション」（自省）であり，記述概念としては「ディファレンス」（差異）である．

　日本の高度経済成長期には，先進諸国にキャッチアップするという産業化の目的がはっきりしていたから，この目的がルールとコントロールを正当化していた．ところが産業化が公害問題などによって行き詰り，高度経済成長が不可能になるとともに，目的が正当化の根拠を失い，ルールとコントロールが有効性を保持し得なくなった．ここで必要になったことは，社会の変化の方向性を問い直し，自省によって新たな自己組織化を模索することである．差異というのは，それまでのパターンとパフォーマンスと，自省によって立て直されたパターンとパフォーマンスとの差異である．それが明確にされるならば，新しい意味形成が可能になる．今田はこの過程を，システム次元と行為次元のそれぞれについて「螺旋運動」として定式化する．システム次元では，構造を意味によって問い直し，新しいパターンとルールを設定して，それに合わせて機能としてのパフォーマンスとコントロールの水準を高めていく．行為次元では，自省的行為によってこれまでの慣習的行為を修正し，新しい目的に向けて自己制御を働かせる合理的行為を実現していく．これらの繰り返しからなる循環運動によって，多様度レベルが高められ，システムと行為の螺旋運動が進むという．今田はこの両者を合わせて，行為とシステムの複合螺旋運動を定式化する．

　富永コメント　今田高俊の『自己組織性』は，自己組織システムという語を普及させたが，それと裏腹の関係にある自省的機能主義という語はあまり普及しておらず，自己組織システムという概念は機能主義を否定するものとして印象づけられている傾向がある．私もはじめそのように受け取ったのであるが，これにはこの本の第3章あたりの書き方と彼の文章表現の仕方が関係しているように思われる．よく読んでみると，彼は機能主義を否定的言論の渦中から救い出そうとしているのである．「一般システム理論」「サイバネティックス」「一般均衡理論」「構造主義」「構造-機能主義」の五つについての彼の解説は，必要文献をよく読みこなしてきわめて正確に書かれており，私は賛辞を惜しまない．それらを含む「正統派の受難時代」という第6章の表題は，彼がこの五つの中に位置づけられたものとしての社会学の構造-機能

主義に対して，深いコミットメントの感情を抱いていることを示している．この本が1980年代の日本におけるリベラル社会学の理論水準を示す重要文献であることは，広く認識されてしかるべきである．学説史的把握で一点だけ気になったことは，ヴェーバーとデュルケームはよく捉えられているが，ジンメルが無視されていることである．ジンメルを機能主義との関連において理解することは，社会学にとって重要なのではなかろうか．

盛山和夫『制度論の構図』

今田と同世代の盛山和夫[5]は，合理的選択理論・社会階層分析・数理統計学からパーソンズ理解まで，きわめて多面的な学識をもつ逸材である．『制度論の構図』(創文社，1995)は，彼の単著としては最初の著作(博士論文)であった．ところがそれは，彼の専門領域である方法論的個人主義を推進してきた合理的選択理論とは一見反対に，方法論的集合主義を主張するかに思われる「制度論」というテーマを掲げて登場したので，私自身を含めて驚いた人が多かった．盛山は数理社会学会をオーガナイズしたが，同学会会員の一人はこの表題に当惑して「数理社会学を裏切った」と述べたほどである．もちろんそのようなことはないのであるが，盛山は一体なぜこのようなテーマを掲げるにいたったのだろうか．

全10章からなるこの本には，新制度学派経済学，ゲーム理論，法理論，言語ゲーム論などがつぎつぎに登場し，あまりにも学際的であるために，全体としての意図がどこにあるのか分かりにくい．私はこの著作における彼の意図には，富永の『経済と組織の社会学理論』(本書では言及を省略した)と共通した要素があると理解している．それは次のような意味においてである．方法論的個人主義を推進した日本で最初の社会学者は，日本における新古典派経済学の創始者の一人でもあった高田保馬である．新古典派経済学は徹底した方法論的個人主義をとり，効用関数は純粋に個人のものであって，個人の選好はいかなる他者からも影響を受けないとされていたから，高田社会学の方法論的個人主義は彼の経済学と整合的であった．社会学では，ジンメルとヴェーバーに始まりパーソンズによって継承された行為理論が，行為とは個人の行為であると主張した点で，やはり方法論的個人主義の名で呼ばれて

いる．しかしヴェーバーの「**資本主義の精神**」の概念や，パーソンズの役割期待の学習と動機づけにおける社会化のメカニズムを強調した行為の概念は，新古典派経済学ほど強い方法論的個人主義をとっているわけではない．

盛山は第1章「**制度という問い**」において，コース，ノース，ウィリアムソンらの「新制度学派」の経済理論から出発する．制度学派経済学の創始者であったヴェブレン，コモンズ，ミッチェルらは，新古典派経済学とのつながりがなかったのに対して，新制度学派は新古典派経済学の市場理論の中に制度（組織）の概念を持ち込んだ．コースは市場と組織を相互代替的な関係にあるものとして，両者の差異を相対化し，違いは「市場には取引コストがかかるのに対し，組織には取引コストがかからない」ということだけである，とする命題を立てた．盛山は，制度の概念を市場に解消しようとするこのような新制度学派の取引コスト・アプローチを，制度と市場の原理的な違いを無視するものとして否定する．そこで彼は「もしも市場モデル的アプローチに何らかの根本的な欠陥があると感じ，それとは異なる形で制度論を構築しようとするならば，必ずどこかで個人主義的社会理論との対決……を行い，しかもそれに成功裡に勝利しなければならない」(p.27)とする．そしてこれこそが，盛山がこの本で取り組もうとした彼自身の問題である．

第2章「**パーソンズにおける秩序問題**」には，制度論の筆頭としてパーソンズが登場する．高度に学際的に書かれたこの本で，目次に登場する多数の名前や概念のうち，明確に社会学に属すると言える学者は，ほとんどパーソンズだけである．そのパーソンズについて，盛山は次のように述べている．

「組織を市場の一種として理解するかそれとも市場とは異なる組織それ自体の固有の特性を認めるかという対立は，デュルケム以来の社会学の根本問題と結びついているが，デュルケム以上に自覚的にこの問題に取り組み，デュルケムがなしえなかった体系的でそれゆえにその少なからざる部分がさまざまな社会学研究において活用され続けている概念図式を打ち立てることに一定の成功を収めたのはT. パーソンズであった．……ここでパーソンズを検討するのは，それが，制度に関する社会学独自の説明形式を打ち立てようとした第一級の試みであり，その検討を通じて明らかになる諸問題が重要なものであると考えるからである」(p.29)．

しかしこのような問題提起に続く盛山のパーソンズ分析には，「市場」も「組織」も「制度」も出てこない．出てくるのは，『社会的行為の構造』においてパーソンズが提起した「ホッブズ的秩序問題」である．盛山がこの問題に注目したのは，パーソンズが彼独自の意味での「功利主義的社会理論」は秩序問題を解決し得ないとして，実証主義と理念主義の収斂として構想された「主意主義的行為理論」をこれに対置したからである．新古典派・新制度学派の市場理論はパーソンズのいう「功利主義的社会理論」に当たり，盛山がこれとの「対決」において考えた制度理論はパーソンズのいう「主意主義的行為理論」に当たる．盛山によれば，『社会的行為の構造』では「主意主義的行為理論」が秩序問題をどのように解決するのかは必ずしもはっきりしていたとは言えないが，『社会体系論』ではそれが「役割期待」における「期待の相補性」および「共有された価値志向」として明確にされている．盛山は結論的に，パーソンズの提示した秩序問題への解決は，「市場的な秩序観」と「組織的な秩序観」との両義性をもつとしている．

　第3章「**秩序問題のゲーム論**」は，囚人のディレンマ・ゲームから秩序問題への解決が引き出され得るか，という問題を論じている．秩序問題を囚人のディレンマ・ゲームによってモデル化したのは，ランシマンとセンの論文であった．ランシマンとセンは，囚人のディレンマにおいて二人がともに自白しない場合に実現されるパレート最適をルソーの「一般意志」になぞらえ，これに対して相手が自白しないという保証が得られないために自分だけの個別利益を求めて自白する行為を「個別意志」と呼んだ．囚人のディレンマ・ゲームにおいて秩序問題の解決に相当するのは，「ともに自白しない状態」を「共通利益」として実現することである．しかしゲーム理論の個人主義的アプローチでは，モデルの内部から秩序問題の解決を得ることはできない，と盛山は結論する．

　第4章「**コンヴェンションへの懐疑**」では，「共通利益」をもたらすような自然発生的に実現された慣習的規則を「コンヴェンション」と呼ぶ．この概念はヒュームに由来するもので，その形成を可能にする条件をヒュームは「共感」に求めた．ルイスは，このコンヴェンションの形成を「調整ゲームの解」として数学的に求めようとした．ルイスが試みたことは「合理的行為」と

「共有知識」を結合したモデルによって、これを定式化することであった．しかし盛山は、ルイスのモデルは成功していないと結論している．

第5章「規範の意味論」で論じられている問題は、規範とは何かについて、多くの人びとが抱いている見解を吟味することである．ルイスは規範を選好であるとしているが、盛山は規範を個人の外部にあるものだとして、これを否定する．ルイスはまた、多数者の期待が規範性を帯びると述べているが、盛山は期待とは他者——それがどんなに多数であるとしても——の選好にすぎないとして、これも否定する．期待とはサンクションであるという見解は、アクセルロッドをはじめ多くの人びとが表明しているが、盛山はサンクションとは他者による評価にすぎないとして、やはりこれを否定する．ホーマンズは規範とは「すべし」(ought) という言明であるとしているが、盛山は「すべし」は外部世界に根拠を持たないとして、これも否定する．以上から結論されることは、規範の概念もやはり個人主義的アプローチからは導出できないということである．

第6章「ルールの実在論」においては、ハートの「法とはルールである」という主張をあげ、ルールとは何かということが論じられる．ルールとは行為の外的な現われであるとか、ルールとは人びとの期待であるとか、ルールとは命令であるなどの見解は、盛山によって否定される．言語ゲーム論はルールについて積極的に語り得ないとするが、盛山はこれも否定する．そして盛山が最後に示唆しているのは、ルールとは「行動的実在」ではなく「理念的実在」であるということである．

第7章「社会的世界についての知識」において、盛山は前章に示した「理念的実在」ということの意味を、ルールや法のような規範的なものが「人間の心の構成物」であるということだとする．しかしルールや法は集合的なものだから、ここで「心」というのは個人の心ではない．しかし社会が心をもつということは本来的にあり得ず、心は個人のもの以外ではあり得ない．盛山はシュッツを援用しつつ、人間の心の構成物を主観的意味連関と呼んで、これを「一次理論」と「二次理論」とに分ける．一次理論はシュッツのいう「日常的知識」に当たり、一人ずつの行為者に独自のものである．これに対して二次理論は「超越的な視点からの社会的世界に対する知識」であって、盛山

はこれを仮想の視点であるほかないとしている．

　第8章以下三つの章は，本書の結論的部分である．第8章「**方法論的個人主義を超えて**」において盛山は，「方法論的個人主義は方法としても認識としても誤っている」とし，社会現象は行為から成り立っているのではなく，諸観念から成り立っているのであるとする．盛山によれば，行為者の行為は連続する生の流れの中にあり，だからそれは自立した単位をもっていない．盛山によれば，社会科学の中で行為論的な理論構成が成功したのは，ミクロ経済学だけである．

　第9章「**制度の概念**」では，盛山は制度も組織も理念的な実在であり，基本的に意味および意味づけの体系であるとするが，しかし意味だけが制度を構成するのではなく，制度は「意味の体系」と「行為の体系」と「モノの体系」の総合体であるという．第一に，意味の体系が制度の根底をなしている．世界や社会の意味が人間を超越した客観的な何ものかによって支えられていると人びとは想定しがちである（そのような態度を盛山は「自然主義」と呼ぶ）が，現実には意味の体系の背後には何もなく，それは無限の暗い宇宙空間の中に浮かんでいるだけである．第二に，行為の体系が制度を担っている．盛山はこれを，制度を実践する行為，制度を利用する行為，制度を象徴する行為，制度に従う行為など，全部で八つほどの行為に分けている．第三に，制度を担う行為を媒介するのが，モノの体系である．これは，制度が利用するモノ，制度を象徴するモノ，制度を記述する記号，制度のつくる産物，などを含む．

　第10章「**二次理論としての制度論**」は，制度の一次理論と二次理論について述べている．一次理論は個人のものだから，それは各人にとって自明のものであるが，それを超えたところに「共同主観性」といったものが成立しているわけではない．制度の逆は自然状態であり，現実の制度は自然状態と秩序とのどこか中間にある．制度を支える意味世界は一次理論のものであり，「秩序問題」という問題の立て方は結局のところ一次理論の内部での問題から脱却出来ていない．二次理論について盛山は，「行為の体系」と「モノの体系」の関係を探求することが制度論の課題であるとしている．

　富永コメント　この本に対する総括コメントとして，以下の四点をあげた

第4節　パーソンズ受容と日本のリベラル社会学　　　275

い．第一に，この本は「制度論」というテーマを掲げていること，そしてこの視角から社会学が新古典派経済学のような強い方法論的個人主義をとり得ないことを鋭く指摘したことにおいて，近年のリベラル社会学理論の傾向における欠如部分を埋めるという大きな意義をもっている．第二に，しかしこの本はあまりにも学際的に多くのことを取り込みすぎ，とりわけその学際的アプローチを展開するのに，新制度学派経済学，パーソンズ，ゲーム理論，コンヴェンション理論，法理論，現象学的社会学というように，相互に異質なものをたくさん並べるという構成をとっているため，全体のつながりが分かりにくく，説得性に欠けるということが問題である．私にとって本書が説得的であったのは，新制度学派経済学とパーソンズとゲーム理論の前半くらいまでであった．第三に，盛山は数理社会学者であることから当然に，数理的分析への強いコミットメントをもち，それは本書にも随所にあらわれているが，制度論全体は数理社会学ではあり得ないという意味で，本書は一貫しているとは言えない．数理的分析の部分は，切り離して別の本にしたほうがよかったのではないか．第四に，本書には否定的な言辞が多いが，その中でとくに気になるのは，社会現象は行為から成り立っているのではないとか，行為者の行為は連続する生の流れの中にあるからそれは自立した単位をもっていないとかのように，行為理論に対する否定的な言辞が結論部分において目立つことである．しかし第9章では，一度否定された行為論がまた復活しているという点で，結論が一貫していない．ヴェーバー，パーソンズ，シュッツらの理論においても，戦後日本の社会学においても，行為理論がもたらした有益な産物は数多いというべきなのではないか．

1) 富永はそれに先立って，パーソンズとニール・スメルサーの共著『経済と社会』の翻訳（二分冊，1958-59）を出版したが，これは日本で初めて出されたパーソンズの著書の翻訳であった．日本で初めてパーソンズ社会学を翻訳するにあたって，『社会システム』でなく『経済と社会』を選んだのは，私個人はすでにパーソンズの『社会システム』を卒業してしまっていたので翻訳する気はなく，パーソンズがウェーバーの『経済と社会』と意図的に同じ題名をつけた『経済と社会』こそ，経済発展と社会変動の理論的関連について，マルクス主義とはまったく異なる理論を展開したパーソンズの真骨頂を示すものと考えたから

であった．富永は著書『現代の社会科学者』(講談社，1984) の中で，世界の社会科学の大きな流れの中にパーソンズ理論を位置づけたが，パーソンズ理論そのものの研究書を書くことはしなかった．これは富永が学説解説に時間を費やすよりも，自分自身の理論をつくることを目指したい，と考えたことによるものであった．しかし日本にパーソンズを定着させるためには，富永がスキップしてしまった作業として，パーソンズ理論の順を追った解説書を書くことはやはり必要であったことを認めねばならない．

2) 高城和義 (1942-) は 1968 年名古屋大学大学院法学研究科博士課程中退．名古屋大学助手を経て，1983 年岡山大学法学部教授，1990 年広島大学法学部教授，1998 年東北大学文学部教授．著書は『パーソンズの理論体系』(日本評論社，1986)，『現代アメリカ社会とパーソンズ』(日本評論社，1988)，『アメリカの大学とパーソンズ』(日本評論社，1989)，『パーソンズとアメリカ知識社会』(岩波書店，1992)，『パーソンズ──医療社会学の構想』(岩波書店，2002)，『パーソンズとウェーバー』(岩波書店，2003) など．

3) 私は 1975 年 SSM 調査の報告書『日本の階層構造』を編著として本にしただけで，SSM 研究を自分自身の単著にしていない．これについては分厚い構義ノートができているので，それを本にすることは (時代遅れをどれだけ取り戻せるかは問題であるが) 今後の重要課題の一つである．

4) 今田高俊 (1948-) は 1972 年東京大学文学部卒業．1975 年同大学院博士課程中退．1975-79 年東京大学文学部助手，1979 年東京工業大学助教授，88 年同教授．著書は『自己組織性』(創文社，1986)，『社会階層と政治』(東京大学出版会，1989)，『ハイパー・リアリティの世界』(編，有斐閣，1994)，『意味の文明学序説』(東京大学出版会，2001)，『産業化と環境共生』(編著，ミネルヴァ書房，2003) ほか．

5) 盛山和夫 (1948-) は 1971 年東京大学文学部卒業．1976 年同大学院博士課程を修了．1978 年北海道大学助教授，1985 年東京大学助教授，94 年教授．著書は『制度論の構図』(創文社，1995)，『権力』(東京大学出版会，2000)，『統計学入門』(日本放送出版協会，2004)，『社会階層』(原純輔と共著，東京大学出版会，1999)，『秩序問題と社会的ディレンマ』(共編著，ハーベスト社，1991) など．

第5章　マルクス主義社会学

第5章へのまえがき

　社会学にはもともとマルクス主義はなかったが，戦後日本の社会学における「マルクス主義社会学」の展開は，社会学にマルクス主義を導入しなければならないとする福武直の強い使命感をもった提言によって始まった．これを受けた福武門下の北川隆吉が中心的な推進者となり，芥川集一と田中清助がこれに加わってつくられた，北川・芥川・田中編による全3巻の『講座現代社会学』(1965)が，マルクス主義者だけによる初めての社会学講座であった．1965年というこの年はまた，興味のあることに，第4章第3節でふれた富永健一『社会変動の理論』が出された年でもあった．このことから，戦後日本の社会学の流れを今日的視点に立って巨視的に見ると，1965年という年は，日本社会学が「リベラル社会学」と「マルクス主義社会学」に分裂した時点として位置づけられ得るであろう．

　日本のマルクス主義は戦前からの長い歴史をもつとはいえ，「マルクス主義社会学」は戦後のものである．第1節では，それが理論から出てきたというよりも，領域社会学としての農村社会学から出てきたものであることを，福武直の1956年論文と，福武以後の農村社会学の諸文献によってあとづける．ついで第2節で，上述した北川・芥川・田中編の『講座現代社会学』から，三人の編者による各単独論文を選んでその中心主張を検討し，またこのグループの中から河村望と三溝信の著書を取り上げ，彼らのマルクス主義社会学に私の観点からコメントを加える．このスタートから19年を経て出された北川隆吉監修の大冊辞典『現代社会学辞典』(1984)は，このグループの到達点であったと同時に，その解体でもあった．この中で彼らの「マルクス主義社会学」が，思想体系をなしているとは言えないということを，きびしく問いたい．

　第3節では，戦後第一世代のマルクス主義社会学の理論化を代表する布施鉄治の『行為と社会変革の理論』と，社会学におけるマルクス文献学を代表する細谷

昂の『マルクス社会理論の研究』を詳細に検討する．布施のマルクス研究は，マルクス主義理論を社会学にしなければならないという強い理論的な使命意識から，マルクスとエンゲルスの書いたものの中に社会学用語を導入することを試みたものである．この導入が，マルクス主義理論を社会学にすることに成功したとは評価できないが，それは意義のある試みであった．これと対照的に，細谷のマルクス研究は，社会学という用語を故意に用いず，社会学文献への言及もなしに，社会学者以外の人びとによるマルクス文献学に依拠して書かれた，『経済学・哲学草稿』と『ドイツ・イデオロギー』を中心とする初期マルクスの文献史的研究である．細谷のマルクス研究は水準の高いものではあるが，これによって細谷は社会学者ではなくなった．それは，マルクス主義を謳いながらマルクス主義社会学の語を表題に出さずに押し通した北川らの姿勢と，両極端をなすと言えよう．

　第4節では，第2節で言及したグループとは異なるマルクス主義のヴァリエーションとして，三つの独自の個性をもったマルクス主義文献を取り上げる．マルクス主義組織論の塩原勉『組織と運動の理論』，マルクス主義フェミニズムの上野千鶴子『家父長制と資本制』，マルクス主義階級論の橋本健二『現代日本の階級構造』がこれである．これらはそれぞれマルクス主義としての中身が相互にまったく異なり，マルクス主義の多面性を示したが，それらの多面性がマルクス主義社会学を解体に導いたことは否定できない．

第1節　戦後社会学へのマルクス主義の導入

　戦後日本の社会学は，経済学における「近代経済学」と「マルクス経済学」のような制度的分離（学会が分かれている）がないまま，1960年代ころから，マルクス主義への傾斜を強め始めた．その出発点をなしたものが，1956年になされた，社会学にマルクス主義を導入する「べき」であると主張した福武提言であった．第2章で扱った1951年論争が高田社会学の影響力をダウンさせたあと，社会学の主役が理論をもたない「領域社会学」に移行したことから，マルクス主義に対して社会学内部で理論的対抗馬になり得るものはなくなっていた．第4章で取り上げたヴェーバー，ジンメル，デュルケーム，パーソンズに起源をもつ日本版行為理論－社会システム理論は，この時

期にはまだ形成途上にあり,のちにそれらの中から理論を構築した人たちも,当時はまだ若くて世代的に非力であった.1960年代後半以降,アメリカで「ニュー・レフト」によるイデオロギー的パーソンズ攻撃が激しくなり,それらが丹念に日本に紹介されたことによって,日本社会学のマルクス主義化が大いに加速された.この章では,これらのことによって戦後日本の社会学にマルクス主義が広まるにいたった経過を,文献的にあとづけることにしよう.

福武直の「マルクス主義社会学」提言

日本におけるマルクス主義は,戦前には経済学と歴史学の中に位置しており,社会学はマルクス主義の枠外にある学問と見なされていた.戦前世代によって書かれた社会学史におけるマルクスの位置づけを,例えば新明正道『社会学史概説』(1954)によって見ると,新明はマルクスをシュタインやモールやリールと並べて,「これらがコントやスペンサーに発見されたような明確な社会学の体系を生み出したものでないことは明らかである」と評していた.すなわちマルクスは,新明の社会学史において言及されてはいるが,社会学者とは見なされていない.史的唯物論とマルクス主義経済学を創始することに生涯を傾けたマルクスが,コントとスペンサーによって創始された社会学に関心を示さなかったのは当然のことと思われる.

ロシア革命後,初期のソ連にはブハーリンのようにマルクス主義社会学を主唱した有力な思想家もいたが,ブハーリンはスターリンによって粛清され,その後スターリン時代のソ連においては,社会学は禁圧された.だから,コミンテルンの「1927年テーゼ」と「1932年テーゼ」の時代につくられた『日本資本主義発達史講座』(1932-33)には,マルクス主義者が「マルクス主義社会学」を標榜するというようなことはあり得ず,したがって経済学と歴史学に主として位置した講座派－労農派の論争には,社会学者の参加はなかった.日本の戦前世代の社会学者にマルクス主義の専門研究者が誰もいなかったことは,例えばマルクス－エンゲルス全集(戦前版でも戦後版でも)の多数の翻訳者中に社会学者の名を見いだすことがまったくない,という事実によって明らかである.

ところが戦後の1950年代後半から,状況が変化し始めた.その変化のリ

ーダーとなったのは福武直であった．福武は論文「社会学と社会主義」（初出は『社会主義講座』河出書房，1956，のち『社会学の方法と課題』東京大学出版会，1969，に収録）において，社会学にはこれまでマルクス主義の伝統がなかったことは遺憾であるとして，社会学に「マルクス主義の社会理論がとり入れられるべき」であり，「マルクスもまた一人の偉大な社会学者とみるべき」である，という提唱を行った．

　この福武提案を福武自身の言葉によって示すために，上述した彼の論文「社会学と社会主義」から，あえて少し長い引用を試みよう．

　「社会科学は，そのあらゆる分野において，……社会主義的社会科学としてうちたてられている．……社会科学は社会主義の社会科学であるべきだといってよい．／ところが，……社会学においては，社会主義の社会学は，有力でないだけでなく，むしろ例外であり……経済学の中に有力な学派としてマルクス主義経済学ないし社会主義経済学が厳存しているのに対し，社会学の中には，マルクス主義社会学あるいは社会主義社会学とよばれるものが，一般には存在していない．／経済学における社会主義経済学ないしマルクス主義経済学が，他の学派と同様に経済学とよばれるように，社会学においても，社会主義ないしマルクス主義学説の社会理論は，社会学の名においてよばれるべきものである．……われわれは，社会学も，社会科学一般がそうであるように社会主義社会学として確立されるべきであると思う．その意味において，従来の社会学は克服されなければならない．／……自由放任の原理が過去のものとなり，資本主義自体が資本主義的自由を無条件に主張できなくなったとき，偉大な変革の理論として確立されたマルクス主義の理論は，社会学にとっても軽視することができないものとなる．社会体制のもつ根本的な矛盾の顕在化は，社会学をも動揺させずにはおかない．／……アメリカの社会学が，豊富な資源と高い生産力によって今後もなお資本主義の限界の中で生きつづけることができる以上，そこに社会体制変革の理論が欠如することも当然であろう．……しかし，われわれ［日本］の場合には，こうした資本主義的楽観論は全く成立しえない．日本の社会経済的条件のもとでは，社会主義への道をその条件にあわせて探し求めないかぎり，その将来は救われないのである．……／その場合，正統的な社会主義として，マルクス主義の社会理論がとり入れられるべきことは，すでにのべたとおりである．……社会学における動学的な社会発展の理論は，当然マルクス主義の唯物史観の示すところに即して現実的に鍛えあげられなければならないのである．／……マルクス主義的社会主義の大綱は，やはり真理である．

……／現代の社会，とくに日本の社会の現実は，……それ自体のうちに資本主義の終末を示しており，……社会主義の成果は，今やそれが資本主義をこえる進歩の段階であることを明示しているのである」（福武直『社会学の方法と課題』1969：143-166）．

　ただちに明らかなように，この文は「べき」と「ねばならない」という表現に満ちている．福武は，社会科学は社会主義の社会科学であるべきだとし，資本主義的発展はアメリカでは可能だが，日本には資本主義的発展の未来はあり得ず，日本は「社会主義への道」をとらねばならない，という実践的「べき」論を自明の大前提としていた．社会主義というのは多義的な語であるが，福武はマルクス主義の理論をとると明確に指定しているので，彼のいう社会主義とは冷戦体制期におけるソ連・中国型共産主義を意味していた．
　上掲論文が最初に書かれた1956年当時，戦後日本はようやく高度経済成長期に入り始めたばかりのところで，その成果がどうなるかはまだ分かっていなかった．福武は「農村」という窓から日本を見ていたから，彼の実践的「べき」論の根拠はまず日本の農村にあった．彼は日本の農村が「過小農」を宿命とするということを強調してきたので，この宿命から日本農村が「救われる」道は，ソ連型共産主義のコルホーズや毛沢東中国型人民公社のような集合農場のほかにはないと考えていたと思われる．この論文は1969年に出版された論文集に無修正で収録されているので，福武が日本を見る目は，高度経済成長以後にも変わらなかったことを示す．
　このような実践的「べき」論を前提にして，日本の社会学は「偉大な変革の理論」であるマルクス主義にしたがってマルクス主義社会学にならねばならない，と主張するのが福武の理論的「べき」論であった．そこで次に，福武が考えるマルクス主義社会学とはどのようなものだったのかが，問われねばならない．上の引用文で，福武が「マルクス主義の社会理論がとりいれられるべき」といっているそのマルクス主義の社会理論とは，何をさしていたのだろうか．上の引用文からは，それはマルクスの唯物史観（史的唯物論）をさしていると読みとれるが，唯物史観は社会学のものではなく，社会学の外でつくられたものであったから，これ自体を社会学であるとすることには，

社会学の外からも内からも批判があった．福武提案は，唯物史観それ自体が社会学であると言っているのではなく，それを社会学は受け入れる「べき」であり，それによって日本の社会学は書き換えられる「べき」である，と言っているのだと解される．そうだとすれば，それを受け入れた結果として，社会学はどのようなものになると彼は考えていたのだろうか．

　福武が「マルクスも偉大な社会学者である」という時，マルクス自身は彼の理論を社会学とは呼んでいなかったのであるから，マルクスのどのような側面を社会学であるとするのか，この点は明確に説明される必要があった．ところが福武は，マルクスは社会学者であるとの提唱をするにあたって，このような説明を提示しなかった．福武はマルクス主義社会学というものの具体的な中身については，何も述べなかった．では福武は具体的に何をやったのか．福武はもちろん，日本を彼の実践的「べき」論の方向に牽引することのできる立場にはなかったが，彼は戦後日本の社会学という限定された学問的小世界については，これを動かすことのできる立場にあった．福武はこの小世界を，彼が指示した理論的「べき」論によって牽引した．それは具体的には，福武が編者ないし総監修者になって，社会学にそれまでほとんど存在していなかった『辞典』や二度の『講座』(第1章で述べた)という入れものをつくり，これによって日本の社会学を彼の提案の方向に向けて組織化することであった．1950年代後半以後の日本社会学において，社会学をマルクス主義的な学問にするための実質的な努力を担ったのは，これらの入れものを実際に論文で満たした福武門下の人びとであった．

　とはいえ福武自身が中心的編者となってつくられた『辞典』や『講座』は，リベラル社会学を拒否するものではなく，リベラル社会学とマルクス主義社会学を二本立てとするものであった．この意味で，「福武入れもの」はいわば二重構造になっていた．「福武マルクス主義社会学」の上からの提言を受け入れた福武門下たちは，この中でマルクス主義社会学というものをつくろうとする方向に進み，それをもとにマルクス主義社会学だけの『辞典』や『講座』(後述する)もつくられるようになった．このようにして，戦後日本の社会学は二つに分裂し，「冷戦体制」に入ることになった．

　富永コメント　福武直のマルクス主義提言に関して私が重視したいのは，

戦後日本の社会学のこの分裂に際して,論争が何もなかったことである.なぜだろうか.福武の逆説的な立場がそのような状況をつくり出したと私は考える.福武は,彼がマルクス主義社会学として主張している理論的建築物を自分では建てなかったから,彼の理論的「べき」論の具体的中身は彼自身によって一度も示されたことがなかった.そもそも「福武マルクス主義社会学」というものは存在しなかった.存在しないものを批判の対象にすることはできない.しかるにその存在しないものが,日本の社会学を大きく動かしたというのが現実であった.福武はマルクス主義社会学の中心的提案者でありながら,福武社会学自体はマルクス主義社会学を提出していないという彼の「べき」論の二重性格によって,「福武マルクス主義社会学」は批判されずにすんでしまった.このようなかたちで,福武は論争なしに戦後日本の社会学の流れを大きく決定づける人となった.以下,戦後日本の社会学におけるマルクス主義の形成過程を,批判的にたどることにしよう[1].

福武以後のマルクス主義農村社会学

日本版「マルクス主義社会学」の建築物を訪ねる前に,福武直以後の戦後世代によるマルクス主義農村社会学を簡単に見ておこう.福武の以上のような著作活動,および福武によってオーガナイズされた学派の活動を原動力として,個別領域社会学の一つとしての日本の農村社会学は,マルクス主義の浸透によって最も顕著に特徴づけられた領域となった.数ある個別領域社会学のうちで,とくに農村社会学がそうなった理由は,日本農業の研究においては戦前からマルクス経済学の伝統があって,これが「講座派」と「労農派」に分かれて「日本資本主義論争」を展開してきたことにある.しかし戦前以来の日本資本主義論争の伝統というのは経済学のものであって,農村社会学は本来マルクス主義の伝統の完全な埒外にあった.

上述したように,日本における農村社会学の確立者は鈴木榮太郎であった.鈴木は私のいう高田-戸田-鈴木のトライアングルの一角をなし,鈴木農村社会学・都市社会学は「生態学的」と呼び得る方法に依拠していたのであるから,鈴木農村社会学にはマルクス主義的要素は何もなかった.そこで福武は,彼のマルクス主義農村社会学をつくるに当って,すでに第3章で述べた

ように, 鈴木批判を展開した. しかし福武が「構造分析」と自称した理論, すなわち村落の社会構造の「基礎」は経済構造（とりわけ土地所有）にあるという命題は, 戦後農村においては農地改革によって地主－小作関係が消滅したので, 現実には意味をもたないものになってしまった. なぜなら, 農地改革後の日本農村は, 小規模ないし中規模の独立自作農の集まりになったからである. そこで福武は, 村落の社会構造とは「家を構成単位として形成される家々の結合形態」のことである, と社会学的に言い換えた. しかしこのように言い換えてしまうと, 村落構造を「経済構造を基礎として」とらえたことにはならない. かくて福武農村社会学には, 重要なディレンマが生じることになった. そこで福武によって開かれた日本の「マルクス主義農村社会学」を継承した福武以後の戦後第一世代は, 戦後農村をマルクス主義の観点からとらえるために, 福武を超えて進まなければならなくなった. 以下この点を, 河村望[2]・蓮見音彦[3]・細谷昂[4]の諸著作・論文のレヴューによって例証しよう.

河村望「共同体の再編と解体」 福武以後の戦後第一世代は, 戦前から戦後にまでいたる日本農村の前近代的な社会関係を説明するのに, マルクスが『資本主義的生産に先行する諸形態』において展開した「共同体」概念を導入することから出発した. マルクスは共同体の歴史的形態を,「アジア的」「古典古代的」「ゲルマン的」の三段階に分けたが, 日本の徳川時代はヨーロッパ中世と同じく封建制であったから, 徳川日本の村落構造は, マルクスのいうゲルマン的形態に類似する面をもっていた. 河村望の論文「共同体の再編と解体」(1975) によれば, 徳川日本の村落においては, ヨーロッパ中世の村落におけると同様, 耕地は封建領主のものであって, 農家の「私有」ではなかったが, 個々の農家は共同体の成員として共同体から耕地を分配されていた.

明治維新とともに封建領主は消滅し, 耕地は農民の私有になって, 領主的共同体は解体した. しかしヨーロッパ近代におけると異なって, 日本では明治期に「寄生地主」制が形成されたために, 村落は自由な自営農民を担い手とする「ブルジョワ的発展」の道をとらず, 寄生地主の「私的な支配共同体」へと再編された. 第二次大戦直後, 寄生地主は農地改革によって一掃されたので, 地主的共同体は解体したが, 河村によれば, 小規模経営の脆弱性のゆ

えに自立の困難な日本の農民にとって,戦後日本の農村は,いまなお村落共同体を必要としており,そのため村落共同体は「国家独占資本主義」のもとで再編されて存続しているという.しかし国家独占資本主義は「資本主義」であるとされているのに,なぜ資本主義のもとで共同体が再編され得るのか,河村には私が納得することのできる説明はない.

蓮見音彦「日本農村の展開と村落の位置」 1970年代に書かれた河村論文に対して1980年代に書かれた蓮見音彦「日本農村の展開と村落の位置」(1983)は,同様にマルクス主義農村社会学の立場に立ちながら,農地改革後の日本農村はもはや共同体ではあり得ず,共同体論は誤りであったとする見解を表明した.じっさい,現実に日本の農村において進行してきたのは,激しい資本主義的市場競争による共同体的社会関係そのものの解体だった,と私も考える.その意味で,戦後日本の農村において村落共同体が解体したことを認めるのは当然だろう.しかしそれなら,河村が小規模経営の脆弱性のゆえに村落共同体が必要であるとした事態は,蓮見によってどう説明されるのだろうか.蓮見もまた河村と同様に国家独占資本主義という語を使い,戦後日本の農村を「国家独占資本主義段階における農民統治の機構」であるとしている.蓮見農村社会学は彼が「国家独占資本主義」と呼ぶ農業政策を否定することをテーマとするが,それでは蓮見は,小規模経営の脆弱性を克服する方式をどこに見出そうとしているのだろうか.蓮見理論は,これらのことを全然説明していない.

このようにして,福武農村社会学を超えて進んだ戦後第一世代のマルクス主義農村社会学者たちの農村研究は,しだいに行き詰まりを露呈するようになった.蓮見は,高度経済成長以後の日本の農民が,農業機械化の進展によって長時間の重労働から解放され,浮いた時間を兼業化にあてて農外収入を得ることができるようになったことによって,豊かになった事実を肯定している.しかし彼は,農民が豊かになったというのは事実であっても,それは農業がもはや独立の産業としては成り立っていかなくなったことの反面にすぎないとする.日本の「農民」(もはや農民とはいえなくなった農民)の生活はそれで向上したにしても,彼らが担っている産業としての「農業」は,数多くの問題を克服できずにいるからである.日本の農村,そして日本の農村

社会学がどのような道をとる必要があるかについて，蓮見がはっきりした独自の政策提言を持ち合わせているとは思われない．

細谷昂『現代と日本農村社会学』 福武学派からは独立であるが，同じくマルクス主義農村社会学を担ってきた戦後第一世代の一人である細谷昂の『現代と日本農村社会学』（東北大学出版会，1998）は，この問題について，1961年の「農業基本法」がめざした「中核農家」の育成という目標から，1992年の「新しい食料・農業・農村政策」が打ち出した10-20 ha の大規模農家と農業法人の設立をめざすという目標への転換は，達成不可能であると主張している．細谷によれば，日本農業にとって最大の課題は食糧自給率を高めることであり，そのために日本の農業が目的とすべきは米の「安定供給」でなければならないが，農村社会学の観点からすれば，この目標に最も適した水稲作農業は従来型の農地世襲による「家」を担い手とした自営農業しかない．

宮城県と山形県の農村を対象にして細谷とその協力者が実施してきた農村調査の結果によれば，現世代の農民には，すぐれた経営感覚をもち，意欲をもった農業経営者はけっして少なくない．現在の農家の後継者不足は，農水省の政策がそのような意欲の芽を摘んでしまっているためである．それらの農民の「家」は自立性を強めているとはいえ，それらの家はバラバラに行為しているのではなく，生産調整への対応や，大型化した農業機械の共同利用など，家と家の協力を実現するのに「村」が機能している．米の「適正価格」の実現のためにも，利潤を目標とする「会社」が農業を担うより，生活保障を目的とする「家」が農業を担う方が適している，と細谷は結論している．

富永コメント 農村社会学は，家族社会学とともに，日本における領域社会学の発生の地であり，戦前の社会学研究の中心に位置していた．戦前の農村社会学は，人口のほとんど半数を占める日本の農村が，明治いらいの資本主義の発展にもかかわらず，徳川時代の郷村制からあまり変化していない事実を明らかにして，日本社会の近代化の遅れを示すことに貢献した．しかし戦後の農村社会学は，もっぱらマルクス経済学と結びついてワンパターンになったために，理論面では，一般社会学からも都市社会学や産業社会学からもまったくかけ離れたものになってしまい，また実践面では，急速な高度産業化の中における農村の社会変動の方向性を指し示す革新的な政策提言能力

を喪失してしまった．細谷は日本農業の最大の課題は食糧自給率を高めることであると主張しているが，比較生産費説にもとづく自由貿易が合理的であるとするグローバリゼーション論からすれば，食糧自給率を高めるということはなんら合理的な政策提言ではない．農村社会学の観点からなされるべき政策提言は，自由貿易のもとで国際競争に耐え得る農業構造はどのようなものであるかを探索するところに求められねばならない．

1) 福武没後になお私が福武批判にこだわる理由について一言しておく．これはまったく，福武提言が日本の社会学を変えただけでなく，彼の没後にもなお「福武学派」の人脈が活動を継続しており，戦後日本の社会学は依然としてその学派の人びとによって主導されつづけていることによるのである．具体的な事例によってこれを示せば，1998年にスタートした東大出版会の第三次講座と称する『講座社会学』の監修者は北川隆吉・塩原勉・蓮見音彦の三人となっており，このうち北川・蓮見の二人は福武の後継者としての「マルクス主義社会学」者であり，塩原勉は福武の後継者ではないが，後述するようにマルクス主義的な社会運動論の提起者である．1990年以後の世界情勢の中で，マルクス主義は世界的規模で正当性を喪失したと私は考えるが，1998年にこのような講座がスタートしていることは，社会学の世界ではそのようには考えられておらず，戦後第一世代以降のマルクス主義社会学者が依然として日本の社会学を主導していることを示している．彼らが戦後日本の社会学にマルクス主義を導入したことを反省的に語ったことは一度もない．出発点において論争がなかった日本のマルクス主義社会学には，終わりにおいても論争がなく，それが終わったのかどうかもわからないようになっている．
2) 河村望（1931- ）は1954年東京大学文学部卒業．1957年東京都立大学助手，64年助教授，78年教授，93年東京女子大学教授，2000年同定年退職．著書は『日本社会学史研究』上・下（人間の科学社，1973-75），『国家と社会の理論』（青木書店，1979），『市民社会と社会学』（御茶の水書房，1982），『資本論における人間と社会』（大月書店，1990）ほか多数．
3) 蓮見音彦（1932- ）は1955年東京大学文学部卒業．60年東京女子大学講師，63年助教授，66年東京学芸大学助教授，79年教授，86年東京大学教授，91-97年東京学芸大学学長，97年和洋女子大学教授，2004年同学長．著書は『日本農村の展開過程』（福村出版，1969），『現代農村の社会理論』（時潮社，1970），『苦悩する農村』（有信堂高文社，1990），『現代都市と地域形成』（共編，東京大学出版会，1997）．
4) 細谷昂（1934- ）は1962年東北大学大学院文学研究科博士課程修了．1963

年東北大学講師，66年助教授，77年教授，93年岩手県立大学教授．著書は『マルクス社会理論の研究』(東京大学出版会，1979)，『現代と日本農村社会学』(東北大学出版会，1998) ほか．

第2節　日本版「マルクス主義社会学」の形成

北川隆吉・芥川集一・田中清助編『講座現代社会学』

　戦前日本の経済学において，1920年代いらいマルクス主義の強固な流れが形成されてきたのに対して，戦前の社会学は学問自体としてマルクス主義の枠外にあったことは，すでに繰り返し述べた．この制約を突破して，日本にマルクス主義社会学をオーガナイズする「べき」であると提言したのが，福武直であったことは既述のとおりである．しかし福武自身は上からそれを提言しただけで，マルクス主義社会学というものをみずからつくったわけではなかった．ではそれをつくったのは誰だったのか．福武に密着しながら戦後第一世代をマルクス主義に向けてオーガナイズした中心人物として，ここで北川隆吉[1]の名をあげよう．

　北川は東大社会学科の助手であった1950年代後半いらい，日本共産党員であることをみずから鮮明にし，当時の東大社会学研究室の大学院生たちの多くを日本共産党に引き入れて（私自身もその当時の大学院生の一人であったからそれらはきわめて身近な出来事だった），戦後日本の社会学をマルクス主義の強力な拠点にした実践派のリーダーである．大学図書館のコンピューター検索に北川隆吉の名をインプットすると，たちまち20冊を超える本がリストアップされるが，それらはすべて北川の編著または共編著で，北川自身が書いているのはそれらの本の序論部分だけである．これらの序論を受けて，北川の編著・共編著の実質的な内容を分担執筆によって展開してきたのは，ほぼ固定した顔ぶれの常連執筆者である．それらの常連執筆者こそ，北川を監督とする戦後世代マルクス主義社会学「チーム」の担い手である．

　この「マルクス主義チーム」の旗揚げが最初になされたのは，それら多数の北川隆吉共編著のうち最も初期のものに属する『講座現代社会学』(全3

巻,青木書店,1965)においてであった．この講座は，B6判各250頁程度の小型本で，第1巻が北川隆吉編『社会学方法論』，第2巻が芥川集一編『集団論』，第3巻が田中清助編『社会意識論』(以下それぞれVol. 1, Vol. 2, Vol. 3として引用)という構成になっている．この講座の題名が「講座マルクス主義社会学」でなく「現代社会学」となっているのは問題である．なぜなら，事情を知らない人がこれを見たら，ここに書かれていることが「現代社会学」の標準的な内容かと思ってしまうだろうから．これが前例になって，このような紛らわしい表題の付け方が，これ以後いくつも出された社会学の『講座』と称する出版物の慣例になってしまった．以下この講座の中から若干の論文を選んで，批判的検討を試みることにしよう．

北川隆吉「社会学の方法」 最初に，第1巻第1章の北川隆吉「社会学の方法」を取り上げよう．この論文は全3巻の講座の冒頭におかれ，監督である北川が，旗揚げにおける考え方の原則を示すものとしてみずから書いたものである．しかしこれは，いかにも実践派リーダーによって書かれた論文らしく，文献注も何もない20ページほどの小論にすぎない．北川は，「方法」という題名についての学問論的論議は何もせず，二つの問題を取り上げることで暗黙のうちにこれに答えようとする．すなわち，第一は学問としてのマルクス主義社会学の「認識方法」という問題であり，第二はマルクス主義社会学の「研究方法」という問題である．

第一の問題について，北川は社会学に「二つの立場」があるとする．一つはオーギュスト・コントを始祖とする「ブルジョア的，観念論的，体制維持的」な社会学であり，もう一つはカール・マルクスを始祖とする「プロレタリア的，唯物論的，体制批判的」な社会学である．北川はこの二つを「サン-シモンを媒介として二つに分解した」(「サン-シモンという共通の源泉から出た」というべきだろう)両極として位置づける．北川は，それ以後こんにちまでの百年を超える社会学史の展開が，前者すなわち「マルクス主義に対する対抗的立場」の持続であったことを認める．そこでマルクス主義社会学を構想するに当たっては，前者から後者への「社会学史の組みかえ」(Vol. 1: 14)がなされねばならない，というのが彼の問題提起である．

第二の問題について，北川は「社会的現実と社会学」という題で論じてい

る．北川はこれを，アメリカ社会学においてさかんになった，社会調査をつうじての「科学主義」という問題であるとする．アメリカで社会調査がさかんになった理由は，北川によれば，アメリカ社会学がプラグマティズムを基礎に，個別認識の技術学として発展をとげたことに求められる．北川は，これについて次の二点を指摘している．第一点は，社会調査は「危機的状況の解決……のための客観的……分析」として尊重されるようになったが，それは「社会についての全体関連的綜合的認識とかかわることなしに」行われているために，些末な事実の記述に終わるか，技法上の精巧さを追求することに終わっている，ということである．第二点は，「調査にもとづく事実の集積は……一定の経験律をみちびきだす」が，この経験律の発見が「所謂『法則的理解』とすりかえ……られている」ということである（Vol. 1: 24-25）．

富永コメント 北川はマルクスを社会学の創始者であると言いたがっているようだが，私に言わせれば，マルクス主義の中に「社会学的側面」と呼び得るもの（例えば「階級」）が存在するとしても，「マルクス社会学」というものは存在してこなかった．マルクスがつくったのは「マルクス経済学」であって，これは古典派経済学という先行者があったから，それを修正することによってマルクスは自分の経済学をつくることができた．ところが「マルクス社会学」は，母体となるべき古典派経済学の相当物がなかったため，マルクスはそういうものをつくり得なかったし，そういうものをつくろうとする問題提起をすることもなかった．

史的唯物論には「経済的社会構成体」（ökonomische Gesellschaftsformation）という概念があって，これには「社会」という語が使われている．しかしこれは，「封建社会」「資本主義社会」「社会主義社会」などという時の社会であって，私のいう「広義の社会」を意味しており，社会学の研究対象としての「狭義の社会」ではない．だから史的唯物論は社会科学全体の基礎理論であって，特殊社会科学の一つとしての社会学の基礎理論ではない．史的唯物論が，あとから見れば社会学の一部を含んでいたということは言えるにせよ，マルクスにおいて社会学が独立に取り出されたということはない．北川は「社会学史の組みかえ」を主張するが，北川論文が書かれた1965年時点ではもとより，その後も今日までそれをやった人はいない．ジンメルやヴェー

バーやデュルケームやミードの社会学をマルクス主義によって組み替えることは，できないであろう．例えばヴェーバーの『プロテスタンティズムの倫理と資本主義の精神』のテーゼをマルクス主義によって組み替えたら，それは単純に，ヴェーバー・テーゼの否定になってしまうだけのことだろう．

　他方，社会調査について北川隆吉が述べていることについては，「些末な事実の記述」という彼の指摘が当たっている社会調査の事例は無数にあるが，北川の主張を反証することのできるすぐれたデータ解析の事例もまた存在している，ということを指摘したいと思う．しかしそれらはどれも，マルクス主義社会学ではない．そのような具体的な事例として，私があげたいのは，「社会階層と移動」研究から，アメリカの社会階層データにパス・モデル（経路モデル）を適用したブラウとダンカンの『アメリカの職業構造』(1967)，ヨーロッパ諸国の社会階層データにログリニアー・モデルを適用したエリクソンとゴールドソープの『不変の流動性』(1994)，日本の社会階層データについて「安田指数」をはじめ多くの独創的分析用具を適用した安田三郎の『社会移動の研究』，この三つである．

　芥川集一「社会構成体の理論と集団」　次に，第2巻第1章の芥川集一[2]「社会構成体の理論と集団」をとりあげよう．『講座現代社会学』の第2巻は『集団論』と題されているが，第2巻の筆頭におかれている芥川論文は，集団という語を中心に位置づけて書かれていない，ということにまず注目しなければならない．芥川論文において中心的に位置づけられているのは，史的唯物論のキイ・ワードとしての「［社会］構成体」である．芥川は史的唯物論を解説して，これを三つの命題に要約する．第一命題は，社会的存在が社会的意識を決定するというもの，第二命題は，生産関係が生産力の発展段階に照応するというもの，第三命題は，生産関係が社会の土台であって，これが法律的・政治的などの上部構造を決定するというものである．これら三つの命題から出発して，芥川は「構成体」の概念へと進む．構成体は，「原始共同体，奴隷制，封建制，資本主義，社会主義という，それぞれの固有の生産関係とその上部構造をもつ歴史上の……各時代を区分し，それぞれの体制原理を示す」(1965, Vol. 2: 29)．芥川はレーニンを引用しつつ，この概念において重要なことは，それが土台と上部構造の統一体をあらわすもので，けっして単

純な経済史観をあらわすものではないということである，と主張している．

　芥川はこの最後の点において，構成体は単に経済学的概念であるのではなく，社会学的概念であると言いたいようである．彼はまた，それがマックス・ヴェーバーの理念型とも関係づけられ得るものである点に注意をうながしている．芥川はしかし，ヴェーバーの理念型が現実の中の一定要素を思惟によって引き上げることによって任意につくられ得るのに対して，マルクスの構成体は事物そのものから偶然的なものを剥ぎ取った本質をさしており，任意につくられ得るものではないという点が違っているとする．芥川によれば，「ブルジョア社会学」の体系における集団の概念は，「個人－集団－社会」の構図によるものであって，「階級関係をとおして形態化されたもの」ではないから，マルクス主義社会学がこれを採用することはできない．芥川の考えでは，集団の概念に唯物論的分析の方法を貫徹するためには，それは「物質的生産に還元」(1965, Vol.2：47) されたものにならねばならず，そのとき集団の概念は構成体の概念になる．芥川は，河村望が「ブルジョア社会学の集団論」に「唯物論的な規定」を与えることを目的とした（この講座所収の川村論文「現代社会集団論批判」）のとは逆の側から，マルクス主義の社会構成体論に「集団論的な要素」を導入したと理解してよいだろう．

　富永コメント　芥川は，社会構成体を単に経済学的概念としてでなく，社会学的概念として考えているようだが，そうするとそれは，社会学の社会集団論とは別の視点のものになる点に注意しなければならない．芥川の主張をマルクス主義社会学の側から見るならば，社会構成体という概念を，社会集団論とは別に，それ自体として展開する必要がある．しかしそうすると，それは社会学ではなくなるというディレンマがある．社会集団論は，社会構成体論とは別の，マルクスにない視点であったからである．河村はそれを修正主義と呼んだが，芥川には修正主義を標榜する意図はなく，だから彼はそれを受け入れることができない．

　田中清助「科学的社会主義・共産主義の問題をめぐって」　三番目に，第3巻第2章の田中清助[3]「科学的社会主義・共産主義の問題をめぐって」を取り上げよう．『講座現代社会学』の第3巻は『社会意識論』と題され，その編者は田中清助である．田中論文はマルクス主義社会学とは何かという問題に正

面から取り組み，社会意識論というテーマをその枠組みの中に位置づけることを主題としている．

ロシア語に堪能な田中清助は，冒頭で1963年10月にモスクワで開かれた会議の基調報告をあげ，マルクス主義社会学とは何かということについての理解は，ソ連でも人によって大きな差があることを指摘する．その中で，田中がまずあげるのは，マルクス主義の全体が社会学であるという理解で，田中はこれを社会学の不当な拡大であるとして退ける．つぎに田中があげるのは，マルクス主義社会学とは史的唯物論のことであるという理解であるが，田中はレーニンの『人民の友とは何か』をあげてこれを否定する．田中の考えでは，史的唯物論はマルクス主義哲学の構成部分であり，社会学的な法則と見なされるのは，その中に含まれている社会発展の一般法則，すなわち生産力と生産関係の照応と矛盾の法則に限定される．

田中清助は，彼の論文の表題をなしている「科学的社会主義・共産主義」の理論の形成にとって最も重要だったのは，マルクス主義の思想的源泉として通常あげられる，ドイツのヘーゲル哲学，イギリスの古典派経済学，フランスの空想的社会主義という三要素のうち，フランスの空想的社会主義の摂取であるとする．田中によれば，社会学史はコントから始められるべきでなく，サン-シモンとフーリエから始められるべきであり，そうすればマルクス主義と社会学の関係は明確になる．田中は，科学的社会主義・共産主義の理論はさまざまな諸学問に複合的にかかわっているとするが，その中でカギ的位置を占めるのは政治学でもなく，経済学でもなく，社会学であるという．

田中は，科学的社会主義・共産主義の理論と彼が呼ぶものにとって，「物質的・技術的基盤」という概念が重要なカテゴリーであるとする．物質的・技術的基盤と彼が言っているのは生産力のことであるが，その生産力を担っているのは人間だから，生産力は「生産者自身と不可分の関係にある」（Vol. 3 : 81）．そこで田中は，「物質的・技術的基盤と生産者との相互作用」を労働関係と名付け，これをマルクス主義社会学の基本カテゴリーとする．田中のいう労働関係は，史的唯物論の基本カテゴリーとしての生産関係と別のものではないと思われるが，田中は労働関係を生産関係から区別する．田中が両者を区別する意図はおそらく，生産関係は史的唯物論のカテゴリーだが，労働

関係はマルクス主義社会学のカテゴリーである，ということにあるだろう．田中は労働関係を「生産・労働組織の形態」ともいいあらわし，資本主義には資本主義の労働組織の形態があり，社会主義には社会主義の労働組織の形態がある，といった趣旨のことを述べているから，労働関係は生産関係一般よりももっと具体的な労働組織の形態をさすのであろう．

さてそれでは，以上の議論は社会意識論とどう結びつくのか．田中によれば，社会発展は「意識をもった人間の実践活動の結果である」(Vol. 3: 105)．だから意識の問題は，資本主義から社会主義への革命的移行においても，また革命後の「科学的社会主義・共産主義」の建設において人民を教育するイデオロギーを考える上でも，重要な課題をなしている．田中は，現在の資本主義世界の盟主であるアメリカのブルジョア・イデオロギーにおいて，意識の問題はフロイト主義とプラグマティズムの結びつきを通じて理論化されているとし，フロイト理論とミード理論に言及する．フロイトにおいては，超自我の形成は「同一化」(Identifikation) のメカニズムによって説明され，ミードにおいては，意識の社会性の担い手である客我 (me) の形成がやはり「同一化」(identification) のメカニズムによって説明されている．田中はこれらを「ブルジョア理論」として総括し，ブルジョア・イデオロギーにおいては資本主義社会の全体的把握ができないため，社会は客観的な構造を失って，状況として提示されている，と結論している．

田中によれば，マルクス主義はこれに対して，意識を客観的なものと主観的なものとの弁証法的な関係においてとらえる．これには三つの平面が区別される．第一は反映論的平面であって，これは「存在が意識を規定する」という命題によってあらわされる．第二はイデオロギー論の平面であって，イデオロギーは上部構造に位置づけられ，土台としての生産関係がこれを規定する，と説明される．第三は「科学的社会主義・共産主義」の理論の平面であって，田中はこれを，欲求－利益－目標のカテゴリー系列が，必然性－自由という連関の中に組み込まれる必要として説明している．田中がこれによって意味していることは，共産主義社会において労働を動機づけるものは何か，働く大衆の求めているものは何か，といった政策論的な問題にかかわっていると思われるが，田中はこれらの問題を社会意識論として明確に定式化

していないので，叙述は明快でなく，私はこれを要約できない．だから田中論文の要約は，このあたりで止めておこう．

富永コメント 全3巻しかない社会学の講座をつくるのに，そのうちの一つがなぜ「社会意識論」なのだろうか．意識というのはヘーゲル哲学に発する概念であるが，ヘーゲルの観念史観を転倒して唯物史観にしたのはマルクス自身であったので，社会意識論というのはマルクス主義に特有のカテゴリーをなしてきた．マルクス主義にとってのそれの重要性は，芥川のいう史的唯物論の第一命題「社会的存在が社会的意識を決定する」によって明らかであろう．全3巻の講座のうちの一つが社会意識論にあてられねばならない理由は，ここにあるのだろう．

従来，マルクス主義においてこの命題が持ち出されてきた文脈は，階級意識の問題と決まっていた．革命の成否を決定するのは階級意識である，という実践的な関心がそのような定形をつくりだしてきたのである．ところが田中論文はそうでない．田中論文の面白さは，史的唯物論から「物質的・技術的基盤」というカテゴリーを抽出して，これを労働関係ないし「生産・労働組織の形態」という［労働］社会学的概念に仕立てたところにあった．これは，マルクス主義社会学とは何かという問題に具体的に答える仕方として新鮮であり，成功しているといい得る．その代わり，労働関係という限定的な視点を出したために，これを社会意識と結びつける結びつけ方が不鮮明になった．田中は階級意識にはふれていない．田中の文脈は労働関係の社会意識なのだから，この領域での社会意識としては，働く動機づけが中心的な問題にされねばならない．田中論文は，末尾の部分でそれらしい問題にちょっとふれているが，それはごく曖昧にしか述べられていない．

田中清助が，共産主義における働く動機づけの問題にどの程度関心をもっていたかははっきり書かれていないが，この問題は旧ソ連にとってのアキレス腱の一つであった．集団農場で耕作する農民が働かない，という問題がこれである．動機づけの問題が資本主義においても決定的に重要であることは，第3章の産業社会学の項でふれたアメリカの有名なホーソーン実験をはじめ，多くの産業社会学者がこの問題と取り組んだことによって知られる．日本でも，高度経済成長以後における大企業の「日本的雇用」は，この問題に直面

した．しかしアメリカや日本ではそれは個別企業の問題であったが，ソ連においてそれは全体制的な問題として，よりいっそう重要であった．マックス・ヴェーバーは，ロシア革命に先だって，『経済と社会』第1部第2章において，共産主義の重要な二つの弱点の一つとして，この問題に触れていた（もう一つは市場経済の問題）．第二次大戦後の半世紀にわたる冷戦体制において，共産主義がなぜ資本主義に勝てなかったのかという大問題の一つは，たしかに社会意識論の視角からアプローチできる問題なのである．

『講座』以後のマルクス主義社会学

北川らの『講座』以後に，『講座』の執筆者であり，北川諸編著の常連執筆者でもあった河村望と三溝信[4]は，マルクス主義と社会学を結びつける方向でいくつかの本や論文を書いている．それらの中から，河村望「構造 – 機能分析と弁証法」(1971) と三溝信『社会学講義』(有信堂高文社，1986) を検討してみよう．

河村望「構造 – 機能分析と弁証法」 河村論文は，宇津栄祐との共著『現代社会学と社会的現実』(青木書店，1971) の第5章である．この本は，マルクス主義社会学の学説史といった性格のものであるが，この章ではリベラル社会学の「構造 – 機能分析」がマルクス主義社会学にとって有効性をもっているとして，これを肯定的に評価する姿勢が示されている．河村は，ネーゲル，ヘンペルのような科学哲学者，パーソンズ，マートン，マーティンデール，ヴァン・デン・バーグ，ルーマン，イザジュウ，佐藤勉，小室直樹のような社会学理論家，およびボルハーゲンのような東ドイツのマルクス主義社会学者による機能分析についての議論を豊富に紹介する．それらのレヴューをつうじて，河村の関心は結局，ボルハーゲンに従いつつ，因果関係と機能関係ないし関数関係との関係というところに絞られていき，両者は弁証法においては対立するものでなく，むしろ「因果性の特殊な形態として関数性がみられる」(1971 : 321) という結論に到達する．

河村のこの結論は，構造 – 機能理論とマルクス主義理論が共通の到達点をもつということを述べたものである．もちろん河村はマルクス主義の立場に立っているから，ヴァン・デン・バーグが機能主義と弁証法を同一視するこ

第2節 日本版「マルクス主義社会学」の形成

とを受け入れてはおらず，「過程を均衡—不均衡—再均衡としてとらえる立場と，否定の否定のうちにとらえる立場の相違」(1971: 305) を強調している．しかしもし弁証法をシステム論のタームによって書き変え，システム内部に発生する逆機能関係（均衡の攪乱）が社会変動の原動力になるということだと言いかえるならば，社会システム理論でいう社会構造変動の原動力は，システムの外に起こった環境変化によってシステム内に生じた内と外とのあいだの逆機能関係，またはシステム内部における状況変化から生じた要素間の逆機能関係のいずれかにある，という命題に帰着するであろう．そしてもしこの命題における逆機能関係とか均衡の攪乱とかのようなシステム論の用語を「コンフリクト」というマルクス主義社会学が重視する語によっておきかえるなら，社会システム理論とマルクス主義理論はそれほど違うことを言っているわけではないであろう．

富永コメント 構造‐機能主義の社会システム理論を富永の構造‐機能‐変動理論のタームによって考えると，社会システムの制度的構造は，システムの内部変化（たとえば欲求構造の変化）もしくはシステムの環境変化（たとえば国際的条件の変化）によって，既存の制度的構造の機能的要件充足能力が低下し，もはや有効に機能し得なくなるという事態におちいると想定される．日本の明治維新において徳川封建制が廃棄された歴史的事例は，その適切な例示である．このような機能的要件充足能力の低下がシステム成員によって広く認識されるにいたると，その低下の原因となっている古い制度的構造をこわし，機能的用件充足水準を高めるような新しい制度的構造に向かって変動させようとする力がシステム内部に発生する．これが，構造‐機能‐変動理論の意味における社会の構造変動の原動力である．

このように並べてみると，ここに想定されているメカニズムは，史的唯物論のタームにおいて，生産関係が生産力の発展の「桎梏」になる（生産関係が生産力の発展と「矛盾する」）といわれていることと，論理の構造において並行していることが気づかれるであろう．機能主義理論家の佐藤嘉倫はこれを，「構造機能主義が機能要件と社会構造との矛盾が社会変動の契機だと主張するのに対し，史的唯物論は物質的生産諸力と生産関係の矛盾こそが社会変動の契機だと主張する．物質的生産諸力を機能要件と解釈し，生産諸関係

を社会構造と解釈するならば、構造機能主義の社会変動論と史的唯物論は同じ論理構成を持っていることが分かる」(佐藤嘉倫『意図的社会変動の理論』東京大学出版会, 1998:29), と述べている.

しかしだからといって, 構造‐機能主義の社会システム理論が, マルクス主義の史的唯物論と同じになるわけではない. マルクス主義社会学では, 社会変動は社会変革といいあらわされ, 社会変革の担い手は「階級」であるとされてきた. 資本主義の生産関係のもとで抑圧されてきた被支配階級, 具体的には労働者階級（プロレタリアート）が, 変革の担い手になるという命題がそれである. けれども, この命題の経験的妥当性はきわめて疑わしい. 近代日本は, 明治維新と戦後改革という二つの大きな社会変動を経験したが, 明治維新における変革の担い手は薩摩と長州などの西南雄藩の下級武士であったし, 第二次大戦後の農地改革や財閥解体の担い手は占領軍と政府官僚であった. また戦後日本においては, 地域の市民団体による公害反対運動のような社会運動が多数行われ, それらは社会運動研究者によって社会変革と呼ばれてきたが, その担い手は「階級」という語によっては適切に特徴づけられない.

三溝信『社会学講義』 次に, マルクス主義階級理論を扱っている三溝信『社会学講義』(有信堂高文社, 1986) を見よう. この本は, 第1部「集団としての社会」, 第2部「文化としての社会」, 第3部「システムとしての社会」, 第4部「社会学の歴史」の四部から構成され, 全部で25の「講」が通し番号でこれらの四部に配分されているが, ここでは, マルクス主義社会学の中心部分として, 第5講「階級と社会」(pp.52-62) と第20講「社会体制」(pp.203-11) を取り上げよう.

前者において, 三溝は階級を「関係を前提とする社会的範疇」であるとする. 「関係」とは人と人との関係であり, 階級はブルジョワジーとプロレタリアートの関係である. 社会的範疇というのは集団よりもゆるい概念をあらわし, ブルジョワジーとプロレタリアートはさしあたって集団とはいえないが, 分類的カテゴリーであるというのである. マルクスにしたがって, 三溝は階級理論を, (1)階級は生産関係から生ずる, (2)階級は敵対的な関係であり, この敵対から歴史の進歩が生ずる, という二点によって命題化する.

第2節　日本版「マルクス主義社会学」の形成

　生産とは，人間が自然に働きかけて人間に有用なものをつくる活動である．生産は働きかける人間（労働者），働きかけられる対象（労働対象），働きかけるのに使われる用具（労働用具）の三要素から成り立つ．労働対象と労働用具を合わせて，生産手段と呼ぶ．生産手段に所有関係が発生した段階から，階級社会が始まる．生産関係とは，このような生産手段の所有関係のことである．生産手段の所有者は資本家であり，労働者は資本家に労働力を売っている．階級とは，このように生産関係における位置によって規定される社会的範疇である．

　これらの生産関係における位置としての資本家と労働者の関係は分業関係であるが，生産物の分配に関しては，両者の関係は敵対的な関係としてあらわれる．この敵対関係が公然たる「闘争」として展開されるようになると，階級はもはや単なる社会的範疇ではなくなり，階級は集団になる．「階級闘争」が革命的に昂揚するにいたる過程で，社会的範疇としての階級（「即自的」階級）から，集団としての階級（「対自的」階級）への移行が起こる．社会的範疇としての階級が，社会集団としての階級に移行するための条件は，階級が「対自化」すること，すなわち「階級意識」がつくり出されることである．

　次に，「社会体制」を見よう．三溝は，社会体制とはマルクスの「経済的社会構成体」のことであるとする．マルクス自身は社会体制という語を使わなかったが，マルクスがあげた「封建的」および「近代ブルジョワ的」生産様式は，ふつう社会体制と呼ばれてきたものである．三溝はそれを，初期マルクスの『ユダヤ人問題に寄せて』における宗教・国家・市民社会という三領域図式と結びつけ，そこで要請された市民社会を超える全体社会の概念が，経済的社会構成体の概念になったのだとする．

　『ユダヤ人問題に寄せて』は，国家がキリスト教を採用しているかぎりユダヤ人は解放されないとして，国家をこの点で批判しなかったブルーノ・バウアーの国家論を批判したマルクスの初期論文である．他方マルクスの経済的社会構成体は，『経済学批判』序言における「土台」と「上部構造」をつないだ概念であり，三溝はそれを「全体社会」であるとする．この全体社会の概念に，上部構造としての宗教を含めようとするのが三溝の意図であると思わ

れ，彼はおそらくフォイエルバッハの『キリスト教の本質』を念頭においているのであろう．『経済学批判』序言におけるマルクスのテーゼは，この全体社会の構造の中で，歴史を動かす原動力は生産力の発展であり，それが生産関係に作用を及ぼして，この両者からなる社会の経済的構造（土台）が政治と文化からなる上部構造を変革する，というものである．三溝はこれを歴史における発展の因果連関であるとし，この図式は歴史法則をあらわしているとする．

富永コメント 第5講で三溝が述べているのは，古典的なマルクス階級論の解説として，100年以上語り継がれてきたものである．だが三溝がこれを書いたのは，ベルリンの壁の崩壊にわずか4年先立つ1986年であり，このとき共産主義はすでに崩壊直前であった．三溝が1986年になっても，それを教科書的に反復していることは，私を驚かせる．現在論じられる必要があるのは，ソ連に「反革命」が起こって，共産主義から資本主義への変革が生じた事実は，社会学的にどのように説明されるか，ということなのではなかろうか．

三溝は第20講の社会体制の概念を，パーソンズの「社会システム」の概念と結びつけ得ると考える．これについては，社会体制と社会システムは英語では同じ語であるが，両者は別の概念であるということを，まずコメントしておかねばならない．パーソンズの社会システム概念は，私の用語では「システム－環境分析のモデル」（キャノンのホメオスタシス・モデルおよびサイバネティクス・モデルの系譜を引く）に立脚するものであり，その学説史的背景からいえば，私のいう「機能分析のモデル」（社会有機体論の系譜を引く）と「相互依存分析のモデル」（力学的システム論の系譜を引く）の二つを統合しようとしたものである．この観点からすると，三溝がこれを「社会の各領域ないしは諸機能の相互連関」と定義し，「相互連関」と「因果連関」は違うといいつつ，社会システム論と社会体制論をつなげて考えようとしているのは，社会学の教科書的叙述として不適切である．

マルクスの上部構造－下部構造という二分法は19世紀的決定論の枠組の中にあるのに対して，パーソンズの社会システム概念はシステム論的相互依存概念の枠組の中にある．具体的にいうと，マルクスにおいては，生産力の

発展が生産関係の変革を決定し、生産力と生産関係が上部構造の変革を決定する、という歴史上の因果関係が想定されていたのに対して、パーソンズのAGIL図式においては、四部門はそれぞれ相互にインプットとアウトプットの境界相互交換をしあっているシステム間関係として考えられているのであって、革命の「歴史法則」が考えられていたのではなかった。

　マルクスの時代には、西ヨーロッパ諸国はイギリスを先頭に、産業革命の最盛期にあって、歴史を動かす原動力は生産力の発展であり、それが生産関係を変革し、そしてこの両者からなる社会の経済的構造（土台）が政治と文化からなる上部構造を変革する、という革命戦略が現実性をもっているように思われた。しかし19世紀の西ヨーロッパにおいては、マルクスの意味での「革命」は現実のものにならなかった。20世紀に入ると西ヨーロッパの外でロシア革命が成功し、次にそのもっと外で毛沢東革命が成功したので、国際共産主義の革命戦略は、20世紀の前半までは、非西欧で実効性をもった。とはいえ、ロシアと中国、とくに中国では、産業化の水準はあまりにも低かったから、これらの事例においては生産力の発展が生産関係を変革したとはいい得ず、これら諸国における革命の成功を、生産力の発展をもたらすものとして説明することはできない。20世紀の後半になると、冷戦構造のもとでの西側先進諸国と東側共産諸国との生産力格差の逆増大は誰の目にも明らかになり、資本主義「体制」から共産主義「体制」への移行ではなくて、その逆の移行が、生産力の発展を説明するものとなった。三溝のいう「歴史における発展の因果連関」は、逆転した。マルクス主義の「社会体制論」は、この変化に適応することができず、崩壊した。

「三極構造」の図式？

　北川隆吉を監督とするチームの最後の仕事になった、北川監修『現代社会学辞典』（有信堂高文社、1984）を取り上げよう。この辞典は、第1章第3節の注3）で述べたように、大項目方式によってつくられた大冊のマルクス主義社会学の辞典である。ここでこの辞典を取り上げる目的は、1980年代まで戦後日本の社会学をマルクス主義によってリードしてきた北川チームの到達点を、確認しておくことにある。

この辞典の大項目方式は,「社会学」「現代社会論」「市民社会論」から始まって,「国家」「社会運動」「社会計画」に終わる,合計35ほどの項目から成っている．これまでの北川チームの仕事の中で,最初のものであった1965年の『講座現代社会学』は,マルクス主義を強力に押し出したものであったが,それが扱った問題は社会学の全体から見ればごく限られていた．北川チームの最後の仕事である1984年の『現代社会学辞典』は,社会学辞典であるから,問題をそのように限定するわけにいかない．そこで,格別にマルクス主義的でない人たちが執筆者として多数動員されることになった．すなわち,全35項目のすべてにわたってマルクス主義を浸透させることは断念されている．

　監修者の北川隆吉は,序文においてこの辞典が大項目方式で作られたことの意義について述べ,大項目は小項目のように手軽には書けないこと,したがって大項目辞典は,これまでの研究業績がよく整理され,内的蓄積の厚みが増した段階に達して初めて可能となるものであることを,指摘している．彼がこのような言い方をした意図は,北川が依然としてマルクス主義社会学のリーダーであることを自認し,一見控えめではあるが,日本のマルクス主義社会学の「成熟」を誇っているのだと受け取られる．しかし私の見るところでは,この成熟は部分的成熟であって完成ではなく,発展途上の段階での停止であった．北川がマルクス主義と格別かかわりのない人たちに多数協力を要請したのは,マルクス主義社会学の発展が停止してしまったために,辞典の形をととのえるためにそうすることが必要だったことを示している．

　北川はこの序文の中で,戦後日本の社会学を,「西欧型古典派社会学」-「アメリカ型現代社会学」-「マルクス主義社会学」の三極構造として描いている．北川は,1950年代におけるパーソンズ社会学の構造-機能分析のクローズアップを,「西欧型」と「アメリカ型」が結合して主要理論となったもの(アメリカ人であるパーソンズがヨーロッパ人であるヴェーバーとデュルケームを統合した)と説明し,それに加えて「マルクス主義」を含めた三極構造がその後の30年をかたどったとするのである．しかしマルクス主義社会学は,三極構造の一角をなすと言えるようなものではおよそなかった．

　そもそも北川が戦後日本の社会学における三極構造の一角として位置づけ

第2節 日本版「マルクス主義社会学」の形成

たマルクス主義社会学というのは，どのような思想体系だったのか．私は北川らの考えを知りたいと思って『現代社会学辞典』の中にそれが書かれている項目を探したが，そのようなものを実際に定式化した項目は見当たらなかった．驚いたことに，冒頭の項目「社会学」（執筆者は北川隆吉・三溝信・副田義也）には，「マルクス主義社会学」と題されたセクションが存在しない．そこでそのような項目を求めて目次を探していくと，五番目におかれた項目「社会的行為」（執筆者は副田義也）の中に「マルクス主義理論」という節が見つかった．しかし副田がここで「マルクス主義の行為理論」として書いていることは，「行為理論」の完全な誤用である．

副田がここで取り上げているのは，マルクス-エンゲルス『ドイツ・イデオロギー』，マルクス『賃労働と資本』，マルクス『経済学・哲学草稿』，マルクス『資本論』，レーニン『帝国主義』，毛沢東『実践論』である．副田はこれらに，「社会的行為」の理論があるという．例えば『ドイツ・イデオロギー』には，「労働」と「生殖」と「交換」の三つが行為として取り上げられているとされる．また『賃労働と資本』では，人間が自然に対して働きかける技術過程と，人間と人間とが相互に働きかける組織過程が，行為であるという．これらは，人間の行為を「労働」としてとらえるのがマルクス主義であるという考え方で書かれていると思われるが，「生殖」と「交換」は労働とどうつながるのであろうか．副田はその次に『経済学・哲学草稿』をおき，「疎外」の概念を出してくるが，これによって副田の「行為」の概念は一層混乱したものになる．副田は『資本論』で疎外に当たる概念は「窮乏化」であるというが，窮乏化がなぜ行為なのだろうか．その次にあげられたレーニンの『帝国主義』では，国家と国家の関係が行為になり，毛沢東の『実践論』では革命活動が行為になる．これらをすべて行為理論と呼ぶのは，行為理論の誤用であるというほかない．

富永コメント 福武直の提唱によって始まり，福武自身とそれを引き継いだ北川隆吉の組織力によって，戦後日本の社会学に大きな位置を占めることになった日本版「マルクス主義社会学」の時代は，北川隆吉監修『現代社会学辞典』を最後にほぼ終わりを告げた．その最後の段階になっても，「マルクス主義社会学」がどのような思想体系であるのかは，北川らによって示され

なかった．それが学派として現在のように大きなものとしてイメージされるようになったのは，時代の流れと組織化の力によるものであったと私は考える．ほんらい社会学とは関係がなかったマルクスが，ついに社会学者になってしまったのは，その産物であった．アメリカの「新左翼」以後の流れが，マルクスを取り込もうとしてマルクスは社会学者であると書き立てたことによる影響も大きかった．しかしマルクスが社会学者である（ましてや社会学の創始者である）とする主張には，社会学から見てもマルクス主義から見ても，もともと無理があった．それを押し通そうとすると，副田義也の「マルクス主義の行為理論」のような無理に到達する．「無理が通れば道理引っ込む」というが，時代の流れと組織化の力によって，この無理が道理であるかのように思われ，マルクス主義社会学と呼ばれるものがエスタブリッシュされてしまった．しかしマルクス主義社会学という思想体系は，結局存在しなかった．この問題は，第3節における布施鉄治と細谷昂の著作についての検討に引き継がれる．

1) 北川隆吉（1928-　）は，1952年東京大学文学部卒業，1953-58年東京大学助手，58年法政大学助教授，64年教授，78-92年名古屋大学教授，92-99年専修大学教授．労働問題，マルクス主義社会学を専攻．編著は，『社会学方法論』（青木書店，1965），『20世紀社会学理論の検証』（共編，有信堂高文社，1996）など，監修は『現代社会学辞典』（有信堂高文社，1984），『21世紀の社会学シリーズ』（5冊，文化書房博文社，1993）その他多数．
2) 芥川集一（1922-91）は，1947年日本大学卒業，同副手，助手，講師を経て，56年専修大学助教授，62年教授，91年死亡退職．編著は『社会集団論』（青木書店，1965）．
3) 田中清助（1923-95）は，1948年東京大学文学部卒業．1956年名古屋大学講師，1960年助教授，1974年大阪大学人間科学部教授，1987年同定年．編著は『社会意識論』（青木書店，1965），訳書はオシーポフ編『ソヴェト社会学』（3分冊，青木書店，1967）ほか．
4) 三溝信（1934-　）は，1963年東京大学大学院博士課程修了．1963年法政大学社会学部助手，65年助教授，74年教授．著書は『市民社会における社会と個人』（青木書店，1968），『社会学講義』（有信堂高文社，1986），『社会学的思考とはなにか』（有信堂高文社，1998）ほか．

第3節 「社会学者マルクス」の研究

　少なくとも1950年代までは、マルクスはもっぱら経済学の中に位置していた。マルクスは何よりもまず『資本論』の著者であり、そして『資本論』は経済学の本であったからである。ところがその後、マルクスは社会学の創始者であると主張する人が、社会学の中に、はじめは少数、しかししだいに多数、あらわれるようになった。そのような要請に応えようとして書かれた本が登場し始めたのは、1970年代以後のことである。このころになると、マルクス主義の多様化が進み、経済学の中で「マルクス経済学」の地位が急速に落ち込むようになったのと入れ代わりに、社会学者が思想としてのマルクス主義を引き受ける役回りになった。その中から、代表的なものを二つ取り上げることにしよう。布施鉄治『行為と社会変革の理論』（青木書店, 1972）と、細谷昂『マルクス社会理論の研究』（東京大学出版会, 1979）がこれである。

布施鉄治『行為と社会変革の理論』

　『行為と社会変革の理論』は、布施鉄治[1]の主著である。布施はこの本の開巻第一ページにおいて、戦前には「社会学」といえばブルジョア社会学のことであったが、戦後はマルクス主義の立場に立つ社会学者がふえたと述べ、昭和30年代以後、一方に「コントを始祖とする社会学の体系化」が進められ、他方に「マルクス－エンゲルスを始祖とするマルクス主義社会学」への志向性が始まった、と書いている。戦後日本の社会学についてのこのような現状認識の上に立って、布施はみずからの課題を、マルクス－エンゲルスの思想体系に立ちかえり、彼らがいかなる社会分析方法を有していたのかを深く検討すること、およびそれをつうじて戦後日本の現実分析を行うための方法を見出すこと、と設定している。

　このような目的のために、布施はまずコントとマルクスを対比することから始める。布施は、従来しばしばマルクス　対　ヴェーバーが対置されてきた

が，マルクスとヴェーバーでは世代が違うとする．ヴェーバーの同世代者はレーニンであり，マルクスと対置されるべき同世代者はコントである．布施は，「コントとマルクスの理論体系のなかには似かよったいくつかの点がある」とする．彼によれば，マルクスもコントも「社会に関する理論の中に資本主義の発展についての科学的認識の総括が反映されているとした」（そうか？）．またマルクスもコントも「社会を有機体として捉えた」（マルクスのどこをさしているのか？）．しかし布施によれば，「コントは産業社会を秩序ある社会として維持するために社会学の体系の樹立をみずからの仕事とした」のに対して，マルクスは「労働者階級の立場に公然と立って，現実を科学的に変革することに志向した」．

　布施はコントとマルクスの違いを，コントの社会理論が「経済の土台に社会をおく」のに対して，マルクスの社会理論が「社会の土台に経済をおく」点にあると考える（この場合マルクスにとって「社会」とは何か？）．コントは人類社会の発展史を共同体社会から市民社会への発展としてとらえ，産業社会（布施は市民社会と産業社会を等値する）をその発展の最高段階として措定したが，マルクスは市民社会批判の社会理論をつくった（pp. 24-29）．布施の図式によれば，コントの建設した社会学の道を社会学主義として確立したのがデュルケームであり，コントの理論の「国家独占資本主義の第二の危機段階に見合った現代版」をつくったのがパーソンズである（「補論」I-III）という．布施の目的は，かつてしばしばなされたように，マルクスを称揚するのと引き換えに社会学を否定することにあるのではなく，マルクスを社会学のフォーマットの中に引き入れることにある．

　布施はマルクスの理論を社会学にするために，マルクス解釈の中にマルクスが用いたことのない社会学用語を持ち込んだ．「社会的行為」（第2章，第3章），「社会構造」（第4章），「社会関係」（第5章，第6章），「社会の発展」（第7章）というのがそれである．これらの社会学的基本カテゴリーを用いて構成された枠組の中に，マルクスとエンゲルスからの多数の引用を順次にあてはめ，マルクス理論を社会学として再構成するというのが，布施の『行為と社会変革の理論』という本の筋道をなしている．布施の試みを，マルクス理論を現代社会学の用語に翻訳することであったと解するならば，これは

第3節 「社会学者マルクス」の研究

マルクス主義の立場からは，試みるに値するアイディアであるとしてよいだろう．なぜなら，社会学用語はマルクス主義とはほんらい異質なものだから，社会学用語をマルクス主義と掛け合わせることによって，マルクス主義にそれまでなかった新しい可能性が生まれるかもしれないからである．

社会的行為 布施が最初に取り上げているのは，「社会的行為」の概念である．この語をキイ概念として用いた最初の社会学者は，ヴェーバーであり，それを継承したのはパーソンズであった．だから布施も当然にヴェーバーの名をあげ，「近代社会学」はコントとスペンサー以後，一方はデュルケーム，もう一方はタルドとジンメルという二本の経路を経て，ヴェーバーの行為理論によって完成したとする．

ところが布施は，マルクスにもまた，その「ウェーバーの射程距離をはるかに凌駕する行為理論」(p.21)があった，と主張する．彼がその証拠として提出するマルクスの著作は，何であろうか．最初にあげられているのは，奇妙なことに，エンゲルスの『ルートヴィヒ・フォイエルバッハとドイツ古典哲学の終結』(「フォイエルバッハ論」1886)である．布施のこのエンゲルス文献についての言及には誤解があるのではないかと思われるが，ここでは立ち入らない[2]．

次いで布施は，以上に述べたエンゲルスの「フォイエルバッハ論」についての言及とは無関係に，マルクスの『資本論』第1巻第3篇「絶対的剰余価値の生産」における「労働過程」の概念に移る．『資本論』のこの個所は，資本の生産過程を商品，貨幣，流通とたどってきたあとに，はじめて労働が登場する個所であるが，布施はここで唐突に，「マルクスは，あきらかに諸個人の労働行為のなかに，人間生活のあらゆる社会形態を共通して貫くもの，つまり社会構成体を貫いて人類社会の発展を主導したひとつの基軸を見いだしていたということができる」(p.33)と主張する．しかし布施が直接に引用しているのは『資本論』第1巻の生産過程論であって，そこではマルクスは労働対象・原料・労働手段・生産手段など，マルクス経済学の基礎カテゴリーを説明しているだけであるから，それは経済学の問題であって，「社会構成体」の問題ではなく，ましてや社会学の行為理論とは何の関係もない．

布施はこのほかにもマルクス－エンゲルスから多くの引用を重ねたあと，

「マルクス - エンゲルスの社会理論は，近代社会学がその対象とした諸領域をみずからの理論のなかに包摂している」（p. 41）という結論に到達する．しかし布施のこの命題には飛躍があり，マルクス - エンゲルスの「社会理論」とは何をさしているか，「近代社会学がその対象とした諸領域」とは何をさしているかが特定化されていない．マルクス - エンゲルスの書いたものには「行為」の語は一度も出てこないのだから，社会学の意味での「行為理論」がマルクス - エンゲルスにあると布施が主張しても，その主張が布施によって証明されたと受け取るわけにはいかない．

そもそも社会学における行為理論の創始者はヴェーバーであり，布施自身がこの本の冒頭に述べているように，マルクスとヴェーバーでは世代が違う．ミクロ社会学をはじめて構築したのはジンメルとヴェーバーであるが，彼らがそれを達成したのは20世紀になってからであった．布施はマルクスを，同世代者であるコントと比較するはずだったのではないか．ところがコントには，行為理論はない．私の理解では，行為というのは個人の他者関連的な欲求充足過程を意味し，だから行為理論はミクロ社会学でなければならない．コントはスペンサーとともに社会有機体説の提示者であり，彼らには個人への着眼はなかった．コントおよびスペンサーと同世代人であるマルクスにおいても，もしマルクスに社会学があったというなら，その社会学はもっぱら全体社会の社会学であったと考えねばならない．なぜなら，それがマルクスの時代の社会思潮であったのだからである．

これに対して複数の行為者の結合は社会システムであるから，マクロ社会学の理論とは社会システム理論である．もちろん「社会システム」理論は20世紀後半のものであるが，社会有機体説は社会システム理論の先駆とされている．社会有機体説を仮に「社会構成体論」と言い換えてみると，マルクスにはそれに近いものとして，史的唯物論で「経済的社会構成体」ないし「社会の経済的構造」（die ökonomische Struktur der Gesellschaft）と名付けられている理論があった．マルクス - エンゲルスに行為理論があるという布施の主張は受容され得ないが，マルクスにマクロ社会の概念的対応物があるという主張は成り立ち得るだろう．ただしこれには留保条件をつける必要があって，マルクスが「経済的社会構成体」ないし「社会の経済的構造」とい

うときの「社会」は，社会学の固有研究対象としての狭義の「社会」であるとは言えない（これについては後述）．

社会構造 布施が第二に取り上げているのは，「社会構造」の概念である．社会構造という概念は，社会学の構造‐機能理論でははっきり社会学の術語として位置づけられたが，それ以外の流れでは，その位置づけはけっして明確ではない（フランスの構造主義およびポスト構造主義は「構造」の語を用いているが，これは社会学よりずっと広くて，構造の意味は多義的であり，不明確である）．布施はおそらく構造‐機能理論を念頭におきつつ「社会構造」の概念を用いているのだと思われるが，社会学の術語としての社会構造という概念が社会学者によってどのように用いられているかという問題には，まったく立ち入ろうとしていない．

マルクスにおいては，上述したように，「構造」の語が「社会の経済的構造」というかたちで用いられていることが特筆される．『経済学批判』序言の「史的唯物論の公式」といわれている個所がそれであって，布施もまたマルクスのこの個所に言及し，マルクスの「公式」をＡからＦまでに分けて詳細に検討している（pp. 88-97）．ここでは順序として，まず布施のＡからＦまでのうち，とくに有名なはじめの四つを，マルクスが用いているキイ・タームに注目しながら，できるだけ簡潔に引用することから始め，つぎにそれらについての布施の理解を検討しよう．

(A) 「人間は，彼らの生活の社会的生産において，一定の，必然的な，彼らの意志から独立した関係，すなわち彼らの物質的生産力の一定の発展段階に対応する生産関係に入る」．
(B) 「これらの生産関係の総体は，社会の経済的構造を形成する．これが現実の土台であり，その上に法制的および政治的上部構造がそびえ立ち，それに一定の社会的意識形態が対応する」．
(C) 「物質的生活の生産様式が，社会的，政治的，および精神的生活過程一般を制約する．人間の意識が彼らの存在を規定するのではなく，反対に彼らの社会的存在が彼らの意識を規定する」．
(D) 「社会の物質的生産力は，その発展のある段階で，……既存の生産関係と矛盾するようになる．これらの関係は，生産力の発展形態から，その

桎梏へと転ずる。そのとき社会革命の時代が始まる」[3]。

布施は以上を総括して、「社会構成体を土台 - 上部構造を含めた全体として把握するということは、そもそも社会を土台（経済）に還元すればこと足りるというのではなく、そこには明らかに社会の概念がある」(p. 96) と述べている。この指摘は重要である。はじめ哲学者であり、その後経済学者になったマルクスを、さらに社会学者でもあったと主張するためには、「マルクスには社会の概念がある」ということを立証することが必要だからである。マルクスに行為理論があるということが証明できなくても、それはマルクスにマクロ社会学の前提としてミクロ社会学がなかったことを意味するだけだから、「社会学者マルクス」をいうために致命的なことではない。これに対して「マルクスには社会の概念がある」ということが証明できなければ、「社会学者マルクス」をいうのに致命的であると言わねばならない。マルクスに「社会」の概念があったとすれば、それはいかなる意味で言われているのか、それが次の問題である。

社会関係 布施が第三に取り上げているのは、「社会関係」の概念である。布施はこれについて、マルクスには「生産関係」の概念があるだけでなく、「交通関係」という概念があり、さらに「交換関係」の概念があって、それらは基底において相互に弁証法的に関連しあうものとして把握されている、と述べている。布施によれば、マルクスのいう生産関係は「各構成体ごとに異なるすぐれて物質的な関係」を意味する。ところが布施は、「交通関係」および「交換関係」の概念はこれとは異なって、「物質的な関係と同時に精神的な関係をともなう概念」であるとする。布施はとりわけ、「われわれ社会学者が社会関係と呼ぶ実体は、より深いかたちで、交換関係概念に何よりも端的に示されている」(p. 116) ということを強調している。

布施は、マルクスの生前に出版されなかった『経済学・哲学草稿』『ドイツ・イデオロギー』『資本制生産に先行する諸形態』などにおける展開を引用することから、マルクスの「交通関係」という概念には、物質的な関係と精神的な関係との二面があるということを示している。それによれば、物質的な関係とは国際貿易のような物的な流れをさし、精神的な関係とは文化的交流のような非物質的な上部構造間の流れをさす (pp. 118-25)。他方「交換関

係」の概念は，同じく生前に公刊されなかったマルクスの『経済学批判要綱』において展開され，布施によれば，これもまた物質的な関係と精神的な関係との二面を含む．物質的な交換関係は，貨幣を交換手段とする市場的交換である．これに対して精神的な交換関係は，言語，科学，芸術などを交換手段とする非物質的な交換である (pp. 126-40)[4]．

社会発展 布施が第四に取り上げているのは，「社会発展」の概念である．マルクスがあげていた人類社会の発展史の区分を，(1)共同体に包摂されている段階，(2)近代資本主義社会の段階，(3)社会主義→共産主義の段階，の三つに分ける．(1)から(2)への発展は，貨幣が交換手段としてあらわれたことによって実現された．これに対して，(2)から(3)への発展は，もはや交換価値にもとづく，したがって貨幣をメディアとする交換関係を無意味なものとするような発展である．布施は，マルクス−エンゲルスが描いた社会主義→共産主義の段階を，生産力が発展したことによって，生産過程はもはや労働によって担われる必要がなくなり，余暇時間が「科学」と「芸術」の発展に当てられるようになる段階であるとする (pp. 172-82)．

布施は，これらの発展を可能にするものは「階級闘争」であるとするが，階級闘争がプロレタリア独裁をつくり出すのは過渡期の段階においてのみであり，それ以後の人類は「無階級社会」の段階に入るとする．布施はマルクス−エンゲルスにならって，多数者が少数者によって支配される社会は終わりを告げ，多数者が多数者の利益のために自主的な運動を展開する社会が実現されるという．しかし「近代社会学」でいうアソシエイションはなくなるのではなく，資本主義的な企業としての「企業的結社」であることをやめて，「労働者的結社」になる．また「近代社会学」でいう「基礎的集団」は，身分階層的な関係を払拭した自由な家族・親族となる（布施は女性の地位の問題には触れていない）．同じく「近代社会学」でいうアーバン・コミュニティは，普遍的な連繋をもった社会的共同生活の単位となる．このようにして，「世界的な規模での真に人類的な連帯」が形成される (pp. 214-9)．しかし共産主義における結社やコミュニティの中にも不平等がある，という問題には布施はふれていない．

富永コメント 以上私は，布施鉄治の『行為と社会変革の理論』を要約しな

がら，あわせて私自身の観点からするコメントと評価を述べてきた．だから最後に述べるべきことは，それらのコメントと評価を総括することだけである．布施の著作は，マルクス主義の側から社会学をつくろうとする試みを徹底的に考え抜いた仕事として，評価されてよいであろう．しかし，この総括で私が最も問題にしたいことは，布施はマルクスを社会学者であると言おうとする時，マルクスをジンメルやヴェーバーと同じ意味での社会学者にしようとしているが，これは布施自身が最初に述べたことと一致していない，ということである．マルクスはコント‐スペンサーの同時代人であって，ジンメル，デュルケーム，ヴェーバーの社会学を知らないし，知りようもなかった．もしマルクスを社会学者であると言うとすれば，それはコント‐スペンサーの社会学，すなわち特殊社会学成立以前の社会学としての「総合社会学」以外ではあり得ない．

ところが布施は，各章ごとに，「社会的行為」「社会構造」「社会関係」「社会の発展」という概念がマルクスにあったと主張する．これは，マルクスが全知全能で，自分より半世紀あとに生まれたヴェーバーやジンメルの行為理論や社会関係理論をあの世から見ていた，という空想物語を仮定することになる．布施のえがくマルクスは，時代的制約を超越した神なのである．

もう一つの総括的問題は，マルクスに「社会構造論」があったという時，「広義の社会」と「狭義の社会」の違いが無視されている，ということである．ジンメルやヴェーバーの「社会」は明確に狭義の社会として考えられていた．これに対してマルクスが社会の経済的構造という時の「社会」は，「広義の社会」を意味している．なぜなら，この語を土台と上部構造に対応させる時，それらには「社会の政治的構造」「社会の法的構造」「社会の文化的構造」などのヴァリエーションが考えられるからである．パーソンズの「社会システム」も，「広義の社会」を意味していた．しかしパーソンズにおいては，「社会システム」の全体は社会学の研究対象よりもずっと広いことが十分に自覚されており，社会システム理論を社会学と同一視することは厳密に避けられている．それゆえ，社会学の研究対象としての「狭義の社会」は，社会システムの一部としての，I部門の「社会共同体」とL部門の「信託システム」として限定的に位置づけられている．パーソンズは，高田保馬と同様，

狭義の社会をはっきり定義し,これについて多数の専門的な研究を行った.これとは違ってマルクスは,狭義の社会という概念を自覚的に用いたことはなく,したがってそれについて専門的な研究をしたことはない.これは,マルクスの時代的制約そのものである.だから私の見解は,マルクスは専門的な意味での社会学者とはいえない,というところに帰着する.

細谷昂『マルクス社会理論の研究』

布施の『行為と社会変革の理論』が,マルクス研究においてディシプリンとしての社会学に強いこだわりを示し,マルクス主義を社会学にしようとする努力を展開しているのと対照的に,細谷昂『マルクス社会理論の研究』(東京大学出版会,1979)には社会学という語も社会学文献も登場せず,マルクス研究は意図的にディシプリン超然的に,もっぱらマルクス文献学の文脈において考えられている.反面,布施の著書は文献学的研究とは言えないのに対して,細谷はマルクス自身の著書とマルクス研究書の両面にわたって,ドイツ語文献学の世界に自分を位置づけている.

しかし細谷のこの本は,東大出版会の「現代社会学叢書」の中に,『デュルケム社会理論の研究』『ヴェーバー社会理論の研究』とともに,同じフォーマットの題名をもった三冊の本の一冊として並んでいる.これを初めて見た時に私がまず感じたことは,マルクス理論もデュルケム理論およびヴェーバー理論と並ぶ「社会理論」(「経済理論」が「経済学理論」と区別されないように,「社会理論」と「社会学理論」とが区別される必要はない)の一つとして,「現代社会学叢書」の中に位置づけられるまでになったのであろうか,という感慨であった.この感慨の中にはとりわけ,細谷がそのような位置づけを受けいれた以上,彼はマルクス理論を社会学理論として作り直すという職業的役割を引き受けたはずである,との期待がこめられていた.細谷はこのような役割期待をみたしているであろうか.否である.この問題に注目しながら,この本を読んでいくことにしよう.

本書は5章構成で,第1章「唯物論的社会理論の原点」,第2章「唯物論的社会概念の端緒的形成」,第3章「唯物史観への道」,第4章「唯物史観の定礎」,第5章「マルクス社会理論の視座と方法」,という五つの章からなって

いる．ここでは第 4 章までを取り上げる．

マルクス社会理論の原点 第 1 章において細谷は，ベルリン大学でブルーノ・バウアーの圧倒的な影響下に，「青年ヘーゲル派」的イデアリスムスに没入していた若きマルクスが，そこから脱却していく過程に着目する．細谷によれば，マルクスが青年ヘーゲル派的イデアリスムスから脱却した転回点は，次の二つであった．第一は，1843 年 10 月に『独仏年誌』の刊行のためにパリに移住する前の夏，クロイツナハで書かれた未完の草稿『ヘーゲル国法論批判』である．細谷は，『独仏年誌』に掲載されたアルノルト・ルーゲ宛のマルクスの三通の手紙と，マルクスの生前には公刊されなかった『ヘーゲル国法論批判』によって，マルクスはこの時期に初めて「唯物論的方法の原点」を確立した，とする．

細谷が第二の転回点とするのは，1844 年の『独仏年誌』の一・二号合併号（同誌はこの一冊しか出なかった）に掲載されたマルクスの二つの論文「ユダヤ人問題によせて」と「ヘーゲル法哲学批判序説」である．前者はバウアーの論文「ユダヤ人問題」への批判であって，国家がキリスト教からの解放を実現しない限り，ユダヤ人の解放は実現されないとして，バウアーの国家論がこの点を明確にしていない，ということを批判したものである．後者はヘーゲルの法哲学への批判であって，1841 年刊行のフォイエルバッハ『キリスト教の本質』を念頭に置きながら，ドイツにとって宗教の批判は本質的にもう終わっており，天上の批判は地上の批判に，宗教の批判は法の批判に，神学の批判は政治の批判に，それぞれとって代わられねばならない，と主張したものである．細谷はこれらの点から，マルクスがすでにバウアーだけでなく，フォイエルバッハをも超えている，とする．

『経済学・哲学草稿』 第 2 章は，『経済学・哲学草稿』（以下，『経哲草稿』）の第一・第二・第三草稿と，失われた第二草稿に含まれていたと見なされている「ミル評註」を研究対象とする．『経哲草稿』は，この草稿の編集者がつけた題名に「1844 年の」とあることからわかるように，マルクスがパリ時代に書いたもので，スミスを中心とするイギリス古典派経済学についてマルクスが作成した，いわば研究ノートである．これが，1845 年パリを去ってブリュッセルに移ってからの作品『ドイツ・イデオロギー』の前に書かれたとい

第3節 「社会学者マルクス」の研究

うことは，たいへん重要である．というのは，エンゲルスと協力して「ドイツ哲学」の批判的検討に没頭したマルクスが，それに先立って，ドイツ哲学の世界とはまったく異質なイギリス古典派経済学に，すでに手を伸ばしていたということが分かるからである[5]．

マルクスの『経哲草稿』は，第一草稿から第三草稿までに分かれている．第一草稿は，「労賃」「利潤」「地代」という所得三源泉の分析から始まる．この三カテゴリーは，ダーレンドルフが『産業社会における階級および階級闘争』（富永健一訳，1964）で問題にした，『資本論』最後の未完の章「階級」における階級三区分に対応している．しかし所得三源泉というのは，古典派経済学の立てた所得分配に関する範疇であって，マルクス自身の概念ではない．マルクス自身が立てている概念は，細谷の表現によれば「国民経済学の地平をこえた」問題であり，これが『経哲草稿』を有名にした「疎外された労働」という概念にほかならない．

マルクスがあげている「疎外された労働」についての規定には，第一規定から第四規定まで四つのものがある．細谷の表現によれば，それらは，第一規定が「労働者からの労働生産物の疎外」，第二規定が「労働者からの労働の疎外」，第三規定が「人間からの類の疎外」，第四規定が「人間の人間からの疎外」というものである．第一規定は，労働者がつくった生産物が労働者に帰属せず，「私的所有」制度によって資本家のものになることを意味している．第二規定は，労働という活動が，労働者にとって喜びではなく，やむを得ず他の目的のためにやっている強制的な活動であることを意味している．第三規定は，労働が自然との物質代謝の活動であり，「類的存在」として自然の一部である人間が，自分自身との関係において疎外されていることを意味している．第四規定は，人間が他者との関係において，人間相互の社会関係において疎外されていることを意味している．

疎外の概念については，従来からさまざまな解釈が提示されてきた．細谷はそれらの中から，(1)あるべき人間の姿の理想像を想定し，それに照らして現実を告発するもの，(2)労働の対象化と疎外とを峻別し，対象化が疎外に転化するのは私的所有によってであるとするもの，(3)疎外は私的所有によって引き起こされるものではなく，疎外の原点は労働過程そのもの（第一規定）

のうちにあり，それが類に向かって「上向」するととらえるもの，という三つをあげ，これらはすべて誤りであるとする．それでは，細谷自身の解釈はどのようなものか．それは，マルクスのあげた四つの疎外を「下向」の手法としてとらえ，第一規定の中に第四規定までが順次に含まれていると解するものである．このことから，「類」（第三規定）の中に「社会性」の契機（第四規定）がすでに含まれており，これがマルクスの唯物論的社会理論の基本視点であるとして，「経済的社会構成」という1859年の『経済学批判序文』の概念はここから出てくる，と細谷は主張する（pp. 55-57）．細谷理論の中に，マルクスの「社会学」とは何かという問題への答えを読み取り得るかどうかに関心を向ける私は，以下彼のこの解釈に注目したい．

　『経哲草稿』の第二草稿は，散逸されて短い断片しか残されていない．細谷はラーピンにしたがって，「ミル評註」（この場合のミルは父のジェームズ・ミル『経済学綱要』）が第一草稿と第二，第三草稿を媒介する時期に書かれたとし，ミル評註は第二草稿の「失われた本文」の中に吸収されていた度合いが高いとして，これに注目する．ミル評註には，第一草稿にはなかった「分業と交換」についてのスミス的世界がある．細谷はこのミル評註に，「三重の意味を含めた社会概念」（特殊歴史的・歴史貫通的・将来展望）があるとし，「歴史貫通的な人間の社会性，その類の概念も，諸個人の個体性の発揮のうえに実現される共同性を意味するものになっていた」（p. 71）と書いている．私の観点から注目すべきことは，ここに「社会」（Gesellschaft）の概念が登場することである．ではマルクスがここで考えていた「社会」とは，一体いかなるものだったのであろうか．

　ミル評註に対応して，『経哲草稿』の第三草稿には，この社会概念の展開がある．細谷は，第三草稿の「私的所有と共産主義」項目に登場する社会概念（大月書店版全集40，訳 p. 459）を引用するが，マルクスがそこで述べているのは，私的所有の止揚された共産主義の「社会」である．細谷が「三重の」という時，「特殊歴史的」とはスミス的な近代資本主義の国民経済的事実をさし，「歴史貫通的」とは資本主義から社会主義へと貫通するいわば社会の本質をさし，「将来展望」とは共産主義をさす．細谷はマルクスからの引用文を解説して，「人間がその生命活動を労働として外化するとき，それの社会性は分

業として対象化され，疎外されるが，そのときその担い手としての諸個人は，労働の分割，一面化によってますます特殊的な，一面的な存在となり，それゆえに相互補完的な交換によって，類としての共同性，一般性をとりもどすことになる．これが社会にほかならない」(p. 80) と述べている．しかしこれは，マルクスの社会学とは何かという私が設定した問題についての答えにはなっていない．

『ドイツ・イデオロギー』　第3章と第4章は，マルクスとエンゲルスの共著『ドイツ・イデオロギー』の研究である．彼らの最初の共著は1845年の『聖家族』であったが，そこでは批判の対象はバウアーで，フォイエルバッハには高い評価が与えられていた．これに対して，細谷が「唯物史観の定礎」と呼ぶ『ドイツ・イデオロギー』は，この直後に彼らが書いた二番目の共著であって，そこでは第一巻第一編がフォイエルバッハ批判，第二編がバウアー批判，第三編がシュティルナー批判となっており，マルクスとエンゲルスは，かつて彼らに大きな影響を与えたフォイエルバッハがいまや批判の筆頭にあげられねばならないとするにいたった．

細谷は第3章において，マルクスとエンゲルスは最初から批判の意見が一致していたわけではないとし，この章に「『ドイツ・イデオロギー』までのマルクスとエンゲルス」という副題をつけて，共著の実現にいたるまでにマルクスとエンゲルスがそれぞれ歩んだ道を，別々に辿っている．またマルクスは，エンゲルスとの共同執筆に入るに先立って，独自に「フォイエルバッハに関するテーゼ」と題する短文を書いたので，これも第3章で論じられている．この短文は，全部で11個の短いテーゼが並べられているだけのメモであるが，その第10テーゼに，「古い唯物論の立場は市民社会であり，新しい唯物論の立場は人間的社会もしくは社会的人類である」という文がある．ここで古い唯物論とされたのがフォイエルバッハの唯物論であり，これに対置された新しい唯物論が，マルクスとエンゲルスの唯物論である．

細谷は第4章に「『ドイツ・イデオロギー』研究」という副題をつけ，ここで同書の第一巻「最近のドイツ哲学の批判」をとりあげて，詳細な解読をほどこす．『ドイツ・イデオロギー』は従来から，読みにくい本であるとされてきたが，第一巻第一編「フォイエルバッハ」の従来流布してきたアドラツキ

一版について，広松渉は編集上の疑義を指摘し，同版がほとんど使用に耐えないと結論した．そこで広松は，第一巻第一編のドイツ語による新編集本を日本で出版した（河出書房新社，1974）．細谷は現在これが世界的に見て最も水準が高いとし，この広松ドイツ語版，その「改訂稿」と「清書稿」をテキストに用いて，日本語訳としてはソ連新版の花崎皋平訳（合同新書，1966）を参照したとしている．しかしこれらはどちらも第一編だけしかないので，第二編と第三編についてはMEW版を用いたという．

「ドイツ・イデオロギー」という語は，ヘーゲル以後の青年ヘーゲル派のドイツ哲学，とりわけフォイエルバッハ，バウアー，シュティルナーのイデオロギーをさしている．細谷によれば，マルクスとエンゲルスは，それらドイツ・イデオロギーの基本視点が，「それに比べればフランス革命も児戯に等しいような革命……をやってのけたと自称する青年ヘーゲル派の大言壮語が，じつは現実のドイツのみじめさを反映した矮小さ，局地的な局限性にすぎず，……非実践的な空論におちいっている」と批判した（広松版「改訂稿」と「清書稿」による）．ここでの批判のポイントは，細谷の語で言えば「局地的」(lokal) 対「普遍的」(universell)，すなわちブルジョワジーの世界的，普遍的な視野にくらべて，ドイツ・イデオロギーの矮小さ，局地性，局限性というところにおかれている (p.172)．

『ドイツ・イデオロギー』に特徴的な用語として，「生産力」と「交通形態」との矛盾という対概念をあげることができる．生産力（Produktive Kraft, Produktionskraft）という語はマルクスの『経哲草稿』の中にすでに登場しているが，交通（Verkehr）という語は『ドイツ・イデオロギー』においてはじめてこれと対比される位置づけをもつようになり，しかも細谷によれば，その用法はマルクスとエンゲルスとで同じとは言えない．すなわち，マルクスは交通を生産と対比された商品交換の意味に用いているのに対して，エンゲルスは元来この語を人と人との交わり一般という程度の意味で用いていた．しかしマルクスとエンゲルスは，一緒に本を書いていく過程で最終的には収斂していき，「経済史的うらづけをえて，生産力発展と交通形態との矛盾の思想が定式化された」，と細谷は述べている (p.220)．この意味で『ドイツ・イデオロギー』は，マルクスとエンゲルスが歴史認識を共有するようになって

第3節 「社会学者マルクス」の研究

いく過程の記録であった,と考えることができるであろう[6]。

富永コメント 細谷の『マルクス社会理論の研究』は,マルクスの文献学的研究として高水準のものである。本書はマルクスの生前に出版されなかった『経哲草稿』と『ドイツ・イデオロギー』を焦点としているが,前者は断片であるし,後者は読みにくい本であるので,本書におけるコンメンタールは有意義であり,私はそれらから多くのことを学んだ。

しかし問題は,細谷がこれらのことをするさいに,「社会学者マルクス」の意味づけを放棄したことにある。この意味づけが明らかにされなければ,経済学者や哲学者などによる無数のマルクス論がある中で,社会学者細谷昂がマルクス論を新しく書いた固有の視点は確立されない。本書の題名は「マルクス社会理論」となっているが,細谷がこの題名について語っているのは,「はしがき」に「この本のなかで私は,マルクスの社会理論を,社会の総体認識の学と規定している。とはいっても……それは,真の人間解放をめざす実践的立場を根底にふまえ,唯物史観をみちびきの糸とする総体認識なのである」とあるのが唯一のものである。しかしこれでは,マルクスに固有の意味での社会理論があることを示したことにはならない。「マルクスの社会理論」を表題に掲げるのであれば,細谷のいう「社会」とは何であり,「社会の総体認識」とは何のことであり,マルクスの書いたどの部分がそれに当るのかを,細谷ははっきり示す義務がある。

ジンメルやデュルケームやヴェーバーを研究する場合には,彼ら自身が自分を社会学者であると主張し,自分のいう社会学とは何であるかについて多くのことを書いているから,「ジンメル社会学とは何か」「デュルケーム社会学とは何か」「ヴェーバー社会学とは何か」をあらためて問う必要はなく,社会学文献は自然にたくさん登場する。ところがマルクスは,自分では社会学という語を使ったことがなく,そういう題名の本を書いたこともなく,彼の同世代者であるコントとスペンサーが彼の時代に社会学という学問をつくったが,それにはまったく関心を示さなかった。だからマルクスの死後百年近くたってから,それまでマルクスの読者にとって馴染みのなかった社会学者という人種があらわれて,マルクスを研究して本を書くならば,「なぜ自分がマルクスについて本を書くのか」「なぜマルクスを社会学者だとするのか」

「何をマルクスの社会学と呼ぶのか」などについて語ることは不可欠である．しかるに細谷は，それらの義務をすべて放棄してしまった．細谷のマルクス研究は，彼が社会学者たることを放棄したことを示すだけに終わった．

この本についての富永コメントは，この一点にあくまでも固執する．今後マルクスについて本を書く社会学者があらわれるかどうかは分からないが，もし細谷が，自分はそれでも社会学者であると主張するなら，彼はそのことを示すマルクス論を，もう一冊書かなければならない．

1) 布施鉄治 (1930-95) は，1957年北海道大学大学院博士課程修了，57年北海道大学文学部助手，60年同教育学部講師，65年同助教授，73年同教授，教育学部長，94年北海道大学名誉教授．主要著作は，『行為と社会変革の理論』(青木書店，1972)，『地域産業変動と階級・階層』(編著，御茶の水書房，1982)，『現代日本の地域社会』(共編著，青木書店，1983)，『社会学方法論』(共著，御茶の水書房，1983)．『布施鉄治著作集』(上・下，北海道大学図書刊行会，2000) がある．

2) 布施がエンゲルス論文としてここであげているのは，マルクスの死後，66歳のエンゲルスが，『ノイエ・ツァイト』誌にシュタルケ『ルートヴィヒ・フォイエルバッハ』という本の書評を依頼された機会に，若き日のマルクスとの共著『ドイツ・イデオロギー』を回想しつつ書いたものである．エンゲルスはこの論文で，唯物論を説明するのに「われわれの意識と思考は物質的な器官である脳髄の所産である」(上掲訳書：282) と書いているが，布施はこの個所をエンゲルスの「行為理論」と称して引用している．エンゲルスはこの文脈で，人間の歴史においては，自然の発展史とは違って，人間の意識的な意図なしには何事も起こらないと述べているのであるが，布施はエンゲルスがここで「人間の意識的な意図」と言っているのを行為のことだと強弁する．エンゲルスがここで言っているのは，もし「行為」という語を使うなら，人間は物質的な器官である頭脳の命令によって行為する，ということにすぎない．

3) 布施はこれらを解説して，(A)および(B)でいわれている「生産関係」とは階級的な分配関係のことであるとし，そしてその生産関係の基底に人類の物質的生産力の一定の発展段階があるということに注意を促す．(B)でいわれている社会の経済的構造＝土台は階級的な分配関係であり，その階級関係を維持するための不可欠な同伴者として，法制的および政治的上部構造がこれにともなっている．布施はマルクスにとって「社会構造」とは何であったかを定義していないが，社会構造とは土台と上部構造を合わせたものであるとするのが布施の暗黙の理解であったと思われる．(C)は「存在が意識を規定する」というマルクスの

有名な命題である．存在とは土台と上部構造のことだと解する限り，生産関係が階級的な分配関係を意味し，それが社会の経済的構造を形成し，その経済的構造が上部構造を規定する．そうであれば，存在全体は階級関係によって規定されることになる．そこで布施は，「階級関係によって規定されるところの存在が，その存在によって意識を規定されるとうけとるべきである」と述べる．
(D)においてマルクスは，物質的生産力の発展を問題とする．布施はこの「生産力の発展」が，鉱工業生産指数で計られるものとしてだけでなく，「諸個人の生活のレベル」，および「それら諸個人の物質的，社会的，政治的，精神的な彼の全生活の過程を支える，まさに全社会的，構造的……な総体」(p. 92) の発展として理解されるべきであるとする．社会学的思考からすれば，一国の生産力の高さは，一方ではもちろんその国の技術水準の高さに依存して決まるが，他方では狭義の技術だけでなく，文化全般の高さ，国民の働く意欲，政府の指導力などの文化的・社会的・政治的諸要因によっても決まる，と考えられる．

4) 布施は言及していないが，もしこれを「交換」と呼ぶとすれば，それはアメリカでホーマンズとブラウによって1960-70年代に提出された「社会的交換」の理論に近い着想であり，マルクスがあげている言語，科学，芸術などは，パーソンズやルーマンによって「交換メディア」と呼ばれたものに相当することになる．私はマルクスの交換概念そのものは古典派経済学のレベルでの経済的交換であり，19世紀のマルクスに「社会的」交換理論があったとするのは無理であると考える．

5) ヘーゲルから出発した「ドイツの哲学者」マルクスが，ドイツ観念論からイギリス経験論へと視野を広げたということは，マルクスにとっての画期的な転機であった．私は『現代の社会科学者』(1984)において，ヘーゲル哲学に没頭していた典型的なドイツ理念主義の思想家であったマルクスは，スミスを中心とするイギリス古典派経済学にふれたことによって，実証主義の要素をあわせもつようになったと主張した．『経哲草稿』は，まさにその最初のものであった．細谷は私のような「実証主義 対 理念主義」という思想区分を立てない（私のこの区分はパーソンズとポパーに由来する）が，それに近い区分として，マルクス思想の形成を「唯物論哲学」（唯物史観）と「市民社会の解剖学」（経済学）の二系列に分けている．私の区分によれば，前者は理念主義であるが，後者は実証主義を含んでいる．このように分けると，初期マルクスの諸著作（細谷の第1章）とそれを総括した『ドイツ・イデオロギー』（細谷の第3章・第4章）がともに前者の系列を主題とする作品であるのに対して，この両者のあいだに後者の系列の出発点である「経済学・哲学草稿」（細谷の第2章）が入り込んでいる，と位置づけ得る．

6) 細谷によるマルクスの文献学的研究は，以上四つの章で終わる．残る細谷の

第5章は，文献学的研究ではなく，『ドイツ・イデオロギー』以後のマルクスを，「市民社会の解剖学と歴史認識」「現状分析とヨーロッパ革命の展望」「マルクス社会理論の視座と方法」の三つに分けて論じた結びの章である．このように三つに分けると，私の関心は当然に第三の「マルクス社会理論の視座と方法」に向けられるが，ここには特筆できるようなことは何も書かれていない．

第4節　日本版マルクス主義社会学のヴァリエーション

第4節では，マルクス主義社会学のヴァリエーションと題して，塩原勉[1]，上野千鶴子[2]，橋本健二[3]の三人の著作を取り上げる．ここで「ヴァリエーション」というのは，マルクス主義そのものがテーマなのではなく，固有のテーマをもっているが，奥深いところでマルクス主義が発想の原点としてある，あるいはそれをもとに展開されている，というほどの意味である．これらの三冊は，いわば「マルクス主義変奏曲」なのである．戦後日本の社会学において，マルクス主義はそのようなかたちで深く浸透してきた，と言えるであろう．

塩原勉『組織と運動の理論』

この本の最大の特徴，そしてこの本の理解を困難にしている最大の原因は，「組織」と「運動」を「と」でつないで，それら「の理論」（この場合の「理論」はたぶん単数形）について語る，あるいは著者がそのような理論を構築する，ということを表題で約束していることである．このような問題の立て方は，私には一つの驚きであった．

私の理解によれば，社会学における「組織」という語の使用には，従来大きく分けて二つの異なる系譜があった．一つはクーリーの『社会組織』(1909) という語の使い方に見られる古典的な用法であって，社会組織とは家族や近隣など親しい顔見知りの人びとがつくっている「第一次集団」が多数つながってできたものをさし，これは群集のように相互に顔見知りでなく組織化されていない人びとの集まりに対比されるものであった．他の一つはこ

れより新しい用法で，マックス・ヴェーバーの『経済と社会』(1921-22)における官僚制，あるいはチェスター・バーナードの『経営者の機能』(1938)やハーバート・サイモンの『行政組織』(1945)の意味での組織，すなわち諸役割がヨコの分業とタテの命令系統によってつながっている企業あるいは官庁の組織（業者団体，学校，病院，労働組合，宗教組織などにも拡大適用される）という用法であり，これらは「フォーマル組織」と呼ばれてきた．後者の意味の「組織」には，個人がそこに入っていく前から，多数の人びとによって共有されている目標と，それを実現するための手段の体系（役割，権限，命令系統など）が，制度として確定的に存在しており，そこへ入っていく個人はそれらを受け入れねばならない．

　塩原が「組織と運動」という場合の「組織」は，もちろん前者の系譜ではないが，後者の系譜とも明らかに同じでない．他方，「運動」（社会運動，または集合行動といっても事実上同じ）というのは，労働運動，学生運動，革命運動，民族独立運動，公民権運動，環境保護運動などのように，特定の目標のもとに多数の人びとが団結し，その目標を実現することを目指す集合的活動であって，企業や官庁の成員は通常そのような運動の担い手になることはない．「組織」と「運動」を「と」で結ぶことが驚きであったと私が述べたのは，このことを言っている．もちろん塩原がこの両者を「と」で結んだ理由は，私にも分からないわけではない．というのは，社会運動は，リーダーが目標と定めているものを多数の人びとの協働によって達成するために，運動を「組織化」しなければならないからである．しかしこれらの中で，運動体がはっきりした持続的な組織を形成しているのは，労働組合だけである．それ以外の場合，社会運動の理論は，上述したフォーマル組織の理論と異なって，目標がまだ共有されておらず，それを実現するための手段の体系も決まっていない状態から出発して，目標の達成にまで漕ぎ着ける流動的な過程を理論化しなければならない．「組織」の理論と「運動」の理論は，この意味で相互に異質なものであると私は考える．ところが，その異質なものをつないだ「一つの理論」というものがある，あるいはそのような理論をつくることが可能である，というのが著者の確信であるように見える．この確信はどのような根拠に基づくのであろうか．

こうした疑問に導かれながら、この本の中身を見ることにしよう。本書は三部構成で、第一部が「組織論」、第二部が「運動論」、第三部が「現代日本の組織と運動」と題され、第一部と第二部にそれぞれ七つの章が、また第三部には三つの章が、通し番号で一見整然と並んでいる。しかし各章を読んでみると、それらはそれぞれまったく独立しており、全体をつないで一つのストーリーを組立てることはできない。かといって17の章を個別に要約しつつコメントすると長くなりすぎるし、その必要もないように思われる。本書の中でとりわけ際立っているのは、第一部の中心を占める第1章「統制主義・組織過程・合意主義」と、第二部の中心を占める第8章「主体性と運動」である。この両者は対応し合っており、この二つの章がわかれば、著者のいう「組織と運動の理論」がわかるであろう。私はそのように考え、この二つだけを集中的に検討することにした。第三部は日本の状況分析で、第15章と第17章が組織と運動のクロノロジー、中間に挟まれた第16章が創価学会の宗教運動をそれぞれ扱っている。

「統制主義・組織過程・合意主義」 塩原は開巻第一ページから、本書全体の構想についての見取図の提示なしに、早いテンポでいきなり本論を展開する。塩原によれば、組織とは「ある目標にむかって諸個人（ないし諸集団）の多様な活動を協働＝統轄する持続的規則的パターンである」(p.7)。塩原が「組織化の機能原理」と呼ぶものには、「統制主義」と「合意主義」の二つが対立している。統制主義とは上からの強力な指導性を意味し、合意主義とは下から盛り上がる自発性を意味する。塩原は、この両者の間には相当に大きな乖離があるが、両者は組織を媒介にして統合され得るという。その統合という視角を、塩原はルカーチを援用しながら次のように提示する。

組織を見る視角には、塩原によれば三つのものがある。「完全封鎖タイプ」「適応均衡タイプ」「矛盾－媒介タイプ」がこれである。第一に「完全封鎖タイプ」というのは官僚制形態学で、塩原はこれにはあまり価値を認めない。第二に「適応均衡タイプ」というのは、塩原によれば「モダン組織理論」のテーマであるとされ、パーソンズ、ストッグディル、イーストン、バーナードなどの名前があげられ、とくにバーナードが重視されるが、塩原はこのモデルにおいては、内的矛盾は極小化されるか、あるいは回避されるとし、こ

の点に不満を表明する．第三に「矛盾‐媒介タイプ」というのはマルクス主義組織論のテーマとされ，塩原はこれについてルカーチの「理論─組織─実践」という弁証法図式（「理論と実践の矛盾を組織が媒介する」というもの）を提示する．塩原自身による上記の「統制主義」対「合意主義」の対立は，この「矛盾‐媒介」の過程に当たるものだとされる．すなわち塩原は，マルクス主義の「矛盾‐媒介タイプ」の理論を選択する．

つぎに塩原は，組織を構成する諸要素として「目標」「要求」「コミュニケーション」の三つをあげる．目標は組織のもの，要求は個人のものであり，コミュニケーションは両者を結びつける．塩原は「目標─コミュニケーション─要求」が時間の流れの三局面をなすと主張する．コミュニケーションとは組織過程そのものであると塩原は言い，「目標─組織─要求」（組織が媒介となって目標の実現と要求の達成を結びつける）という局面図式を立てる．塩原はこれを上述したルカーチの「理論─組織─実践」と対比させ，「目標─組織─要求」の図式を「組織現象の客観的な軸」と呼ぶ．客観的な軸とは，塩原のいう「統制主義」対「合意主義」の矛盾を意味する．これに対応させて「認識─組織─実践」という局面図式を立て，これを「主体的運用の軸」と呼ぶ．主体的な軸とは，「規範性」対「適応性」の矛盾を意味する[4]．

塩原は，彼が客観性の軸であるとする「統制主義」対「合意主義」を縦軸にとり，彼のいう主体性の軸である「規範性」対「適応性」を横軸にとって，両者をクロスさせることから「討論」「規律」「委任」「和合」の四象限を導出する．「討論による決定」とは自己主張と相互批判を繰り返して合意に到達する決定方式であり，「規律による決定」とは抽象的規則のシステムによる形式合理的な決定方式であり，「委任と自由裁量の決定」とは状況に即応した臨機応変と自由裁量の決定方式であり，「和合にもとづく決定」とは高揚した一体感と連帯を通じた全員団結による決定方式である，と塩原はいう．しかしなぜこの四つが出てきたのか，私にはよくつかめない．縦軸と横軸，とりわけ横軸の経験的レファレントがはっきりしないからである．塩原は「統制主義」対「合意主義」が客観性の軸であり，「規範性」対「適応性」が主体性の軸であるとするが，そもそも前者はなぜ客観性の軸であり，後者はなぜ主体性の軸なのか，そしてこの両軸を直交させることの意味は何なのかが，わか

らないのである．これらの四象限図式の導出は，第一章の結論として位置づけられているが，これらの四類型は第一部ではこれ以後登場しない．それらは，塩原の組織理論の中でどのような役割を果たすのであろうか．

「主体性と運動――主体性の形成もしくは組織悪への転化」 この章は第二部の冒頭に置かれ，第1章が第一部において占める位置に対応している．というのは，第1章の図式がここで再び登場するからである．塩原によれば，この章の主題は，「運動という肯定的かつ否定的な媒介契機によって個人が変革的に主体性を形成するプロセス」にある．彼は「組織運動」を「体制を変革し新しい価値の実現をめざす」ものと定義し，それは「運動適合的に個人を変化せしめることを目的とし且つ手段ともしている」という（p. 155）．

この章には三つの主題がある．第一主題は「自我過程と主体性」というものである．塩原によれば，この主題をとらえる軸は二つある．「欲求―パーソナリティ―目標」（パーソナリティが媒介となって欲求の達成と目標の実現が結びつけられる）という軸と，「認識―主体―実践」（主体によって認識と実践が結びつけられる）という軸がこれである．前者の軸「欲求―パーソナリティ―目標」は，第1章に出てきた「目標―組織―要求」に対応しており，組織の位置にパーソナリティがおかれ，目標と要求（今回は「欲求」と書かれているが両者は同じものであろう）の順序が逆になっている．パーソナリティという概念がここに登場する理由として，塩原はニューカムの『社会心理学』（1955）を援用しているが，実はニューカムが拠りどころになったというよりも，要するに運動によって個人に「人間変革」が起こる過程をあらわす概念を塩原は必要としたのである．また欲求と目標の順序が逆になった理由は，塩原が「主体性」と呼ぶ心的過程が第8章の研究対象だから，運動に参加する個人によって欲求充足がまず求められ，運動の結果として組織目標の達成が実現される，ということなのだろう．

他方，後者の軸「認識―主体―実践」は，マルクス主義によるものである．これはやはり第1章に出てきた「認識―組織―実践」に対応しており，組織の位置に「主体」という語がおかれている．塩原はこれを，「ルカーチ風の発想を個人のコンテクストで書き換えた」（p. 157）ものだと説明する．第1章で「目標達成と要求満足を同時に極大化するのが定言命令である」というバ

ーナード‐塩原テーゼが提示されていたが、このテーゼは第8章でも引き継がれる。ただ今回は、両者の同時極大が実現されるのは、主体のパーソナリティ（自我）のはたらきが媒介作用を果たすことによってであるとされる。

二つの軸において、「媒介構造」として位置づけられた「パーソナリティ」と「主体性」は、ともに「心的過程」である。塩原はこれを上記の「定言命令」と結びつけて、「目標と欲求にたいして、その達成と満足をともに高めるべく媒介構造が出現し、ひとたび出現した媒介構造はひるがえって目標と欲求を規制するようになる」(p. 160) と要約する。しかし、塩原によれば、心的過程には「二重の矛盾」が内在しているために、媒介構造はこのとおりの働きをなし得ない。二重の矛盾とは、「全面統制の原理」と「部分両立の原理」との矛盾、および「一貫性の原理」と「状況適合の原理」との矛盾である。これらの用語も難解であるが、いまは立ち入る余裕がない。これらの矛盾は、心的過程に「不安」を引き起こす。だからこれらの矛盾は「解決」されねばならない。「矛盾」は「媒介」によって「解決」に到達する、というのが塩原弁証法である。その解決のための「媒介」を導出するため、彼は「全面統制」対「部分両立」の軸と「一貫性」対「状況適合」の軸をまたまた直交させて、「価値志向」「効用志向」「カセクシス志向」「自我防衛志向」という四つの「志向」の類型を導出する。これらの類型の難解な用語についても、それらがどうして出てきたのか、私にはわからない。そもそもいかにしてそのような導出がなされたのかについて、塩原自身がよく説明していないのだから、わかるはずがない。塩原によれば、これら四つの「志向」は、「全面統制—部分両立」および「一貫性—状況適合」という二つの「大矛盾」を四つに砕いた「小矛盾」であるという。すなわち、四つの「志向」もまた相互に矛盾しているとするのが、塩原弁証法である。これらの矛盾を解決に導く媒介過程が、彼が「自我過程」(pp. 164-5) と呼ぶものにほかならない[5]。

この章の第二主題は、「危機から運動参加へ」というものである。これは簡単にすませることができる。その意味は要するに、個人が社会運動に参加するようになるのは、危機状況に直面することによってである、ということである。ここで塩原が述べていることは、個人の参加動機を要素的に分析すると、「意味づけ」「カセクシスの許容」「自我防衛の機会の提供」「効用上の評

価の適用」「価値表現の機会」の五つになる，というものである．

　第三主題は「組織過程による主体性の形成」というものである．ここで「組織過程」というのは，第一主題の「自我過程」との対比において用いられたものである．自我過程が個人の内面のものであるのに対して，組織過程は運動リーダーシップによって作り出される．しかし塩原は，自我過程と組織過程は平行的に概念化できるとする．すなわち，矛盾が媒介過程によって解決されるという塩原弁証法は，組織過程にも同様に適用され得る．ただ自我過程ではそれが「個人主体性」によってなされるのに対し，組織過程ではそれは「運動の集団的主体性」によってなされる．それに対応して，自我過程における「価値」「効用」「カセクシス」「自我防衛」の四志向は，組織過程では「集団価値」「集団効用」「集団結合」「集団防衛」と読み替えられる．

　ここで初めて，塩原の社会運動論の高度に抽象的な概念化が，どのような経験的レファレントを念頭においてきたものであったのかが，具体的に例証される．それらは，あげられている順序に，国分一太郎の「生活綴方運動」，60年安保改定反対運動の中で生まれた「声なき声の会」の「政防法反対市民会議」，同運動で商店ストと国鉄操車場の坐りこみを行った前橋市の零細業者の結社「民主商工会」，戦前の日本共産党，昭和15年の日本共産主義者団，である．これらの事例を分析する塩原の視点は批判的で，客観的に距離をおいて見る見方が貫かれている．例えば「仲ヨシ主義」「献身非合理主義」「パーソナリズム」「排他的独善的なモラリズム」などの語の使用がそれを示している．そもそも第8章につけられた副題「主体性の形成もしくは組織悪への転化」は，著者のそのような視点をあらわすものである．

　富永コメント　以上において直接取り上げられたのは，本書の全17章中，著者の理論化の中心をなす章であると私が考えた第1章と第8章だけにすぎない．しかしこれら二つの章はきわめて難解で，これらを理解するのに私は大きな努力を強いられた．他の諸章はもっと平易であり，例えば第一部についていえば，第2章はバーナードの組織理論，第3章はヴェーバーやジンメルの支配の理論，第4章はヴェーバー以後の官僚制理論，第5章はゴールドナーの組織分析，第6章はこれまでの社会学の集団理論と組織理論というように，特定理論ないし理論群の解読が中心におかれている．ところが第1章

と第8章はそうでなく，まさに塩原用語と塩原弁証法の論理の使用にみちみちている．だから私は，それらと格闘するのに何日もかかった．

「組織の理論」と「社会運動の理論」が大部分相互に異質なものであることについては，すでに詳しく述べたから繰り返さないが，第1章と第8章の難解さは，この二つの異質なものをあえて両立させようとする無理な問題設定に由来する，と私には思われる．塩原の研究は，要するに社会運動理論の研究であって，組織理論の研究ではない．組織理論は企業と官庁を中心とするものであり，拡大したとしても，せいぜい労働組合，業者団体，学校，病院，宗教組織止まりであることは上述した．ところが塩原は，社会運動理論の中に組織理論の用語を当然のことのように導入し，それを塩原弁証法によって処理するので，用語上の難解さが私の理解を阻むのである．塩原の独創性は，この無理からくる難解さの中にこそある，というべきであろうか[6]．

上野千鶴子『家父長制と資本制』

マルクス主義社会学の特異なもう一つのヴァリエーションとして，マルクス主義とフェミニズムを結びつけた上野千鶴子の『家父長制と資本制』(岩波書店，1990)をあげよう．この本のキイ・ワードは，題名が示すようにフェミニズムの特殊タームとしての「家父長制」の理論を，マルクス主義の「資本制」の理論と結合することである．第一部「理論編」はその理論の提示であり，第二部「分析編」はこの観点からする日本の戦後家族の年代記である．この本は第一部が七つの章，第二部が六つの章，通し番号で全13章からなっている．理論編はソコロフやデルフィに依存したマルクス主義フェミニズムの理論展開であるが，面白いのはやはりこの部分であって，分析編は比較的平凡である．ここでは理論編の七つの章を適宜アレンジして要約しつつ，これに私の観点からするコメントを加えよう．

フェミニズムの解放理論 「女性の抑圧を解明するフェミニズムの解放理論には，(1)社会主義婦人解放論，(2)ラディカル・フェミニズム，(3)マルクス主義フェミニズムの三つがあり，また三つしかなかった」(p.3)というこの本の書き出しは，すでによく知られているだろう．上野によれば，女性解放の理論はマルクス主義しかなかったから，この三つはどれも女性解放をマルク

ス主義との結びつきにおいて考えた．しかし上野が選ぶのは，これらのうち第一と第二のものではなく，第三の「マルクス主義フェミニズム」である．その理由は，第三の理論が第一および第二の理論を通過した上で，それらに対する反省からつくられた，いわばより高次の理論であることによる．

　女性解放の理論はこの三つしかないという上野の断定に対しては，婦人参政権運動をはじめとして「女性の権利」を主張する女権拡張運動があげられるではないか，という批判がなされてきた．上野はこれに対して，「女性の権利はたしかに解放の思想だが，果たして解放の理論だろうか？」と反問する．上野はこれを，自由主義的（ブルジョア的）な女性解放論と呼ぶ．上野によれば，ブルジョア的女性解放論は，女性の権利という「正義」が行われることを要求したけれども，この正義がなぜ達成されないかの社会的メカニズムについての解明を提示しなかった．それはブルジョア的女性解放論が，近代社会における「抑圧の構造」を分析する理論装置をもたなかったからである．解放の理論を欠いた解放の思想は，フェミニズム啓蒙主義にしかならない．啓蒙主義は「近代」を作った思想だが，性差別は近代市民社会のただ中にあった．だからフェミニズムの社会理論は，近代批判から出発するのでなければならない．この理由によって，マルクス主義との結びつきをもたないブルジョア的女性解放論は，「女性の抑圧を解明するフェミニズムの解放理論」には入らない，というのが上野の主張である．

　マルクス主義フェミニズムの理論　上野があげた三つは，どれもマルクス主義との結びつきによって形成された女性解放理論である．では上野が主張するマルクス主義フェミニズムは，他の二つと実際にどこが違うのだろうか．上野によれば，「社会主義婦人解放論」は，社会主義革命の実現とともに女性解放も実現されると考え，女性解放を社会主義革命に還元した．しかし社会主義革命の現実は，女性解放を実現しなかった．「ラディカル・フェミニズム」は，このことから社会主義婦人解放論に批判の刃をつきつけ，「性革命」を社会主義革命に対置して，マルクス主義の階級一元説に対して「性支配一元説」を唱えた．これに対して「マルクス主義フェミニズム」は，ラディカル・フェミニズムのマルクス主義批判を受け入れたが，その行き過ぎた性支配一元説に反省を加えて，階級支配と性支配とをそれぞれ独立変数と見なす

第4節　日本版マルクス主義社会学のヴァリエーション　　331

視点を提示した．マルクス主義フェミニズムの観点から見た近代社会に固有の抑圧の形態は，上野が「家父長制的資本制」と呼ぶものである[7]．

　マルクス主義フェミニズムは，ラディカル・フェミニズムがつくった「家父長制」という用語を引き継ぎ，社会領域が「市場」と「家族」に分割されているという事実を，「家父長制的資本制」という概念によってとらえた (p. 25)．女性はこの家父長制的資本制のもとで，一方では家族の中で家父長制によって支配され，他方では資本主義の中で市場によって支配されている．マルクス主義フェミニズムがとる立場は，女性がこの二重の支配のもとにおいて，労働力の再生産（出産と育児）と生活の再生産（家事労働）の両方を担っている過程を分析するために，「マルクス主義」と「フェミニズム」という二つの分析装置が両方ともに必要であることを認める，というものである．

　マルクス主義フェミニズムは，家族をこのような観点から見ることにより，「家事労働」という概念を発見した (p. 31)．資本主義市場はある労働を商品化したが，他の労働を商品化しなかった．家事労働は，この市場によって商品化されなかった労働の一つである．マルクス経済学の剰余価値の概念を使えば，「資本に対して生産的」な労働は剰余価値を生むが，家事労働は商品化されていないから，剰余価値を生まない非市場的労働である．市場的労働と非市場的労働とのこの線引きは，市場が労働に押しつけたものである．マルクス主義フェミニズムが強調したことは，家事労働も労働である，ということであった．家事労働の概念は，「市場」と「家族」の中間に残されていたミッシング・リンクなのであった．

　マルクス主義フェミニズムは，家族の中で「不払い労働」に従事している女性が「生産」および「再生産」をしている，ととらえる．家族の中で行われている生産とは家事労働であり，家族の中で行われている再生産とは出産と育児である．マルクス主義は生産様式についての理論であるから，マルクス主義フェミニズムもまた，家族の中での生産を中心において考えるという限界をもってきた．すなわち，女性は生産労働に従事しているのだから，この貢献に対して報酬が支払われるべきである，という議論がこれである．

　しかし上野によれば，もっと重要なのは，女性は「生産者」であるだけでなく，「再生産者」でもあるということである (p. 74)．後者の観点からすれ

ば，マルクス主義において労働に相当する位置を占めるのは，フェミニズムにとってはセクシュアリティであるというべきである，と上野は述べる．家父長制は，「家内制生産様式」であるとともに，「家内制再生産様式」でもあり，しかも後者のほうが一層重要である．この意味で，家父長制を「女性の労働の男性による領有」と定義するよりも，「女性のセクシュアリティの男性による領有」と定義するほうが，フェミニズムの目的によりよく適している．生産関係における階級概念をこの「再生産」という場面に持ち込めば，男性は再生産支配階級，女性は再生産被支配階級と呼ぶことができる．

家父長制のもとでは，生産費用（家事労働の負担）が女性にかぶせられているだけでなく，再生産費用（出産と育児の負担）もまた女性にかぶせられている．そしてその成果である子供という再生産物は，男性の世代間支配に帰属されている．だから上野は結論的に，フェミニストの要求を次の二つにまとめる．第一に「再生産費用の両性間の不均等な分配を是正すること」，第二に「世代間支配を終了させること」．

富永コメント　1960年代の「家事労働論争」において，家事労働はなぜ不払い労働なのかというフェミニストの出した問いに対し，「教条主義的」マルクス経済学者は「家事労働は交換価値を生まないから不生産労働である」と答えた，という上野が書いている話は私にとってたいへん興味深かった．ウーマンリブ運動が広がる前においては，マルクス経済学者といえどもフェミニストではなかった，ということをこの問答は語っているからである．すなわち，マルクス主義はけっしてフェミニズムにつながっていたわけではなかった．ところがそのフェミニズムのその後における理論的発展は，結局マルクス主義との結びつきによってなされたのであった．上野の命名によれば，教条的マルクス経済学は「資本制一元論」であり，これを批判したラディカル・フェミニズムは「家父長制一元論」であった．上野のマルクス主義フェミニズムは，この両者を止揚した「家父長制と資本制の二元論」である．

上野千鶴子の『家父長制と資本制』を読みながら私が逆に疑問に思ったことは，どうしてフェミニズムはそのように終始マルクス主義に依存しなければならなかったのだろうか，ということである．女性解放理論はマルクス主義からしか出てこなかったと上野はいうが，フェミニズムが「女性解放」と

第4節　日本版マルクス主義社会学のヴァリエーション

呼ぶ社会変動の方向性を理論的に説明することは，マルクス主義経済学の概念用具によらなくても，可能である．そのことを以下考えてみよう．

マルクス主義フェミニズムは，フェミニズムの理論をマルクス主義経済学に依存しながらつくった．これはイギリスやアメリカにおいて，ソコロフやデルフィなどの女性マルクス主義経済学者がやったことで，上野はそれを受容しているのである．私も1970年代にオーストラリア国立大学にいた当時，あるフェミニスト経済学者がそれらについてペーパーを報告したのを聞いたことがある．彼女はその時，これは経済学的分析だが，フェミニズムのジャーゴンには経済学も社会学もないだろう，と言って笑った．フェミニズム学は独立した一つの「学」で，経済学だろうと社会学だろうと役に立つものは何でももってくればよいではないかという意識は，フェミニズム学者には共通のものであろう．しかし上野が社会学の教授として，社会学の学生を教える役割をとるさいに，マルクス主義「経済学者」になっては困るのである．

上野の本を読んで私に強く生じた違和感は，「家族が一種のブラックボックスである」とか，「制度と権力構造は物質的基盤をなす」とかいう表現に関してであった．マルクス主義経済学にとっては，家族はたしかにブラックボックスであったろう．しかし上野千鶴子はマルクス主義経済学者なのであろうか．社会学は家族をその一つとする，「諸社会」についての学ではないのか．他方，制度と権力構造は社会学者にとっての中心的な分析対象ではないのか．マルクス主義者は唯物論者であるという彼女の言い分があるにしても，制度や権力構造が物質でないことをあらためて説く必要があるだろうか．

マルクス主義フェミニズムは，ラディカル・フェミニズムがつくった家父長制という語を引き継ぎ，社会領域が「市場」と「家族」に分割されているという事実を発見したのである，と上野はいう．「家父長制的資本制」という概念は，そのような認識の産物である．しかし，「家父長制」という語はフェミニズム学者の専門用語になってしまったにしても，社会学として例えばマックス・ヴェーバーの「家父長制」「家産制」「封建制」など前近代社会の構造を分析する概念セットに親しんできたものならば，家父長制という語のこのような無神経な使い方には耐え得ない．他方，「資本制は男性が女性の労働を支配する一つの様式である」と上野はいうが，男性と女性の役割関係は

資本主義の構造の問題ではなく,家族の構造の問題である.近代産業社会において,家族は世代内的(食事や団欒)および世代間的(出産と育児)に再生産した労働を市場に供給し,これを需要する企業に売って貨幣を得る.家族はその貨幣で,市場において企業が供給する消費財・サービスを買い,みずからの需要をみたす.例えばパーソンズの AGIL 図式で分析された「市場」と「家族」のこの関係は,現在も変わらない.しかし都市の核家族の役割構造には,重要な変化が起こった.かつては,家族の稼ぎ手は一家に一人というものだった.女性の働き手が激増して以来,核家族の役割構造は変化し,それとともに外食産業やクリーニング等々,かつて家族内で充足されていた無数の需要が市場化された.これは資本主義市場が広がったことを意味するが,市場の構造が変わったわけではない.以上のように,「家父長制」から考えても,「資本制」から考えても,「家父長制的資本制」という概念は私には受け入れがたい.

橋本健二『現代日本の階級構造』

1955年から開始された日本の「社会階層と移動の調査分析」(SSM調査)は,市場的に決定された職業的地位が,自由な移動機会によってモビリティを達成する過程をあとづける研究という意味で,私はこれを本書の第4章「リベラル社会学」の中に位置づける予定であった.社会階層研究がリベラル社会学に属するというこの位置づけは,自由世界の先進諸国に普及しているSSM研究について,マルクス主義の立場を明確に表明している少数の例外を除き,全般的にあてはまると言ってよいだろう.

ところが日本におけるその有力な例外が,ここに取り上げる橋本健二『現代日本の階級構造』(東信堂,1999)である.もちろん階級を論じるマルクス主義社会学者は多いが,彼らはSSM調査の専門的なデータ解析にまで入ってくることはない.橋本がそれらのマルクス主義社会学者たちと異なる点は,彼がSSM調査グループの一員に入っていて,そのデータ解析に専門的に携わっていることである.そこで橋本は,この本において「階級理論」と「計量分析」の両面をどちらもきちんと論じなければならないという意識を明確にもち,そのことをあらわすために,彼の著書に「理論・方法論・計量分析」

第4節　日本版マルクス主義社会学のヴァリエーション　335

という副題をつけている．彼は本書の全8章を第一部（第1章から第4章まで）と第二部（第5章から第8章まで）に分けて，第一部ではマルクス主義の階級理論を中心に扱い，第二部ではSSMのデータ解析を中心に扱っている．

忘れられた概念としての「階級」　第一部は階級理論を主題としているが，橋本の場合には，その中にデータ解析が密接に織り込まれているのが重要な特徴である．第1章「忘れられた概念」において，橋本は「階級」をSSM研究から忘れられた概念であるとし，階級という概念が実は有用であるということを，データ解析にまで配慮しながら，用意周到に論じている．橋本はこの章を，大橋隆憲が作成した「階級構成表」，およびこれと密接に関連した日本共産党経済調査部による同様の試みを，批判的に検討することからスタートする．橋本が「大橋方式」と呼ぶ階級構成法は，国勢調査の職業分類と従業上地位分類とのクロス集計表をもとに作成され，「資本家階級」「自営業者層」「労働者階級」の三カテゴリーから成っている．橋本によれば，大橋方式の特徴は，資本家階級と労働者階級の二大カテゴリーのみを階級と認め，旧中間階級・新中間階級を階級と認めないことにある．旧中間階級は「自営業者層」と呼ばれて，労働者階級とともに「被支配者階級」を構成するとされている．また新中間階級は「いわゆるサラリーマン層」と呼ばれて，労働者階級のサブカテゴリーに繰り入れられている．橋本はこの大橋方式が，これと関連する日本共産党方式とともに，労働者階級を中核とした統一戦線革命の可能性を証明するという「過政治化」におちいっており，このため旧中間階級と新中間階級がどちらも労働者階級とは異質であることを正しく認識できなかった，とはっきり否定する．

橋本はこれらに代えて，そのような政治的目的をもった階級概念ではなく，しかしSSM調査のように階級概念そのものを排除した「社会階層」概念でもなくて，具体的なデータ解析に使用して意味のある，マルクス主義的階級カテゴリーを求める工夫を試みている．彼が提唱するのは「資本家階級」「新中間階級」「旧中間階級」「労働者階級」からなる四カテゴリー階級である．橋本はこれを，「上級ホワイトカラー」「下級ホワイトカラー」「ブルーカラー」「農業」からなる「四職業階層」と対比し，1985年SSMデータにおい

て，どちらが階級諸変数との相関が高いかを，クラマーのコンティンジェンシー係数（V）を用いて比較した．結果は，「階級帰属意識」（資本家階級，中産階級，労働者階級）に関して四カテゴリー階級が .197，四職業階層が .175，「政党支持」（自民，中道，革新，支持なし）に関して四カテゴリー階級が .137，四職業階層が .079 となって，ともに「階級」の方が「職業」よりも相関が高いことがわかった．また本人所得額を被説明変数とする重回帰分析を試みた結果では，教育年数，年齢，従業員規模に，階級ダミー（三階級を 1, 0 であらわす）を加えた重決定係数が .252，教育年数，年齢，従業員規模に，職業威信スコアを加えた重決定係数が .245 で，「階級」の方が「職業」よりも説明力が高いことがわかった（pp. 25-26）．

マルクス主義の階級理論 第 2 章「『共産党宣言』とマルクス階級理論」は，マルクス主義階級理論の批判的検討である．橋本は，マルクスの階級理論と言われてきたものを，『共産党宣言』においてモデル化された諸命題（彼はこれを「マニフェスト・モデル」と呼ぶ）と，主として『資本論』にあらわれているそれ以外の諸問題とに分ける．前者として橋本があげるのは，哲学的前提としての「ヘーゲル弁証法」と，現実との不適合が明らかになった経験的諸命題，具体的には「階級両極分解」論，「絶対的窮乏化」論，「労働者階級＝革命勢力」論である．彼はそれらが誤りであることはすでに明らかにされたとし，マルクス主義はそれらを廃棄しなければならないとする．後者として橋本は，「自営業者の存在」の問題，「新中間層の増加」の問題，「貨幣資本家・機能資本家」（所有と経営の分離）の問題，の三つをあげ，マルクスはそれらの問題を認識していたが，それらを理論化することを怠ったとし，それらの理論化こそがマルクス主義階級理論のこれからの問題であると結論する．橋本が，マルクス主義を標榜しながら，マルクス自身の階級概念から離れていることは明瞭である．

第 3 章「現代資本主義社会の階級構造」は，マルクス自身のこれらの誤りを克服して，現代資本主義社会の階級構造をマルクス主義としてどのように新しく理論化しなおすか，という問題を論じる．ここで橋本が依拠するのは，アルチュセール，バリバール，プーランツァスらのようなフランスの「構造主義的マルクス主義」と，アメリカでそれらの影響を受けながら「計量マル

クス主義」を推進しているライトとローマーである．橋本は，即自的階級が対自的階級に「発展する」としたのはマルクスの誤りであったが，構造主義的マルクス主義はこの図式を退けて，階級を認識する起点を「個人」（主体）から「構造」へと転換した，という (p.52)．プーランツァスは，階級闘争を，対自的階級によって組織化された政治運動としてではなく，資本家階級と労働者階級の構造的な対立関係そのものとして考えた．アルチュセールは，社会構成体を経済・政治・イデオロギーの三つの審級 (instance) に分けて，経済を最終審における決定要因とし，政治とイデオロギーは経済に対して相対的自律性と独自性をもつ要因であるとして，経済還元主義を克服した．バリバールは，生産手段の所有には，「経済的所有」だけでなく，労働過程を組織して生産手段を運用する能力としての「占有」と，法によって承認された「法的所有」があるとした．

　アメリカにおいてマルクス主義の階級理論をリードしているE.O.ライトは，資本‐労働関係の中心過程として，(a)物的生産手段の統制，(b)労働力の統制，(c)投資と資源配分の統制，の三つをあげ，ブルジョアジーは三つのすべてに＋，プロレタリアートは三つすべてに－，プチブルジョアジーは(a)(b)にのみ＋とし，そのほかフランスの構造主義的マルクス主義の多元的所有概念の影響下に，ブルジョアジーとプロレタリアートとの中間に管理者・監督者を位置づけ，ブルジョアジーとプチブルジョアジーとの中間に小規模雇用主を位置づけ，プチブルジョアジーとプロレタリアートとの中間に半自律的賃金稼得者を位置づける．橋本はこれを「第I期ライト理論」と呼び，このうち最後の三つを「矛盾した階級的地位」と呼ぶ (p.65)．ライトは，その後さらに分析的マルクス主義者ローマーの影響下に，生産手段の所有者を三つ，非所有者を九つに区分する「第III期ライト理論」を構成した．橋本はこれらの第I期ライト理論，第II期ライト理論，ローマー理論を統合しながら，彼自身の階級構造図式を，SSMデータおよび国勢調査データの使用と結びつけられるようなものとして工夫する．これについては後述する．

　第4章「階級・ジェンダー・企業社会」は，これまでの階級論の欠陥をなしてきたと橋本が考える「女性の位置づけ」の問題と，日本的経営に固有の「企業社会」を階級構造と関連づけるという問題を取り上げる．橋本は女性

の位置づけの問題について，基本的にはそれは，二つの問題，すなわち分析の単位を家族としてよいかという問題と，ジェンダーと階級構造の関係という問題に帰着する，と考える．前者の問題を解決するには，個人単位の階級所属と，家族を考慮した階級所属の二種類を，社会によって，また問題の領域によって使い分けるほかない，というのが橋本の考えである．また後者の問題については，「ジェンダー＝階級」説，「ジェンダー＝階級所属決定要因」説，「ジェンダー化された階級構造」説，の三つを統合的に考えることによって，「資本主義生産様式」と「家父長制生産様式」の二元化を克服する方向が示唆されている．他方「企業社会」と階級構造の問題については，橋本は，終身雇用と年功賃金を機軸にして企業依存的な労働様式と生活様式が成立しており，これが階級所属の効果を薄め，階級間の境界を曖昧にするという問題と，家父長制家族が企業社会を支える外的メカニズムとして動員されるという問題が提起される，としている．

戦後日本の階級構造 第二部は，SSM データおよび国勢調査データを使用した，日本の階級構造の実証的分析の提示である．第5章「戦後日本の階級構造」では，1955年から1995年までの四階級の構造変化，四階級所属の効果（階級帰属意識，政党支持率，平均教育年数，平均収入），世代間階級移動の構造とその変化，階級所属の決定要因（出身階層，学歴，性別）とその変化などの諸分析が提示されている．これらを理解するための中心問題となるのは，橋本が階級区分を行うのに用いた分析手続きである．この手続きを決定するための理論的準備は，第1部第3章で構造主義的マルクス主義とライトの階級理論を論じる中でなされた．要するにそれは，「資本家階級」「新中間階級」「旧中間階級」「労働者階級」の四区分法をとることの理論的根拠という問題である．

橋本の定義によれば，「資本家階級」とは，従業上の地位が雇人のある業主・経営者・役員で，従業員規模が五人以上のものである．「新中間階級」とは，従業上の地位が被雇用者で，生産手段に対する効果的統制力のあるものである．生産手段に対する効果的統制力ということの識別指標としては，職業が使われる（専門職，管理職，常雇・一般従業者の事務職）．「旧中間階級」とは，従業上の地位が雇人のある業主・経営者・役員で，従業員規模が五人

第4節　日本版マルクス主義社会学のヴァリエーション　　　339

未満のものであり，職業によって「農民層」と「自営業者層」に分けられる．「労働者階級」とは，従業上の地位が被雇用者で，生産手段に対する効果的統制力がないものである（p.106）．

　旧中間階級は，1955年から1995年まで，大きく減少し続けてきた．この減少の中心は農民層の激減にあり，自営業者の減少は1955-65年，1985-95年において起こっているが，それ以外では減少していない．新中間階級は，1955年から1985年まで増加し続けてきたが，1985-95年は女性については増えているものの，男性については増加がほとんど止まっている．労働者階級は1955-65年に激増したが，その後は増加率が低くなり，とくに1985-95年は女性については微増，男性については増加が完全に停止している．資本家階級は1955-65年と1985-95年に増えたが，それ以外では増えていない．

　階級間の所得格差は縮小していない．とくに新中間階級と労働者階級のあいだの格差は，1975年以降，増加している．新中間階級の増加とともに社会全体が平準化してきたというのは，橋本によれば「俗説」である（p.145）．しかし階級帰属意識と政党支持の階級間格差は，縮小している．世代間階級移動の総量は，1955年いらい増加し続けており，純粋移動もまた増加している．しかし完全移動状態との差は逆に拡大しており，移動に対する制約が縮小しているとはいえない．

　第6章「戦後日本の農民層分解」は，1955年以後の日本における最大の階級構造変動であった農民の流出を主題としている．橋本が指摘しているように，戦前日本の農村においては，農家戸数はほぼ550万戸前後の水準で一定に保たれており，主として長男が農家のあと継ぎとなって次三男は都市に流出していたが，敗戦直後は復員や引揚げや失職によって農家戸数が一時急増したのち，1960年代以後，農家の兼業化と農村からの急速な人口流出が始まった．橋本はこの過程を分析して，農業には長男がとどまり，次三男は学歴を身につけて流出したという「通説」は誤りであって，農業にとどまった中には次三男も多く，また次三男の学歴が長男より高いということはない，ということを強調している（pp.152-5）．橋本の分析結果によれば，農村からの流出者の到達先は大部分が中小零細企業の労働者である．農業にとどまったものは，1920年代出生のコーホートをピークとして，それ以後は急速に少

なくなっており，このため農業従事者は高齢化している．橋本は2005年の第6回SSM調査が行われる時点では，日本農業自営小農体制はおそらく全面的に崩壊しているであろう，と結論づけている．

第7章は「近代家族と社会諸階級」と題され，1995年SSM調査の女性サンプルを中心とするデータによって，専業主婦が分析の焦点になっている．また第8章は「教育と階級構造」と題され，かつてのラディカル社会学者ボウルズとギンタスによる「階級構造の再生産」の理論を中心において，階級と教育の対応関係，および階級構造の再生産における教育の役割が分析されている．

富永コメント 橋本健二の『現代日本の階級構造』は，高度の分析レベルをもった，すぐれたSSM研究である．橋本はマルクス主義の階級概念による分析ということを中心テーマとして押し出しているが，マルクスの階級理論そのものにはこだわらず，みずから構成した「四つの階級」カテゴリーによる階級間比較のデータ解析を展開している．橋本が立てている四階級のうち，新中間階級，旧中間階級，労働者階級という語は私も使っている語であり，通常これらを新中間層，旧中間層，労働者層といいあらわしている点だけが違っているにすぎない．これらの点では，橋本の分析は私にとって違和感は少ない[8]．違和感がある最大のものは，「資本家階級」という語である．橋本による資本家の定義は，従業員規模5人以上の業主・役員というものであるが，彼が1995年SSMデータの分析において用いている資本家サンプルは実数でわずかに222人，その中に大企業資本家は11人しかない．その大部分は，中小企業，というよりも零細企業の社長・役員である．このような実情から考えると，日本に「資本家」というものが階級として実在すると考えることに意味があるとは到底いえない[9]．

1) 塩原勉（1931- ）は，1955年京都大学文学部卒業，1960年同大学院文学研究科博士課程修了．1962年関西学院大学講師，助教授，69年奈良女子大学助教授，72年千葉大学教授，76年大阪大学人間科学部教授を経て甲南女子大学教授，同学長．主要著書『組織と運動の理論』（新曜社，1976），『転換する日本社会』（新曜社，1994）．
2) 上野千鶴子（1948- ）は，京都大学文学部卒業，同大学院文学研究科博士課

程修了．平安女学院短大助教授を経て，1989年京都精華大学助教授，1992年東京大学文学部教授．主要著書は『家父長制と資本制：マルクス主義フェミニズムの地平』（岩波書店，1990），『ザ・フェミニズム』（共著，筑摩書房，2002），その他多数．

3) 橋本健二（1959- ）は，1988年東京大学大学院教育学研究科博士課程修了．1988年静岡大学講師，助教授を経て武蔵大学教授．主要著書『現代日本の階級構造』（東信堂，1999）．

4) しかしこれらの説明は難解で，諸概念の意味がはっきりしない．塩原はルカーチの弁証法図式が「理論—組織—実践」というものだとしているが，そこで理論というのは何のことであり，実践というのは何のことであり，組織というのは何のことであるのか，説明されていない．後述する第8章まで読み進むと，理論とは革命の理論，実践とはその政治的実行，組織とは革命政党の組織がそれぞれ念頭におかれていることが分かってくるが，第1章では例示がないのでそれも分からない．しかも塩原は，第1章でも，つぎの第2章でも，バーナードの「モダン組織理論」の命題に何度か言及し，それを彼の文脈にはめこんで使っている．だがバーナード理論は企業の組織をテーマとしているのであって，革命の組織化を考えているのでないことは，塩原がよく知っているとおりである．「目標」「要求」「コミュニケーション」という概念セット，および「目標達成と要求満足を同時に極大化することが組織の定言命令である」とする塩原テーゼは，抽象の次元をうんと高めることによって，企業の理論にも革命の理論にも同じく適用できると一方的に見なされているのである．また塩原自身は，ルカーチの図式を「認識—組織—実践」と言い換えるが，なぜそう言い換えるのか．これらの点についても説明がなされていない．

5) 塩原は「まさしくこの自我過程に「主体性」の過程的根拠をもとめたい」（p.164）という．この自我過程は，「価値」「効用」「カセクシス」「自我防衛」の四志向を基軸にとり，フロイトのイド・自我・超自我の三区分，および塩原自身の「矛盾媒介論理」を拠りどころにして得られた四局面として，「欲求活性化と抑圧」「状況規定の客観化」「目標・ルールの設定」「理想像の評価」の四カテゴリーに図式化される．どうしてそうなるのかはここでもよくフォロウされ得ない．しかしこれらは「局面」だから，時間的な移行順序を示しているのである．移行というのは，塩原によれば自我が「高次化」していくことである．この高次化には，「計画合理性」と「使命献身」という二つの方向がある．かくして塩原の結論は，「計画合理性を基軸にする高次化と使命献身を基軸とする高次化という相異なる二つの方向を，たんなる妥協ではなく相互浸透させることによって媒介し，大小の諸矛盾を上昇転化において解決してゆくとき，自我過程ははじめて解決過程という名に値する」（p.170）というものである．

6) 塩原が『組織と運動の理論』に収録した諸論文は, 1960年代から70年代前半までに書かれたものである. 戦後すぐから70年代前半までの日本には, それぞれの段階ごとに若い世代を参加に向けて強力に動機づけた, さまざまな社会運動の展開があった. 塩原は第15章と第17章で, それらのクロノロジーを5年刻みにしてスケッチしている. 私の用語で簡単にまとめれば, 1945-50年には, 産別会議の主導によるゼネスト指向の労働組合運動が爆発した. 1950-55年には, 総評-社会党左派の平和路線を主軸とした組合運動の系列化が優位した. 1955-60年には, 60年5月から6月にかけての「安保闘争」に向けて労働組合・学生組織・知識人・新中間層などの大動員が実現された. 1960-65年には, 高度経済成長のピークを迎えて社会運動が沈静化し「所得倍増」が流行語になった. 1965-70年には, 公害が社会問題となって住民運動が新しい社会運動の担い手になり, 他方では学生反乱が「ゲバ」化した. 1970-75年には, 石油危機によって高度経済成長が終焉し,「ポスト工業化」がいわれるようになって, 製造業を中心に形成されてきた労働組合の時代そのものが過去のものになりはじめた. 1980年代以後, そして1990年に冷戦体制が消滅して以後はますます, 世界は新保守主義の支配する時代に入り,「組織」の時代は去って「市場」の時代となった. これとともに社会運動はすっかり退潮した. 塩原テーゼは, 社会運動への参加は危機状況に直面することによってなされるとしていたが, 平成不況が持続する現在, 若者の中にはフリーターになるしかないという生活の危機状況に直面しているものも少なくないのに, 彼らが参加することのできる社会運動そのものが存在しない. このような時代の大きな局面転換の中で, 塩原社会運動理論それ自体もまた, 1970年代前半 (この本の出版は1976年) まで彼が直面していた時代状況の産物にほかならないことが明らかになった.
7) 「家父長制」というのはほんらい, 明治民法の規定した家制度のように, 家長が支配権をもつ直系家族あるいは複合家族をさす語であった. これをフェミニズムに特有の意味での性支配をあらわす語に用いたのは, ラディカル・フェミニズムであった. ラディカル・フェミニズムは, 階級を分析の中心に位置づけたマルクス主義が家族を視野の外に置いたとして, マルクス主義を批判した. ラディカル・フェミニズムのマルクス批判は, マルクスにとっては「プロレタリアに固有の従属」は存在しても,「女性に固有の従属」は存在していなかった, という点に向けられた. 女性に固有の従属は家族の中にこそあるのに, マルクス的階級分析はその家族を視野の中に取り込まなかったというのである. 上野は, ラディカル・フェミニズムのこのマルクス主義批判は当っているとする. 彼女によれば, マルクス理論は「市場の理論」であった. マルクス理論に誤りがあったとすれば, それは市場という社会領域が社会空間を全域的に覆いつくしている, と考えてしまったところにあった. しかし私は, マルクスが市

場を理解していたとは毛頭思わない．マルクスのヴェーバーとの大きな違いがここにある．これらのことは，上野の理解の外にある．「ラディカル・フェミニズムは家族というもう一つの社会領域を発見した」というのが上野の表現である．その家族において，「男性成員総体が女性成員総体を支配している」体制が，フェミニストに固有の用語としての「家父長制」にほかならない．

8) 橋本の『現代日本の階級構造』には，私（富永）に対する批判の論点がいくつか含まれているので，それらについて多少のことを述べておきたい．といっても，そのうち私がここで答えておく必要を感じるのは，次の二点だけである．第一は，階級の定義に関することである．私が階級を「地位間格差がきわめて大きく，かつ身分制的要素も残存していて，事実上は閉鎖性の度合いが高い，近代産業社会の前期段階における社会階層の形態」と定義したのは，19世紀ヨーロッパと戦前日本の階級状態を念頭においたものであり，橋本はこれを「特異なもの」とするが，私はそう思っていない．私のこの定義は，「階級」の語が19世紀ヨーロッパと戦前日本の社会的事実から抽出された歴史的なものであって，戦後日本の現実には適合しないことを指摘するためのものであった．私がこれを「現代社会学の一般的傾向」と言ったのは，そのような認識が一般的であるという私の判断を述べたものである．欧米で「階級」の語を使い続けている有力なSSM専門学者としては，ゴールドソープがあげられる程度であって，全体としては階級という語を用いることは現代の状況に適さないという認識が一般的である．第二は，「農民層分解」という語に関することである．この語は，資本主義形成期の農業経済を歴史的に研究した人たちによって使い始められたものであるが，国際的に用いられてきたSSM研究の語彙の中にはこの語はなかった（それが英語できまった表現があるのかどうか私は使ったことがないので知らない）．というのは，SSM研究は農民の流出がすでに大部分終了したあとの戦後の欧米で発展したものであり，資本主義形成期の農業経済の研究はその視野の中に入っていなかったからである．しかし日本では戦後の高度経済成長の開始まで農民の流出が遅延していたので，たしかに日本の事情は欧米と異なっており，SSM研究が開始された1955年は，まさにその「農民層分解」が始まった時点に立っていた．橋本は，富永健一編『日本の階層構造』(1979)の巻末文献表に日本の農民層分解の諸文献が無視されていると批判しているが，われわれはそれを無視したというより，研究の流れが違っていたためにそれらの農業経済関係の諸文献が視野の外にあったにすぎない．国際的にSSM用語の外にあった「農民層分解」という語そのものを使わなかったからといって，農民の大量流出という事実がわれわれの視野の外にあったわけではないことはいうまでもない．それらは「社会移動」（流出率，安田の「出社会移動率」）という語で述べられていたのであり，「農民層の分解」という表現の仕方

がわれわれの語彙の中になかった，というだけのことである．
9) この理由から，私は19世紀の歴史的遺物である「資本家階級」という階級区分をやめることを提案したい．社会学用語として用いられる場合の「資本」の意味は，1960年代における「人的資本」の概念（ベッカー）を経て，1980年代における「社会資本」の概念（ブルデュー，コールマン）の登場により，今日ではすっかり変化している．マルクスの意味での「資本家階級」は「物的資本所有者」と呼ばれるべきで，それは「階級」カテゴリーとしてはほとんど意味を失ってしまった．社会資本についてはとりあえず2004年10月2日～3日の経済社会学会における私の報告ペーパーを参照．

第6章 マルティパラダイムの諸潮流

第6章へのまえがき

　この章では，戦後第二世代によって現在担われている第四局面の諸潮流を中心に，それらの流れの先駆となった戦前世代と戦後第一世代の諸著作を含めて，多様なしかし相互に対立しているのではない興味ある諸研究をレヴューする．ここでの主役である戦後第二世代のトップをなしたのは「団塊の世代」と呼ばれる人びとである．彼らは共通経験として社会学的社会化の初期に「大学紛争」と「新左翼」イデオロギー——その社会学版が「ラディカル社会学」——の激動をくぐったが，それらが去ったあとの新しい局面では，彼らはそのような「コンフリクト」や「ラディカル・イデオロギー」や「断絶」を再生産する方向ではなく，コンフリクトよりも平和共存，イデオロギーよりも脱イデオロギー，断絶よりも連続性の方向を生み出してきたことが重要である．

　以下の四つの節は，次のことを明らかにする．第一に，従来からの家族社会学や産業社会学の流れは存続しているが，それらが新しい理論化と結びつくようになってきたこと．第二に，現象学的社会学の普及が進んだが，その結果は現象学と行為理論とシンボル的相互行為論を結びつけ，新しい理論を形成する方向に進みつつあること．第三に，産業化と近代化が進んだ中から，一方では情報，ポストインダストリアル，ポストモダンなどの新しい流れが，他方では国際化，グローバル化，福祉・環境・医療などの新しいテーマの出現があったこと．第四に，戦後の領域社会学において担われた「質的」社会調査と対照的に，データベースを共同で作成しこれをコンピューターによってデータ解析する「数量的」社会調査が発展するようになったこと．

　以上の四つに対応して，第1節では，領域社会学の第四局面版を扱う．ここに登場するのは，われわれが第3章でレヴューした無理論の領域社会学とは違って，個別領域ごとの理論化をめざす新しい領域社会学である．具体的には，戦前世代

の業績から，家族社会学の理論化を果たした清水盛光『家族』と，山根常男の『家族と人格』ほか三部作を取り上げる．次いでポスト高度経済成長期における産業社会学から出た興味ある研究として，稲上毅『労使関係の社会学』と梅澤正『企業と社会』を取り上げる．

第2節では，現象学的社会学とシンボル的相互行為理論を扱う．現象学的社会学はヨーロッパのもので，ドイツではフッサール哲学の影響が1920年代いらい形式社会学に導入され，フランスではギュルヴィッチが1950年代に現象学的社会学の体系をつくりあげた．日本では，後期戦前世代である蔵内数太『社会学』と清水盛光『集団の一般理論』が現象学的社会学の最初の担い手になったので，まずそれらを取り上げる．しかし日本で戦後第二世代によって「爆発的に」信奉された現象学的社会学はそれらを継承するものでなく，ヴィーン出身でアメリカに亡命したアルフレート・シュッツ (1899-1959) の理論が，彼の没後にアメリカで突如として人気を集めたことによって起こったものであった．日本におけるその戦後第二世代版から，那須寿『現象学的社会学への道』を取り上げる．他方シンボル的相互行為理論 (symbolic interaction theory) はアメリカのもので，1930年代のプラグマティズムの哲学者・心理学者ミードに起源をもち，ローズ，ターナー，ストライカー，ブルーマー，ゴフマンらがこれを継承して，一つの学派として認知されるようになった．これについては，シンボル的相互行為論から構築主義までの広がりをもつ片桐雅隆『過去と記憶の社会学』を取り上げる．

第3節では，1960年代における情報社会論の盛行が社会学に与えた影響，情報化をグローバル化として受け止めた新しい領域社会学としての国際社会学，近代化と産業化が呼び起こした新しい社会問題としての福祉・環境・医療の中から福祉社会学を取り上げる．情報については吉田民人『情報科学の構想』と彼の関連諸著作，国際社会学については梶田孝道『国際社会学のパースペクティブ』，福祉社会学については藤村正之『福祉国家の再編成』をこの順に取り上げる．

第4節は，第3章で取り上げた諸領域社会学の人びとによって用いられた質的な社会調査と対比される，統計数理的なデータ解析を用いた「社会階層と社会移動」の研究を取り上げる．この分野の研究の日本における推進者は安田三郎であり，ここにはまず安田の古典的な大著『社会移動の研究』を取り上げる．そのあとに，1955年から10年ごとに行われてきた「社会階層と社会移動」全国調査の報告書の中から，現在の社会階層研究を代表する原純輔・盛山和夫『社会階層』を取り上げることにしよう．

第1節　領域社会学における理論形成

　1950-60年代の社会学において第一線を形成した領域社会学は，第3章で見たように，質的社会調査を積み重ねることによって日本の社会的現実に触れ，抽象的な理論を排して事実について語る，ということを目的としたものであった．しかし領域社会学の中に位置しながら，フィールドワークをしないで，あるいはしてもそれだけに依存しないで，文献サーベイによって一般理論をつくるというやり方もあり，近年そのようなタイプのものが増えてきた．この章では，そのようにして書かれた諸研究の中から，私が感銘を受けているものを，家族社会学と産業社会学の諸領域から取り上げたい．

　最初に，清水盛光と山根常男の家族社会学を取り上げよう．それらは，家族という領域社会学の中で一般理論を追求したものである．清水盛光の『家族』は，世界的な規模で見た家族の発展史を，諸文献のサーベイを通じて理論化した．山根常男の三部作『家族と人格』『家族と結婚』『家族と社会』は，家族が基本的に夫婦関係と親子関係からなる集団であって，その中心機能は次世代者たる子供を育てることにあり，社会学の家族理論はこの機能を明らかにしなければならないとした．「家族と同族」の農村調査だけでは，清水や山根の著作のような理論的知見は得られない．

　これらの次におかれた二著作は，どちらも産業社会学にかかわるものである．稲上毅の『労使関係の社会学』は，調査からのアプローチである点では尾高や松島の産業社会学と基本的に同じであるが，それらに欠けていた国際比較的な展望に着眼し，日本の「豊かな社会の労働者」をイギリスにおけるゴールドソープの研究と対比しながら理論化しようとしている．また梅澤正の『企業と社会』は，これまでの産業社会学が企業の内部のみを見て，社会学にとって最も重要なはずの「企業と社会」との関連というマクロな問題設定をしてこなかった空白を埋めるために，企業を取り囲んでいるさまざまな諸社会とのつながりという問題に挑戦したものである．

清水盛光『家族』

日本の家族社会学は戦前に戸田貞三によって創始されたが、戸田は日本以外の国の家族には目を向けなかった。戦後においても、本書第3章で領域社会学としての家族社会学で取り上げた「家族と同族」の研究は、日本の家族についての実証研究に限られていた。

これに対して、戦前から戦中にかけて、清水盛光[1]と牧野巽[2]を双璧とする中国の家族・親族と村落社会構造の研究が出現した。清水の『支那社会の研究——社会学的考察』(1939)、『支那家族の構造』(1942)、『中国族産制度攷』(1949)、『中国郷村社会論』(1951)と、牧野の『支那家族研究』(1944)、『中国宗族研究』(1949)がこれである。清水の研究も牧野の研究も、近代以前の中国の家族・親族と村落の歴史的研究に関するものであったから、社会調査法によるフィールド研究では不可能で、西洋語文献と漢籍の読解を通じての研究であった。彼らの研究はどちらも、戦前・戦中において、日本において中国への関心がさかんであったことを背景としてなされたものであった。しかしそれらの多くは、出版された時には戦後になっており、残念なことに戦後日本では、中国に対する関心はもっぱら毛沢東革命後の中国に向けられるようになってしまった。このため清水と牧野の著作はどちらも戦後の若い読者の関心を引く度合いの少ないものとなり、直接の研究上の後継者は得られなくなった。しかし彼らが達成した高度な研究水準は現在にいたるまで超えられていない、ということが強調されねばならない。ここでは清水の戦後の理論的著作『家族』(岩波書店, 1953) を取り上げよう。

清水盛光は、九州大学法文学部に学んで高田保馬の講義を聴き、理論社会学への深い関心を植えつけられたとみずから「序」に書いている。しかし高田は、清水の在学中に京大経済学部に転出してしまった。清水が中国研究家になったのは、最初の著作『支那社会の研究』の「序」によると、1935年に満鉄調査部に入社して、「旧支那社会組織の研究を命ぜられ」たためであった。しかし特筆されるべきは、清水は中国研究家になるよりも前に、社会学を研究するという強い専門意識を確立していたことである。『支那社会の研究』(1939) には「社会学的研究」という副題がつけられ、その序文には「社会学処理の対象は、あくまで豊富な社会史的事実でなければならぬ」と書か

れていた。またその次の著作『支那家族の構造』(1942) の序文には、「本書における研究の立場は社会学的である」と明記されており、さらに『中国郷村社会論』(1951) の序文では、この研究は資料の不足やその他の事情によって多くの困難に遭遇したと述べたあと、しかし「計画の遂行は不可能でないといふのが私の当初からの確信であり、この確信を私に与へたのは、社会学的立場に対する私のふかい信頼感であった」と書かれていた。これらのことは、彼が満鉄に勤務して、大学の社会学研究室のように社会学者に囲まれた環境にいなかった中で書かれたものである[3]。

清水盛光の『家族』は、第1章「家族の概念」、第2章「家族の形態」、第3章「家族の統一」、第4章「家族の機能」、第5章「家族の関係」、第6章「家族の周辺」という構成になっている。しかしこのように章の題名だけを並べると、清水的思考の特徴はかえって見失われるおそれがある。この本の最大の特徴は、家族を世界史的な広がりにおいて見ることにある。本書には近代家族は単独で登場することはなく、それが登場するのは伝統家族が解体して近代家族に移行するという文脈においてのみである。だからこの本の大部分は、未開社会と西洋の古代および中世における家族を語っている。

家族の概念と形態 第1章は、家族の概念を歴史的にさかのぼって、古代中国の同居・同財・同餐（住居と財産と食の共同）の概念、古代ローマのfamilia（家父長制家族）の概念、古代ギリシアのoikos（「家」と「財＋産」）の概念、およびマックス・ヴェーバーの Hausgemeinschaft（家共同体）の概念など、古代の家族についての考察から出発し、それらを総括することから、「成員間の近親性」、「家を中心とする生活の共同性」、およびその「生活共同の日常性」の三つ (p. 17) が、家族概念の不可欠の要素として抽出されている。かくて清水は、「家に限定せられた親族の日常的生活共同体」という家族の定義に到達する。

第2章は、家族の形態についての分類を主題としている。まず取り上げられるのは、「大家族」対「小家族」の区分である。清水によれば、大と小の区別に関して重要なのは、単なる人数よりも世代数である。この区分は、おもにドイツの学者たちによってなされてきたもので、クーノウ、ミュラー-リヤー、トゥルンワルト、フィアカントの名があげられるが、他方でアメリカ

の人類学者マードックによる「核家族」対「複合家族」の区分もこの考え方に属するとされる．この大と小という区分を清水は形式的分類と呼び，これを歴史的分類と対置する．清水が歴史的分類としてあげるのは，モーガン説，デュルケーム説，ミュラー-リヤー説の三つである．モーガンは，家族形態の分類原理を婚姻形態に求め，「集団婚」から「対偶家族」および「家父長家族」を経て「単婚家族」にいたる家族進化の発展段階を考えた．デュルケームは，祖先を同じくする無定形の外婚氏族を共通の出発点にして，父系の「未分家族」を経てローマの家父長家族にいたる系列と，ゲルマンの父系優先的両系家族を経て西欧の近代的な婚姻家族にいたる系列を考えた．ミュラー-リヤーは上記のように大家族と小家族の区分を立てたが，これを歴史的な家族発展の段階としての「親族時代」「家族時代」「個人時代」という三区分と結びつけた．清水はそれらがどれも，発展段階の最終形態は小家族である近代家族に帰着しているとし，歴史的分類も結局形式的分類としての大家族・小家族の区分に立ち返ると結論する．そこで家族形態の清水分類は，大家族として「未分家族」「家父長家族」「直系家族」の三つ，小家族として近代的な「婚姻家族」をあげて，この四つが歴史的に重要な家族形態である（p. 95），との結論を導く．

家族の統一性と機能　第3章は，近代以前の家族において家族の「統一」を実現していたものは何か，また近代化によってその統一はどうなったか，という問題の考察である．古代の大家族に関して，メインは古代ローマを典型とする強力な「家長」権が団体としての家族の統一性を担っていたと主張し，クーランジュは古代家族のこの統一性を実現していたものは祖先の霊を祭壇に祀って信仰する家族宗教であったとして，家長権もまたその起源を家族宗教に求めることができると主張した．これらに対して清水は，古代ギリシア・ローマを特徴づけていた家族宗教は，西洋中世においてはすでに消滅していたと指摘し，これに代わって世代を超えた家族の統一性を実現していたものは「家族精神」であったと主張する．清水のこの「精神」の概念は鈴木榮太郎に由来し，それは伝統のもつ全体性の強い拘束力をさすが，それには統一性の物質的基盤が必要である．清水はそのようなものとして，祖先から伝えられてきた竈と土地と家屋の三つをあげる．これらに加えて，大家族を

支えていたもう一つの要因は，機能的に未分化な生活共同体の複合体であった．以上を要約すると，大家族を成立させていた要因は，第一に家長権，第二に家族精神，第三に祖遺の財物としての物質的基盤，第四に未分化な機能複合である，というのが清水理論である．このような四要因が解体する時，大家族の統一性は消滅して，個人は大家族の集団的拘束から解放される．これが大家族から小家族への移行，すなわち家族の近代化にほかならない (pp. 143-4)．

　第4章は，家族の機能についての考察である．清水は前章において，大家族から小家族への移行は家族機能の分散化によって起こったものであると結論した．では，機能の複合はなぜ大家族をつくり出し，機能の分散化はなぜ小家族をつくり出したのであろうか．清水によれば，家族の機能は多数あるが，それらは家族に固有の機能と，家族に固有でない機能とに分けられる．家族に固有の機能を，清水はマードックにしたがって，性的関係の規制，生命の維持，種の再生産，文化の伝達，の四つとする (p. 162)．これらは，マードックが核家族の機能としてあげたものである．つまり清水のいう家族に固有の機能とは，核家族の機能にほかならない．核家族は近代家族だけのものではなく，未開社会にも核家族はあるし，未分家族や家父長制家族の中にも複数の核家族が含まれている．だからこれら四つの機能は，古今東西いかなる家族でも達成されている．これに対して，家族に固有でない機能として清水があげるのは，政治的機能，経済的（生産的）機能，および宗教的機能である．これらは歴史的に大家族が引き受けてきた機能であり，大家族はそのゆえに大家族であったのであるが，家族でない集団や組織が発達してくればそれらが受けもつことができる (pp. 155-61)．それゆえ社会の機能分化が進めば，それらは家族から離れていった．古代・中世家族から近代家族への発展とは，この後者の諸機能が家族から外部社会——政府や企業や宗教団体など——に委譲されていった過程にほかならない．

　家族内の社会関係　第5章は，家族内における社会関係の考察である．これが清水社会学にとっての重要テーマであることは，この章が本書の中で最も長く，ほとんど100ページに達することによって知られる．家族内社会関係は，夫婦関係，親子関係，兄弟関係の三つに分けられ，さらにそれぞれが

親和関係と従属関係に分けられる．清水によれば，家族における結合関係の特徴は，「結合そのものが主たる目的として追求せられ，他の目的に対する手段的意義を有することが少ない」点にある．換言すれば，「家族の人々にとって，結合はそのものとして追求せらるべき一個の価値である」(pp. 195-6)．清水はこれを「親和関係」と呼ぶ．しかしながら，歴史上の家族はけっして単なる相互親和の関係だけからなっていたのではなく，家族内には不平等者間の支配と服従の関係がたくさんあった．これが清水のいう「従属関係」である．以上から，家族内社会関係は，(1)夫婦間の親和関係，(2)夫婦間の従属関係，(3)親子間の親和関係，(4)親子間の従属関係，(5)兄弟間の親和関係，(6)兄弟間の従属関係，の六つとなる．夫婦間の親和関係は，ロマンティックな愛の発生を契機とする．夫婦間の従属関係は，コントいらい多くの社会学者が，家父長制家族の統一性の形成契機として説いてきたものである．親子間の親和関係は親子愛であって，これは夫婦愛を維持し強化するための重要な契機である．親子間の従属関係は，親子の年齢差から生ずる親の体力と知力における優越を契機としている．兄弟間の親和関係は，存在共同における親への共属関係を契機とする．兄弟間の従属関係は，年齢差と出生の順位を契機とする．

　最後に第6章は，「家族の周辺」という題になっているが，これは家族外に広がる親族関係の考察である．ここでは，第一にモーガンの親族称呼説への批判が再度取り上げられ，第二に父系親族集団，母系親族集団，単系で外婚の親族集団としての氏族が論じられ，第三に親族間における遠近・親疎の関係としての「親等」が論じられる．しかしこの章は簡略にすまされている．

　富永コメント　清水盛光の『家族』は，西洋の家族史文献を詳細にあとづけて理論化した，すぐれた研究である．しかし私が残念に思うのは，清水が戦前において中国の家族と宗族について膨大な研究を展開した中国研究の専門家であったにもかかわらず，この本には中国のことがほとんど出てこないことである．清水はこの本で，自分自身の中国研究をまったく引証していない．私は本書に，日本の「家と同族」研究とも，文化人類学者による未開社会の氏族の研究とも一味違った，文明社会である中国の氏族について清水独自の理論的展開を期待したのであるが，この期待はみたされなかった．

第1節　領域社会学における理論形成

　清水は序文に「私はこれによって，かつて一度親しんだことのある問題に帰ることとなった」(p. iv)と書いており，このたった一行の短い文は，彼が『支那家族の構造』との連続性を明確に意識していたことを示しているが，それはあまりにも控えめでありすぎるように思われる．清水は元来，著書の序文などでみずからを語ることのきわめて少ない，抑制的なトーンの人であるが，それにしてもいったいなぜ，彼は『家族』の中で自分自身の膨大な中国家族の研究について何も語らなかったのであろうか．

　思うに清水がこの本でめざしたことは，ヨーロッパの家族，中国の家族，日本の家族といった比較史研究ではなく，社会学一般理論としての家族理論を書くことであった．家族社会学はもともと戸田貞三の『家族構成』いらい，実証研究と結びついて発展してきた分野であるため，純粋理論的に書かれた著作は少なく，清水の『家族』のように理論社会学の用語を厳格に適用した家族分析は他に例がないといってよい．英独仏の諸文献を縦横に駆使する清水スタイルは，処女作『支那社会の研究』においてすでに確立されていたのであるが，にもかかわらず，清水は本書以前に，社会学理論そのものについて本を書いたことはなかった．だからこそ逆に，清水は『家族』というテーマを与えられたとき，純粋社会学理論としての観点からする家族の一般理論を書きたかったのだと思われる．この本に次ぐ清水の主著が『集団の一般理論』であったこと，しかも同書で用いられている術語が『家族』のそれときわめて類似している事実は，そのことを端的に示している．

　しかし清水盛光が「私の研究上の立場は社会学的である」とか「社会学的立場に対する私のふかい信頼感」とかいう時の社会学は，どのような社会学なのであろうか．社会学理論書としての『家族』は，そもそも社会学理論のいかなる流れに位置づけられ得るであろうか．高田保馬の「関係社会学」からの影響は明瞭である．しかし「関係としての家族」という視点は，次に述べる山根常男の家族理論にもジンメル経由で含まれている．清水は近代家族の分析に力点をおかなかったとはいえ，家族の近代化を大家族（家父長家族・直系家族）から小家族（核家族）への移行としてとらえ，マードックに準拠して家族固有の機能は核家族の機能であるとした．この考え方は山根の構造-機能理論と共通しており，山根より30年前にそれを先取りしていた

とさえ言える。また山根が強調する，家族に固有の機能は育児であるとする視点は，清水においては四機能の中に種の再生産と文化の伝達として含まれている。これらの理由から，私は清水盛光を山根常男とペアにして，構造‐機能理論の文脈からする家族理論として位置づけたい。これが，次に山根の家族理論を取り上げる理由である。

山根常男『家族と人格』『家族と結婚』『家族と社会』の三部作

山根常男[4]の家族三部作『家族と人格』(家政教育社，1986)，『家族と結婚』(同，1990)，および『家族と社会』(同，1998) は，出版年では1980年代後半以後であるが，本書で私が採用した世代の定義によれば山根は戦前世代の最後に属しており，この三部作は彼の長い研究歴の成果として書かれたものである。世代的位置からは，山根は第3章で取り上げた有賀学の影響を受けた人びとと同一世代に属するが，山根三部作はそれらに同調することなく，清水盛光の『家族』と同様，家族の一般理論たることをめざして書かれた理論書である。

『家族と人格』 山根の家族三部作は，『家族と人格』から書き始められた。山根はこの本の「序文」で，「家族と人格」という題名の意図を「家族が人格形成にいかなる意味をもつかを問うもの」と説明している。山根はなぜ，彼の家族三部作を「家族と人格」という問題から始めたのか。これに対する山根の答えは，人間の集団は数多く存在しているが，それらの中で育児という人間の世代的再生産にかかわる仕事を担当しているのは家族だけであり，家族は人間が育つために不可欠の機関であるから，というものである。

「序論」の冒頭において山根は，「私は家族研究において1960年代のもつ意味がきわめて大きいことを強調するものである」(p.11) と述べている。その理由は二つある。一つは歴史人口学に触発された家族史の新たな展開であり，もう一つはフェミニズム運動である。歴史人口学は，それまで拡大家族から核家族への移行は産業革命における工業化によって起こったと考えられていたのに対して，核家族はヨーロッパにおいて産業革命が起こるはるか以前から支配的な形態になっていたということを実証的に明らかにした。他方フェミニズム運動は，社会主義派フェミニズム，過激派フェミニズム，穏健

派フェミニズムの三つに分けられるが，社会主義派は家族そのものが女性を抑圧する機関であることを強調し，家族から解放されないかぎり女性の解放はあり得ないとしたのに対して，過激派と穏健派は家族の存在そのものを否定することなく，伝統的な家族の家父長的性格を否定の対象とした．

　山根はこれらを，歴史人口学は過去の家族についての誤ったイメージを訂正し，過激派と穏健派のフェミニズムは家父長制を脱した家族の新しい姿を提示する必要を主張した，と受け止める．この両者から引き出されるのは，家族一般における核家族の普遍性ということである．山根が「家族の一般理論」というのはこの意味の普遍性をもった理論という意味であり，彼はこれを「家族の力動理論」（この語は「家族のシステム理論」に精神分析理論を全面的に取り入れたものを意味する）と呼んで，「家族の力動理論を目ざして」を『家族と人格』の副題にしている．

　第1章「家族の定義」において，山根は家族の社会学的意味を「関係としての家族」「集団としての家族」「過程としての家族」「生活様式としての家族」「制度としての家族」の五つに分ける．このうち最も基本的なのは「関係としての家族」であり，「関係」とは「父母子関係」である．この父母子関係は結局，核家族のことにほかならない．山根はパーソンズやマリオン・レヴィやロバート・ウィンチらの機能主義社会学に依拠しつつ，「社会システムの機能的要件」という題目のもとにあげられてきた諸項目を検討し，すべての家族が共通に担っておりしかも家族以外のいかなる集団も担っていない機能は，アイラ・リースのいう「愛育的社会化」(nurturant socialization)，すなわち夫婦が新しく生まれた子供を身体と情緒の両面から養育することによって達成される子供の社会化である，との命題に到達する．機能主義社会学の理論によって家族と育児の関係を考えると，「社会の機能的要件である育児は，家族が責任をもつ基本的な機能であり，したがって制度としての家族は育児の機関である」(p. 108) と結論される．

　第3章「家族の制度的意味――育児の機関」では，家族は育児の機関であるという命題の意味がさらに検討される．子供を生み育てることが「社会の機能的要件」であるというのは，世代的再生産なしには社会システムの存続はあり得ないという意味であり，子供が「社会的存在」であることをあらわ

す．育児はこの意味で，家族が社会システムからいわば付託された，社会的責任をともなった仕事である．しかし現実には，育児はもっぱら家族に委ねられており，子供は「私（たち）」の子であるという意味で「私的存在」と見なされている．山根はこの意味で，子供は「社会的存在」であると同時に「私的存在」である，とする．

山根は，子供が社会的存在であるという見方だけを一方的に強調すると，子育ての責任は「社会」にあって親にはないとする「育児の社会［主義］化」理論が出てくるとし，これを批判する．子供の扶養や教育は公的な事項であると主張したエンゲルスの『家族・私有財産・国家の起源』は，育児における家族の役割を否定しなかった．しかしエンゲルス説を一方的に強めて夫婦・親子のつながりから女性を解放することを主張したロシア革命初期のコロンタイの説（コロンタイズムと呼ばれる）は，育児の責任は社会にあって親にはないとした．これは，子供が親の世話を必要とすることを考慮せず，親の役割を否定する思想である．山根はまた，育児を託児所・保育園・幼稚園など家族外の機関だけに押し付ける考えを「育児の外部化」と呼び，試験管ベビーでの誕生と社会的施設での養育をユートピアとして主張したオールダス・ハックスリーの『素晴らしい新世界』（1932）のような考えを「育児の非家族化」と呼んで，これらを否定する．

19世紀ロシアのナロードニキからの影響によって，私有財産が否定され，結婚している夫婦は共同住宅に居住して，貨幣の流通なしに衣食住が賄われるイスラエルのキブツにおいても，初期にはコロンタイズムと同様に親の役割が無視されていた．キブツの子供は生後まもなく親から離されて「子供の家」に住み，育児の「専門職」と見なされている保母・幼稚園教師・学校教師らが育児を担当する．山根常男は大著『キブツ——その社会学的分析』（誠信書房，1965）の著者であり，この書はキブツに長く滞在して参加観察に従事した記録であるが，山根はこの研究によって，キブツには家族がないというのは誤った見方であり，キブツには家族があり，夫婦・親子のあいだには父母子としてのアイデンティティがあり，家族としての情緒的つながりがある，ということを明らかにした．重要なのは，現在のキブツでは家族は否定されておらず，労働時間以外には子供は両親きょうだいと一家団欒する，と

いうことである．キブツでは，子供は「社会的存在」であると同時に「私的存在」でもある，というのが山根理論である．

第4章「人格の構造」・第5章「家族と人格発達の弁証法」では，人格の理論が定式化される．社会学はこれまで集団を出発点においてきたため，人格の理論を社会理論の中に組み入れるという発想に乏しく，人格の理論は個人を出発点におく心理学や精神分析にもっぱら委ねられてきた．これに対して山根の「家族の力動理論」は，社会学に最も貢献するものと期待できる人格理論は精神分析からのものであるとして，社会学を精神分析に連動させようとする．なぜなら，精神分析理論はそれ自体が力動的一般心理学にほかならず，精神分析の「心の構造仮説」における力動的なメカニズムは社会構造の分析と連動し得るからである．

人格の理論において欠くことのできない基本的概念として山根があげるのは，本能論と，人格の構造理論の二つである．本能は，エロス（生の本能）とタナトス（死の本能）の二元論からなる．人格の構造は，「心の構造」仮説として，エス（イド），自我（エゴ），超自我（スーパーエゴ）の三層からなる．これは「心的装置」と呼ばれ，本能的なエスと，内面化された道徳としての超自我とに挟まれて，人格を力動的に統合する自我が位置している．自我の機能は，外界の要求に対してもつ機能，エスの要求に対する機能，超自我の要求に対する機能，および人格の統合を果たす機能，の四つに分化している．山根はフロイトによるこのような自我の四機能分化という考えに基づいて，人間の心の働きに次のような四つの能力を仮定する．(1)社会性ないし相互性（対人的・社会的に情動的な結びつきをもち得る能力），(2)現実性（外的現実に適応して思考し行動する能力），(3)道徳性（社会的な倫理・道徳を守る動機指向），(4)自律性（自己の行為の目標を自ら決定しかつ達成する能力）．人格の形成とは，生まれたときにはエスの塊でしかない乳児が，社会化によって自我のこれら四機能への分化をうまく達成していくことにほかならない．

『家族と結婚』　この本は山根三部作中の第二作である．山根はこの本の第1章に「性と文明」と題する長大な章をおき，フロイト的な文明論を展開しているが，これは家族論からはやや離れるのでここでは割愛することにし，第2章「結婚とは何か」，第3章「家族のライフサイクル」，第4章「家族力動の

理論」を取り上げることにしよう．

　第一に「結婚とは何か」．この問いに対して，山根は「結婚は社会における性［関係］の統制の最も普遍的かつ効果的な性的制度である」と答える．この答えは，結婚が性的欲求の充足を目的とするという通念を否定するのではないが，結婚が十分な性的満足を保証する制度であるとは言えない，ということを含意する．では人類はなぜ，性的満足という点から見てきわめて不完全な結婚という制度を存続せしめてきたのであろうか．山根は社会学者として，結婚はジンメルのいう二者関係であり，男女の相互行為である，というところから出発する．この相互行為において性的満足が必ずしも十分に保証されないというのは，他に十分な性的満足を保証する制度があり得ると言っているのではなく，結婚が十分な性的満足を保証しない原因が性に対する強い禁止にある，というフロイトのテーゼを想起させるものである．

　山根は，性行為は自慰を別として他者との相互行為であるから，「相互にオーガズムを感ずることによって生ずる情感の交流によって得られる」（p. 141）はずだとする．ところがこのような相互オーガズムによる情感の交流は，古代ギリシア・ローマから中世を経て近代にまでいたる「家父長的」文明のもとで確立されたモノガミー（一夫一婦婚）によって保証されてこなかった．なぜなら家父長的な結婚における妻は，性的満足を十分に享受する権利を与えられてこなかっただけでなく，それは無意識的に抑制されてきたからである．妻がそうであれば，夫もまた相互行為の産物としての十分な性的満足を得ることはできない．山根はフロイトを援用して，家父長的文明のもとでのモノガミーにおける「性の二重基準」（モノガミーは女性にとってのみモノガミーであって，男性にとってはそうでない）と「愛情と性の乖離」（「ロマンティック・ラブ」と「官能的な性」が分離している）という二つの特徴が，神経症の症状に典型的にあらわれているとしている．

　第二に「家族のライフサイクル」．これは，家族を時間軸に沿って分析することである．個人の生涯には，はじめ親の家族の一員として過ごす「定位家族」期があり，次に結婚して自分の家族をつくる「生殖家族」期があり，最後に子育てを終わった「脱親」期がある．かつての家制度においては，制度としての「家」が長子相続を通じて祖先から子孫へと連続したので，家を相

続する長男の視点から見て，長男にとっての定位家族期と生殖家族期の繰り返しが，家のサイクルをなした．しかし現代の核家族においては，家族は一世代限りだから，子供の視点から見て，両親のつくる定位家族と，自分が結婚してつくる生殖家族が，二つのサイクルを形成する．ただ子供は成人するにつれて定位家族を離脱するが，自分の生殖家族をつくるまで家族から独立する空白期 A があり，また脱親期に入って配偶者が死ぬと，ふたたび家族に属さない空白期 B がある．

　生殖家族の中心は育児にあり，育児は子供の側から言えば人格発達である．山根はフロイトに従って，子供の発達を口唇期，肛門期，男根期，潜在期，性器期の五つに区分する．口唇期と肛門期は母子一体化の段階で，母親の育児行動は母子の心理的共生としてなされており，子供のカセクシスは自分自身に向けられている（自己愛）．男根期になると，男児の母親に対する愛着は性的愛情へと変化するが，これは禁じられているので抑圧され，母を愛したいという欲望は父親との同一化に変化する（エディプス・コンプレクス）．女児の場合は，母親への愛着は母親との同一化へと発展する．これらの同一化は，子供の心の中に内的権威への意識を芽生えさせ，これが超自我の形成の契機となる．潜在期においては，性衝動は抑圧によって昇華され，心理的離乳の準備がなされる．最後に性器期において，はじめて性対象があらわれ，性目標は異性愛に向かう．末子の育児が終了すると，家族は「脱親」期に入る．子供が去ることによって，夫婦は役割喪失を経験する．職業からの引退と，配偶者との死別は，この役割喪失を加速する．これを克服するためには，情緒的自立が必要であることを山根は強調する．

　第三に「家族力動の理論」．山根が家族力動というのは，家族を一つのシステムと見なし，システムの維持・発展のメカニズムを明らかにする理論である．この語は元来精神医学でつくられたものであるが，山根は家族研究が学際的性格をもつことを強調し，これを社会学の家族理論にも適用する．社会学に適用された家族力動論は，家族システム理論として，象徴的相互行為論および構造 - 機能理論によって担われた．前者はバージェスによって代表され，後者はパーソンズによって代表される．

　家族システムは，内因的および外因的なさまざまな変化にたえず直面する

ので，それらに適応していくことがシステムの存続にとって不可欠である．それらの変化には，規則的なものと不規則的なものとがある．内的で規則的な変化としてあげられるのは，家族のライフサイクルとともに起こる結婚，出産，子供の独立，親の老化などである．内的で不規則的な変化としては，家族員の負傷・病気，死亡，離婚などがあげられる．外的で規則的な変化として重要なのは，教育と職業である．外的で不規則的な変化としてあげられるのは，自然的・人為的災害，経済的不況，政治的革命，戦争などである．家族システムはそれらに直面して崩壊してしまわないために，それらを受容して柔軟に適応していかねばならない．

　子供の人格形成の目標は，「相互性」と「自律性」の確立にある．相互性とは，他者を愛し，他者を受容し，他者と協力できることである．これを実現する要因は親の「愛情」(love) である．自律性とは，物事を自ら判断し意思決定し実行できることである．これを実現する要因は親の「権威」(authority) である．親子関係は血がつながっている関係であるから，性愛の関係に入ることは禁止され，愛情は「情愛」(tender love) の関係となる．この情愛の関係は，自己愛的存在である乳幼児が，他者を愛するという「相互性」の能力をもつために不可欠である．他方，育児において親は子供に権威をもつことにより，子供は自らの心の中に内的権威を確立し，自らの行動を自らの意思で律することができるようになる．

　『家族と社会』　これは山根三部作の最後のものである．この本の構成は，第1章「家族の哲学」，第2章「現代社会と家族」，第3章「日本における家族の現状」，第4章「家族の未来」となっているが，これらの中で用いられている個々の概念とテーゼには，すでに前二著に出てきたものを反復しつつ整理しているものが少なくないから，それらと重複しない論点を重点的に抜き出して述べることにしたい．

　第一に，山根は「文化」と「文明」を峻別し，家族の本質は文化であるとする．動物にも母子のつながりは存在しており，動物も家族をつくると通常言われている．しかし家族関係のつながりは，人間においては一生涯持続するが，動物においてはほんの一時的なものにすぎない．また人間の家族は父母子の三者関係からなっているが，動物においては父の存在は不明確である．

父母子の持続的結合は人間にのみ固有であり，それは自然ではなく文化である．なぜなら動物の場合には育児の機能は身体的成長を助けるという意味で「自然」にかかわるものであり，身体的成長は短期に完成するのに対して，人間の場合には親にとっての育児は子供にとっては人格形成にほかならず，人格形成はきわめて長期にわたる過程だからである．動物は文化をもたないが，人間における人格形成は自然でなく文化に関するもので，人間の家族は動物の家族と違って文化であるというのが山根テーゼである（第1章）．

第二に，「家族と社会の理論」は「社会生態学の理論」たることをめざさねばならない．山根の『家族と社会』には，「社会生態学の理論を目ざして」という副題がつけられている．その意味は，動物の家族が「自然」であるのに対して人間の家族が「文化」である，という上述の山根テーゼにある．動物は食物連鎖を通じて自然的なエコシステムを形成しており，エコシステムは動物が餌を食い荒らして自然破壊が限度を超えると動物の種自体の生存が脅かされることになるので，システムは均衡回復力をもつ．これに対して人間は，文明としてのテクノロジーの進歩を達成してきたことによって，自然的なエコシステムを破壊しつづけ，この破壊には均衡の回復はあり得ない．なぜなら人間の文明活動は，もっぱらテクノロジーの進歩を通じて自然を征服することをめざし，人間のこの自然攻撃を食い止めてエコシステムの均衡回復を実現する力の作用は保証されないからである．これに対して文化の自然に対する関係は，自然のエコシステムに適応し自然との調和を求める．山根が「社会生態学」というのは，そのような文化と自然の調和の関係を実現することをめざすものである（同）．

第三に，現代の家族は，自然の破壊と人間性の破壊という二重の危機に直面している．自然の破壊とは，いうまでもなく自然資源の枯渇と自然環境の破壊である．これに対して山根が人間性の破壊というのは，企業社会の「物質主義」と「競争主義」の論理が人間性を破壊するというものである．環境破壊は自然に関するものであるが，人間性破壊は人間精神に関するものである．山根は自然の破壊に対して環境アセスメントが必要であるのと同様，人間性の破壊に対しても人間性アセスメントが必要であるとする．しかし人間性アセスメントについては，科学文明と人間性破壊の因果関係の把握が困難

であるだけでなく，科学技術のもたらす快適さや便利さに幻惑され，それに対する関心が薄いという問題がある（第2章）．

第四に，日本の家族の現状は，いまだに「家父長制」を色濃く残存させている．それは例えば夫婦相互の呼び方における上下関係，日常生活における夫婦間の情緒的交流の貧困，夫婦間の会話が少ないこと，愛情表現が乏しいことなどにあらわれている．1995年現在で，日本の就業構造は農林漁業が5.6％，非農林漁業の自営業が14％，エンプロイーが81％で，日本社会は圧倒的に「企業社会」であるが，それらのサラリーマンたちは家族より会社を大事にし，企業のあり方には家制度の価値観が根強く潜在している．家族は企業社会に対して批判的でなければならないが，現実には家族は企業社会に対して迎合的である（第3章）．

第五に，家族の未来への対応として，山根は家族防衛，家族改革，家族政策，家庭改造の四項目をあげている．家族防衛とは，家族の最も重要な家庭機能を阻害している「企業社会」の会社人間や企業戦士，これに伴う長い通勤時間，義理の付き合いを強制する職場環境，そして競争的教育環境によって子供たちが学校と塾の二重教育に拘束されていること，などに対する抵抗である．家族改革とは，家族が家父長主義の価値観から離脱して，個人の自律性と相互性を強める方向に，変革をせまることである．家族政策とは，児童，失業者，障害者，高齢者に対する生活保障や年金や税額の相対的平等化をはかることである．そして家庭改造とは，家族員相互のあいだに情緒的交流をもたらすことである（第4章）．

富永コメント 山根三部作は，機能主義社会学の家族理論をベースとして，これにフロイトの精神分析学を全面的に引き込み，さらに山根自身によるキブツの調査研究を織り込んだ上，歴史人口学やフェミニズムや環境問題や社会主義思想にまで配慮した，きわめてスケールの大きい家族の一般理論として特筆すべき業績である．全巻をつらぬく中心テーゼは，家族とは育児機能を担当する社会制度として唯一のものである，ということである．現在，世界的規模において家族は揺らいでいるが，山根はこのテーゼを全巻につらぬくことによって，ラディカリズムの家族否定論を深いところで説得的に拒否している．ただ一点だけ内容上の批判を述べると，日本の家族の現状分析に

関して，山根は家父長制の残存を繰り返し強調しているが，この論点には，世代による違いという実証的な軸を導入してくることが不可欠であったと思われる．

構成上の問題点について一言させていただくと，『家族と人格』『家族と結婚』『家族と社会』という各表題は，よく分化したテーマ設定になっていると思われるが，にもかかわらず『家族と人格』の副題「家族力動の理論」は『家族と結婚』の第4章の表題でもあり，また『家族と結婚』の副題「脱家父長制」は『家族と社会』の第2章の中心テーマでもある，というように内部のテーマ設定が必ずしも十分に分化していないため，各巻にかなりの重複がある，ということである．しかしこれらは細部の問題である．81歳で三部作を見事に完成された努力と功績は画期的なものであり，大いなる賞賛に値する．

稲上毅『労使関係の社会学』

稲上毅[5]が『労使関係の社会学』(東京大学出版会，1981)において題名に用いている「労使関係」という語は，団体交渉や労働争議という意味ではなく，職場レベルにおいて捉えられた経営者・管理者と組合員との接点における「労働者の行為と意識」というほどの意味である．稲上の研究は，民間大企業労組として電機労連と鉄鋼労連，中小企業労組として鉄鋼の系列中小メーカーと同下請企業の労組，公企労として全電通（旧電電公社の労組）と動労（旧国鉄の動力車労組）を取り上げ，それらが1970年代に個別に実施した組合員意識調査に稲上自身が参加して，そのような労働者の行為と意識を調査データから読み取り，社会学的に概念化したものである．

「**豊かな社会の労働者**」　稲上が立てた問題設定の背景をなしているのは，イギリスのジョン・ゴールドソープらによって行われた「豊かな社会の労働者」と題する有名な調査（John H. Goldthorpe, et al., *The Affluent Worker*, 1968)である．稲上はゴールドソープらの研究に触発されて，日本も高度経済成長以後に「豊かな社会」になり，労働者が「ミドルクラス化」したとか「ブルジョワ化」したとか言われているが，日本は果たしてイギリスと同じであろうか，イギリスとは違うのではなかろうか，という問題を立てた．

高度経済成長以後の日本の企業の変化という問題設定において，稲上の調

査は，本書第3章で取り上げた松島静雄のそれと並行しており，調査の時期もほぼ重なっている．稲上の松島との違いを言えば，松島の調査が中小企業のケーススタディであるのに対して，稲上は大企業とその系列・下請会社の従業員を，労働組合から入って調査したということである．しかし稲上の研究の特徴として私が注目したいのは，彼が提起している理論的で国際比較的な視点，すなわちパーソンズの『社会的行為の構造』の訳者でもある稲上の産業社会学が，ウッドワードらの「技術論的アプローチ」やマグレガーらの「人間関係論的アプローチ」から区別されたものとして，ゴールドソープらに固有の「行為論的アプローチ」(action approach) を摂取していること，イギリスの「豊かな労働者」がゴールドソープらによって「手段主義的」(instrumental) 志向として特徴づけられているのに対して，稲上は日本の労働者を「自己充足的」(consummatory) 志向として特徴づけていること，などの理論的な視点にある．行為論的アプローチとは，労働者の行為と意識は労働の「状況の定義」(definition of the situation) によってきまるとするアプローチを意味し，ゴールドソープらはここから「労働志向」(orientation-to-work) というキイ概念を導いている．これらの理論的で国際比較的な視点の導入は，領域社会学が支配した第二局面での戦前世代や戦後第一世代の研究には見られなかったものである．

　稲上によれば，ゴールドソープらは，イギリスに関して「伝統的労働者」と「豊かな労働者」を次のように対比する．「伝統的労働者」は，(1)「奴らと俺たち」という二項対立的な敵対的意識，(2)従前からのライフ・スタイルを維持する宿命論的意識，(3)集団的連帯の維持に関心を向ける集合主義的意識，などによって特徴づけられる．これに対して「豊かな労働者」の労働者意識は「手段主義的」として特徴づけられ，それは，(1)労働は経済的報酬を極大化するための手段にすぎない，(2)組織へのかかわりは限定的・感情中立的・計算づくのものである，(3)労働者の中心的生活関心（central life interest）は仕事や職場の外に求められる，(4)内部昇進（フォアマンになること）への関心が微弱である，などのような意識を意味している．

　日本の労働者のキャリア志向　しかしこれはイギリスの話である．日本ではどうであろうか．稲上は彼の労働者意識調査の結果から，日本においては，

系列化・下請化されている鉄鋼中小企業労組や，旧国鉄の「動労」（稲上調査の時点では存在していたが現在は国鉄の分割民営化によって消滅した）の組合員には，典型的な「伝統的労働者」が存在する（していた）が，大企業労働者の意識は，イギリスとほぼ同時期に，「豊かな労働者」の意識に転化したとする．しかしながら稲上は，日本の大企業における「豊かな労働者」の意識は，ゴールドソープらがイギリスでの調査から引き出した「豊かな労働者」の意識と同じではあり得ない，と考えた．なぜなら，ゴールドソープらはイギリスにおける労働志向が企業外での生活経験を通じて形成されるとしたが，日本には長期雇用慣行による「広くかつ深い内部労働市場の形成」があるから，「働くことは報酬をもらう手段」「組織へのかかわりは限定的」「中心的生活関心は仕事や職場の外」「内部昇進への関心がない」といった手段主義の意識は見られないからである．

そこで稲上は，ゴールドソープらのいう「労働志向」の語に代えて「キャリア志向」という語を用い，これを「管理職志向」「役付者志向」「専門職志向」「勤め上げ志向」「独立志向」「成り行き志向」「退職志向」の七類型に分けた（p.23）．調査の結果を見ると，電機労連では鉄鋼労連の中小企業労組・全電通・動労よりも「管理職志向」「専門職志向」「勤め上げ志向」「独立志向」が目立って強く，鉄鋼労連の中小企業労組・動労では「成り行き志向」が強く，全電通では「役付者志向」「退職志向」が強い．電機労連では「仕事についての意識や技能を高めたい」が83％と圧倒的に高く，「いろいろの仕事を経験して幅広い知識・技能を高めたい」が他よりも目だって高い．このように，電機労連の組合員たちは，仕事意識，組織へのかかわり方，中心的生活関心のすべてにおいて手段主義の意識は見られず，きわめて仕事熱心であり，組織へのコミットメントが強く，昇進意欲が高い，ということが結論された（第1章「日本の『豊かな労働者』」）．

つぎに稲上は，鉄鋼大手企業労組調査から，「企業共同体」という概念をキイ・ワードとして引き出していることが重要である．高度経済成長の真最中であった1965年いらい，鉄鋼大手各社は，日本鋼管福山製鉄所を皮切りとして，コンピューター制御をはじめ多くの先端技術を導入した新鋭製鉄所の建設に一斉に乗り出した．稲上データは，1966年から1971年にかけて，日本

鋼管福山,新日鉄君津,住友金属鹿島,神戸製鋼加古川,川崎製鉄水島という五つの大手新鋭製鉄所を調査したものである．この時期，これら鉄鋼大手企業の労使関係は，賃金の職能給化，職能的資格制度，QCサークルやZD運動のような小集団活動の展開，ストライキによる要求獲得から団体交渉中心への労組の転換，などによって特徴づけられていた．大手新鋭製鉄所には，どの企業でも共通に，既存の旧事業所からの配転者が多く，彼らは旧事業所での昇進の頭打ちから，新事業所での昇進に期待をかけた従業員たちであった．これらの新鋭製鉄所では，企業レベルでも事業所レベルでもそうだが，とくに職場レベルにおいて労使関係は協調的であり，管理者と従業員のあいだには共同的な社会的ネットワークが形成されている．稲上が企業共同体と呼ぶものがこれである．この「堅固で活力ある」（稲上の表現）共同体関係は，企業という枠内で形成されているものであり，同じ製鉄所構内で働いている下請けの労働者はこの中に含まれない．

　企業共同体の形成を基本的に条件づけているのは，「労働市場の内部化」である．稲上はこれに加えて，職場の社会構造が媒介になって，労働者の企業組織への統合が実現されているということが重要であるとする．この両者をつなぐ接点に位置しているのが，作業長である．作業長制度は，1958年に旧八幡製鉄が当時の新鋭戸畑製鉄所に導入したのが最初で，職場秩序の確立をめざしたものであった．稲上によれば，大手新鋭製鉄所における作業長への昇進は，職能的資格制度によって，一方で競争的であるが，他方で部分的に年功に対する保障と結びついている．労働者の多くが，作業長たちは「責任感が強く仕事ができ，人間的にも信頼できる人物が役職についている」ことを認めている（p.108）．昇進意欲が高く，職場の社会秩序が保たれているのは，この役職昇進の運用がうまくいっていることを示す．

　稲上によれば，大手五社に系列化されている鉄鋼中小メーカーの中にも，労働市場の内部化がある程度進んでいる会社もあるが，多くの中小メーカーは中途採用者の比率が高く，下請企業の場合には地域労働市場を通じた労働移動がいっそう激しい．他方，中小企業系列化の過程で，親企業の影響によって作業長制度を取り入れた中小メーカーもあるが，一般に中小では作業長の権限は大手に比べてあまり大きなものではなく，また昇進基準は多様であ

って必ずしも年功的でない.これらの要因により,中小メーカーには企業共同体的な性格をもったものは多くない,と稲上は結論づけている(第2章「産業組織と労使関係」).

伝統的労働者 稲上は本書で,以上の意味での「企業共同体」とは対照的な意味をあらわす「職場共同体」という語を,もう一つのキイ・ワードとして用いている.それは,ゴールドソープらが「豊かな労働者」とは逆の類型としてあげた,「伝統的労働者」の意識によって形成された旧型の職場秩序をあらわす語である.稲上が動労の「庫」(クラ)コミュニティと呼んでいる,旧国鉄の「機関区」を末端単位とする職場組織がその典型的な事例に当たる.動労は国鉄の民営化解体とともに消滅したが,かつて「鬼の動労」と呼ばれた過激な労組であった.この過激性の源泉は,稲上のいう「庫」コミュニティの社会構造にあったというのが,彼の分析である.稲上は1975年から77年にかけて,この動労を対象とするアンケート調査と面接調査を行っており,その調査結果から以下のような分析を引き出している.

動労組合員は75%が機関車・電車乗務員で,彼らは就職から定年退職まで完全な終身雇用であり,「庫」を移動することも少なかった.それだけでなく,彼らの賃金は年齢と勤続だけによって,まったく平等かつ非競争的に上がっていった.「庫」コミュニティは,稲上の表現によれば,「奴らと俺たち」という鮮明な境界線によって区切られていた.「奴ら」とは,第一に職場管理職である区長と助役層であり,第二に同一職場にいる競合組合としての国労・鉄労・全動労の組合員である.動労組合員は「奴ら」に対して「怨念の極にも達するようなラベリングを異口同音に」発する(p. 288).例えば管理職に対して「石ころのような連中だ」「管理能力ゼロだ」「マル生助役は本当にけしからん」など,競合組合員に対して「当局の手先だ」「反労働者的だ」「解体させた方がよい」など.「奴ら」になることは裏切り行為と見なされており,動労組合員は昇進意欲が目立って低く,管理職になりたいと答えるものはきわめて少ない.鉄鋼労連および全電通との比較の数字をあげると,「昇進するのは当然だ」動労1.6%,鉄鋼労連新鋭製鉄所11.1%,全電通男子11.1%,「可能性はわからないが昇進したい」動労 6.9%,鉄鋼労連新鋭製鉄所43.4%,全電通男子33.5%,「昇進したくない」動労59.1%,鉄鋼労連新鋭

製鉄所8.1%，全電通男子16.2%，「考えたことがない」動労26.0%，鉄鋼労連新鋭製鉄所35.2%，全電通男子38.1%など．区長・助役層は権限を与えられておらず，これに対して組合役員は優位にある（第4章「職場共同体と仕事の規制」）．

富永コメント　本書の面白さは，第一にゴールドソープらの『豊かな社会の労働者』を冒頭におき，彼らが立てた「伝統的労働者」対「豊かな労働者」という対比を彼らから引き継いだこと，第二にゴールドソープらにただ追随するのでなく，イギリスの労働者の中心的生活関心が仕事や職場の外に向けられているのに対して，日本の労働者のそれは内部労働市場に向けられているという日本的視点を押し出したこと，そしてこれらの二点をうまく統合することにより，日本とイギリスの違いという比較論的視点を分析の機軸においたことにあると言えよう．かくして本書は単なる調査報告を超えて，理論的・比較分析的な著作としての成功を克ち得た，というのが私の評価である．ただそのような理論的な問題設定にもかかわらず，稲上の研究は調査データによる実証的な分析だから，必然的に時代的制約を免れ得ない．例えば稲上は「動労」の調査から，「伝統的労働者」と「職場共同体」という類型を引き出したが，現在から見ればそれらは，「国鉄」という特殊な体質の中にかつて存在した過去の遺物を記録しておく意味しかない．

もう一つ問題点をあげるなら，本書は「労使関係」[6]という書名を掲げたために，古典的な労使関係論に引きずられ，豊かな社会の労働者という問題だけに焦点を絞りきれなかった．「組合民主主義とユニオン・リーダー」（第3章の表題）という労働組合論の視点や，「鉄鋼中小企業の労務管理」（第2章第3節の表題）という労務管理論の視点などが，この本では大きな比率を占めており，それらは彼の理論的な問題設定とうまく関係づけられていない（私の要約では「豊かな社会の労働者」の問題だけに絞り，他をカットした）．私が本書から引き出したい視点は，産業社会学はもはや第二局面のそれのように調査をするだけではだめで，調査が理論的視点や比較論的視点によって導かれる必要がある，ということである．

梅澤正『企業と社会』

　梅澤正[7]の『企業と社会』(ミネルヴァ書房, 2000)は, 社会学者がこの題名で単独で書いた初めての野心的な著作である.「企業と社会」というテーマは, 企業を全体社会のサブシステムの一つとしてとらえ, 企業と全体社会とのあいだの相互作用を分析するという, 膨大な課題を要求される.「企業」の側から見ると, 企業は財・サービスを社会に供給することによって, 社会の豊かさの水準を支えており, このことによって社会に多くの恩恵を与えている. 梅澤は, これを経営学的な見方であるとする. 他方,「社会」の側から見ると, 社会は人的資源, 物的資源, 情報資源を企業に供給し, また企業が生産した財・サービスを需要することによって, 企業を存続させており, このことによって企業に多くの恩恵を与えている. 梅澤は, これが社会学的な見方であると主張する. この本で梅澤は, この後者の観点に立って, 企業の社会関係と社会的役割を考察しようとする.

　だがこれは途方に暮れるほど膨大なテーマである. ちょっと考えただけでも, 社会が企業に対して提供しているインプットは, 家族が提供している労働サービス, 大学や研究所が提供している教育サービスや技術, 地域社会が提供しているさまざまな「結節機関」からのサービス, 他企業が提供している原材料や半製品, 株主や銀行や諸金融機関が提供している資本, 官僚機構と国家が提供している法的援助や補助金や公的資金, 諸外国が提供している外国製の部品や外国技術や外国資本など, きわめて多い. これらを一つずつ解明していくとすれば, 社会学ディシプリンの範囲をはるかに超える大量の文献とデータに目を通さねばならない. それらは通常個人では手に負えず, どうしても多方面の研究者が学際的に協力して書くことが必要となるので, 単著として書かれた「企業と社会」という題名の本はこれまで日本にはなかった. 私はかつて『現代経営学全集』(ダイヤモンド社)という企画の一環として経営学者グループから依頼を受け, 同第15巻に『経営と社会』(1971)という編著をつくったことがあるが, 私自身は全体のプランを立て, 第一章「経営と社会の基礎理論」を書いたにとどまり, あとは各方面の専門家に分担してもらった. 梅澤自身も当時の分担者の一人であり, 彼は今回もこの本をリファーしてくれているが, その後の私はこのテーマで単著を書く方向には

進まなかった. それは一つには私の怠慢のためであるが, もう一つには私の関心が「経営」社会学よりも「経済」社会学の方に向くようになり, 主体として「企業」を中心においたアプローチをあまりとってこなかったためであった. ところが梅澤は, それからずっと企業の社会学的分析について著書を積み重ね, 30年後に『企業と社会』という単著として日本で最初の本をみごとに書きあげた. この書の出現は, 産業社会学があまりさかんでなくなった現在, 画期的なことであると言わなければならない.

この本は, 序章プラス全9章プラス終章からなっており, それらが第1部「企業社会と企業現象」, 第2部「企業の社会関係」, 第3部「企業の社会的役割」に分けられている. 以下この三部に分けて, この本をレヴューしよう.

「企業社会と企業現象」 第1部のキイワードは「企業社会」である. 梅澤は戦後日本を企業社会であるとする. その理由は, 企業の数および従業員数が膨大で, 売上高や給与額や企業の納税額が大きく, 社会は大企業に対して高い威信を付与していることによる. このような企業と社会の関係を, 梅澤は「社会が企業に経済的産出の機能を付託し, 企業はそれを受託して成功した」という関係であるとする (pp. 38-9). 企業社会という語は, そのような両者の関係を, (1)企業の内部社会, (2)企業のネットワークからなる社会, (3)企業という社会制度が国民社会全体を規定している体制(「法人企業体制」), という三つのレベルで表したものである, というのが梅澤の規定である (p. 69).

梅澤のいう付託―受託という関係は, 一方で社会が企業を信頼して豊かな生活を実現してくれることを託し, 他方で企業がその付託に応えるということをいっている. ところが梅澤は, 高度経済成長期まではこの付託―受託の関係はうまくいっていたが, バブル経済によってこの付託―受託関係はこわれてしまい, 社会は企業不信におちいって,「日本は経済大国になったが生活小国である」という言い方がなされるようになったとする. また国際的にも,「日本的経営」のメリットは, エズラ・ヴォーゲルの『ジャパン・アズ・ナンバー・ワン』が出版された1979年ころがピークであり, それ以後は日本的経営のデメリットが問題にされるようになった. すなわち日本の企業社会はうまくいっていない, ということを梅澤は承認していることになる.

東大社会科学研究所編の講座『現代日本社会』（全7巻，東京大学出版会，1991-92）において，馬場宏二は現在の日本社会を「会社主義」であるとし，この会社主義によって日本は「過剰富裕化社会」に移行したとした．これらはそれぞれ「社会主義」と「貧困化」をもじった一種の皮肉で，「会社主義」には経営者が従業員の凝集力によって企業の統治権を握っているから資本主義とは言えないという意味も込められている．東大社会科学研究所の講座はバブル後に出されたものであるが，バブル前に準備されていたため，馬場宏二は会社主義が解体したとは述べていない．梅澤の「企業社会」論が出されたのはそれより10年近くあとであるから，彼の企業社会についての見方が馬場よりもずっと悲観的になっているのは自然であろう．

　「企業の社会関係」　第2部における梅澤の分析は，「ステイクホルダー」という語をキイ概念とする．ステイクホルダーとは，企業に対して利害関係をもっている多数の主体を意味する．顧客（消費者）・地域社会，政府・官僚，投資家・銀行，他企業，従業員，一般市民などがそれである．梅澤が企業の社会関係というのは，企業とこれらの諸ステイクホルダーとの関係をさしている（p. 144）．

　ステイクホルダーには，企業の外部にいる人びとと，内部にいる人びととがある．外部から考えていくことにすると，梅澤がまず取り上げるのは，企業が作ったものを買ってくれる顧客である．顧客が喜んで金を払おうとしなければ，企業は成り立ち得ない．1960年代までは企業は「作れば売れる」という時代であったが，70年代以後は競争が厳しくなり，製品の「質」や「象徴価値」，さらには「人と地球に優しい」ことが求められるようになった．地域社会には，中小企業が集まった地場産業型と，大工場が中心に位置する企業城下町とがあるといわれてきたが，高度産業化とともに地場産業型は衰え，80年代からは大型スーパーを傘下におさめたショッピングセンターが郊外に立地するようになり，地域社会の景観も変わってきた．

　梅澤が二番目に取り上げるのは，政府・官僚組織・地方自治体を含む国家である．これらは一方で企業に税金を課し，またさまざまな規制を課すが，他方で優遇措置や助成金を与えている．1972年にアメリカの商務省が作成した『日本株式会社』と題するリポートは，日本の政府と企業のあいだに密

接な相互作用があることを強調した．アメリカには「政産軍複合体」が形成されているといわれるが，日本では「政官産複合体」が日本株式会社をつくりあげている，とされる．その最たるものは，銀行・官庁が民間を手厚く保護した「護送船団方式」である．しかしこれについての見方はさまざまで，国家官僚機構の優位を強調するものから，民間企業のイニシアチブを強調するものまでの両極端がある．

　梅澤は三番目に企業間関係に目を転じ，「業界」「企業集団」「系列」という三つの企業相互間の関係を取り上げる．第一に，業界とは，同一産業内の仲間関係をいう．「談合」に見られるように，業界は仲間関係内で競争を制限する．第二に，企業集団とは，三菱・三井・住友などのように，産業分野を超えて，横断的に結合した企業連合である．集団内で，株式相互持合いによる株式安定化や，取引コストの削減，情報の交換，リスクシェアリングなどがなされ得る．第三に，系列とは，大企業と下請け，親会社と子会社・孫会社のような，権力格差をともなう企業結合である．どの場合にも，内部の協調的な関係や信頼関係をつくり出す．

　梅澤は四番目に，企業内部を見る．内部には企業の従業員がいる．彼らは，企業にとって最も身近なステイクホルダーである．企業と従業員との関係は，これまで産業社会学の人間関係論が扱ってきた問題であるが，梅澤によれば，日本は企業中心社会であることの弊害として，従業員が「会社人間」と呼ばれ，もっと極端には企業の「社畜」（家畜からの連想）といわれるような関係が指摘されてきた（p.172）．彼らは経営組織に服従し，企業によって専制的に支配されている存在である．1970年代の石油ショック後不況によって，管理職の削減，労働組合組織率の低下，QCサークルによる小集団活動への動員が進んだ．80年代になると景気が回復し，後半にはバブル化に向かうが，サラリーマンには「われわれは報われていない」という意識が広がった．各種の意識調査データは，仕事への意欲の低下と会社への帰属意識の低下が，この時期に顕著になったことを示している．

　梅澤は最後に，アメリカで1970年代にクローズアップされた「コーポレート・ガバナンス」（企業統治）という概念を取り上げる．アメリカでは，企業は株主のものであるとする観念が強いが，コンシューマリズムの英雄として

著名なラルフ・ネーダーは，この観念を逆手にとって，企業批判の市民運動を展開するために，少数株主となって株主総会に出席し，そこで企業を公衆のものにするような定款の改定や，公衆の利益を代表する取締役三人を選出せよといった発言をした。もちろんこれらは否決されたが，企業のガバナーは市民であるとする運動の展開は大きなインパクトを与えた。日本にはこのような企業批判の市民運動はなく，日本の株主総会はそのような発言をなし得る場所ではない。しかし日本でも，NPO法（「特定非営利活動促進法」）が成立して，市民団体の活動の活性化が見通されるようになった。梅澤がいうように，日本の労働組合は企業に対するカウンターパワーとなっておらず，日本にはそのような団体が存在しない。しかしボランティア活動への参加を希望する社員が増え，社員のボランティア活動支援を通じて社会貢献を指向する企業は，1990年代に入って増えつつある。梅澤は，「日本社会の転換には，企業に対抗し得る強力なカウンターパワーの存在が必要である」(p. 237) と結論する。

「**企業の社会的役割**」　第三部の主題である「企業の社会的役割」として，梅澤は(1)財・サービスの供給，(2)ステイクホルダーとの共存・共生，(3)現代社会が抱える困難な諸社会問題の解決への寄与，の三つをあげる。これらのうち(1)はもちろん企業の本来の役割であるが，企業が社会の中に占める比重が高まったため，この役割を果たすだけではすまなくなり，それを超える義務を引き受けることを社会から付託されるようになった。(2)と(3)がこれであり，梅澤はそれらを「企業の社会的責任」の語によって呼ぶ。梅澤の解釈では，責任と義務（obligation）は同義である。

企業が社会的責任を果たさねばならないとする根拠について，梅澤は要するにそれは「企業が社会のお世話になっているからだ」とする。お世話になっているとは，さまざまなインプットを社会から提供してもらっているということであり，それにもかかわらず企業が自分の利益追求だけに走って，投機によって価格を吊り上げたり，公害によって地域を汚染したりして，社会に迷惑をかけるならば，それは反社会的・反倫理的な行為であると言わねばならない。ところが高度経済成長期までの日本では，企業はみずからの行為についてそのような倫理意識をもっていなかった。利潤を上げることが社会

的責任の遂行であるといった発言がまかり通っていたのは，このことを示す．

1960年代前半まで，企業不祥事は，ほとんどが政治絡みの汚職事件に限られていた．企業の社会的責任を呼び出す最初の導火線になったのは，60年代後半に明るみに出た一連の公害事件であった．これに続いて，73年の石油ショックにおける狂乱物価を背景とした土地投機や買占めや売り惜しみが発生した．これらについて経済同友会は，「社会と企業の相互信頼の確立を求めて」と題する文書を出し，企業が社会的信頼を高める必要を説いた．『エコノミスト』誌は「企業の悪」について特集号を出し，『実業の日本』は七五年に「特別企画・企業の社会的貢献」を編集した．しかしこの時期から90年前後のバブルとその崩壊まで約20年のあいだ，少なくとも個別企業レベルでの社会的責任意識は未成熟のままであった．梅澤は石油ショックからバブル崩壊までの20年足らずのあいだに起こった「企業不祥事の実態小史」を描き出している．それらには，薬剤エイズ事件，リクルート事件，金融・証券不祥事件などが含まれる．

しかし明るい話題もある．梅澤は1990年代に，企業市民（corporate citizen）という概念が日本の企業社会に広がったことに注目している．企業市民とは，梅澤によれば，社会的役割を完遂している企業のことである（p. 259）．この概念は，1950年から60年代にかけてアメリカとイギリスで生まれ，公害の垂れ流しと企業投機が糾弾されていた70年代の日本に入ってきた．梅澤は1973年の週刊東洋経済臨時増刊号における中川敬一郎論文，77年の『実業の日本』に載った「編集後記」，79年の日本生産性本部の「提言」などを紹介している．企業市民の語は，企業の「社会貢献活動」，企業「フィランソロピー」（人類愛）などの語とともに用いられ，企業が文化・芸術の分野で行う貢献活動は「メセナ」という語で呼ばれた．しかし70年代には，この語は日本の企業社会に定着しなかった．それが再登場したのは1992年に経団連が『社会貢献白書――企業と社会のパートナーシップ』を刊行し，平岩会長がそのはしがきに「1992年の正月を社会的貢献元年という気持ちで迎えた」と書いたことによってであった．それ以後，フィランソロピー活動およびメセナ活動は，日本の企業にしだいに定着し，実施企業数が増えてきている．

富永コメント 梅澤正『企業と社会』はきわめて有用で有意義な多くの分析を含んでおり，私は賛辞を惜しまないが，一点だけ私が疑問をもった点を述べさせていただく．著者は，企業と社会の相互作用を「付託」と「受託」の関係であると定式化しているが，受託とは何なのであろうか．付託と受託を梅澤は全体社会と部分社会のあいだの相互作用であるとしているが，文字上の印象から，付託とは何かを与えることで，受託とは何かを受けることだとするなら，それだけでは相互作用にはならないのではないか．相互作用は，全体社会が部分社会としての企業に何かを「与え」，企業が全体社会に対して何かを「返礼する」義務を感じる時に成り立つものであろう．ところが梅澤のいう受託は，この点がはっきりしない．別のところで梅澤は，企業は社会に「お世話になっている」と表現しており，私もそれを援用したが，もしそうであるなら，企業は社会に「返礼」義務を感じるはずである．返礼とはもちろん物的なものではなく精神的なものであるが，少なくともそのことがはっきり定式化されていないと，企業が「社会的責任」の意識をもつべきだということを理論的に要求し得ない．第一部における梅澤の説明ではこの点が曖昧なため，彼は第三部で企業の社会的責任を論ずる時に，企業がなぜ社会的責任を引き受けねばならないのかを説得的に説明することができずにいるように思われる．

　この問題との関連で，企業の「社会貢献活動」についての梅澤の説明は興味深い．梅澤は企業のフィランソロピー活動およびメセナ活動に言及したが，議論がここまでくると，企業は第3節で取り上げる藤村正之『福祉国家の再編成』に登場するNPOと共通する面をもってくる．藤村はNPOのフィランソロピー活動やメセナ活動に言及しているのだが，企業の活動もNPOの活動も「社会貢献活動」の面をもつことには変わりがないのではないか．

1)　清水盛光 (1904-99) は，1931年九州帝国大学法文学部哲学科を卒業，高田保馬に社会学を学んだ．九州帝国大学副手・助手を経て，1935年大連の満鉄（南満州鉄道）調査部に入社．満鉄資料室で，中国社会を分析した英独仏露語文献と漢籍を解読した．満鉄解体後は帰国して，1947年京都大学人文科学研究所助教授，49年同教授，68年定年退職して同名誉教授．同年関西学院大学教授，73年同定年退職，74年松山商科大学教授，77年駒澤大学文学部社会学科教授，81

年同定年退職．清水の満鉄資料室での研究は，四冊の中国研究書『支那社会の研究——社会学的考察』(岩波書店，1939)，『支那家族の構造』(岩波書店，1942)，『中国族産制度攷』(岩波書店，1949)，『中国郷村社会論』(岩波書店，1951) として結実したが，これら四冊のうち『中国族産制度攷』と『中国郷村社会論』は，原稿を日本に持ち帰って戦後に出版されたものである．清水の中国研究は，家族・宗族・村落構造の緻密な文献的研究であったが，満鉄資料室がなくなってそれらの一次的資料による研究を継続することは不可能になったため，戦後はまったくの方向転換を余儀なくされた．しかし清水の戦前の諸業績を知る私には，彼が戦後それらの研究成果の上に立って中国の家族・宗族・村落構造を理論化し，またそれらを日本の家族・同族・村落構造と比較した高次の社会学理論書を書かなかったことは，まことに残念なことであったと思われる．というのは，当時の家族・同族・村落の研究においては，有賀喜左衛門の「家と同族団」論や福武農村社会学が大きな影響力をもち，研究関心が日本だけに向けられて，東アジアの家族・宗族・村落を一般化するような本は書かれなかったからである．もし清水が日本と中国の比較社会学を理論化していれば，戦後日本の領域社会学はもっと違った理論的状況を生み出し得たのではないか．戦後の清水は，京大人文科学研究所で歴史学者と共同研究を行い，『封建社会と共同体』(会田雄次と共編，創文社，1961)，『封建国家の権力構造』(会田雄次と共編，創文社，1961) その他の歴史分析に従事したが，個人研究においてはあくまで理論社会学者としての立場を貫徹し，『家族』(岩波書店，1953)，および『集団の一般理論』(岩波書店，1971) をあらわした．後者については，本章第2節で取り上げることにしよう．
2) 牧野巽の諸著作については，ここでは取り上げるスペースがないが，第1章第3節で，清水盛光とともに牧野についてもいくらかふれた．
3) 清水社会学に対する私の関心は，もともと清水の戦前・戦中の中国研究『支那社会の研究』『支那家族の構造』『中国郷村社会論』などから始まったものであった．富永健一『マックス・ヴェーバーとアジアの近代化』(講談社，1998) の第3章は，清水盛光の中国研究に触発されて書かれたものである．
4) 山根常男 (1917-) は，1940年に東京帝国大学文学部社会学科を卒業，ただちに中華民国北京国立新民学院講師となったが，北京で講義を始める前に徴兵に取られ，中国とラバウルを転戦して，敗戦の翌年ラバウルから帰国した．1947年名古屋市立女子専門大学教授，1949年岐阜大学助教授，1951年南山大学助教授，1955年大阪市立大学教授，1977年駒澤大学教授，1991年同定年退職．山根は，大著『キブツ——その社会学的分析』(誠信書房，1965) によって知られ，『キブツの記録』(誠信書房，1966)，『現代社会学の基本問題』(編著，有斐閣，1966)，『家族の倫理』(垣内出版，1972)，『家と現代家族』(編著，培

風館，1976），『テキストブック社会学（7）福祉』（編著，有斐閣，1977）などを書いた後，1986 年から三部作『家族と人格——家族の力動理論を目ざして』（家政教育社，1986），『家族と結婚——脱家父長制の理論を目ざして』（家政教育社，1990），『家族と社会——社会生態学の理論を目ざして』（家政教育社，1998）を書き下ろした．ほかに『わかりやすい家族関係学』（ミネルヴァ書房，1996）がある．戦後日本に家族研究の本は多いが，それらは調査研究に偏し，山根三部作のような大きなスケールで家族理論を構築したものは他には見当たらない．その意味で，山根三部作こそ，戦後日本の家族理論を代表する著作として推奨されるべきである．
5) 稲上毅（1944- ）は，1967 年東京大学文学部倫理学科を卒業，同大学院社会学研究科を修了，法政大学社会学部教授を経て，現在東京大学文学部教授，文学部長．主要著書は，『現代社会学と歴史意識』（木鐸社，1973），『労使関係の社会学』（東京大学出版会，1981），『転換期の労働世界』（有信堂，1989），『現代英国労働事情』（東京大学出版会，1990）ほか．
6) 稲上が「労使関係」の語を題名に用いた理由は，彼が用いた調査データが労働組合によってなされ，彼がそれに参加したものであったことによる．
7) 梅澤正（1935- ）は，1960 年東京大学文学部社会学科を卒業，1971 年産業能率短期大学助教授，73 年桃山学院大学助教授，76 年同教授，82 年新潟大学教授，92 年東京経済大学教授．主要な著書は，『組織開発』（ダイヤモンド社，1974），『職業労働の新展開』（日本労働協会，1979），『組織文化の視点から』（ぎょうせい，1983），『企業文化の創造』（有斐閣，1986），『サラリーマンの自画像』（ミネルヴァ書房，1997），『企業と社会』（ミネルヴァ書房，2000），『職業とキャリア』（学文社，2001）など．

第 2 節　現象学的社会学

現象学的社会学の日本における位置づけ

以下日本における現象学的社会学の諸文献を取り上げるに先立って，日本で 1970 年代に当時の若い世代のあいだで始まったアルフレート・シュッツの現象学的社会学の爆発的な受容について，多少のことを述べておく必要があるだろう．

1960 年代前半までは，行為理論と社会システム理論（機能主義）のミクロ–マクロ–リンクが日本の社会学の主流であり，マルクス主義社会学がそれ

に対する反主流の社会学として位置づけられていた。ところが1960年代後半に，一方で「ラディカル社会学」，他方で1969年のシュッツの死後における現象学的社会学のそれぞれ爆発的な流行が，ともにアメリカから入ってきた。ラディカル社会学と現象学的社会学は，本来相互に何も関係はないはずであるが，シュッツの晩年がアメリカにおける折からのラディカル社会学の流行期と一致したことと，1940年から41年にかけてなされたシュッツ-パーソンズの往復書簡による論争が1970年代末になって出版され，その中でシュッツがパーソンズの行為理論に批判的な態度をとったことが印象づけられたことによって，シュッツ門下の人びとを中心に表明されたシュッツ支持と反パーソンズの感情的な結びつきが，日本に直輸入されたのである。

フッサールによって創始された現象学のような純粋ドイツ理念主義的な哲学が，1970年代に社会学を始めた若い人びとのあいだに熱狂的な流行を引き起こしたというのは，私には当初信じられないことであった[1]。彼らはアメリカ移住後のシュッツの諸著作に熱烈な関心を寄せていたが，これは1970年代の「ラディカル社会学」によるパーソンズ社会学拒否の運動を背景とするものであり，とりわけアメリカ版シュッツの日本への上陸（この時シュッツはすでに故人であった）に先立って，シュッツ門下から出たドイツ人バーガーとルックマンが英語で書いた著作『日常世界の構成』(1967)が日本語に訳されて広く読まれ，これが日本におけるパーソンズ拒否の先鞭をなしたのである[2]。

現象学はドイツ哲学の思想で，アメリカ社会学には本来まったく知られていなかった。ヴィーンからフランス経由でアメリカに移住したシュッツは，このためアメリカで受け入れられるのに苦労した。しかしドイツでは，現象学はシュッツがアメリカに移住するよりもはるか以前，現象学の創始者フッサールの哲学活動がまだ進行中であった1920年代に，社会学の中に入ってきた。ドイツのフィアカント，シェーラー，リット，ガイガーらによる現象学の受容がこれであり，その影響は高田保馬にも及んでいた。他方第二次大戦後には，フランスのギュルヴィッチが，彼の生涯のライフワーク『社会学の現実的使命』(1950)の中で，現象学的社会学を全面的に展開した[3]。日本でこれらドイツとフランスからの影響によって書かれた著作が，蔵内数太

第2節　現象学的社会学

『社会学』(培風館, 増補版 1966) と清水盛光『集団の一般理論』(岩波書店, 1971) であり, これらを日本における「古典現象学的社会学」と呼んでおく.

シュッツの『社会的世界の意味構成』は, 蔵内によっても清水(盛)によってもふれられていない. 私が日本語文献でシュッツの名を発見したのは, 第4章で取り上げた青山秀夫の『マックス・ウェーバーの社会理論』が, ヴェーバー研究という文脈でシュッツを引用していたのが唯一のものであった. シュッツの『意味構成』は, 戦後日本の社会学においてはほとんど忘れられた本であった. だから1970年代に, 死後のシュッツの英語の諸著作が突如としてアメリカから日本に「上陸」し, それらが以前の現象学的社会学について何も知らない若い世代のあいだに熱狂的な関心を呼び起こしたことは, 衝撃的な出来事として受け取られた.

パーソンズが彼の死の前年にあたる1978年に, 関西学院大学の招聘によって集中講義のために来日したさい, パーソンズは雑誌『思想』における私との対談 (といっても私は質問を発する以上のことはできなかったのだが)「社会システム理論の形成」(1979) の中で, この『パーソンズ-シュッツ往復書簡』(英語版とドイツ語版が 1978, 日本語訳 (1980) はこの対談の時点ではまだ出版されていなかった) のことにふれ,「それは 1940年から41年にかけてのことでしたが, 長く忘れられていました」と前置きして, 彼がシュッツに同意することができなかった主要な論点が三つあったと回想した. それらは, (1)「事実とは経験についての言明である」というパーソンズの命題をシュッツが承認しなかったこと, (2)シュッツが「理論」をフィクションであるとしたこと, (3)シュッツのいう「日常生活」アプローチではマクロ社会学的事象はとらえられないというパーソンズの主張をシュッツが受け入れなかったこと, の三点であった (富永健一『社会学講義』中公新書, 1995).

これらの対立のうち(1)と(2)は, パーソンズの「行為理論」が, 実証主義と理念主義の「収斂」を構想したとはいえ, その収斂は実証主義の側からのものであり, これに対してシュッツの「行為理論」はフッサールの「超越論的主観性」の立場から離れることができなかったことを示している. 他方(3)は, ヴェーバー-パーソンズの「行為理論」においては, 行為者の主観的な意味付与と, 他者がそれを理解し得るということが強調されているが, それらは

現象学的社会学のように個人レベルでの感情や意識を問題にしたというより，「ピエテート感情」とか「プロテスタンティズムの倫理」とかのように，多数者によって共有されている感情や意識，つまりマクロ・レベルでの意味づけを問題にしたということを示している．

　ヴェーバー－パーソンズ－シュッツが社会学における行為理論を共有しているトライアングルだという関係は，重要である．現象学的社会学は，例えばヴェーバーの「資本主義の精神」やパーソンズの「道具的活動主義」のような価値概念を認識するのには，必要でない．しかしシュッツ版現象学的社会学には，シュッツ以前の現象学的社会学にはなかった固有の行為理論的展開があり，パーソンズの「社会共同体」の概念や，それと関連をもっているベラーの「記憶の共同体」の概念には，それらのシュッツ版現象学的社会学と関係づけられ得る要素がある．シュッツ－パーソンズ論争は，あくまで初期パーソンズの『社会的行為の構造』段階における産物であった．その後の40年間におけるパーソンズ理論の発展は，「人間の条件の理論」と「社会共同体の理論」に結実している．それらの後期パーソンズ理論を，シュッツ版現象学的社会学とつなげて見る視点は，新しい可能性を開くことになるであろう．

　他方，シンボル的相互行為理論は，現象学的社会学とは哲学的出自を異にし，プラグマティズムの哲学から出たジョージ H. ミードの相互行為理論に発するものであるが，社会学的にはどちらもミクロの行為理論であるという点で共通している．すなわちそれらはともに，行為者が他者との相互行為をつうじて，主観的内面において自我を形成する過程についてのミクロ的解明をめざした．現象学的社会学とシンボル的相互行為理論において特筆されねばならない点は，パーソンズの構造－機能理論が行為理論というミクロ的基礎をもっていたかぎり，どちらもパーソンズが提唱した「行為の一般理論」と重なり合うものであったということである．シュッツが1930年代から40年代にかけて，またシンボル的相互行為理論のオーガナイザーであったブルーマーが1950年代から60年代にかけて，ともにパーソンズに強い敵対的態度をとったため，日本ではシュッツ学派もシンボル的相互行為学派も，20世紀後半における反パーソンズ主義の担い手となったが，今日では現象学的社会学－シンボル的相互行為理論は，もはや反パーソンズ的ではない．

この節の筆頭には，古典現象学的社会学の蔵内数太と清水盛光がおかれる．シュッツの現象学的社会学の日本における受容は，那須寿『現象学的社会学への道』(恒星社厚生閣，1997) によって示される．シンボル的相互行為理論からは，片桐雅隆『過去と記憶の社会学』(世界思想社，2003) をとりあげる．これは近年の現象学的社会学とシンボル的相互行為理論の結合が，「構築主義」の一翼を担うことによって行為理論の幅を広げている，興味ある過程を示すためである．

蔵内数太『社会学』

　蔵内数太[4] の『社会学』(培風館，初版 1953，増訂版 1962，増補版 1966) は，初版が『社会学概論』という表題をもつ，あまり大きくない教科書的概論書であった．ところが増訂版以後になると，「社会学の研究法」として三つあげられていた「自然科学的方法」「理解と理念型」「現象学的方法」のうち，現象学的方法が第 2 部（第 7 章から第 17 章まで）全体の方法的基礎となり，本書は日本で最初の体系的な現象学的社会学の本と見なされるようになった．

　現象学的社会学を問題にするにあたって最初に考える必要があるのは，なぜ社会学にフッサールの現象学という難解な哲学をわざわざ導入する必要があるのか，という問題である．これは私自身がかつて『現代の社会科学者――現代社会科学における実証主義と理念主義』(講談社，1984，pp. 363-375) を書いた時に，断片的に述べた疑問であった．フッサールは，経験科学が経験の事実を認識するさいに無意識に前提している「自然的態度」をカッコに入れ，「現象学的還元」によって独我論的「純粋意識」の世界に入るべきことを主張した．これは，私が用いた表現によれば「実証主義に対する根源的な批判」にほかならず，社会学をもし多くの人がそう表明してきたように経験科学であると考えるならば，そのようなことを主張する現象学がなぜ社会学の方法たり得るのか，ということが疑問になるだろう．蔵内の時期には，現象学的社会学は日本でまだ珍しかったが，戦後社会学第二世代以後になると，社会学研究をいきなり現象学的社会学から開始する人たちもあらわれるようになり，彼らの中にはこの私の発言を現象学に対する敵意の表明として受け取った人もあったようだった．私には現象学への敵意はまったくなかっ

たのであるが，若い時に実証主義文献の中で育ち，途中から理念主義文献を読み始めた私にとっては，「実証主義」と「理念主義」を二者択一の関係として考える傾向は回避することのできない問題であり，「なぜ社会学が現象学にそんなに振り回される必要があるのか」という疑問は，私にとっては自然なステップにすぎなかった．

さてこの問題について，蔵内数太が本書で提出している説明を，まず見ることにしよう．それは次のようなものである．

「社会的なものは体験的事実であり，われわれは社会生活を生きていることにおいて根元的にそれをとらえている．社会の本質は体験の形式で与えられているところのものを外にして認識することはできない．社会生活のさまざまな具体的現実はむろんわれわれの外に観察せられるが，その根本前提または基本的構造は体験構造のうちに与えられている．具体的体験におけるさまざまな特殊的なもの，非本質的なものを排除して，普遍的意義をもつ事柄を直観することは，社会学における基本的概念を構成し，社会学に学的基礎づけを行なう方法として重要である」(pp. 119-20).

ここでの蔵内のキイワードは，「体験」である．この引用文の意味を私の言葉で解説すると，次のように言えるだろう．個人を学習者として見る時には，社会は個人の外部に存在していると一応いえるが，社会は自然のように単純に人間の外部に存在しているのではなく，自分もその一員として関与している．人間は自然を外部のものとして「経験」するが，社会は他者との相互行為によってのみ「体験」される．相互行為には自我と他者の「意識」ないし「主観」がかかわっている．世論調査は他者の主観を質問によって聞き出してデータ化するが，その答えは質問の仕方によって違ってくる．自我の主観が他者の主観を観察することは不可能で，それは「体験」されるしかない．この体験において，相手の主観は「直観」されるほかはない．

フッサールの現象学は，「本質直観の学」である．われわれは日常的・自然的態度において，時間的・空間的現実存在を前提にして外部の対象を認識しているが，現象学的還元はそれらを「判断中止」して，純粋意識において真の存在を根元的にとらえることにより，本質を直観するべきであるとする．

第2節 現象学的社会学

フッサールは純粋意識の特質を志向性と呼び，志向の作用をノエシス，それによってとらえられる志向の対象をノエマと呼んだ．蔵内はそれらを説明して，「ノエマは体験領域の中に存するが，内在的必然性によって構成された意味であるから，主観性を超越している」と言っている．

しかし現象学の方法を社会学に導入したのはフッサール自身ではなく，フィアカント，シェーラー，リット，ガイガー，クラカウアーなどドイツの哲学者・社会学者たちであった．蔵内は，マックス・シェーラーが人間に関する学問は「哲学的人間学」をその基礎学としてもたねばならないとしたことに言及して，社会学は社会の「人間性的基礎」を前提としてもつ必要があるとした．東洋思想に詳しい蔵内は，そのような人間性的基礎として，孟子の性善説と荀子の性悪説をあげた．性善説は，人は自発的に他者に対して同情的であるとするもので，共同主義的社会観，すなわち蔵内が「同」と名づける社会観がそこから導かれる．「同」とはゲマインシャフトにほかならない．これに対して性悪説は，礼儀は強制力によって保持されるとするもので，主我主義的社会観，すなわち蔵内が「制」と名づける社会観がそこから導かれる．「制」とはゲゼルシャフトにほかならない．蔵内は，自他の結合関係についての近代的認識もまた，この二つの対立的思惟から展開されていると指摘する．「他者に対する同情・共感の傾向」（愛他主義，主他主義）と「他者に対して優越しようとする傾向」（自己主義，力の欲望）との対立がこれである．

「自我」対「他者」の関係という問題を中心テーマとする現象学的社会学は，他者に対する同情・共感という問題に関心を向ける．蔵内はクラカウアーを援用し，社会現象は自然現象と異なって，「意識に出発し意識に向かう過程」なのであり，この過程は志向性にしたがい直観によって直接に体験されねばならないとした．蔵内の説明によれば，このような直観の作用にさかのぼった分析は，経験的雑多の中からあらゆる特殊要素を除去して，普遍化された範疇的な形象をとらえることを可能にする．クラカウアーは，ここに「形式社会学」の理念があるとした．例えば集団一般，社会規範，社会型といった範疇がそれである．1920年代の古典的な現象学的社会学は，このようにして形式社会学と結びついた．蔵内は，社会学の対象はまさに現象学的な方

法によってこそ観照され得るものである，と結論している．

　形式社会学の提唱者はジンメルであったが，日本で1950年代にジンメルの形式社会学が「不毛」として攻撃された後に，1970年代にシュッツの現象学的社会学が熱狂的に迎えられたのは皮肉というほかはない．しかし蔵内は，ジンメルの分析がリットの分析を予想しているという面があることを認めたが，彼はジンメルには批判的であった．蔵内はジンメルの「心的相互作用」の概念を「社会本質の理論的把握はわれわれの体験構造の論理的分析によってなされなければならない」という現象学の観点に立って検討しなおし，「心的相互作用」は結局社会を個人に解消してしまうことになるから，それはリットの「視界の相互性」の概念を中軸におくことによって克服されなければならない，と述べてジンメルを批判したのである．

　蔵内がリットの「視界の相互性」概念を推奨した理由は，それが我と汝の「体験統一」を説明するものであるから，ということである．「我はいわば汝の眼で自己を見るということになり，我の汝に関する知と，我自身の知とは必然的に結合しており，我・汝は本質的な体験統一を経験していることとなる」（p.158）と蔵内は述べている．たしかにジンメルは，社会を個人と個人の心的相互作用に分解することにより，個々人が相互に影響を与えあうことによって結びつけられるという，それまでになかった新しい視点を提起した．しかしジンメルは，相互行為を自我の意識にまで立ち入って分析することをしなかったので，リットのように自我の体験と他者の体験とが相互行為によって統一されるというようなことは考えなかった．たしかにこの意味で，リットの視点はジンメルの視点を一歩超えている，と言えるであろう．

　テンニェスの立てたゲマインシャフトの概念は，このような体験統一の社会として，現象学的社会学の中心に位置づけられる．フィアカントは，個人間に「内的結合」（自発的結合）がなければ社会そのものが崩壊してしまうから，ゲゼルシャフトよりも前にゲマインシャフトが成立していなければならないと考えて，「ゲマインシャフトの優位」を主張した．高田保馬の「結合の上位」説も，基本的にこの考えを継承したものであった．高田は現象学の主張者ではなかったが，フィアカントとの共通性から，明らかに現象学と接点をもっていたということが重要である．蔵内は，フィアカントと高田の

第2節 現象学的社会学

「結合優位」説の基礎にある要因として，シェーラーの「一体感」の概念をあげ，一体感は社会関係における結合（ゲマインシャフト）と分離（闘争）という区別を超えて，あらゆる社会関係に先行する「原事実」であるとした．

一体感は，他者との関係において起こるだけでなく，日本では石川啄木の歌集が示しているように，故郷とか国民とか民族など集団全体との関係においても起こる．現象学は「我」の意識から出発するが，一体感はその我意識が拡大され，多数の我意識が融合して「我々」意識となることを説明している．我々意識の融合は，集団においていつでも起こるわけではけっしてない．ガイガーは，複数の人びとがただ存在としてのみ関連しあっている状態をザムトシャフトと呼び，ザムトシャフトが人びとの本質における融合存在になったものがゲマインシャフトであり，ザムトシャフトが社会的秩序による結合にとどまっているものがゲゼルシャフトであるとした．前者は蔵内の「同」であり，後者は蔵内の「制」である．故郷とか国民とか民族などが一体感を形成すると言っても，人びとがパーソナルに知り合っているのはそれらのうちのほんの一部だけにすぎない．そもそもフィアカントの内的結合にしても，その結合している人びとが実際に接触しているのは限られた時間のみである．心の中でどんなに故郷を思っていても，外国に住んでいれば行くことはできない．ジンメルの心的相互作用の概念においても，例えば職場の仲間の相互作用は，帰宅しているあいだは中断している．リットは，このような接触の間隙は人格の統一性によって埋められている，と説明した．「他者を体験する」とはそのようなことであり，そこに残っている空白は，心的な意識の上での連続性によってつながっているのである．

蔵内は，集団が形成される条件を，「我々的融合の形成」と，「共同の規制」の二つであるとする．我々的融合には，集団成員との融合という人的なものと，集団の共同の目的や共同の運命への同一化といった対象的なものとが区別される．また共同の規制には，規制への服従が内的に動機づけられている状態と，内的な不服従が外的な強制によって制圧されている状態との二つが区別される．また蔵内は，集団の分類を，外的形態によるものと，内的形態によるものとの二つの基準によって区分する．外的形態による基準とは，成員数の大小，空間的広がりの広狭，時間的継続の長さ，同質的か異質的か，

組織的か無組織的か，平等的か不平等的か，全体的か部分的か，などである．他方，内的形態による基準とは，共同意識の諸形態を分析することから，(1)根源共同の意識（血縁による結合と地縁による結合），(2)手段的共同の意識（利己的目的を追求する利益的結合），(3)価値共同の意識（共同の理想を追求する価値的結合），という三つの分類軸を引き出したものである．

富永コメント 蔵内現象学的社会学は，シュッツ以前の現象学的社会学がいかなるものであったかを日本語文献によって知ることのできる，数少ない貴重な体系化の一つであり，だから私はこれを日本の古典現象学的社会学と呼んだのである．その内容は，ジンメルの「心的相互作用」，クーリーの「鏡に映った自我」，ミードの「主我・客我・一般化された他者」などのテーゼを先駆とし，フィアカントの「内的結合」，シェーラーの「同情と一体感」，リットの「視界の相互性」などのテーゼを中心においたものである．蔵内はジンメルの「心的相互作用」の概念を，社会を個人に解消してしまうことになるとして，それはリットの「視界の相互性」概念によって克服されねばならないとしたのであるが，ジンメル，クーリー，ミードを「相互行為理論」としてまとめるならば，相互行為理論と現象学的社会学をつなげて考える現在の潮流にとって，この蔵内提言は示唆的である．リットの「視界の相互性」という視点は，今日忘れられているが，これを相互行為理論とつなげて考えることが必要なのではなかろうか．

清水盛光『集団の一般理論』

清水盛光の『家族』は，彼の京都大学人文科学研究所時代の著作であったが，『集団の一般理論』（岩波書店，1971）は，京大人文研時代にその機関誌に分載したものを，関西学院大時代に本にまとめたものである．このとき彼はすでに67歳になっていた．同書の序文に，清水はつぎのように書いている．「昭和30年ごろ，わたくしは［京都大学人文科学研究所において］歴史の専門学者十数人とともに，日本と西洋における封建社会を比較するための共同研究班を組織し，それ以後研究所生活の一半を，固有の意味の社会学研究とはいくらか異なる雰囲気のなかで過したが，このこともあって，個人研究では純粋に社会学的のものを，しかも実証的のものでなくて理論的のもの

を選びたいと思い，久しく続けてきた中国社会の研究をやめ，集団一般を対象とする基礎的かつ包括的な研究をはじめた」(p. iii) と．同書が清水の強い社会学理論指向の産物であることがわかるであろう．

『集団の一般理論』は 484 ページからなる大著で，その構成は，緒論「社会関係と集団」，第一篇「集団の本質と属性」，第二篇「集団の分類と類型」，第三篇「集団の構造と機能」となっている（「篇」の下にはそれぞれ三つずつの「章」があるがそれらは省略する）．この本で使われている清水の主要な術語が，彼の前著『家族』のそれと似ていることを先に指摘した．例えば，「社会関係」「構造と機能」「統一［性］」「共同［性］」「存在共同」「行為的連関」などがそれである．この事実は，『家族』が『集団の一般理論』と同レベルの理論書として書かれていることを示す．しかし前者ではまだ顕在化していなかった現象学への指向が，後者では強く出ていることが注目されねばならない．

集団の本質　「緒論」では，この本の二つのキイ概念である「社会関係」と「集団」の解明がなされている．社会関係とは，他者に対する肯定的な態度によって形成される行為者間の結合と，それの動的・過程的な側面としての行為の連関である (p. 1)．他方，集団の本質的特徴は，(1)共同の目標に志向すること，(2)そのような共同志向が自他の無差別的・一体的統一をともなうこと，(3)主体的共同の体験としての我等意識の形成，の三点にある (pp. 18-9)．これまで社会関係の本質規定として古くから行われてきたジンメル以来の「相互作用説」は，次のような三つの難点のゆえに，社会関係の本質をとらえることができない，というのが清水の主張である．第一の難点は，相互作用説は社会に先立ってそれ自身において完結した独立の個人があると考え，それらの相互作用によって初めて社会的統一が成立すると考えることである．第二の難点は，相互作用説は社会関係を完結した個人のあいだの作用と反作用の産物として考えており，それは社会関係を物のあいだの関係に似た因果的な関係としてとらえる結果になることである．第三の難点は，相互作用説は断続的にのみ起こる相互作用によって，持続的な社会関係を説明することになるが，そのような説明は不可能であるということである．

清水によれば，社会関係が持続的であることを説明するためには，自我と他者それぞれの行為主体の内面において，意味の相互限定が行われていて，

社会関係が内面化されていると考えるのでなければならない．清水は，リットのいう「視界の相互性」はそのことをいいあらわしたものであるとし，ジンメルのように個人を独立的・完結的な存在と見なして，その間に因果的な関係を想定する立場では，これを説明することはできないと主張する．清水のいう共同志向の関係は，自我と他者の一体化ないし無差別化をもたらし，自他の区別の消滅された状態をつくり出す．かくして清水は，集団の本質は複数個人が一体化して自他の区別が消滅し，志向の「共同化」が成立しているというところにある，と結論する．

第一篇では，緒論で提起された集団の本質規定についてのいっそうの展開が試みられる．まず集団の本質を相互作用に求める見解について，詳細な文献サーベイと批判が行われる．ランドバーグ，ソローキン，ホーマンズ，ニューカムなどがここに入る．集団を相互作用によって規定しようとする人びとは，売買関係や取引関係が相互作用であるにもかかわらずこれを集団に加えない理由を説明することができず，この点で理論的な破綻をきたす，という批判点がクローズアップされる．このことから，「相互作用一般でなく，共同志向性をもつ相互作用のみが，集団の本質的要素をなす」(p. 52) という修正テーゼが定式化される．この修正テーゼは，「相互作用があっても，それを規定し，それによって実現さるべき共同のものがなければ，集団は存在しない」(p. 53) とする立場である．この立場は「共同関係説」と名づけられる．そこで共同関係説について，ふたたび詳細な文献サーベイがなされる．マッキーバー，ギュルヴィッチ，パーソンズなどがここに入る．これらの文献的検討をつうじて，「目標志向の共同」ということが集団の本質であるとの結論が下される．かくして，「集団は目標志向を共同にするとともに，その目標を実現するための活動を共同的にいとなむ人々の集まりである」(p. 78) という清水の最終的な集団の定義が与えられる．

集団論のもう一つの立場は，集団を個人と個人の関係としてではなく，人々が一定の関係においてイメージする統一の表象としてとらえ，集団とは「精神的な統一体，ないし観念的な全体として捉えられる社会形象」(p. 82) であると解する社会形象説である．ガイガー，フィアカント，ヴィーゼなど1920年代ないし30年代のドイツ社会学文献が，これに属する．しかし清水

によれば，表象としての統一性は集団の本質ではなくして属性であり，社会形象説は集団論そのものではない．清水のいう共同関係はあくまで社会関係であって形象ではなく，集団の統一とか全体についての形象は，目標志向を共同にする社会関係の生み出したいわば結果としての産物として位置づけられることになる．

　目標志向の共同によって生み出されるもう一つの産物は，「我等意識」である．清水は自他の無差別的一体化を何よりも重視し，集団とは我と汝とが融合した状態にほかならないと主張する．ここでは汝は我に転化するので，存在しているのは我と汝ではなくして「我等」である．そしてこの我と汝の融合状態としての我等を前提として成立する「主体的共同の体験」が我等意識である．清水は，我等意識成立のメカニズムを「相互規定的同一視」(p. 152)の作用と呼ぶ．ここで相互規定的というのは，視界の相互性というのと同じく，自我からの作用と他者からの作用とが，それぞれ単独ないし相互に無関係にはたらくのでなく，同時にはたらくことを強調したものであって，以下本書のいたるところでキイワードとして用いられる．

　集団類型　第二篇では，集団形成の契機によって集団類型を分ける試みが提示される．集団をして集団たらしめる本質的特徴は目標志向の共同にあるというテーゼが第一篇において示されたのであるから，集団類型を分ける規準もこの本質的特徴に関連づけることが理論整合的である．そこで清水が集団分類の規準に用いるのは，目標志向の共同の成立過程にあらわれる差異，すなわち我等的融合が先行して目標志向の共同がそれを媒介に成立したか，それとも始めに目標志向の共同があってそれの共同追求の途上で我等的融合が成立したか，という差異である．清水は前者を「根源的存在共同の媒介にもとづく集団」と呼び，後者を「作用共同の選択にもとづく集団」と呼ぶ．

　この区別はほぼ，高田保馬の「基礎社会」対「派生社会」の区分の反復である．根源的存在共同の媒介にもとづく集団としては，血の共同，土地の共同，生活規範の共同の三つがあげられる．血の共同は血縁集団を形成し，土地の共同は地域集団を形成する．生活規範の共同というのは，文化の共同というほどの意味であって，具体的には国民社会がこれに当たるが，清水はこれを全体社会としてではなく，あくまで集団として概念化しようとし，「国制

集団」という耳慣れない語をそのために鋳造している．他方，作用共同の選択にもとづく集団としては，特殊目的の種類によって，体験集団，効用集団，価値集団という三区分が提示される．「体験集団」とは，遊戯集団や競技集団のように，活動に伴って起こる体験を共有するために作られる集団である．「効用集団」とは，企業のように，利益の追求を目標として作られる集団である．「価値集団」とは，文化団体のように，価値の追求を共同目的として成立する集団である．

「根源的存在共同の媒介にもとづく集団」対「作用共同の選択にもとづく集団」の区分軸とは独立に，成立動機が「自然的」である集団と「人為的」である集団という区分軸がもう一つ用意され，両軸は交叉すると述べられている．しかし，血縁集団と地域集団が自然的，国制集団が人為的という区分は示されているが，体験集団・効用集団・価値集団という区分と自然的・人為的という区分との対応関係は明らかでない．

集団の構造と機能　第三篇では，集団が形成され維持され発展していくのに必要な集団内諸過程が，次の三つの主題に区分されて考察されている．すなわち，目標志向の共同とこれを実現する協働関係，規範志向の共同とこれを実現する規制関係，全体志向の共同とこれを実現する連帯関係，という図式がこれである．

第一に，集団が形成されるためにはまず何よりも目標志向の共同が必要であるが，その共同目標がじっさいに達成されるためには，成員の活動における共同化が実現されるのでなければならない．共同目標が活動の共同化を実現するために必要なのは，協働関係の形成である．清水のいう協働関係とは，「共同目標の実現のために……制度化された役割の体系」（p. 295）であって，ふつうに分業とか協業などといわれているものに当たる．清水はこの個所で，協働関係の形成に必要な人びとの協働意欲・役割期待の成立・管理職能・成果の分配，あるいは目標達成活動における「有効性」と「効率」など，ほぼ「組織理論」の名で呼ばれている一連の問題を注意深くあとづけている．

第二に，形成された集団が維持され存続しつづけていくためには，規範をつうじて集団成員の行為を規制していくことが必要である．清水は規範を，「思惟・行動・感得の作用……の内容上の規準となり，範型となる……多数

第2節　現象学的社会学

者に共同の意識内容」(p. 332) としてとらえる．すなわち規範とは共同意識であるというのが清水の基本的な考え方で，この現象学的意識中心主義の観点から，彼は規範が個人に超越し個人に「外在」すると説くデュルケーム的説明方式をしりぞける．すなわち，共同志向は複数成員の個別志向が「相互規定的同一視によって共同化されたものであり……複数の志向の融合し合一している状態にほかならない」(p. 347) と考えられるから，規範の機能としての規制作用も共同意識の内側から発するものであって，外から強制されるといった性質のものではない，といわねばならない．現実には，「共同意識にそむく作用者があるという事実，予想，または可能性」(p. 334) があるから，規範性とか規制が成立することになるのではあるが，共同意識はどこかの天上にあるのではなくて個々人の意識の中にしかありようのないものである以上，デュルケーム的強制説はとり得ない，というのが清水の主張である．

　第三に，自他の区別が撤廃されて，複数者の集まりでありながら「一体的統一」が実現された時，集団成員はその統一を「全体」すなわち「個人の総和や集合性に還元し得ない存在性」(pp. 410-11) として意識するようになるとして，清水は「全体志向」なる概念を立てる．全体志向の共同とここで呼ばれているものが，第一篇で論じられた「我等意識」の成立と違うものなのかどうかはっきりしないが，清水の説明によれば，全体志向の共同は連帯関係を媒介するとされ，集団成員が同じ感情や体験を共有する過程，例えば喜びや悲しみを分けあったり，賞賛−非難，名誉−不名誉，誇り−恥などを共有しあったりすることがそれに当たる．

　富永コメント　『集団の一般理論』という題名を堂々と名乗った社会学の理論書は，戦後日本の社会学にこの他にはなかった．清水の著作は，蔵内数太の『社会学』とともに，リット，シェーラー，ガイガー，フィアカント，ギュルヴィッチなど，1920年代から50年までのヨーロッパ文献に主として依拠した，古典現象学的社会学の日本における代表文献である．かつて現象学的社会学はあまりにも哲学的と見なされて社会学の中で特殊視されたが，現象学的社会学が普及して行為理論の中に確立された位置をもつようになった現在では，現象学の理解者は社会学の中に以前よりもずっと広い層を形成している．清水盛光の集団理論は，そのような流れの形成に先行して，高度の

理論水準に到達した先駆的著作であると言えるであろう．

しかし私の観点からする，清水社会学の依拠する現象学的方法についての若干の疑問を述べておきたい．第一に，清水理論は集団を本質直観の方法でとらえる時，集団の本質は無差別化された志向主体の共同体験であるとするが，それはかなり小規模で特殊な集団の場合に限られるのではないか．なぜなら，清水理論でいう「自他の意味の相互限定」(p.7)，「無差別的・一体的統一」(p.18)，「我等意識」(同)，「目標志向の共同」(p.78)，「相互規定的同一視」(p.152) などの条件は密接な相互行為をつうじてでなければ形成され得ないが，それらはある程度以上の規模の集団では不可能だからである．

第二に，清水理論でいう「根源的存在共同の媒介にもとづく集団」対「作用共同の選択にもとづく集団」の区別は，高田理論でいう「基礎社会」対「派生社会」(＝目的集団) の区別に対応すると述べられているが，そうだとすると前者は「目的集団」ではないことになるから，集団の本質規定の中でキイ概念とされた「目標志向の共同」というのは不適切なのではなかろうか．

第三に，清水の定式化を基礎集団でなく目的集団に関するものと考えると，清水理論は「根源的存在共同の媒介にもとづく集団」において，最初にまず「我等的融合や人格的統一」があって，それを「地盤として，その媒介によって」仕事や関心の共同が生まれる (p.180) と説明していることになるが，そうだとすれば目標の共同という「本質」は最初にはなかったことになるのではないか．清水理論が「目標志向の共同」という時の目標と，「作用共同の選択にもとづく集団」を「特殊目標の共同追求にもとづく集団」と言い換えている時の「目標」とは，意味が違うのではなかろうか．

この本は，シュッツの現象学的社会学の爆発的流行以前に書かれたから，アメリカ移住後のシュッツの諸著作が登場しないのは当然としても，1932年にシュッツがヴィーンで書いた『社会的世界の意味的構成』もまた本書には登場していない．そのためシュッツ理論を大きく特徴づけている，現象学的社会学とヴェーバー－パーソンズの行為理論との関係という問題は，この本にはまったく述べられていない．また現在の日本の現象学的社会学者たちが現象学的社会学と結びつけている，ミード以下のシンボル的相互行為主義への言及もない．現在の日本の現象学的社会学者たちが清水理論について語る

ことがないのは，これらの理由によるのであろうか．シュッツのアメリカ移住以前と以後とでは，同じくシュッツの現象学的社会学と呼ばれているものも，内容がかなり異なっている．この本では現象学的社会学が「集団の一般理論」として述べられているということが大きな特徴であるが，アメリカ版シュッツ以後に依拠する世代の現象学的社会学には，集団の一般理論へのこのような指向はあるのだろうか．彼らが日本の生んだ古典現象学的社会学をどのように評価するのか，知りたいと思う．

　私は『集団の一般理論』という大胆な題名に惹かれて，清水理論の熱心な読者になった．私は当時，その書評を『現代社会学』第4号（1975）に寄稿したので，ここではその一部を利用している．戦前・戦中の清水の中国研究と，戦後の清水の現象学的社会学とのあいだには，一定のつながりをつけ得るのだろうか，それとも清水社会学は現象学によってそれ以前の文献的実証研究とはまったく別のものになってしまったのだろうか．

　付記　私は生前の清水先生と何回か手紙の往復をしたが，お会いする機会はついになく，それらのつながりについて先生から直接お話を伺うことはできなかった．1999年の年頭，先生は「これが最後のお便りです」という書き出しの丁重なお手紙を下さった．先生が94歳で亡くなられたことを私が新聞で知ったのは，それから一カ月たたないうちであった．戦前・戦中の長期間にわたってなされた中国語文献による克明な中国研究と，戦後になされた社会学一般理論に対する現象学的な研究との両面にわたって，強い研究意欲を貫徹された清水先生の生涯に，深い畏敬の念を捧げたい．

那須寿『現象学的社会学への道』

　日本の現象学的社会学は，シュッツ以前と以後とでかなり違ったものになったと思われるが，シュッツの現象学的社会学の展開がわかるように全体を見通しよく整理した日本語文献は，なかなか現れなかった．ここではそのような著作として，那須寿[5]の『現象学的社会学への道』（恒星社厚生閣，1997）を取り上げることにする．この本は全7章からなっているが，それらを要約しながら，その論旨を追跡しよう．

　那須はこの本の「社会の多元化と私化現象」（第1章）において，シュッツ

に直接入るに先立って，日本でシュッツに先駆けて広く読まれたピーター・バーガーとトーマス・ルックマンの『日常世界の構成』(山口節郎訳, 1977)を取り上げる．那須がバーガー-ルックマンのキイ概念であるとするのは，「多元的社会」という語である．バーガー-ルックマンの用語によれば，近代社会はテクノロジーと官僚制を第一次的担い手とし，都市化とマスコミュニケーションの発達を第二次的担い手とする「多元化された」社会である．近代人は，これらの多元化が「生活世界」の隅々にまで及ぶ結果，重大な「アイデンティティの喪失」の危機に陥っている．近代社会におけるテクノロジーと官僚制は，前近代社会において宗教が担っていた象徴的宇宙の機能を代替することができない．なぜなら，前近代社会においては宗教の神義論が「死」という人間の危機体験に意味づけを与えていたが，近代社会において日常生活を支配しているテクノロジーと官僚制は，宗教とはまったく異なる「認知様式」(cognitive style)を要請するからである．かくして近代社会は，下位世界ごとに多様な意味探求がなされることを必要とする「多元化と私化現象」の社会である．このような社会は，シュッツのいう「多元的現実」をめぐる議論にまで遡ってはじめて，認識可能になり得る．

那須はつぎに，「多元的現実論の構造と射程」(第2章)において，シュッツがアメリカ移住後に英語で書いた論文「多元的現実について」(1945)に進む．この論文は，『社会的世界の意味構成』の末尾に彼が今後に探求されるべき三つの問題としてあげた「社会的人格」の問題，「レリヴァンス」の問題，「汝-構成」の問題のうち，最初の問題を主題として書かれた．シュッツはアメリカ移住後にプラグマティズムの哲学者ウィリアム・ジェームズにふれ，その「下位宇宙」という概念を「意味領域」と変えて彼の理論に導入した．現実にはさまざまに異なる意味領域があり，それらは「体験の流れ」を分節化する．しかし個人はそれらを，自己の分裂を結果することなく経験していくことが可能である，というのがシュッツの「多元的現実」のテーゼである．多元的現実の一つは，「日常生活世界」において経験されるものであり，そのほかに彼は「空想の世界」や「夢の世界」などをあげるが，とりわけ重要なのは「日常生活世界」と「科学の世界」の対比である．シュッツによれば，それぞれの意味領域にはそれぞれ特有の認知様式があり，各意味領域は「限

定性」(finiteness)によって特徴づけられる.限定性とは変換不可能性を意味し,それぞれの領域は「レリヴァンス」(行為の選択基準)を異にする.

社会学にとっての日常生活世界の意味は,「現象学と社会科学」(第3章)において論じられる.那須はシュッツの『社会的世界の意味構成』(1932)という表題を,ヴィーン学団を代表するカルナップの『世界の論理構成』(1928)という表題と対比する.シュッツもカルナップも同じ時代のヴィーンにいたのであるが,カルナップの関心が科学の形式論理にあったのに対して,シュッツの関心は「社会的」世界の(相互行為的)「意味」にあった.フッサールの『ヨーロッパ諸学の危機と超越論的現象学』が批判の対象としたのはまさしく,精密な数学的自然科学が唯一の科学的世界であると確信するヴィーン学団的な考え方にほかならなかった.シュッツはヴィーン学団を直接批判した論文を書いていないが,ヘンペルとネーゲルに言及した論理実証主義批判の論文「社会科学における概念構成と理論構成」(1954)を書いている.那須によれば,論理実証主義は社会科学の対象である「社会的現実」を自明視し,「経験的事実」と「感覚的に観察可能な事実」とを同一視している,というのがシュッツの論理実証主義批判の趣旨であった.しかしシュッツは,社会科学の哲学的基礎づけをめざして,フッサールの超越論的主観性の世界から離れた.那須が指摘しているように,超越論的還元を遂行すれば,あとには「窓のないモナド」としての「我の意識の流れ」しか残らない.社会とは他者理解の世界であるから,社会学は「至高の現実」としての日常生活世界から出発するのでなければならない,というのがシュッツ社会学の立場であった.

「シュッツとアメリカ社会学」(第4章)は,アメリカ移住後のシュッツが,現象学を理解しないアメリカの社会学者たちのあいだで恵まれなかったこと,しかしながら1959年にシュッツが没したあと,1960年代のアメリカで「社会理論」の危機が起こり,構造-機能主義社会学が批判されるようになって,シュッツをめぐる状況に逆転が生じたことをあとづけている.また「アメリカにおける現象学的社会学運動の展開」(第6章)は,アメリカのニュー・スクールにおけるシュッツの活動と,シュッツ没後のアメリカでのシュッツ門下の人びとによる現象学的社会学の展開について,述べている.これらは外

面的な学説史的経過に関することであるから，ここではスペースの節約のためこれ以上立ち入らない．

「シュッツ-パーソンズ論争」（第5章）は，1940-41年，シュッツのアメリカ移住後間もない時期に行われ，その後40年近くを経た1978年，パーソンズが急死する前年に英語とドイツ語で出版された，シュッツ-パーソンズ往復書簡による両者の論争を要約し，論評したものである．那須はその冒頭で，この論争はまったくの「すれ違い」であり，両者が共通の基盤をともに認め合うことはなかった，としている．これは，シュッツが『エコノミカ』誌上に掲載する予定で書いた長文の書評原稿をパーソンズに送付して意見を求めたのに対し，パーソンズが否定的な返答をしたために，それ以上の交流がなされなかったことをさすものである．那須は，この往復書簡集の編者であるグラットフの整理を参考にしつつ，(1)行為と行為理論，(2)行為理論と主観的観点，(3)主観的観点と社会科学，(4)社会科学と哲学，という四項目に分けてこの論争をレヴューし，最後に次のように結論する．

パーソンズとシュッツは，どちらも「事実それ自体」というものはなく，事実とは「解釈図式」ないし「概念図式」であるとした点，および他者の主観的体験を理解することは不可能であるとした点で，基本的に類似している．また，どちらも一方で行動主義を退け，他方で極端な主観主義を退けて，第三の道を模索しようとしている点でも，やはり基本的に類似している．しかしパーソンズが社会的世界について，社会科学者は収集された経験的諸事例から「法則」を帰納的に導き出さねばならないとするのに対して，シュッツは社会的世界について，自分自身の信念をひとまず括弧に入れた上で，日常的行為者から見て何を意味しているかを問わねばならないとしている点で，両者は異なっている．またパーソンズが，行為理論は科学的手続きによる検証可能性を基準とし，科学の基準に合致するような共通認識を確立しなければならないとするのに対して，シュッツは行為とは進行中の過程であって，未来完了時制において構想された「企図」にもとづく行動であるとする点で，両者はやはり異なっている．

最後に，「日常生活世界の社会学に向けて」（第7章）において，那須はシュッツ理論を「日常生活世界」の社会学として概括し，批判に対する擁護を

述べ，また日常生活世界と科学の世界との関係について述べている．

富永コメント　シュッツ理解は，1970年代後半以後，日本の戦後第二世代の社会学者たちにとって，関心の焦点の一つとなった．那須寿の『現象学的社会学への道』は，この世代によって多数書かれたシュッツ研究の一つではあるが，この課題を達成した集大成であると言える．ただシュッツの学的生涯は，ヴィーン時代とニューヨーク時代とに二分され，前者は大著『社会的世界の意味的構成』にまとめられたが，後者はついに体系的にまとめられないままシュッツは60歳の生涯を閉じた．シュッツの死後，それらは二冊の遺著および三冊の著作集として英語で出版され，他方ルックマンはシュッツの遺稿を整理・加筆して，二巻からなる大著『生活世界の諸構造』(1975-84)をドイツ語でシュッツとの共著として出版した．那須の『現象学的社会学への道』は，アメリカ移住後のシュッツを中心としたもので，『社会的世界の意味的構成』と『生活世界の諸構造』と英語諸論文のあいだのつながりと変化が十分わかるようには書かれていない．この意味では，シュッツ研究はまだ完成しておらず，それらは今後の世代の課題として残されている．

片桐雅隆『過去と記憶の社会学』

片桐雅隆[6]は，著書『日常世界の構成とシュッツ社会学』(時潮社，1982)によって現象学的社会学から出発したが，その後視野を広げてこれをシンボル的相互行為主義と結びつけ，「構築主義」の社会学を展開するようになった．ここで取り上げる『過去と記憶の社会学』(世界思想社，2003)が，この傾向を示す彼の代表作である．

第1章「自己の構築と記憶」は，この本の主題である「自己」の構築，およびそれが「記憶の共同体」として他者と共有される，という中心テーゼについて述べている．片桐によれば，自己というのはシンボル的相互行為主義に依拠した概念で，それは行為する個人が他者との相互行為を通じてシンボルによって「構築する」ものである．シンボルは象徴とは異なり，意味をあらわす記号であって，言語によって表現される．構築主義の基本的な視点は，社会的現実は自己がつくるものであり，あらかじめ行為者に与えられているものではない，と考えることにある．シンボルが社会的現実を反映している

のではなく，反対に自己が社会的現実をシンボルによって構築するのである．

シンボルは言語だから，役割は語彙によって表現される．すなわち，自己が彼にとって重要だと考える出来事を，過去から未来にわたって時間の順序に配列し，物語として組み立てたプログラムが役割である．そのさい重要なことは，役割は自己が単独で定義するものではなく，他者との相互行為過程の中で定義され，それらの他者たちと共有されるということである．例えば医者という役割の経験は，彼がその役割につくようになって以来の自己の記憶として蓄積され，将来に向けての見通しまでを含めた物語として構築される．医者という経験の記憶は彼単独のものではあり得ず，指導を受けた先生，医者仲間，患者たち，病院の看護婦などとともに，「集合的記憶」を形成している．それらは，ベラーが『心の習慣』で述べた「記憶の共同体」(community of memory) という概念によってあらわされる．記憶の共同体をもつことは，その人が共同体という他者たちをもつことであり，彼はそのことによって自己を共同体という他者たちの中に位置づけ，自己のアイデンティティを確立している，ということができる．

第2章「物語と自己の同一性」は，自己の同一性が物語の構築によって可能になるというテーゼを述べる．そのことをいうために，「個人誌」(biography) という概念が登場する．片桐は個人誌を，特定個人の人生におけるさまざまな出来事の総和と定義するが，それは個人の単なるキャリアといったものをさすのではない．バーガーがいうように，個人誌は単なる客観的な事実の集積ではあり得ず，現在のある特定の観点からの解釈の所産である．医者の例で言えば，医者としての現在の経験は，医療の進歩や環境の変化などによって時間とともに変化していくから，それぞれの時点ごとにその構築物は反省的につくりかえられていく．しかしその都度つくりかえられるとしても，自己は特定の観点から同一的なものとして構築されるのでなければならない．自己の同一性は，個人誌の同一性によって確保されるのである．

片桐はゴフマンを援用しつつ，人は個人誌を一つしかもち得ないとする．相互行為の相手によって異なる個人誌を提示することは，その人が信頼できない人間だというレッテルを貼られることにつながる．自己を個人誌との関連において考えようとする視点は，物語との関連で自己を考える視点と結び

つく．物語るためには，過去の出来事を記憶していなければならないだけでなく，それらの出来事の順序関係を理解していなければならない．片桐はミードの主我 (I) と客我 (me) の区別を援用し，物語を紡いでいくのは主我であり，紡がれた物語は客我であるという．

　第3章「変身願望と過去の書き換え」は，自己の同一性の反面としての自己の解体について考える．変身願望とは，自分の人生を再スタートさせたいという願望で，それは過去の物語を書き換えることを意味する．物語を紡いでいくのは主我であるから，主我が変われば自己の過去は異なる物語として紡がれることになる．これが過去の書き換えを可能にする．片桐はデンジンの用語に従って，人生における転換点を「エピファニー」という語であらわす．

　デンジンがエピファニーの主要な方法としてあげているのは，自己の同一性を脅かし，過去を解体して，個人誌の書き換えを迫ることである．過去の解体は，ゴフマンの『アサイラム』に描き出された「全体的組織」（収容所，精神病院，刑務所，兵舎，合宿訓練所など）への収容によって引き起こされる．ゴフマンはそれらを，従来の他者関係からの遮断，髪の毛の丸刈りや制服の着用など外見の強制的な変更，プライバシーを奪って個人の秘密が保たれないようにすること，生活全般を管理して時間意識や目的意識を剥奪すること，の四点にまとめた．宗教組織による「転向」と「マインド・コントロール」は，日本でオウム真理教や統一教会などの事件によって有名になった．片桐はスノーらの研究によってそれを「ディスコースの変更」としてとらえ，新たな世界観の獲得によって過去の書き換えがもたらされると説明する．

　第4章「過去の構築と相互行為」，第5章「『メンバーシップと記憶』論の構想」，第6章「集合的記憶と歴史」は一つながりのものだから，一括して考えよう．片桐は，ミードの死後に編集された『現在の哲学』および『過去の本性』を援用しつつ，客我の形成が記憶の産物であるというテーゼを述べる．特定の他者との相互行為が成り立つためには，その他者との過去の特定の出来事を記憶していることが不可欠である．同じ理由から，特定の集団によってメンバーシップを承認されるためには，その集団の一定の物語や記憶を共有していることが不可欠である．これらの記憶の共有は，一定の自己の同一

性が，物語の構築すなわち出来事の記憶ということにその根拠をもつ，ということを示している．

出来事の記憶は，過去についての物語の構築に他ならない．これを「集合的過去」と呼ぶことができる．集合的過去は，自己の同一性の根拠となるもので，物語の共同性によって形成される．物語が共有されるのは，それが他者たちによって付与されるものであることと，自己の経験を超越することによって可能となる．集合的過去は，「集合的記憶」と「歴史」に分けられる．集合的記憶は，歴史のようにきちんと語られたものではなく，先祖の物語や戦争の出来事などのように，語り継がれてきた知識と，いま存在している家・町並み・記念碑・博物館などによって維持される．他方，歴史は自分が経験していないことについて，本から学んで形成された記憶であり，歴史家や小説家などの専門家によって，過去についての記述が「共同化」され「構造化」されることによって可能となる．

片桐は，アルヴァックスの『集合的記憶』を引用し，アルヴァックスが集合的記憶の担い手として「家族」と「階級」（とくに貴族）をあげていることを指摘する．自己の同一性は，これらの集団のメンバーとして，記憶の「想起」が行われることによって確保される．記憶するということは個人的な営みではなく，多数の他者との相互行為によって生ずる．片桐はこれを「記憶の規範性」と呼び，これによって自己論と歴史とが物語論として結びつくとする．

最後の二つの章である第7章「共同体的自己から状況的自己へ」と第8章「集合的過去の縮小と物語の私化」は，以上に考察してきた物語の時間幅が，ポストモダンの社会において縮小しつつあるという問題を論じている．片桐は，モダンの時代における典型的な時間意識をヴェーバーの「プロテスタンティズムの倫理」テーゼに求め，それとの対比においてポストモダンの時間意識をリオタールの「大きな物語の解体」テーゼに求める．後者はリオタールに限られるものではなく，1960年代に「イデオロギーの終焉」と言われ，1990年代に「歴史の終焉」と言われたものも後者のテーゼにつながっている．

富永コメント　現象学的社会学からシンボル的相互行為主義にいたる展開

が，現代社会学に何をもたらしつつあるかを見る上で，片桐雅隆の『過去と記憶の社会学』は興味深い．片桐の理論的コアは，シュッツ-バーガーの現象学的行為理論，ミードからデンジンやゴフマンまでを含むシンボル的相互行為主義，アルヴァックスの集合的記憶論，この三つを独自に結びつけたところにあると思われる．「構築主義」とは，役割がシンボル（言語）を通じて自己を構築するという観点である．アルヴァックスの集合的記憶論とのつながりで，歴史を集合的過去として取り込むことにより，それが時間的な広がりをもつようになる．ただ，なぜか「変身願望と過去の書き換え」というテーマが第3章に位置づけられたため，記憶としての物語の構築ということを理論化した第1章から第6章にいたる流れが第3章で一度中断されているような印象があるが，これは記憶が作りかえられるという変動の観点を提示したものだろう．

　社会学理論として見る場合，片桐の理論構築は，ヴェーバー-パーソンズの行為理論に始まる意味理解の立場を，現象学的社会学によって主観主義の方向に徹底化し，これにシンボル的相互行為論，自我論，記憶論などの道具立てを導入して，主観的意識の分析を押し進めたものである，というのが私の理解である．片桐理論が主観主義に徹し，構造，機能，システムなどの客観的なタームを完全に排除しているのは，この徹底化を意識的に推進したからである．私は人間の行為には，対象の側で生起している事柄の世界と，人間がこれをシンボルによって写し取ってきた意識の世界との両面が必要であると考えているので，片桐理論の主観主義一元論には，最後の二つの章におけるポストモダン論の徹底化とともに，全面的には賛意を表し得ない．しかし現象学はもともとドイツ理念主義が「主観的」世界をつくりあげた中から生まれてきたものであり，「大きな物語」はその中で語られてきたのであるということを考えれば，「構築主義」の物語論が出てきたことは，ポストモダン論が主張した物語を解体する方向ではなく，逆に物語を構築していく方向を推進するのではないかと私は考えている．

1) 私がドイツのボッフム大学でハバーマスとルーマンを勉強して1982年に帰国した時，私は講義で接した東大の学部生たちが，私が当時のドイツで名前さ

え聞くことのなかったシュッツの大流行に熱狂しているのに驚き，ヴィーン時代に33歳のシュッツが書いたあの難解な大著『社会的世界の意味構成』(1932) を読んだのかと彼らに聞いてみた．返ってきた答えは「そんなものは知らない．われわれはシュッツの『現象学と社会科学』から出発したのだ」というものだった．彼らはフッサールについても，読む必要はないと答えた．何のことはない，シュッツの大流行はアメリカから渡来した流行なのであった．

2) といっても，バーガー－ルックマン『日常世界の構成』の中に直接反パーソンズ的な言辞があったわけではない．1980年代末であったと思うが，ピーター・バーガーが東大の研究室に私を訪ねて来てくれた時，1970年代当時の日本において若い世代の人びとが『日常世界の構成』を反パーソンズのシンボルとして受け取り，私も学生にそう言われてそれを読んだといういきさつをバーガーに話したが，彼はたいへん意外であるという反応を示した．

3) 私が清水義弘先生（東大教育学部教授）の大学院ゼミで，フランス語のギュルヴィッチ『社会学の現代的課題』(Georges Gurvitch, La vocation actuelle de la sociologie, 1950) の講読に参加させていただいたのは，1950年代末のことであったと記憶する．

4) 蔵内数太 (1896-1988) は，1920年東京帝国大学文学部社会学科を卒業，文部省嘱託を経て，1933年九州帝国大学助教授，35年教授，48年から60年まで大阪大学教授，同定年後，関西学院大学教授，追手門学院大学教授．主著は『文化社会学——日本の社会と文化』(培風館, 1943)，『社会学』(培風館, 1962, 増補版 1966)．論文は「人と社会」「教育と社会」「文化と教育」「現象学的社会学」「前集団・現集団・後集団」「論語と社会学」「仏教と社会学」「日本文化の社会学」「熊沢蕃山」その他多く，それらはすべて『蔵内数太著作集』(関西学院大学生活協同組合出版会，全6巻) に収録されている．研究上の特色として，現象学的社会学の本格的な導入者であること，日本思想と東洋思想について研究したこと，西洋思想としての社会学と東洋の伝統思想との融合につとめたこと，などがあげられる．

5) 那須寿 (1949-) は，1979年早稲田大学大学院社会学博士課程修了，早稲田大学専任講師，助教授を経て教授．著書は『現象学的社会学への道』(恒星社厚生閣, 1997)，『シュッツ著作集』(マルジュ社) 第1～3巻の共訳など．

6) 片桐雅隆 (1948-) は，1978年東京都立大学大学院社会学博士課程修了，大阪市立大学文学部助手，講師，助教授，中京大学社会学部教授を経て静岡大学人文学部教授．著書は『日常世界の構成とシュッツ社会学』(時潮社, 1982)，『変容する日常世界』(世界思想社, 1991)，『プライバシーの社会学』(世界思想社, 1996)，『自己と「語り」の社会学』(世界思想社, 2000)，『過去と記憶の社会学』(世界思想社, 2003) など．

第3節 情報化, グローバル化, 福祉国家

この節では, 情報化, グローバル化, 福祉国家化という三つの主題を取り上げたい. 情報化は, 1980年代からパソコンとそのネットワークの急速な普及によって実現された. コンピューター・ネットワークは, 地球の裏側と瞬時にしてコミュニケーションを達成することを可能にしたので, コミュニケーションのグローバル化 (地球規模化) を一挙に実現した. その結果, 国際社会の社会学的分析としての「国際社会学」という新しい研究分野が, 一挙に発展するようになった. またこの時代には, 福祉・環境・医療など, 社会学にとっての新しい研究テーマがつぎつぎに出現した. その中から, ここでは福祉国家の社会学的分析を取り上げたい. そこで以下では, 情報化論, 国際社会学, 福祉国家論を, この順序で取り上げることにしよう.

吉田民人「情報科学の構想」と「社会科学における情報論的視座」

人文・哲学系の学問であった社会学では, コンピューターの使用が普及したのは遅く, 日本では1980年代以後であった. 吉田民人[1]の「情報科学の構想」(『社会的コミュニケーション』所収, 講座『今日の社会心理学』第4巻, 培風館, 1967) と題する300ページ近い長大論文は, 社会学者が「情報」を正面から論じた最初のものであった. ただこの論文は, 情報 (化) 社会の原動力になったコンピューターとコンピューター・ネットワークに言及するには時期が早すぎた. またこの論文の第4章は「社会の情報科学」と題されているが, これは社会心理学に向けられたもの (この論文が発表されたのは社会心理学の講座であったから) で, 第3章「個人の情報科学」が心理学に向けられているのを,「社会的コミュニケーション」の概念に広げたものであるにとどまっていた.

「情報科学の構想」 この論文の冒頭において吉田は, 彼のいう「情報科学の構想」とは, 情報理論に「記号」概念を導入し, 記号理論を「情報」概念に立脚させることによって, 破産した「古典記号論」を作り直すことであると

述べている．ここで古典記号論とは，チャールス・モリスによって「意味論」（セマンティックス），「結合論」（シンタクティックス），「実用論」（プラグマティックス）の三部門に体系づけられたものとしての言語学を中心に考えられたものであった（p.76）．吉田は，言語を進化の最高の段階に到達した記号であると位置づけ，古典記号論は言語のみを扱って記号進化への着目をもたなかったために，パヴロフの「信号」，脳神経生理学の「神経記号」，分子生物学の「遺伝記号」，自動制御工学における「機械記号」の登場によって破産した，と主張した．しかしここにあげられた四つのものはいずれも自然科学であり，それらが出現したことをもって言語学が破産したと宣言するのは，適切とは思われない．より正確には，古典記号論は彼の構想する「情報科学」にはつながり得なかった，と言うべきであろう．

「情報科学の構想」の主要部分は第1章と第2章である．第1章は記号論を主題とし，「記号論の再建」と題されている．「情報科学の一つの萌芽形態が記号論にあることは疑いない」と吉田は述べているが，むしろ彼がいう情報科学とは，非常に拡大された意味での記号論であるとするのが適切であろう．吉田はこの観点から，機械・生物・人間・社会を貫通する「記号」概念の一般化を構想する．彼はウィーナーのサイバネティックスの特徴が，物質一元論でも精神一元論でもなく，両者を統合した「物質・エネルギー」（ハードウェア）と「情報」（ソフトウェア）の二元論にあるとして，これを「ウィーナー的自然観」と呼んだ（p.19）．ウィーナー的自然観における情報とは，吉田によれば，記号である．吉田の「記号の普遍的定義」は，彼の記号概念の高度の一般性のため，表現が難解なのでここではふれずにおくが，その定義よりも，ここで紹介しておく必要があるのは，彼の非常に拡大された「記号」概念の分類学である．

吉田によれば，記号は「内記号」と「外記号」に大きく二分される．「内記号」とは個体内情報処理の手段であり，「外記号」とは個体外（間）情報処理の手段である．内記号には，「高分子記号」「ホルモン記号」「神経記号」の三系統のものがあり，外記号には，「生得的外シグナル」「習得的外シグナル」「外シンボル」の三系統のものがある．注意されるべき点は，これらがすべて自然科学から出されたものであり，とりわけ当時のDNAブームに乗ったも

のであった,ということである.DNAを「記号」であるとする吉田の特異な記号論を承認するとしても,ここには社会学の「社会システム論」やメディア論は,言葉としてさえも全然出てこない,ということは述べておくに値する.吉田の構想する情報科学には,社会学はまったく念頭におかれていなかった.

「情報科学の構想」の第2章は,「情報と情報処理」と題され,情報を主題としている.吉田は,情報を物質・エネルギーの「パターン」であるとする.これはわかりにくい表現だが,吉田によれば,パターンとは「秩序－無秩序の視角からとらえられた物質・エネルギーの属性」(p.82)である.物質・エネルギーはパターン（秩序）なしには存在し得ないから,物質・エネルギーのあるところには必ず情報があることになる.吉田はこれを「広義の情報」と呼ぶ.それに対して彼が「狭義の情報」というのは,「情報処理体が処理する情報」のことである.これは広義の情報の「記号－意味」化されたものであり,「有意味の記号集合」と定義される.「意味」という語が登場していることからわかるように,これは生命体に固有のものであり,だから吉田が「情報処理体」というのは生命体でなければならない.というよりも,以下の展開から判断すると,ここで情報処理体というのは,動物も含むのだろうが,事実上は人間のことである.第1章の記号論が記号概念のたいへんな拡大の上に立っていたのに対して,ここでは「広義の情報」は彼の研究対象ではない.

情報処理体としてもっぱら人間を想定するというのは,情報概念としては高度に限定されたものであると言わねばならない.通常の用法では,情報処理といえばすぐにコンピューターが念頭におかれる.吉田のいう情報処理体がコンピューターを含むのかどうかは,はっきりしないところがあるが,彼は「自己保存系」という概念を立て（システムの訳語として吉田は「系」を用いていた）,「生物とは自己保存すなわち個体と種族の保存のためにエネルギー処理と情報処理を行う系である」(p.96)と言っているから,ここでは人間,少なくとも生物体が想定されていると理解してよいだろう.第1章と同様に,第2章でも「社会システム」の概念は登場しないが,この「自己保存系」という語がそれに当たる位置を占めると考えられる.

吉田は狭義の情報を,「認知情報」「評価情報」「指令情報」の三つに分ける(p.85).これらは情報が自己保存系に対して果たす機能を分けたもので,認知情報は事実判断にかかわり,評価情報は価値判断にかかわり,指令情報は意思にかかわる.吉田が構想する「情報科学」において意味される情報とは,この三つに分けられた狭義の情報を合わせたものをさす.他方,情報処理は「伝達」「貯蔵」「変換」の三つに分けられる.伝達は情報の空間的移動であり,発信・送信・受信の三過程からなっている.貯蔵は情報の時間的移動であり,記録・保存・再生の三過程からなっている.変換は情報内容の変容であり,これには記号の形態変容と,記号の意味変容との二つの面がある.前者を記号変換といい,後者を意味変換という.

「社会科学における情報論的視座」と「情報・情報処理・自己組織性」「情報科学の構想」から7年後に,吉田は「社会科学における情報論的視座」(北川敏男・香山健一編『講座情報社会科学』5所収,学習研究社,1974)を書き,「情報科学」という彼の枠組みを社会科学と結びつけた.この論文で,吉田は初めて社会学にふれた.彼は社会諸科学に貫通する三つのアプローチがあると言い,「相互連関論的アプローチ」,「要件論的アプローチ」,「情報論的アプローチ」をあげた.第一の相互連関論的アプローチは,あらゆる科学が共有する分析方法であるが,社会科学では,連立方程式を用いる近代経済学の均衡理論が,その典型である.これに対して第二の要件論的アプローチは,生物学と心理学と社会科学が対象とする「自己保存系」に固有の分析方法で,社会学の機能分析はここに位置づけられる.吉田の表現を用いれば,社会システムは「自己保存系」であり,その内生・外生変数が機能要件の充足をどの程度促進するか,それとも阻止するかが,社会システムの「評価関数」として定式化される.しかし要件論的アプローチは,けっして社会学だけのものではない.近代経済学が用いる消費者の効用関数や企業の利潤関数も,同様に評価関数であるから,これらも要件論的アプローチであるとされる.

ここでの関心は,第三の「情報論的アプローチ」にある.吉田によれば,これは要件論的アプローチと同様に,「自己保存系」を対象とする生物学以降のものである.このアプローチのポイントは,二つある.第一は,自己保存系の構成諸要素が,情報と情報処理によってコントロールされるということ

の認識である．第二は，自己保存系の情報と情報処理が，システム要件を充足し得るようなものへと，「自然選択」および「主体選択」の淘汰作用を通じて変容していくという認識である．吉田はこのアプローチの自覚的使用として，H. A. サイモンをあげる．自然選択対主体選択というのは吉田語であるが，この語を使えば，社会システムは主体選択にかかわるシステムだから，社会システムにおいてなされる淘汰はもっぱら主体選択によることになる，と吉田は述べている．

吉田の最後の論文「情報・情報処理・自己組織性」には，「自己組織性」という語がはじめて登場する．しかし吉田はこの論文で，自己組織性を「システムの秩序が，それが保有する秩序プログラムによって規定され，システムの秩序の保持・変容も，当該の秩序プログラムの保持・変容に媒介されて実現する」(p. 10) 特性である，と述べているだけで，それ以上の展開はしていない．吉田は上述したように，「情報科学の構想」の段階においてすでに「自己保存系」という概念を立てていた．「自己保存」と「自己組織化」は同じことなのか，少し違うのか，ここに書いてあることだけでははっきりしない．社会システムが「自己組織性」をもつという主張を正面に据えて初めて社会学の理論を立てたのは，第4章で取り上げた今田高俊『自己組織性』であった．

富永コメント　吉田民人の「情報科学の構想」は，機械・生物・人間・社会を貫通する「記号」概念の一般化を構想し，これをウィーナーのサイバネティックスと結びつけて，「情報の一般理論」の構築を志した．これらのことについて私は知識を十分もたなかったから，この論文から多くのことを教えられた．ただこの論文は，高分子記号論や神経記号論を素人向きに解説することが主内容になっていて，社会学との理論的な関連については何も述べられていない．他方，「社会科学における情報論的視座」には社会学が出てくるが，この論文の表題は「社会科学における」となっており，ここで説かれている「相互連関論的アプローチ」「要件論的アプローチ」「情報論的アプローチ」は社会科学全体にとっての科学方法論であるにとどまり，社会学と情報論との関係は明らかにされていない．社会学において吉田の理論化と関連するはずの文献はルーマンの社会システム理論であると思われるが，彼はルー

マン理論について語るところがない。もちろんルーマン理論自体も多分に境界線上に位置するが、それでもルーマンは「社会システム」を中核概念としており、行為理論との結びつきについての配慮ももっていた。これに対して、吉田のキイ概念はあくまで「情報」と「記号」に終始している。情報は情報科学や情報工学として、自然科学の概念として発展してきたものである。記号についてはチャールス・モリスの『記号、言語、行動』があり、モリスはミード門下から出ているとはいえ、記号論そのものは言語学である。これらを社会学にもってくるには、それとしての準備が必要であると思われるが、それらのことはなされなかった。最後に「情報・情報処理・自己組織性」は短いもので、社会学としての観点から自己組織性を語るにはまったく不十分である。これらの点について社会学者たちの多くは寛容なようであったが、私は社会学に新しい概念をもってくる時には正確な概念化が必要であると思う。

梶田孝道『国際社会学のパースペクティブ』

　国際社会学という語が本の題名として登場したのは、梶田孝道[2]が『国際社会学』（名古屋大学出版会, 1992）と題する編著を出版したのが最初であったと思う。梶田が国際社会学という領域社会学に到達したさいの最初のキイ・ワードは、彼が「エスニシティ」と呼ぶもの（「少数民族」という文脈で用いられる）であった。そのあとに、上述の編著『国際社会学』、単著『国際社会学』（放送大学教育振興会, 1995）と、ここに取り上げる『国際社会学のパースペクティブ』（東京大学出版会, 1996）が出された。三つの『国際社会学』のうち第一のものは編著、第二のものは放送大学のテキストなので、ここでは第三のものを選ぶことにする。ただこれは論文集であって、章ごとに独立に書かれており、体系的に書き下ろされたものではない[3]。

　この本の「序」で梶田は、本書は国際社会学の視角からする「民族」と「文化」の分析であり、主要にはヨーロッパを対象にするとしている。戦前の国際政治は「ヨーロッパ列強」の舞台であったが、戦後のヨーロッパはEUの展開が主軸になったから、これを対象に国際社会学を構想するのはきわめて時宜に適したことであると思われる。この本は10章からなっており、梶田

はそれらを三つにグループ分けしている．それらの三区分は目次には出されていないが，梶田は第1章～第4章が「地域統合／エスニシティ／ナショナリズム」，第5章～第7章が「ヨーロッパに移植されたイスラムと揺れ動く民族的境界」，第8章～第10章が「文明の衝突と多文化主義のあいだ」とそれぞれ題されるという趣旨のことを梶田は書いている．そこで以下，この三区分にしたがって本書をレヴューしよう．

　地域統合／エスニシティ／ナショナリズム　地域統合とは，EUによるヨーロッパ統合のことである．梶田によれば，ヨーロッパ統合は現段階では経済統合にとどまっており，部分的には法律と社会の分野にまで進んでいるが，言語や文化や宗教の分野にまでは達していない．梶田はモラン『ヨーロッパを考える』，ポミアン『ヨーロッパとは何か』，ドムナック『ヨーロッパ──文化的挑戦』などの諸著作をあげ，それらに共通に見られるヨーロッパの「文化的多様性」を強調する議論の高まりに注目する．

　EU域内には歴史的に存続してきた少数民族がいくつもある．EU統合が，それら少数民族の地位を改善することに貢献したというのは，逆説的だが興味のある事実である．梶田があげている例では，バスク，カタルーニャ，スコットランドのようなエスノ－マイノリティは，EU統合によって国家主権が小さくなったために，スペイン，フランス，イギリスによる国民国家の規制から離脱して，自治を享受することができるようになった．またプロヴァンス，アンダルシア，トスカーナのような地域は，それぞれがフランス，スペイン，イタリアの中でもつ文化的独自性によって，ヨーロッパ全体で話題になり，ツーリズムにおいて人びとをひきつけるようになった．梶田はこれらの事例を，「ソフトなエスニシティ」として位置づける．彼らはヨーロッパ文化の中でその地位が確立されているマイノリティである（pp. 16-22）．

　ところがこれらと異なって，戦後ヨーロッパの高度経済成長期に単身で流入し，石油ショック後に家族を呼び寄せて定住化したアジア・アフリカ系移民やムスリム──アラブやトルコだけでなくアジア・アフリカ系の多くもムスリムである──の場合は，このように肯定的には受け入れられない．梶田はそれらを，「ハードなエスニシティ」として位置づける．ハードなエスニシティとは，文化的多様性の枠からはみ出したエスニシティである．それが文

化的多様性の枠からはみ出したのはなぜなのか．ムスリムの引き起こした対立は，サミュエル・ハンチントンの「文明の衝突」(キリスト教とイスラム教の衝突) テーゼによって理解されやすいが，梶田は宗教や文化の違いが自動的に問題を引き起こすわけではないとして，そのような説明を退ける．

　梶田によれば，移民をめぐる人種・民族問題は，西欧諸国の社会経済変動と移民労働者の流入・定着がむすびついたことによって起こったものである．ムスリムたちは，一日五回の祈禱，安息日，断食月，巡礼などの「イスラムの時間」を，「市民社会の時間」の中に持ち込む．西ヨーロッパの都市空間の中に，モスクという「イスラムの空間」がつくられる．EU 統合によって国家主権が揺らいだために，「国籍」と「市民権」の分離が起こった．EU 構成国の定住者には，国籍がなくても，欧州議会選挙と地方議会選挙の参政権が与えられた．就労についても社会保障においても，彼らは「外国人」ではなくなった．梶田はこれを「ポスト・ナショナル化」(p. 49) と呼ぶ．このようなポスト・ナショナル化に対して，西欧各国でナショナリズムからの強い抵抗が起こり，これが極右勢力を中心に外国人排斥運動として広がった．マーストリヒト条約の批准に際して，デンマークやフランスで噴出した反対意見は，ポストナショナル化からナショナリズムへの回帰が起こっていることを意味する．「地域統合／エスニシティ／ナショナリズム」という梶田の三題ばなしは，以上のような因果関係のつながりをあらわしたものとして興味深い．

ヨーロッパに移植されたイスラムと揺れ動く民族的境界　ヨーロッパのイスラム体験は，歴史的には二回あった．第一回は北アフリカのイスラム勢力が北上してイベリア半島を支配した歴史的事件であり，第二回はオスマン帝国のバルカン半島支配がムスリムへの改宗をつくり出した歴史的事件である．しかし現在のように，イギリス，フランス，ドイツ，ベルギー，オランダ，といったヨーロッパの中枢部に多数のムスリムが「移植」されたのは，歴史上初めてである．ヨーロッパ文化においては，政教分離が保持されている場合が多く，このため私的（家族的・地域社会的）空間と公的（市民的・国家的）空間の区別がはっきりしていて，公的空間には宗教の介入は排除されている．だからイスラムの活動が私的空間の中で行われているだけなら，問題は生じない．ところがイスラムには「宗教・政治・社会」のトライアングル

からなる「ウンマ」(イスラム共同体) が形成されており、イスラムは宗教であると同時に、政治的秩序でもあり、家族‐地域社会の規範でもある (pp. 125-6)．だからイスラムには政教分離はなく、イスラム的活動は公的空間にあふれ出て、活動の可視化がもたらされる．これが、「ヨーロッパのイスラム」の問題をつくり出している．

しかし梶田はむしろ、「ヨーロッパのイスラム」の問題は、国民国家ごとに異なることを強調する．イスラム問題が最も深刻なのは、フランスである．フランスは政教分離の進んだ国であり、公的空間における宗教活動を禁じているので、イスラムの「可視化」を受け入れない．ところがフランスはカトリックの国であって、カトリックは政教分離に消極的であるという問題がある．このためフランスには、「共和派 対 カトリック」の対立があり、梶田によれば、政教分離に消極的なカトリックは、共和派への対抗からイスラムを受け入れる傾向がある．しかし他方、フランス人には「ナシオン」の意識が強く、外国人排斥を主張する極右の国民戦線の台頭が起こっている．

ドイツの基本法はキリスト教国家であることを明記しており、国家が膨大な教会税を徴取して、これをプロテスタントとカトリックの各宗派に分配している．だからドイツでは、イスラムは国家が公認していない宗教である．またドイツの幼稚園は大部分がキリスト教系であるため、ムスリムの子供もキリスト教系の幼稚園に行く以外に選択がない．ドイツ人には「フォルク」の意識が強く、東西ドイツの統一はこの意識を強めている．ドイツの国籍法はフランス国籍の出生地主義と違って「血統主義」によっており、トルコ人はドイツ国籍を取得できない．ドイツ人のトルコ人排斥は、極右のネオ・ナチの台頭をもたらしている．

イギリスは国教会であるため、厳密な政教分離がなされておらず、イスラムに対して寛容である．イギリスにおけるインド、パキスタン、バングラデシュ出身のムスリムには、多くの旧英帝国の出身者がいて、彼らは市民権と参政権を得ており、知識人エリートに属する人びとも少なくない．彼らは、移民コミュニティにおいて強いリーダーシップを認められている．他方、イタリア、スペインなどのカトリック国でも、政教分離は厳格でなく、ムスリムが少数であるためもあって、イスラム問題は起こっていない．

このような国民国家ごとの違いは，梶田の理論からすれば，EU 統合によって弱まっていくはずであるが，フランス人の「ナシオン」意識とドイツ人の「フォルク」意識の違い，フランス国籍法の出生地主義とドイツ国籍法の血統主義との違いという問題が今後弱まっていくだろうという結論を，梶田は引き出していない．

文明の衝突と多文化主義のあいだ　梶田が「多文化主義」(multiculturalism) というのは，一つの社会の中に複数の文化が共存していることをプラスに評価する主張ないし政策である (p.235)．移民によって多数の人種と文化をかかえたカナダとオーストラリアは，1970 年代以後に，多文化主義の政策を打ち出した．これに対して，国民国家としての長い歴史をもつフランスやドイツのような国にとっては，フランス文化やドイツ文化は，その長い歴史を通じて蓄積されてきた独自の財産であるから，それらの財産を解体に導くような多文化主義の政策をみずから打ち出すことはあり得ない．ヨーロッパの民族と文化を主題とする本の中で，なぜ多文化主義などという概念が出てくるのであろうか．

梶田が多文化主義という語を用いたのは，二つの関連概念の使用によって呼び出されたものである．その一つは「文化的多様性」であり，もう一つは「文明の衝突」である．「文化的多様性」は，すでに論じたように，バスクやカタルーニャ，プロヴァンスやアンダルシアのようなヨーロッパの中のローカル・レベルの問題であり，これには「文化」の語が使われている．文化的多様性は多文化主義と違ってヨーロッパに固有の問題であり，EU 統合によって逆に浮かび上がったかたちでこの本のテーマにつながっている．他方「文明の衝突」は，キリスト教とイスラム教のような世界宗教レベルの問題で，これには「文明」の語が使われているが，「文明」という語のこのような用い方は梶田のものではなく，これはハンチントンが用いた概念である．梶田はこれを，批判の対象としてもち出したにすぎない．

文明と文化の区別についての梶田自身の用法は，どの社会にも存在可能な普遍的性格をもった装置・制度群が文明であり，ある社会の基本的な価値観を反映する特異な性質をもったものが文化であるというものである (p.266)．梶田は両者の違いが比重の置き方の問題であるとし，「経済・労働」

「地域社会」「教育」「言語」「国民性・宗教」という五つの要因をこの順に並べて，左に行くほど文明の比重が高く，右に行くほど文化の比重が高い，と説明する．文化は「神々の闘争」にかかわる価値観の問題で，「民族衝突」や「人種対立」はここに含まれる．だから複数の文化の共存を可能にするためには，「多文化主義」が追求されねばならない．これに対して文明は価値観の是非ではなく，生産性や機能性の問題である．だから経済という要因は，文明の筆頭にあげられている．しかしヴェーバーの意味での「資本主義の精神」には，西欧型資本主義に固有の文化が含まれており，これは資本主義が経済の要因と国民性・宗教の要因との両方にかかわっていることを意味する．

富永コメント 国際経済学は比較生産費説という理論をもつ学問であるが，国際社会学はそのような理論をもたない．国際政治学は資料操作に専門性をもつが，国際社会学にはそれもない．国際社会学において理論を考えるためには，例えば国家が封建国家から近代国民国家へ，近代国民国家からさらにグローバル国家へと，規模を拡大し「進化」して行くという進化理論を考えることができるのではないか．私はそれを近代化論と産業化論の延長線上に位置づけるが，しかしその過程において民族やエスニシティのようにグローバル化され得ない要素が残存する．梶田孝道の『国際社会学のパースペクティブ』は，ヨーロッパというグローバル化の最先端に位置する地域を対象にして，エスニシティとナショナリズムがどのような道をたどるだろうかという問題を立て，グローバル化の反面を問題にしたものと位置づけられよう．

この本は，梶田の他の関連著作とともに，日本に国際社会学の誕生をもたらしたと評価されるが，理論なしにカレントな問題を扱うことに終始している．カレントな問題を主題とすることの宿命として，時間的な制約を超えることができない．現にこの本の出版後，EUは通貨統合と東ヨーロッパへの拡大という道を歩み，イスラム問題は9・11とイラク戦争によって新しい局面に入ったが，それらのことは当然この本に出てこない．そのような時間的な制約を超えてこの本の表題の趣旨を生かすためには，理論的な枠組みをもっと整える必要があるだろう．加えて既発表の論文集であるために，章の長さが極端に不揃いであること，重複の調整が不十分なことなども気になるところである．論文集であっても，既発表論文にこだわらず，自由にリライト

して一冊の本としての理論的整備をすることを，もっと考える必要があったのではなかろうか．

藤村正之『福祉国家の再編成』

　日本で国民皆保険・皆年金が実現されたのは 1961 年であるが，その後も日本が政府自身によって「福祉国家」と見なされていなかったことは，1973 年の「五万円年金」と「老人医療無料化」が「福祉元年」と命名された事実によってよく表わされている．ウィレンスキーの『福祉国家と平等』が，その「日本語版への序文」(1984) に「日本以外の先進諸国はすべて福祉国家化に収斂している」と書いて日本を叱咤した二年前に，日本はすでに「老人保険法」によって福祉国家からの撤退を開始していた．藤村正之[4]による『福祉国家の再編成』(東京大学出版会，1999) は，第 1 章を「福祉国家論・収斂の終焉」と題して，ウィレンスキーの収斂テーゼが終わったという認識から福祉国家論をスタートさせている．

　この本は，序章と七つの章からなる．序章において藤村は，福祉国家を「社会計画」と「市場」と「社会運動」の三つの要素から成り立つとする．藤村によれば，福祉国家は歴史的に資本主義と社会主義の中間に成立した．福祉国家は資本主義だから，資源の効率的配分を達成する強力な経済制度としての市場を必要とする．しかし市場は完全でなく，いわば「市場の失敗」がある．藤村は，景気循環，社会的格差，環境破壊をそれとしてあげる．社会計画は，市場の失敗に対処するために，政府が社会問題を解決する政策手段として必要である．しかし社会計画にも意図せざる「政府の失敗」がある．社会運動は，市場の失敗と政府の失敗に対して，国民が批判を行い，その是正を働きかけるものである．現在，その福祉国家がそのエンジンであった経済成長が弱ってきたことによって，財政的危機に直面している．かくして福祉国家そのものもまた，福祉多元主義によって再編成される必要がある．藤村は，その再編成の基本主題を，分権化と民営化に求める．

　第 1 章において藤村は，ウィレンスキーが収斂テーゼの証明のために使ったのと同じパス解析の追試によって，日本の 1983 年における社会保障給付費の対 GDP 比のパス係数が，すでに収斂から遠ざかっていることを示す．

また藤村はこの1983年のデータによって，西洋先進諸国と日本を合わせた19カ国の社会保障給付費の対GDP比データをクラスター分析にかけ，日本がそれらの諸国中の最下位であるだけでなく，それらのどれからも孤立した単独クラスターである，ということを示している．西洋先進諸国中で社会保障給付費の対GDP比が一番低いクラスターは，アメリカ，カナダ，オーストラリア，スイスの4カ国からなるクラスターであり，それらは福祉国家の限界的ケースに位置するが，日本はそれらよりもさらに低い水準に位置する．このままで西洋諸国の仲間入りを断念してしまってよいのか，ということがここでもっと論じられねばならないはずである．

第2章「社会保障の国家間関係」において藤村は，コリア-メシックの研究およびフローラ-アルバーの研究に拠りながら，これまで世界の諸国で福祉水準が高められてきた原因を，後発諸国が先進諸国を模倣してきた効果によって説明する，「ヒエラルキー普及」と「空間的普及」の仮説を展開している．藤村はこれらの仮説を，準拠集団理論と同じ性質の仮説であるとして，個人の場合についての「準拠パーソン」とパラレルな「準拠国家」という概念を立て，またミードの「一般化された他者」の概念とパラレルな「一般化された国家」という概念を立てている．日本はこれまで西洋先進諸国を準拠国家と見なしてきたが，現在ではアジア諸国によって日本が準拠国家と見なされるようになっている，というのが藤村の意見である．しかし実は，準拠国家という言葉を使うなら，日本はヨーロッパ諸国を準拠国家とするという課題を，まだ卒業してはいないのだということを私は強調したい．

第3章「現代日本の福祉政策の構成と展開」は中央官庁の分析，第4章「自治体福祉政策の実施構造の変容」と第5章「地方老人保健福祉計画の策定状況」は地方自治体の分析である．中央官庁である厚生省は，1970年代前半までは，年々の予算の急増によって特徴づけられる官庁であったが，75年以後は予算の対前年伸び率が急減し，85年以後はほとんど停滞するにいたった．これに代わって，福祉政策の実施面における中核的行為主体が，中央政府から地方自治体に移されるようになった．これが分権化であり，中央レベルで策定された「ゴールドプラン」と「新ゴールドプラン」の実効性を高めるため，地方老人保健福祉計画を下から立てることが自治体レベルに課せられた．

第6章「在宅福祉サービスの存立基盤」および第7章「民間福祉財源としての『あしながおじさん』制度」は、「民営化」をキイ・テーマとする在宅福祉の分析である。藤村はこれについて、「自助」「互酬」「市場的交換」という三つの資源調達パターンを立てる。第一に自助とは、家族を担い手とする、自分自身による資源調達である。「日本型福祉社会論」の主張者は、日本の家族がもつ「含み資産」によってこれが可能だから、日本では福祉国家政策は不要であるとした。しかしそのような日本の伝統家族は急速に解体し、この期待は不可能であることが判明するにいたった。第二に互酬とは、共同体を担い手とする、社会的交換による資源調達である。今日では親族が解体して、血縁共同体がこれを担うことは不可能になった。現在実現可能なのは、「ボランティア」「フィランソロピー」「メセナ」などの名で呼ばれる、非血縁的な選択的共同体である。藤村はこれを、「福祉公社」とか「住民参加型在宅福祉サービス団体」などと呼んでいる[5]。第三に、市場的交換とは、シルバーサービス関連などの企業を売り手とし、需要家を買い手とする、貨幣的売買である。最後に、藤村が「民間福祉財源あしながおじさん」と呼ぶのは、ボランタリーな贈与を財源とする援助である。これは、交通遺児を対象とする奨学金である。「あしながおじさん」というのは、ウェブスターの小説によって名づけられた。これについては、大量観察による調査データがある。

終章「福祉国家再編成の社会学的理解」は、藤村が「分権化」と「民営化」を二つのキイ概念として「福祉国家の再編成」というテーマを分析してきたまとめである。分権化は、国家レベルでの社会計画の限界を明確化するものであるが、藤村は現在の「分権化」の実質が、機関委任事務から団体事務にあらためられるさいに厚生省関係の法律に盛り込まれた「政令の定める基準」の枠内にあるにすぎないとする。他方民営化は、非営利団体などの中間集団の役割を明確化するものであるが、藤村は現在の「民営化」の実質が、政府財源の軽減化と利用者負担をはかりつつ、非営利団体を委託先として擬似組織内的位置に包摂するという組織再編成にとどまっており、市場原理の導入により競争によって効率化をはかるという意味での民営化ではないとする。かくして分権化も民営化もともにその実質を備えていない、というのが藤村の結論である[6]。

第3節　情報化，グローバル化，福祉国家

富永コメント　私はこの本を初めて手にした時，序章と第1章の圧縮された的確な分析から感銘を受け，第2章以下に大いに期待した．ところが社会保障の国際的伝播を論じた第2章はともかくとして，第3章で平板な日本官僚制概論が，第4章と第5章で同様に平板な地方自治体概論があらわれたのに失望し，福祉国家論の本にどうしてこのようなものが必要なのだろうかと目を疑った．分権化がテーマなら，ここで書かれるべきだったのは地方自治体それ自体の現状をただ記述することではなく，地方自治体が担った福祉国家的活動としての介護保険の分析だったのではないか．第6章において，民間非営利団体（NPO）がボランティア活動として担った福祉国家的活動が分析されたのは有意義だが，結局おしまいまで読んでも，本書には医療保険や年金保険の「改革」の分析とそれらへのコメントはほとんどなく，また新しく登場した介護保険についての分析もほとんどなかった．

　藤村は福祉国家の政策は社会計画であるとするが，社会計画は自治体を含む政府の活動であるから，この規定と「民営化」とはあいいれない．民営化の通常の意味は「市場化」であるが，社会保険は市場化してしまえば生命保険と区別のつかないものになって，社会保障制度ではなくなるから，藤村が「分権化」と並ぶ主題としている「民営化」を，社会保険の民営化という意味に解することができないのは当然である（経済学者の中には，年金の「二階部分」を民営化せよといっている人もあるが，これは社会保険としての年金保険そのものの解体を意味するから，福祉国家論の否定を意味する）．藤村が第6章で「民営化」といっているのは，そうではなくて，民間非営利団体を介護サービスの担い手に繰り入れるということである．この意味の民営化は，「市場化」ではないことを明示する必要がある．介護サービスを「市場化」すれば，それは家政婦のように非常に高価なサービスになり，一般家庭が高齢者介護のために雇い入れることのできるものではなくなる．しばしば「福祉ミックス」といわれている議論は，これらのことを注意深く識別した上でなされる必要がある．

1)　吉田民人 (1931-) は1955年京都大学文学部卒業，関西大学，大阪大学，京都大学助教授を経て，東京大学教授，中央大学教授．著書は『情報と自己組織

性の理論』(東京大学出版会, 1990),『自己組織性の情報科学』(新曜社, 1990).
2) 梶田孝道 (1947-) は東京大学大学院社会学研究科博士課程修了, 津田塾大学講師, 助教授, 教授を経て, 一橋大学社会学部教授. 著書は『エスニシティと社会変動』(有信堂, 1988),『テクノクラシーと社会運動』(東京大学出版会, 1988),『統合と分裂のヨーロッパ』(岩波書店, 1993),『国際社会学』(編, 名古屋大学出版会, 1992),『国際社会学』(放送大学教育振興会, 1995),『国際社会学のパースペクティブ』(東京大学出版会, 1996) など.
3) 私は梶田の本が出版される前から国際経済学や国際政治学に接し, 国際社会学という学問を構想できないだろうかと折に触れて考えた. しかし国際経済学が「貿易」, 国際政治学が「外交」というそれぞれ明確な対象をもっているのに対して, 国際社会学の対象は何だろうかと考えると, 明確なキイ概念を思い浮かべることができなかった. 国際社会学の先駆的業績として私の念頭にあったのは高田保馬の先駆的業績『世界社会論』であったが, それはあまりに先駆的でありすぎたため, 現実との距離が大きいように思われた. 私が高田の『世界社会論』の現代的意義を認識するようになったのは, グローバリゼーション論が広がってからのことであった.
4) 藤村正之 (1957-) は筑波大学大学院社会科学研究科博士課程修了, 東京都立大学助手, 武蔵大学社会学部教授を経て上智大学文学部教授. 著書は『福祉国家の政府間関係』(共著, 東京大学出版会, 1992),『貧困・不平等と社会福祉』(共著, 有斐閣, 1997),『福祉国家の再編成』(東京大学出版会, 1999) など.
5) 藤村は, そのような団体の一つである「調布市在宅福祉事業団」を, 自分で面接調査している. この団体は, 事務スタッフ, ソーシャルワーカー, 看護婦を「協力会員」とし, 在宅サービスを必要とする人びとを「利用会員」とし, どちらも安い会費で加入できる. 協力会員は, 無料ではないが Not for Profit でない安価なサービスを提供する. 利用会員は, 時間貯蓄 (共同体マネー) で支払いをする.
6) 藤村によれば, 現在の分権化のレベルは, 地方政府が独自の道を歩む方向への萌芽と, 厚生省の意図の範囲で展開される依然として集権的な状況との拮抗状態にある. 藤村は, 分権化の進行によって, 各自治体が独自の政策運営を行い, 地域差が拡大する結果, 自治体間で居住者が最適サービスを求めて移転するような状況が「地域的公正」であるとする. しかし現状は, そのような状態からは程遠い. 他方, 民営化について当初想定されていたのは, 低所得層あるいは障害の重い老人たちには行政のホームヘルパーが対応し, 中所得層あるいは障害の軽い老人たちには住民参加型のサービス提供者が対応する, という分担関係であった. しかし現実は, 行政のホームヘルパーが老人たちのニーズに

応じきれず，彼らの需要が住民参加型のサービス提供者に流れ込むという結果になり，住民参加型団体は，行政による公的サービスの隙間を埋める役割から「下支え」の役割へと転換しつつある．

第4節 「社会階層と移動」の調査分析

　第4節では，「社会階層と移動」(social stratification and mobility, 以下「SSM」と略称) を主題とする諸研究を取り上げる．ただスペースの不足のため，ここでは数量的社会調査の戦後史を概観し，それらを代表する研究書として，安田三郎『社会移動の研究』と，第五回調査をオーガナイズした盛山和夫と原純輔の共著『社会階層』を扱うにとどめる．

戦後社会学と社会調査

　戦後日本の社会学を戦前のそれから区別する大きな特徴は，社会調査の普及である．社会調査とは，経験的な社会学的研究のためにデータを作成することを目的としたフィールドワークで，特定地域社会（農村または都市）をケースとして選ぶ事例調査と，標準化された質問紙を用いて多数の被調査者に面接する（または本人自身に記入を求める）統計調査とに分けられる．戦前日本（昭和前期）の社会学で長い歴史をもってきたのは，事例調査としての農村調査であった．戦後すぐの時点で書かれた鈴木榮太郎・喜多野清一共著『日本農村社会調査法』（国立書院，1948）は，戦前に発展した農村調査の蓄積を集約的に示すものである．戦後は，農村調査がそれら戦前の蓄積を継承してさかんに行われただけでなく，家族調査，都市調査，企業調査など，さまざまな領域で事例調査が行われるようになった．

　これに対して，統計調査は戦前にはほとんど行われなかった．その理由は，統計調査のデータ解析には数理統計学が必要であり，社会調査に統計調査法を導入するには社会学と数理統計学の結合が要求されるが，戦前の社会学にはまだその指導者がいなかったことにある．統計学的分析手法を社会調査に初めて本格的に導入したのは，1920年代初期のアメリカの社会学者チェイピ

ンであった．この時期にアメリカに留学した戸田貞三は，アメリカで学んだ成果を日本に持ち帰り，日本における最初の社会調査法の著書である『社会調査』(1933) をあらわした．戸田はこの書において，社会調査を統計的調査と事例調査に分け，「調査準備」と題する章で質問紙の作成方法などを，「調査整理」と題する章で職業分類やコーディングやクロス表の作成などを，それぞれ解説した．また戸田は 1920 年の第一回国勢調査の個票から「千分の一抽出写し」を作成し，それを手集計することによって統計解析を行った．戦前にこのようなことを行った人は戸田だけである．

　社会調査のデータ解析に数理統計学を本格的に導入した最初のリーダーは戦後第一世代に属する安田三郎[1]である．安田の著作『社会調査ハンドブック』(有斐閣，1960) と『社会統計学』(丸善，1969)——後者の第二版は安田三郎・海野道郎共著による『社会統計学』(丸善，1977)——は，計量社会学を日本に定着させた最初の大きな業績であった．社会学で真の意味のデータベースが蓄積されるようになったのは，戦後 1955 年いらい 10 年ごとに全国調査を実施してきた「社会階層と移動」調査（SSM 調査）においてであった．SSM 第一回調査は，1955 年に尾高邦雄によってオーガナイズされ，統計数理研究所の西平重喜が研究所の全機構をあげて密接に協力した．しかしこの段階では，全国規模で実査を行うことそれ自体が大問題で，全国各地の大学の社会学者と統計学者を総動員し，彼らが教えていた学生たちによって面接調査が行われた．1965 年の SSM 第二回調査は，安田三郎によってオーガナイズされ，西平重喜が再度密接に協力したが，新しい世代の参加者を募らなかったため，協力者が次第に先細りの傾向を示し，そのため実査の負担が大きくて，報告書も出されなかった．加えて，第一回調査と第二回調査の段階ではまだ集計と計算がコンピューター化されていなかったので，このままの体制を持続したのではプロジェクトの継続が危ぶまれた．

　そこで 1975 年に第三回調査のプロジェクト・リーダーをつとめた富永は，以下のような五つのイノベーションを導入した．(1)多数の大学から新しい世代をオーガナイズして，調査チームを大きくすること，(2)大規模な科学研究費を申請して，調査実査を社団法人興論科学協会に委託する方式をとること，(3)集計と計算を全面的にコンピューター化すること．富永はアメリカ留学に

よってコンピューターを習得したが，当時大学院生であった直井優・原純輔・今田高俊らはコンピューターをすでに習得しており，彼らの努力によって東大大型計算機センターを用いてこれが達成された．(4) SSM 調査の研究テーマをふやし，これらを十数名の執筆分担にして，報告書を大冊のものにすること．(5) 1955 年と 1965 年の SSM データを調査原票に遡ってコード化しなおす作業を行い，SSM データの全面的なコンピューター化を完成すること．これらの作業は，1975 年調査の関係者と友枝敏雄らによって推進された．こうして，第一回 SSM 調査いらいの全データが，誰もが利用できるかたちでデータベース化されるにいたった．

1985 年の第四回調査では直井優がプロジェクト・リーダーになり，1995 年の第五回調査では盛山和夫がプロジェクト・リーダーになって，それぞれ参加者の規模を雪だるま式にふやすとともに，分業方式をとって，SSM 調査をかつては想像もつかないほど大規模なものにした．報告書は，第三回調査では大冊の一冊だけであったが，第四回調査では四分冊になり，1995 年の第五回 SSM 調査は，参加者の規模において空前のものとなり，その報告書もまた全 6 巻からなる空前の膨大なものとなった（『日本の階層システム』6 分冊，東京大学出版会，2000）．そのプロジェクト・リーダーとサブ・リーダーをつとめたのが盛山和夫と原純輔[2]である．このようなことが実現され得たのは，SSM 調査の世代的継承がうまくいったこと，および戦後日本の社会学において計量分析のできる社会学者の層が急速に厚くなったこと，それにコンピューターの進歩によるものである．

第四回 SSM 調査以後は，パソコンのネットワークが発達して，データ解析が大型計算機センターの段階からパソコンの段階に移行し，フロッピー・ディスクに全データが入るようになった．コンピューター使用が理科系学生のものであった時代は去り，文科系学生のコンピューター使用が当たり前のことになった．

富永が 1984 年に徳安彰とともに実施した「社会調査データバンクの作成」と題するアンケート調査の結果によれば，日本社会学会会員プラス官庁・自治体・シンクタンク・労働組合によって 1955 年以後に行われた社会調査で，現在（上記調査時点）使用可能なかたちで保存されている調査データは全部

で900件あり，そのうちの718件 (79.8%) は統計的調査である．それらの社会調査のテーマは，人口労働力，家族，農山漁村，都市，地域問題，産業労働，階級階層，政治法，経済，教育，文化宗教，社会心理社会意識，社会福祉，保健医療，社会病理の15項目に分類されているが，そのうち農山漁村（つまり農村調査）を除いて大部分が統計調査であり，農村調査でも半数近くは統計調査である．またそのうちの407件 (56.7%) は，現在すぐにでもコンピューターによるデータ処理が可能である（パンフレット『日本の社会調査データ』1985を参照．なおその要点は，富永健一『社会学講義』1995, pp. 232-37に紹介しておいた）．

安田三郎『社会移動の研究』

安田三郎は，日本の社会学に数理統計学を初めて本格的に導入した功労者である．安田は東大社会学科に進学する前に物理学を学び，数学を得手としていたので，その利点を用いて社会調査と数理統計学を結びつけた．『社会移動の研究』（東京大学出版会，1971）の冒頭におかれた「本書執筆の意図」の中で，安田は次のように書いている．戦後アメリカから統計的研究法による実証的社会学が入ってきて，それが国際的に社会学の主流であると言われるようになったが，統計的研究とは単に調査票から得られたデータを機械的に年齢別，学歴別，職業別に集計して有意差検定にかけることであると思い込んでいる人が多いのは，慨嘆すべきことである．社会学における統計的研究のイメージを明確にすること，これこそが著者の意図である，と (p.3)．

この本は文献リストと索引を含めて648ページに達する大著で，構成は第1章「方法論的考察」，第2章「社会移動の構造」，第3章「社会移動の意識」，第4章「社会移動と社会的態度」，第5章「要約」から成り，それらがさらに細分化されているが，その全部を見ることはスペースが許さない．ここでは数式や図表の転載は省略し，四つの章を分解して，諸章の中で展開されている多数のテーマを適宜に取捨選択する．安田の独創性に注目して，次の六つのテーマを選び，それらを解説しつつレヴューしたい．

社会移動の概念　社会移動は，個人における社会的地位の変化として定義される．社会学においてこの概念を初めて確立したソローキンは，社会移動

を個人の社会空間における位置の移動と定義したが，安田は社会移動の定義に空間や位置の概念をもちこむ必要はなく，重要なことは(1)移動主体が個人であること，(2)移動によって生じるのは社会的地位の変化であること，(3)社会移動の概念を社会階層の概念から切り離して定義すべきであること，の三点であるとした（p.48）．

(1)について重要なのは，戦後日本において共同体社会から市民社会への脱皮が起こり，独立した主体者である個人が大社会の中におかれている態様とその変動が，社会学の中心的関心を占めるようになったことである．

(2)について重要なのは，社会的地位の概念である．安田は社会的地位を，個人の行動のチャンスを規定する属性で，他の個人・集団・社会との直接的・間接的社会関係によって基礎づけられるもの，と定義する．社会的地位は，年齢，学歴，職業，収入，威信（プレスティージュ）などによってあらわされる変数である．だから測定論においては，これら多数の社会的地位変数がデータ化されねばならない．

(3)について重要なのは，社会階層の概念は多元的なものだということである．社会階層に関しては，1．実在説対仮説的構成物，2．集団説対非集団説，3．連続体説対非連続体説，4．一次元説対多次元説，5．主観説対客観説，6．階層基準の多様性，などをめぐって論争が行われてきた．だから安田は，社会移動の概念を一義的に定義するために，社会移動の定義に社会階層の概念を持ち込まないようにするのがよいとした．

社会移動には，「個人的水準」と「社会的水準」とがある．安田は社会移動の移動主体は個人であるとしたが，社会移動そのものは，個人的水準でとらえることも社会的水準でとらえることもでき，どちらも必要である．たとえば「立身出世」というのは個人的水準における移動であり，一国全体あるいは特定地域社会の移動量が大きい（その社会がモーバイルである）か，それとも小さい（モーバイルでない）か，ということをとらえるのは社会的水準における移動である．安田の著書の第1章と第2章は社会的水準における移動を扱い，第3章と第4章は個人的水準における移動を扱う（p.58）．

社会的水準における社会移動には，「事実移動」「強制移動」「純粋移動」が区別される．強制移動は，社会移動市場における需要と供給のバランスの傾

斜によって引き起こされた移動である．これに対して純粋移動は，その社会が開放的（移動への障害がない）であることによって引き起こされた移動である．強制移動と純粋移動を合わせたものを，安田は事実移動と呼ぶ（富永はこれを「粗移動」と呼んでいる）．

社会移動にはまた，「世代内移動」と「世代間移動」が区別される．世代内移動とは一人の個人の生涯における社会的地位の移動であり，世代間移動とは父と子のような世代のあいだにおける社会的地位の移動である．世代内移動は，職歴移動（career mobility）とも呼ばれる．安田は社会移動の移動主体を個人であるとしたから，厳密には世代内移動のみが社会移動であることになるが，世代間移動の場合には，父の社会的地位を子供の出生時または初職時における社会的地位として読めばよい．

社会移動の測定　社会移動についての以上の諸概念を，統計的分析が可能なように数値データに対応させる作業が，安田のいう社会移動の測定である．社会的水準における社会移動は，世代内移動であれ世代間移動であれ，二つの異なる時点の社会的地位をタテ軸とヨコ軸にとったクロス表によってあらわされる．これを世代内または世代間の移動表と呼ぶ．移動表は，職業的地位（場合によっては学歴地位）を変数として，父と子の職業（世代間移動表），本人初職と本人現職または生涯における任意の二時点間の職業（世代内移動表）のクロス表によってつくられる．カテゴリー数はタテ軸とヨコ軸とで同じだから，移動表は $n \times n$ 個の度数 f_{ij} を記入した正方行列となり，ヨコ計 $n_{i.}$ の列とタテ計 $n_{.j}$ の行がこれに付け加えられる．ヨコ計の列とタテ計の行を，周辺度数（マージナル）という．この移動表の主対角線上セルの度数は，父子間，あるいは初職と現職間，または二時点間で，職業が変化しなかった人びととをあらわし，主対角線上以外のセルは職業が変化した人びとをあらわしている．これらと周辺度数によって，「出移動率」（流出率）と「入移動率」（流入率），および「強制移動率」が定義される．「事実移動」から「強制移動」を引いたものが「純粋移動」である．

社会移動の測定に関して安田が展開している最重要テーマは，イギリスのグラスとアメリカのロゴフによって提唱され，日本の第一回SSM調査報告書でも用いられた「結合指数」に欠陥があることを批判し（pp. 82-8），これ

に代わるものとして「開放性係数」（しばしば安田指数の名で呼ばれてきた）のアイディアを提示することであった（pp. 90-4）. 開放性係数は，分子に純粋移動，分母に完全移動下における純粋移動をとった比として定式化され，カテゴリーごとの個別的開放性係数と，社会全体についての総合的開放性係数（個別的開放性係数の加重平均）とがある. 安田はまた，部分集団に対する部分開放性係数，第三変数の影響を除去した偏開放性係数，といったアイディアを提示した. 彼は，結合指数批判と開放性係数のアイディアを英文論文として発表したので，それらは欧米にも知られた.

グラスの「結合指数」は，主対角線セルが0の時に最小値をとり，「完全移動」（移動表が無相関の状態）の時に「1」をとり，父子間，初職と現職間などの「結合」の度合いが強いほど大きい値をとるようにつくられている. ところが，結合指数の上限は周辺度数に影響されて不定であり，周辺度数が大きいと上限が小さく，周辺度数が小さいと上限が大きくなる，という欠陥をもっていた. この欠陥のため，結合指数を日本のデータに適用すると，「結合」が強いはずの農民の結合指数が異常に低くあらわれ，「結合」が弱いはずの非熟練の結合指数が異常に高くあらわれるという不合理が発見された. これは，日本では農民の（とりわけ父の）周辺度数が非常に大きく，非熟練の周辺度数が小さいために起こった不合理であった. これに対して安田の「開放性係数」は，「完全移動」（移動表が無相関の状態）の時に「1」をとり，父子間，初職と現職間などの「結合」の度合いが強いほど小さい値をとるようにつくられ，完全移動からの距離がすぐわかるように工夫されている. ただし移動度数が完全移動を超えて進む場合には，開放性係数は1より大きい値をとり得るが，そういうことは比較的稀で，多くの場合には係数は0と1の間の値をとるので，このことは係数の意味を解釈する上での障害にはならない，と安田は主張している.

社会移動のトレンド　「機会の国」とか「ボロから金持ちへの物語（from rags to riches story）の国」と言われたアメリカで，1930年代以後「フロンティア」が消滅し，移民の流入が減少したことによって，上昇機会の夢が失われたのではないかということがさかんに問題にされるようになった. それらの調査結果をめぐって，「アメリカ社会は固定化しつつある」という意見

と,「アメリカ社会は固定化していない」という意見とのあいだで,論争が行われた.安田はこの問題に関心を寄せ,戦後アメリカで行われた1947年NORC調査,1952年と57年のSRC調査,1962年のOCG調査のデータを再分析して,安田の提案する「事実移動係数」「強制移動係数」「総合的開放性係数」を算出することにより,この論争に決着をつけようと企てた.安田の再分析から得られた結論は,アメリカでは「強制移動」は減少傾向にあるが,「純粋移動」(総合的開放性係数)は増加傾向にあり,その結果として「事実移動」はほとんど変化していない,というものであった (p. 168).

日本では,安田がこの本を書いた時点では,SSMの全国調査は,まだ1955年の第一回調査と65年の第二回調査しか行われていなかったが,安田はコーホート分析を用いることによって,この二回の調査データから,世代間社会移動の長期の趨勢を読み取る工夫をした.その結果は,「事実移動係数」「強制移動係数」「総合的開放性係数」とも,若いコーホートになるほど高いというものであった.富永は論文「社会移動の趨勢分析 1955-1965」において,全世代分析によって見た移動率の上昇を高度経済成長の結果として解釈したが,安田はこの解釈に疑問を表明し,移動率の上昇は産業化によるものではなく,最近10年ほどのあいだに高学歴化が進行していることによって説明されるべきであるとした (pp. 172-5). 移動率上昇に教育が及ぼす影響という問題については,後述する偏開放性係数のアイディアを用いた安田の分析を見なければならない.

社会移動の国際比較 安田によれば,社会移動の国際比較には三つの異なる種類がある.第一は,各国でなされている全国調査のデータをそのまま単純に比較するものである.これには,リプセット-ベンディックス-ゼッターバーグの6カ国比較,フォックスの11カ国比較などがある.第二は,これらの指数や比率の数値をデータとし,国を単位として統計解析をほどこす研究である.これには,マーシュによる研究,カットライトによる研究などがある.第三は,歴史的・文化的関連によって説明しようとする研究である.これには,ロゴフによる研究,ターナーによる研究などがある.

安田はこれらについて,1948年から1965年までに行われた調査データの再分析によって「事実移動係数」「強制移動係数」「総合的開放性係数」を算

出し，大きな比較表をつくっている．しかしそれらは職業カテゴリー数に大きな食い違いがあるため，そのままでは厳密な比較ができない．職業カテゴリー数には3分類から11分類までの開きがあるので，安田はそれらを統合して「ノンマニュアル」「マニュアル」「ファーミング」という共通三カテゴリーをつくり，それによる世界18カ国の比較を行った．タテ軸に総合的開放性係数，ヨコ軸に強制移動係数をとり，18カ国の強制移動と純粋移動をプロットして，それらをクラスターに括ってみると，次の三つのクラスターが析出された．

A. 農業率がある程度高く強制移動係数も開放性係数も小さいクラスター
B. 産業化が急速に進み，強制移動係数が大きく，開放性係数もかなり大きいクラスター
C. 産業化が完了し，強制移動係数は小さくなったが，開放性係数が大きいクラスター

安田はこのクラスター分析から，社会移動の発展経路には，A→B→Cの経路，およびA→Cの経路の二つの道があることを示唆している（pp. 183-91）．なお1955年調査の日本はAクラスターに，1965年調査の日本はBクラスターに，それぞれ位置づけられている．

社会移動に対する教育の影響 教育が社会移動を促進する重要な機能を果たしていることは，今日の社会学では定説になっている．しかしより立ち入って考えると，社会的地位形成における教育の役割については，次の二通りが考えられる．一つは，教育には費用がかかるから，子供の学歴地位の高さは父の社会的地位の高さと結合しており，父の社会的地位が子供の学歴を決定し，その学歴が子供自身の社会的地位を決定する，という関係である．もう一つは，今日では奨学金やアルバイトが普及しているから，父の社会的地位が低くても，能力のある子供は高い学歴地位を獲得して，父の社会的地位に依存せずに高い社会的地位を達成することができる，という関係である．

安田は，この二つの見解をそれぞれ代表する，二つの大きな統計的研究をあげる．一つはアメリカのブラウ-ダンカンの研究，もう一つはスウェーデンのカールソンの研究である．ブラウ-ダンカンは，OCG全国データのパス解析により，父の社会的地位の影響よりも，本人の学歴の方が地位達成を

大きく規定していると結論した．これに対してカールソンは，ウェスターゴードの期待値法を用いて，スウェーデンの全国調査データから，地位達成に対して本人の学歴が及ぼす影響は，父の社会的地位の直接的な影響に比較すれば，たいへん小さいものに過ぎないという結論を出した．

この対立する二つの結論のどちらが正しいかを，安田は原データにさかのぼって判定するために，安田自身のアイディアにもとづく偏開放性係数の方法を，グッドマン-クラスカルのガンマ係数に適用して，「偏ガンマ係数」という指標を独自に工夫し，これをスウェーデン，デンマーク，イギリス，アメリカ，日本のデータに適用した．結果は，三つのヨーロッパ諸国では，父の影響を除去した学歴の直接効果が，学歴の影響を除去した父の直接効果よりも相対的に小さく，反対にアメリカと日本では，父の影響を除去した学歴の直接効果のほうが，学歴の影響を除去した父の直接効果よりも相対的に大きい，というものであった．安田のこの分析は，ブラウ-ダンカンとカールソンのどちらが正しいかの問題ではなく，伝統をもつヨーロッパでは学歴の重みは相対的に小さく，変動の激しいアメリカと日本では学歴の重みが相対的に大きい，ということを示すものである（pp. 271-91）．

社会移動の意識　安田は，社会移動の心理的・意識的側面に関する欧米の諸研究をレヴューして，達成動機（アチーブメント・モチベーション）の研究，社会移動のアスピレーションの研究，社会移動の価値態度体系の研究，の三つをあげる．これらのうち，安田は達成動機については調査に乗せるのは技術的に問題が多いとして留保し，アスピレーションと価値態度の二つを取り上げて，それぞれについて調査研究を重ねた（安田は「TAS I」調査，「TAS II」調査，「TAS III」調査と名づけているが，ここではまとめて「安田調査」と呼ぶ）．安田調査の質問紙には，非常に多数の社会移動意識に関する質問が含まれているが，安田は「社会移動意識の構造分析」としてそれらをクラスター分析にかけ，「勤労主義ないし能力主義」「自律主義と同調主義」「自営業志向と競争主義」「立身出世主義」の四次元を析出した（pp. 330-50）．また「社会移動意識の条件分析」として，それらと年齢・学歴・職業・収入との関連を分析している（pp. 353-80）．安田はそれらの結果を外国のデータと比較し，日本人がアメリカ人と同程度に，社会移動を肯定する価値態

度と，社会移動に対するアスピレーションを示していると特徴づけて，このことは日本社会において純粋移動や強制移動が高水準であるというこれまでの分析結果に対応する，と結論する．

「勤労主義」とは，勤勉に働くことを重んずる価値態度である．安田調査によれば，日本の世論において，勤労主義を肯定する意見は非常に多く，これは欧米におけるプロテスタンティズムの倫理に匹敵する．「能力主義」は勤労主義と同じではないが，安田はこれを「能力や努力に応じた給与を支持する態度」であるとし，「業績主義」（業績を重んずる態度）と同じであると解している．「日本的経営」を批判する経営学者は「職務給」を理想とするが，安田調査で圧倒的に支持されているのは能力主義である．

「自律主義」と「同調主義」を安田は明確に定義していないが，両者は対立しあう価値態度で，自律主義とは他人に同調しないで自分の意見できめること，同調主義はその反対である．安田調査によれば，日本人にはこの二つの態度があり，同調主義は低所得層・低学歴層に多く，自律主義は高所得層・高学歴層に多い．「自営業志向」は，自営業がよいかサラリーマンがよいかの選択において自営業を選ぶ態度であり，それは「競争主義」の意識と結びついている．

「立身出世主義」は，安田が「社会移動の意識」と題する章の中で最も多くのページをさいたテーマである．彼がこのテーマを重視したのは，日本人が社会移動を肯定する価値態度と社会移動に対する高いアスピレーションを示しているにもかかわらず，社会的上昇移動である「立身出世」が日本で特殊な悪いニュアンスをもって語られ，知識人の間ではほとんどタブー視されているのは矛盾しているからである．安田がその原因としてあげているのは，(1)立身出世を否定する規範の存在，(2)立身出世が身分階層制的構造と結びついていること，(3)立身出世意識が同調主義的態度と結びついていること，(4)立身出世意識が弱肉強食主義と結びついていること，(5)立身出世意識が業績志向と結びついていること，の五つである[3]．

富永コメント　安田三郎の『社会移動の研究』は，独創的なアイディアにみちた理論と大規模なデータ解析の作業とを結びつけた，類例のない素晴らしい本である．安田の関心はテクニカルなことだけにあるのではないが，この

本には分析手法の新機軸が多数提起されており，それらは分かり易くしかも興味深く書かれている．600ページを超えるこの本には，きわめて多数の外国文献が登場するが，それらは決して単に紹介されているのではなく，理論は安田によって批判的に検討され，データ解析は安田によって再解析され定式化しなおされている．この本が出てから30年以上が経過したが，これらの点でこの書に匹敵する著作は，誰によっても書かれていない．この本でただ一つ不出来なのは，長大な「立身出世意識」に関する分析である．ここには他の個所と違って，切れ味するどい安田理論が一本通っているとは言えず，議論の方向が定まっていない．私はこの部分だけは，安田の論旨を明確にあとづけることができなかった．

付記 安田先生は，この大著の出版後は行為理論の研究に関心を転じられたが，目の手術中に昏睡状態になられ，そのまま1990年に若くして亡くなられたのは，取り返しのつかない痛恨事であったというほかない．私はそのときドイツのボッフム大学にいたが，「ちょっと視野狭窄があるので手術のため入院してきますが，すぐ戻ります」と簡単なことのように書かれたお手紙が最後になった．

原純輔・盛山和夫『社会階層』

1995年SSM調査のプロジェクト・リーダーをつとめた盛山和夫は，原純輔とともに，同調査の報告書が出される前年に，社会階層の新しい教科書『社会階層』（東京大学出版会，1999）を書いた．この本は全6章からなり，第1章・第2章・第5章・第6章を盛山が，第3章・第4章を原がそれぞれ最初の草稿を書き，交換し合って修正を重ねたと書かれている．

第1章「階層はどう変わったか」で原・盛山は，現段階において社会階層の実証的研究が明らかにすべき課題は何か，という問題設定からスタートした．彼らはそれを，第一に階層間の不平等は拡大していくのかそれとも縮小していくのか，第二に階層は相互に利害対立を深めていくのかそれとも利害対立は減少していくのか，第三に階層間の世代間および世代内の移動は拡大していくのかそれとも縮小していくのか，という三点にまとめている（p. 13）．これらのうち，第一の不平等度の問題は，教育格差と所得格差を分析し

ており、これまでの SSM データ解析にはなかったオリジナルなものであるから、やや詳しく見ておこう.

(1) 著者らはまず、教育水準の上昇を階層別の高校進学率と大学進学率によってとらえ、それらを五回の SSM 調査データによって時系列的にグラフ化する。職業階層を「専門」「大ホワイト」「小ホワイト」「自営ホワイト」「大ブルー」「小ブルー」「自営ブルー」「農業」の八分類とする。これによって高校進学率の階層間格差の動向を見ると、進学率の低かった小ホワイト・大ブルー・小ブルー・自営ブルー・農業の進学率が1985年まで上昇し続け、100%近くに収斂する。こうして進学率の格差はほぼ消滅したことがわかる。大学・短大の進学率については、SSM データで遡り得るのは男子だけであるが、階層間格差は減少しているとは言えず、格差はそのままで進学率が上昇している。著者らは、経済学が用いてきた概念を拡大して「上級財」「下級財」という概念を使い、中等教育までは下級財、高等教育は上級財であるとするが、上級財の階層間格差は縮小していない。

(2) SSM 調査票の所得調べは、税込額による年収の自己申告で、個人収入と世帯収入とがあるが、被調査者の抵抗を考慮して、はじめのうち目盛の粗いカテゴリー分類になっており、データとして不正確であった。この点はしだいに改善された。この本で著者らは年収額の累積相対度数分布を描き、第1四分位値 (25パーセンタイル値)、中央値 (50パーセンタイル値)、第3四分位値 (75パーセンタイル値) をとって、その比を不平等度の指標とする。職業階層別の所得格差は、上記の八分類カテゴリーの中央値と全体の中央値との比を対数変換して、グラフ化している。近年の日本で、とくにバブル期の地価と株価の上昇により、階層間格差が広がっているとする強い主張が出され、これがバブル前後から論争的な主題となった。著者らはこのような方法によって、所得の不平等度は1975年まで個人レベルでも世帯レベルでも縮小し、その後は平等化が進んでいない、という結論を出している。

世代間および世代内の社会移動については、安田三郎『社会移動の研究』の中に登場した移動表の分析ですでにお馴染みであるが、安田以後に起こった新しい研究上の動きとしての「オッズ比」について述べておこう。オッズ比というのは、ログリニア・モデルにつながるクロス表分析の基本にかかわ

る新しい分析用具で，$n \times n$ のクロス表 $[f_{ij}](i,j=1,2,...n)$ であらわされる移動表において，i,j が2の場合（2×2 の四分表），オッズ比は $f_{11} f_{22}/f_{12} f_{21}$ として定義される．これは主対角線と副対角線を掛け合わせた二つの積の比だから，独立分布の時ゼロとなり，独立分布から遠ざかる（移動が少なくなる）につれて大きくなる（一様分布の時1となる）．実際の移動表で，すべての職業をノンマニュアルとマニュアルに二分すれば，2×2 の四分表ができる．リプセット-ベンディックスが国際比較に用いたのもこのような四分表であったが，当時はオッズ比という分析用具はなかった．

　第2章「なくならない学歴社会」では，日本社会が「学歴社会」であるとしてこれを批判する議論についての検討がなされているが，この問題に関連してブルデューの「文化資本」の概念への言及があるので，これについて多少述べておきたい．ブルデューの『ディスタンクシオン』(Pierre Bourdieu, *La distinction,* 1979) には，文化資本が媒介になって階級が再生産されるという理論が登場する．例えば両親の文化水準が高い家族においては，子供に対して文化的な教育投資が行われるので，それが学歴達成を通じて階級の世代的再生産をつくり出す，という議論である．私がブルデューに関心をもったのは，彼が「資本」という概念を社会階層に持ち込んだことにあったが，文化資本の語はその後コールマンの『社会理論の基礎』(James S. Coleman, *Foundations of Social Theory,* 1990) により厳格に理論化された「社会資本」の概念へと引き継がれた．原・盛山は文化資本という概念は漠然としたアナロジーとして用いられているにすぎないとし，その意味は家族の保有する文化的様式が学歴達成の水準をある程度左右するというだけのことであると批判している．

　第3章「職業的キャリアの構造」は，1975年SSM調査の報告書である富永健一編『日本の階層構造』の第6章において，原が「職業経歴の分析」として初めて定式化した「職業的キャリア」の流れの研究の続きである．原・盛山によれば，キャリアの流れには，「自営ホワイトカラー」に向う流れ，「自営ブルーカラー」に向う流れ，「管理」に向う流れの三つがある．これらに対して，「専門」および「大企業ブルーカラー」は，流れを形成することなく，それ自体が初職であるとともに到達点でもあるという性質をもつ．職業キャ

第4節 「社会階層と移動」の調査分析

リアを決定するメカニズムの分析は,パス解析,ログリニア・モデル,イベントヒストリー分析などの手法によってなされている.

第4章「変容する政治と階層意識」は,社会階層と政党支持の関係に始まって,階層帰属意識,階級帰属意識,労働者階級意識などの問題を扱っている.政治と階層の関係は,「1955年体制」の確立以来,保守と革新の対立として明確なかたちをとるようになったが,この体制は1965年頃をピークとして1989年の東欧革命・ソ連解体とともに崩壊した.原・盛山は1985年データと1995年データを分析して,それらに1955年当時のような明確な支持基盤の分裂は明らかでなくなっていると結論している.

第5章「ジェンダーと階層」は,社会階層として女性の問題を扱っている.SSM調査が1975年まで女性サンプルをとらなかったのは,昭和一桁生まれまで女性のキャリアパターンは大部分主婦であって,有職業者が少なかったためである.ところが1975年が転換点になって,女子労働力率が急激に高まった.これは,女性の大学進学率の上昇,都市オフィス職務の増加,フェミニズム運動の三つが,同時化したことによるところが大きい.しかし著者らによれば,職業における市場状況の第一義性と家族の世帯共同性とのあいだには,本来的な矛盾がある.またSSM研究の観点からいうと,これまで家族は社会階層の単位と見なされてきたが,いまや社会階層の境界は家族を横切ると考えるべき段階に達している.

第6章「新しい階層社会のゆくえ」では,豊かさの上昇とともに上級財の不平等が多元化するという命題と,階層の集合的性質が弱まって個人主義化が進むという命題が提出される.これらの命題は,これまでのように職業と学歴と所得が階層的地位を構成する三要素であるという考え方を,解体に導くであろう.もしそうだとすれば,社会階層の研究は意味を失うことになる.しかし原・盛山は最後に,不平等問題を国民的な社会問題として考えることの公共的意味に言及し,階層の個人主義化によって人びとが格差の是正という社会問題に目を向けることをしなくなることを戒めている.

富永コメント 1955年以来10年ごとに行われてきたSSM調査は,プロジェクト・リーダーをつとめた世代が次の回にはSSM研究チームから引退するという内規をつくりあげてきた.これはSSM研究を停滞させないように,

調査担当者の世代交代を円滑にし，前の世代が後の世代を拘束しないという精神によるもので，この精神は成功をおさめてきたと評価し得る．これまで研究代表者をつとめてきた尾高邦雄，安田三郎，富永健一，直井優，盛山和夫はそれぞれ順次に各世代を代表し，世代ごとにSSM研究のレベルを引き上げてきた．まもなく始まる2005年の第六回SSM調査は佐藤嘉倫が研究代表者をつとめることがきまっており，一層の新機軸が提出されることを期待したい．

1) 安田三郎 (1925-90) は東京理科大学を経て東京大学文学部卒業．同大学院特別研究生，東京教育大学文学部助教授，東京大学文学部教授，広島大学教授，関西学院大学社会学部教授．著書は『社会調査ハンドブック』(有斐閣，1960，第3版は原純輔と共著，1991)，『社会統計学』(丸善，1969，第2版は海野道郎と共著，1977)，『社会調査の計画と解析』(東京大学出版会，1970)，『社会移動の研究』(東京大学出版会，1971) など．
2) 原純輔 (1945-) は1968年東京大学文学部卒業．1974年横浜国立大学教育学部助教授，東京都立大学人文学部教授を経て，東北大学文学部教授．著書は『社会調査の基礎』(共著，サイエンス社，1983)，『社会調査演習』(共著，東京大学出版会，1984)，『社会階層』(共著，東京大学出版会，1999) など．
3) このうち(3)については，安田調査の結果によって，立身出世意識と同調主義的態度とは無相関であるという明確な否定的結論が出された．しかし(1)(2)(4)については，安田は立身出世意識に対するそれぞれの結びつきが肯定されているということを示唆している．他方(5)については，安田はそもそも業績志向が立身出世意識のタブー化をもたらしているとは考えられないとしている．安田の分析は一貫しているとは言いがたい．

結び　戦後日本の社会学の到達点とその将来

　私が「結び」で書きたいこと，ないし書くべきであると思っていることは，大きく分けて三つある．第一は，戦後日本の社会学の現在の到達点を総括評価し，日本の社会学にとって望ましい将来はどういうものであるかを考えることである．第二は，それとの対比において戦後日本の社会学がこれまで陥ってきた欠点を要約的に指摘し，批判論点をまとめておくということである．第三は，私が研究対象として取り上げた諸著作の選択に関して，現世代および次世代の読者にお詫びしたいという気持ちをもっているということである．すでに本書は予定されたページ数を大幅に超過しているので，これらの結論はできるだけ短く明晰に展開するようにしたい．

　諸著作の選択について　順序を逆にして，まず第三の点から述べよう．本書で私が延々と書き連ねてきたことは，戦後日本の社会学という小さな一つの学問世界（学界）に起こってきたことの歴史（学史）――私はそれを同時代学史だとした――である．「学会」は集団であるが，「学界」は集団ではなく，勉強して本や論文を書くという多数の諸個人の相互依存的行為からなる「システム」を総称する語である．だから学界の歴史を書くとは，それらの行為の生産物である本や論文を読み，それらを何らかの基準によって選び出し，全体の流れを頭に描きながら，それらの選択された作品について書くということである．こう述べると簡単なことのようだが，それはじっさい大変なことである．日本における社会学の学界は比較的小さいとはいっても，現在では何千人というオーダーの人びとがその成員として毎日作品を書いているのだから，「戦後日本」に限定しても，それらの行為の全体の中から選択を加えるのは，それだけでも並大抵のことではない．全作品を積み上げて一刀両断

に選り分ける方法はなく，誰かが下した決定に依存することはもちろんできない．すべての作品は自己を主張しており，それらは取り上げてもらう平等の権利を要求している．

　私はそのような仕事を企て，こう書きたいと自分で考えたやり方にしたがって書いたら，ここに見るような膨大なものになった．それでもまだ，全然書き足りないというほかない．私が取り上げ得なかった無数の著作があり，それらの中には非常に優れたものもあることを私は認知しているから，そのことが気にかかる．ひょっとしたら，私はとんでもない権力を行使しているのかもしれない．そう考えると，これも取り上げるべきだった，あれも取り上げるべきだった，という後悔の念に苛まれる．しかしここに書いたような詳しい書き方でそれらを次々に取り込んだら，この本は何巻にも達するであろう．仮にそのような巨大な本を書いたとしよう．だがそのようなものを書くことに意味があるかどうかは，まったく別の問題である．そのような巨大な本を『学史』と称して出版することに，果たして意味があるだろうか．そもそもいったい誰がそんなものを読むだろうか．

　ここまで考えると，学史は鋭い洞察を簡潔に書いたものが最良であるようにも思われてくる．なぜなら，他人の書いたものについて長く語ってもそれはオリジナリティを示すことにはならないであろうし，批判は要点を短く述べればたりるからである．本書は，一つずつの作品について長く語りすぎたかもしれないとも思う．しかしある対象が優れているならなぜ優れているのか，間違いであるならなぜ間違いなのか，学史の流れはいったいなぜそのような方向に進んだのか，それらのことを説得的に説明し読者を納得させるには，ある程度の長さを必要とすることは否定できない．学史はその学問についての「社会的記憶」をつくり上げるために，著者が一つの物語を構築するというオリジナルな思考活動である，というのが私のとっている観点である．

　取り上げた著作の選択について言いわけを書きたい気持ちを私は強くもっているが，以上のように考えた結果，言いわけをするのはやめることにした[1]．私は自分が構築した物語について詳しく語りたいという動機づけに駆り立てられ，そのため取り上げた対象について長く書きすぎてしまったために，重要な多くの著作を取り上げ得ない結果になった．しかし重要なことは，

もし対象の選択が悪ければ、それは書いた本人である私が批判される、つまりそれは「悪い学史」と評価されて棄てられることになるだろうということである．逆にもしこれが「いい学史」として認められれば言いわけはしなくてよいことになるから、どのみち言いわけすることにはあまり意味がないのではないか．すべて本を書く人は、「いい本」を書こうと思って努力するにきまっている．しかし結果が「いい学史」であるか「悪い学史」であるかは、読者がきめるのである．私がとんでもない権力を行使しているということは多分なく、権力は読者の側にある．

戦後日本社会学の批判について　次に第二の点について述べよう．戦後日本の社会学の最大の欠点は、一つの潮流をじっくりと持続的に発展させるということがなく、イベントと世代と派閥の作用によって主潮流が局面ごとに変転し、それらの変化は空回りしているだけで進歩していない、というのがここで私の言いたいことである．これは一方的な否定的言辞として響くであろうが、後述する肯定的評価をそこから引き出してくるための前提だから、まずこのことを具体的な事実に即して述べてみよう．そうすると次のようなことが言えるだろう．

——日本の社会学にはマルクス主義を中心にイデオロギー的同調圧力が強かったため、優れた業績が出されると、それに対してイデオロギー的な攻撃をするものがあらわれる．そのような攻撃があらわれると、半数くらいの人びとはその圧力に大勢順応する．内心ではその攻撃に批判的な人びとも一定数いるが、批判的であっても外部に向かって「それでもこの業績は優れている」と敢然と主張する人は少ない．かくしてその業績は貶価され、優れた業績と劣った業績をきちんと識別する基準が共有されるにいたらない．共有された評価基準がないために、例えば講座や「リーディングス」などで、諸論文は優れたものと劣ったものが識別されずに横一列に並ぶ．それらをきちんと評価して優れたものを選び出す合意された基準がないために、水準の低い研究が淘汰されない[2]．他方、評価基準が確立しないために流行に弱く、例えば西洋人学者の評価は流行によってきまり、それをうまく模倣したものが優れていると見なされる．ところが10年くらいたつと、西洋に次の世代の目立った業績が出てくるから、流行は短い周期で変わる．優れた理論によっ

て中心的な潮流が形成され，学界全体がそれによって動くというようにはならない．だから変化はあるが，それが進歩につながらない．進歩がなくて内部での流行の政権交代に憂き身をやつす結果，「外」（社会学の外，あるいは海外）に向かって有意味なことは何一つ発信されない．かくて外からは，日本の社会学は何をやっているのかわからないと言われる．──

以上は学問的な論証とは言えないので，これらのことと関連づけながら，戦後日本の社会学における第一局面から第四局面までの動きを，もう一度具体的に想起してみるのがよいだろう．第一局面は，戦前世代の高田保馬，戸田貞三，鈴木榮太郎，清水幾太郎が主潮流を形成した「社会学の古き良き時代」であった．私は第2章（鈴木については第3章）で，それらについて共感をこめて語った．しかしその次の後期戦前世代はそれらを継承せず，主潮流の遺産は1951年論争によって壊された．第二局面では，社会学は領域学と質的社会調査の学問になり，それらは「家と同族団」「マルクス主義農村社会学」「シカゴ学派」「人間関係論」などに分解してしまったので，社会学は共通の基礎理論はおろか共通の基礎概念さえもたないバラバラ学になった．私は1951年論争とそれに続くバラバラ学の愚かさを，本書で強く批判した．そこに第三局面Bで，マルクス主義が登場してきた．社会学は固有の理論を失ってしまったために，マルクス主義への同調圧力に抗することのできない学問になり，簡単にマルクス主義の軍門に降ってしまった．福武直のように，マルクス主義を「真理」であるとして，社会学はマルクス主義に同調する「べき」であると主張するリーダーがあらわれた．私は自分がそこから逃れてきたつもりの社会学において，思いがけずマルクス主義の同調圧力をまともに受けることになっただけでなく，社会学の貴重な遺産の多くがこの同調圧力によって失われたことをきわめて遺憾に思ってきたので，第5章でマルクス主義社会学を強く批判した．それらの失われたものは取り戻されねばならない，というのが私の信念であった[3]．

しかし私は本書で，一方では日本の社会学の状況をそのように強く批判しているにもかかわらず，第3章ではバラバラ社会学の実証的な諸研究のいくつかを丹念に紹介してそれらに一定の評価を与え，第5章ではマルクス主義者たちのやったことのいくつかをやはり丹念に紹介してそれらにも一定の評

価を与えた．なぜそのような書き方をしたのか．私の態度はけっして両面的だったわけではなく，賛否の態度はいつも明確であった．しかし私は，一面で「敵」をつくったにもかかわらず，他面ではそれらの「敵」の存在理由をあっさり認めてしまうところがあった．私が「敵」というのは，バラバラ学者とマルクス主義者である．どうして私は敵の存在理由を認めてしまったのか．その原因は，敵が書いた文献をよく読みすぎ，理解しすぎたために，それらから一定の影響を受けてしまったことにあった．私は敵に抗して歩んできたつもりであり，けっして敵を受け入れたわけではなかったが，私の社会学的社会化の過程において，敵はいつも私にとって当然存在する環境の一部をなしてきた．私は敵の思考法がわかるので，ある段階で敵を立ててしまう傾向があった．

　本書で最も重要なのは，第4章でこれらに対置された第三局面Aのリベラル社会学である．戦後日本の社会学に進歩をもたらしたのはリベラル社会学であった，というのが私の強調してきたことである．ただそれらは，内容的にはヴェーバーやジンメルやデュルケームやパーソンズの学説研究であった．社会学は哲学と違い，思想史（社会学史）が社会学のすべてなのではなく，社会調査やデータ解析によって現状分析をやらねばならない義務があるから，学説研究だけで万事OKということにはならない．しかし優れた社会学理論が正しく認知されないでいる時には，それらを掘り起こす学説研究が必要である．リベラル社会学の潮流が進歩をもたらしたのは，それらが1951年論争とマルクス主義によって壊された理論的遺産を再度掘り起こし，貧困化した戦後社会学の理論的再編成を達成したからである．

　かくして私の考えは，第一局面の遺産（第2章）に，第二局面の実証研究中の優れた要素（第3章）を加え，その上に第三局面A（第4章）によって優れた社会学理論を掘り起こし，第三局面B（第5章）の批判的要素の若干をこれらに加えることが，戦後日本の社会学の流れをいい方向に導くポイントである，というものであった．そしてそれらを前提とした上で，第四局面（第6章）が展開されるようになったことにより，多様な諸潮流のマルティパラダイム化が戦後日本の社会学の進歩をつくり出した，というのが私の戦後日本社会学史の評価にほかならない．私はこの理由によって，戦後日本社会

学史の最終的な到達点を肯定的に見る．

　具体的に言えば，ヴェーバーとパーソンズは，マルクス主義が否定した資本主義発展の意義を，「精神」の側面からと「経済と社会」の関連という両側面からとらえ，それらの重要性を認識させるのに貢献した．マルクス主義者はヴェーバーをマルクス主義の一部であるかのように扱ったが，それは完全な間違いである．正しくは，ヴェーバーは社会学を行為理論および理解社会学として定式化し，オーストリア学派から資本主義的経済行為を近代的合理性として分析する観点を摂取し，それらをプロテスタンティズムの倫理による資本主義の「精神」テーゼと合わせて，西洋文明がつくり上げてきた資本主義的近代化を肯定的に理論化したのである．またパーソンズは，ヴェーバーの行為理論を発展させて社会システム理論につなぎ，その社会システム理論からサイバネティック・ヒエラルヒーの図式を導いて，彼が「近代社会の体系」と呼んだものの歴史的形成を，「苗床社会」→古代ローマ帝国→キリスト教→西洋近代社会とたどることにより，それらをやはり肯定的に理論化したのである．戦後日本のリベラル社会学は，ヴェーバーとパーソンズを研究することによって，資本主義，産業化，近代化についての正しい判断と認識をもつようになり，それが戦後日本の社会学の理論水準を飛躍的に高めた．

　他方，形式社会学を不毛として一方的に断罪した1951年論争以後，ジンメルと高田保馬の内容豊かな社会学理論が長いあいだ省みられなかったことは，戦後日本の社会学を貧困化に導いた大きな原因であった．高田保馬の遺産とヴェーバーの遺産とは，必ずしも十分に相互補完的であったとは言えないが，パーソンズ理論はヴェーバー理論と連続であり，加えてデュルケーム理論とも連続であるだけでなく，高田理論とも重要な面で連続であったということが重要である．

　ジンメルについては，ジンメル研究の復活が戦後日本にもたらした新しい認識として，とりわけ人間が他者を必要とする精神過程が「心的相互作用」に他ならないこと，および貨幣と宗教がその心的相互作用を媒介して他者に対する信頼をつくり出すということ，この二点が重要である．ジンメルの心的相互作用論は，これにヴェーバーとパーソンズの行為理論と相互行為理論，および現象学的行為理論とシンボル的相互行為論を加え，それらを一体のも

のとして位置づける時に，その意義を正しく認識することができる．またデュルケームについては，サン‐シモンおよびコントからデュルケームへと続く「産業」をキイ・ワードとした産業社会論の意味を，ヴェーバーとパーソンズの上述した資本主義論および「経済と社会」の理論につなぎ，それらを一体のものとして位置づける，ということが重要である．

　高田保馬については，とりわけ第2章において「基礎社会拡大の法則」からグローバル化を帰結する『世界社会論』の意義を強調した．グローバル化論が現在流行しているにもかかわらず，高田保馬の『世界社会論』にふれた議論を聞くことがないのは，終戦直後に出たこの本を読んだ人がもうほとんど生きていないからであろう．その集合的記憶を若い世代の中に再度つくり出すことは，戦後社会学史を書く重要な意義の一つである．パーソンズの生誕100年を記念する出版『パーソンズ・ルネッサンスへの招待』（富永健一・徳安彰編）と，高田保馬の生誕120年を記念する出版『高田保馬リカバリー』（金子勇編）が相前後して出されたことは，このような遺産の再評価として有意味である．

　戦後日本社会学の到達点の肯定的評価について　最後に，第一点としてあげた「戦後日本の社会学の到達点とその将来」という冒頭の表題に答えなければならない．しかしこの問題については，戦後日本の社会学の欠点を批判する過程の中で，すでにはっきりした結論が得られている．ここではそれを，あらためて再確認すれば十分である．私は戦後日本の社会学が陥ってきた最大の欠点が，一つの潮流を継承して持続的に発展させないことにあったとしてこれを批判してきたのであるが，実は私は第4章と第6章で展望したリベラル化とマルティパラダイム化についての考察の中で，現在の社会学がこの欠点からしだいに離脱しつつあるという結論に達し，その意味で戦後社会学の到達点を肯定的に評価するようになった．

　日本の社会学は，これまで述べてきた領域社会学のテーマ割拠性とマルクス主義のイデオロギー性のために，統合的な理論的見取り図なしにバラバラに研究され，共有された評価基準をもつことが妨げられてきた．そのためすぐれた社会学諸理論の遺産を尊重することがなされず，それらは忘れられて，共通の社会的記憶から消えていった．ところが近年の米ソ二極対立の消滅と

並行して，社会学でもイデオロギー的二極対立がしだいに消え，社会学のイデオロギー性が弱まり，対立するものを攻撃する言論が少なくなった．それと入れ替わりに新しいパラダイムと新しい型の領域社会学が増え，これらがマルティパラダイム化をもたらし，領域社会学の割拠性を弱めた．マルティパラダイム化は多様なものの相互影響と収斂を可能にし，研究者たちはそれぞれ異なったパラダイムに依拠していても，相互に対立意識をもつことが少なくなった．かくして基礎概念と全体的な見取り図を共有することが可能になり，社会学はしだいにバラバラ学たることを克服するようになった，ということが重要である．

　例えばSSM（社会階層と社会移動）研究のような特定領域と，行為理論や社会システム理論や合理的選択理論や数理‐計量社会学などの多様なパラダイムとが合体し，すぐれたリーダーシップのもとで水準の高いプロジェクトが持続力をもつようになったのは，その有力な例である．かつてのマルクス主義的傾向をもったリーダーたちが，異質な外部を攻撃して同質的な内部の団結をはかるやり方をとっていたのと比べて，明らかにリーダーシップの質が変化しつつあることが見てとれよう．従来はそのようなリーダーシップがあらわれず，異なるテーマの研究者がそのような合意なしに自分のテーマだけを主張してきたために，社会学は理論的な体系化を達成することができず，その結果は収斂不可能な「バラバラ学」になってきたのである．これからの日本の社会学に最も望まれることは，まだ残存しているバラバラ学とマルクス主義的イデオロギーの伝統から脱却して，異なる多数のテーマを研究している研究者たちが，互いに対立することなく，相互関連と相互依存の見取り図のもとに統合されていくこと，それによって真に優れたリーダーシップが生れることである．

　私はそのことを言い続けて半世紀がたった．ところが最近になって，理論的な収斂が結果的にある程度実現されつつあり，複数の相互に関連しあった興味ある諸潮流がまとまりをもつようになってきたことに，私は気付くようになった．例えばこの半世紀のあいだ私は，海外にいる時以外は毎年かかさず「日本社会学会」と「社会学史学会」の大会報告を聞き，討論に参加してきたが，その中で最近の世代に関して特に感じることは，異なるテーマの研

究者間で統合された評価基準が確立されてきたということである。このようになってくれば、諸潮流は多様であっても、それらが多様であることこそが進歩の原動力になり得る。かくして行為理論、相互行為主義、構築主義、社会システム理論、数理‐計量社会学などの関連しあう複数の理論枠組が、家族社会学、地域社会学、産業社会学、社会階層研究、経済社会学、宗教社会学、環境社会学、医療社会学などの諸領域に入り込んで、それぞれに発展を遂げつつある。戦後日本の社会学は、かくしてパラダイムの収斂が軌道に乗るようになってきている、というのが本書の結論である。

1) 私がここで書いておきたい唯一の言いわけは、スペースの不足のために、一度は取り上げて文章もつけた文献のいくつかを削除せざるを得なかったことと、取り上げる準備をしていながら断念せざるを得なかったいくつかの文献があるということである。また同様の理由から、一度書いた文献要約や富永コメントにも、あとからかなりの削除をせざるを得なかった。これらの制約を超えるために、巻末に主要著作年表をつけ、私が本文で高く評価したものも、批判したものも、取り上げ得なかったものも、それらを区別することなく、私が有意義な文献と見なした限りのものをできるだけ広く集めて、それらを年代順に配列した。これら諸文献の表題の移り変わりを見るだけで、戦後60年の日本社会学の全体動向を読み取ることができるであろう。それを一言で言えば、日本の社会学の現在を中心的に担っている戦後第二世代の著作は、過剰なほど難解なものも多いが、イデオロギー的対立の要素がなくなり、伸び伸びと自由に研究するようになっている、ということである。

2) マルクス主義的イデオロギーは、社会学の世界でのいわば大衆本位的なポピュリズムを生み出す傾向があった。いわば悪平等主義である。顕著な例は、科学研究費の配分を学会がコントロールするなどのやりかたに見られたが、それらは近年廃止された。マルクス主義的イデオロギーはまた、そのようなイデオロギー傾向をもった特定派閥によって偏った辞典や粗雑な講座を生み出してきたが、それらも最近は終わりになった。有名国立大学や学会における人事や投票に関して同傾向の派閥主義はまだあるが、それらは事柄の性質上はっきりつかめない。

3) 私が本書を書こうと考えるようになったもともとの原動力は、それらの失われた遺産についていま書いておかなければ、それらの「集合的記憶」が忘れ去られるという使命意識であった。さいわいそれらは完全には忘れ去られず、近年は記憶が修復される傾向にある。

戦後日本の社会学　主要著作年表

　この年表の目的は，本文の限定された分析範囲を補完するために，1946年から2004年まで59年間の戦後日本社会学史の諸動向を，年代順によるできるだけ包括的な文献リストによって示すことにある．

　これの元来の原型は，本書の「四局面図式」の枠組によるストーリーをメモした簡単な文献的覚書にすぎず，私はそれを巻末につける意図をもっていなかった．しかし60年になんなんとする戦後日本社会学の展開は，当然のことながらきわめて多数のすぐれた社会学書（それらを批判的に見ることは必要だが）を蓄積してきており，本書がそのうちのほんの一部だけを取り上げているにすぎないことを自覚するにつれて，『戦後日本の社会学』と題する著作を出版する以上，自分の枠組によって狭く限定されたリストではなく，もっとはるかに広大な文献表を巻末につける義務があると考えるようになった．折から編集担当の佐藤修氏が本書に年表をつけることを示唆された時，私は自分の枠組にとらわれないで，この年表にリストアップする本の範囲を，戦後日本社会学の全体の流れがつかめるようなものにすることを決意した．

　その結果，500点を超える文献が集められた．本書で取り上げることのできた諸著作がそのうちのほんの一部にすぎないことに加えて，一人の著者の生涯にわたる諸作品を年代順に取り上げて時間軸に沿った変化を分析することがほとんどできなかった本書の制約を，もし読者がこの文献年表を利用して補って下されば，これを作成した苦労が報いられると思う．なおこのリストには，私の努力にもかかわらずなお入れるべき文献の漏れがあることは避けられないが，それらを盛山和夫氏（東京大学教授）と徳安彰氏（法政大学教授）に補っていただいた．それでも漏れはまだあるだろうが，ご寛恕いただきたい．

　本年表では単行本のみを取り上げ，辞典，講座，著作集などは本文と注にまとめて記したのでここでは除外した．雑誌等の独立論文は研究の本道であるが，膨大で到底取り上げきれないので同じく除外した．翻訳は重要な業績であるが，ここでは「日本の社会学」が主題であることからやはり除外した．同一年内の配列は五十音順とし，単著を重視する意味から編著をあとに配置した．

1946

　高田保馬『終戦三論』（有恒社）

1947

　小松堅太郎『社会学新論』（関書院）

高田保馬『世界社会論』(中外出版)
高田保馬『社会学の根本問題』(関書院)
田辺寿利『コントの実証哲学』(野村書店)

1948
青山秀夫『近代国民経済の構造』(白日書院)
有賀喜左衛門『村落生活——村の生活組織』(国立書院)
尾高邦雄『職業と近代社会』(要書房)
小松堅太郎『マクス・ウェエバア社会科学方法論』(関書院)
清水幾太郎『社会学講義』(白日書院；岩波書店, 1950)
新明正道『社会学の立場』(大涛社)
大道安次郎『アメリカ社会学の潮流』(三一書房)
田辺寿利『コンドルセとその時代』上 (国立書院)
福武直『社会学の現代的課題』(日本評論社)
本田喜代治『フランス革命史』(小石川書房)

1949
尾高邦雄『社会学の本質と課題』上 (有斐閣)
清水盛光『中国族産制度攷』(岩波書店)
中野清一『社会学要講』(関書院)
福武直『日本農村の社会的性格』(東京大学協同組合出版部)
牧野巽『近世中国宗族研究』(日光書院)

1950
青山秀夫『マックス・ウェーバーの社会理論』(岩波書店)
高田保馬『改訂社会学概論』(岩波書店)
高田保馬『社会学大意』(日本評論社)

1951
青山秀夫『マックス・ウェーバー』(岩波書店)
清水幾太郎『社会心理学』(岩波書店)
清水盛光『中国郷村社会論』(岩波書店)
新明正道『社会学史』(有斐閣)

1952
安西文夫『社会学史概説』(研修社)
高田保馬『社会学』(有斐閣)
戸田貞三『社会学概論』(有斐閣)

福武直・日高六郎『社会学——社会と文化の基礎理論』（光文社）
1953
磯村英一『都市社会学』（有斐閣）
岩崎卯一『社会学批判論』（有斐閣）
尾高邦雄『産業における人間関係の科学』（有斐閣）
蔵内数太『社会学概論』（培風館）
小松堅太郎『社会変動論』（有斐閣）
清水盛光『家族』（岩波書店）
林恵海『中支江南農村社会制度研究』上（有斐閣）
1954
新明正道『社会学史概説』（岩波書店）
1955
阿閉吉男『市民社会の系譜』（培風館）
1956
清水義弘『教育社会学』（東京大学出版会）
西村勝彦『理論社会学の根本問題』（教育書林）
尾高邦雄（編）『鋳物の町』（有斐閣）
1957
金子栄一『マックス・ウェーバー研究』（創文社）
鈴木榮太郎『都市社会学原理』（有斐閣，増補版 1965）
中野卓『商家同族団の研究』（未來社）
西村勝彦『社会体系論』（酒井書店）
阿閉吉男・内藤莞爾（共編）『社会学史概論』（勁草書房）
1958
尾高邦雄『現代の社会学』（岩波書店）
尾高邦雄『産業社会学』（ダイヤモンド社）
福武直『社会調査』（岩波書店）
松島静雄・中野卓『日本社会要論』（東京大学出版会）
尾高邦雄（編）『職業と階層』（毎日新聞社）
日本社会学会調査委員会（編）『日本社会の階層的構造』（有斐閣）
1959
磯村英一『都市社会学研究』（有斐閣）
喜多野清一・岡田謙『家：その構造分析』（創文社）

黒川純一『社会学概説』(時潮社)

福武直『日本村落の社会構造』(東京大学出版会)

1960

秋元律郎『現代ドイツ社会学研究』(早稲田大学出版部)

鈴木榮太郎『国民社会学原理ノート』(『著作集』第8巻, 未來社)

日高六郎『現代イデオロギー』(勁草書房)

矢崎武夫『日本都市の発展過程』(弘文堂)

安田三郎『社会調査ハンドブック』(有斐閣)

1961

大塚久雄『宗教改革と近代社会』(みすず書房, 増補版)

1962

青井和夫・綿貫譲治・大橋幸『集団・組織・リーダーシップ』(培風館)

蔵内数太『社会学』(培風館,『社会学概論』1953の増訂版)

松島静雄『労務管理の特質と変遷』(ダイヤモンド社)

森岡清美『真宗教団と「家」制度』(創文社)

矢崎武夫『日本都市の発展過程』(弘文堂)

1963

岩井弘融『病理集団の構造——親分乾分集団の研究』(誠信書房)

向井利昌『階級構造の基礎理論』(日本評論新社)

矢崎武夫『日本都市の社会理論』(学陽書房)

1964

中野卓『商家同族団の研究』(未來社)

間宏『日本労務管理史研究』(ダイヤモンド社)

福武直『日本農村社会論』(東京大学出版会)

尾高邦雄(編)『技術革新と人間の問題』(ダイヤモンド社)

1965

有賀喜左衛門『日本の家族』(至文堂)

安藤英治『マックス・ウェーバー研究』(未來社)

大塚久雄・安藤英治・内田芳明・住谷一彦『マックス・ヴェーバー研究』(岩波書店)

尾高邦雄『日本の経営』(中央公論社)

島崎稔『日本農村社会の構造と論理』(東京大学出版会)

清水幾太郎『精神の離陸』(竹内書店)

田辺寿利『フランス社会学成立史』（有隣堂，遺稿）

富永健一『社会変動の理論』（岩波書店）

萬成博『ビジネス・エリート——日本における経営者の条件』（中央公論社）

見田宗介『現代日本の精神構造』（弘文堂）

山根常男『キブツ——その社会学的分析』（誠信書房）

大塚久雄（編）『マックス・ヴェーバー研究』（東京大学出版会）

鈴木広（編）『都市化の社会学』（誠信書房）

1966

阪井敏郎『社会学の基礎理論』（法律文化社）

佐藤慶幸『官僚制の社会学』（ダイヤモンド社）

清水幾太郎『現代思想』（岩波書店）

武田良三『社会学の構造』（前野書店）

見田宗介『価値意識の理論』（弘文堂）

山根常男『キブツの記録——イスラエルの集団農場をたずねて』（誠信書房）

1967

小山隆『現代家族の役割構造』（培風館）

作田啓一『恥の文化再考』（筑摩書房）

三宅一郎・木下冨雄・間場寿一『異なるレベルの選挙における投票行動の研究』（創文社）

萬成博・杉政孝（編）『産業社会学』（有斐閣）

1968

内田芳明『ヴェーバー社会科学の基礎研究』（岩波書店）

倉沢進『日本の都市社会』（福村出版）

三溝信『市民社会における社会と個人』（青木書店）

新明正道『綜合社会学の構想』（恒星社厚生閣）

徳永恂『社会哲学の復権』（せりか書房）

本田喜代治『フランス社会思想研究』3冊（法政大学出版局）

矢崎武夫『現代大都市構造論』（東洋経済新報社）

1969

蓮見音彦『日本農村の展開過程』（福村出版）

福武直『社会学の方法と課題』（東京大学出版会）

森博『社会学的分析』（恒星社厚生閣）

安田三郎『社会統計学』（丸善，第2版は海野道郎と共著，1977）

1970

尾高邦雄『職業の倫理』(中央公論社)

中根千枝『家族の構造』(東京大学出版会)

蓮見音彦『現代農村の社会理論』(時潮社)

林道義『ウェーバー社会学の方法と構想』(岩波書店)

廣瀬和子『紛争と法』(勁草書房)

安田三郎『社会調査の計画と解析』(東京大学出版会)

1971

佐藤勉『社会学的機能主義の研究』(恒星社厚生閣)

清水盛光『集団の一般理論』(岩波書店)

間宏『日本的経営』(日本経済新聞社)

牧野巽『社会的教育論』(福村出版)

見田宗介『現代日本の心情と論理』(筑摩書房)

安田三郎『社会移動の研究』(東京大学出版会)

山根常男『家族の論理』(垣内出版)

横山寧夫『社会学史概説』(慶應通信)

青井和夫・松原治郎・副田義也（共編）『生活構造の理論』(有斐閣)

富永健一（編）『経営と社会』(ダイヤモンド社)

1972

内田芳明『ヴェーバーとマルクス』(岩波書店)

作田啓一『価値の社会学』(岩波書店)

清水幾太郎『倫理学ノート』(岩波書店)

中村貞二『マックス・ヴェーバー研究』(未來社)

福武直『現代日本社会論』(東京大学出版会)

布施鉄治『行為と社会変革の理論』(青木書店)

1973

稲上毅『現代社会学と歴史意識』(木鐸社)

井上俊『死にがいの喪失』(筑摩書房)

潮木守一『近代大学の形成と変容——一九世紀ドイツ大学の社会的構造』(東京大学出版会)

河村望『日本社会学史研究』上・下 (人間の科学社, 1973-75)

富永健一『産業社会の動態』(東洋経済新報社)

内藤莞爾『末子相続の研究』(弘文堂)

松本和良『組織構造の理論』(学文社)

森岡清美『家族周期論』(培風館)

青井和夫・増田光吉 (共編)『家族変動の社会学』(培風館)

1974

梅澤正『組織開発』(ダイヤモンド社)

大道安次郎『新明社会学――生成と展開』(恒星社厚生閣)

田中義久『人間的自然と社会構造――文化社会学序説』(勁草書房)

1975

石坂巖『経営社会学の系譜』(木鐸社)

庄司興吉『現代日本社会科学史序説――マルクス主義と近代主義』(法政大学出版局)

1976

秋元律郎『ドイツ社会学思想の形成と展開』(早稲田大学出版部)

阿閉吉男『ウェーバー社会学の視圏』(勁草書房)

喜多野清一『家と同族の基礎理論』(未來社)

塩原勉『組織と運動の理論』(新曜社)

綿貫譲治『日本政治の分析視角』(中央公論社)

1977

井上俊『遊びの社会学』(世界思想社)

厚東洋輔『ヴェーバー社会理論の研究』(東京大学出版会)

斉藤正二『社会学史講義』(新評論)

星野克美『社会変動の理論と計測』(東洋経済新報社)

真木悠介『現代社会の存立構造』(筑摩書房)

マーシュ, ロバート・萬成博『近代化と日本の工場――組織の社会学的分析』(東京大学出版会)

松原治郎『コミュニティの社会学』(東京大学出版会)

宮島喬『デュルケム社会理論の研究』(東京大学出版会)

向井利昌『現代資本主義と階級』(新評論)

山岸健『社会的世界の探究』(慶應通信)

1978

佐々木交賢『デュルケーム社会学研究』(恒星社厚生閣)

清水幾太郎『オーギュスト・コント』(岩波書店)

下田直春『社会学的思考の基礎――社会学基礎理論の批判的展望』(新泉社)

園田恭一『現代コミュニティ論』（東京大学出版会）
1979
秋元律郎『日本社会学史』（早稲田大学出版部）
阿閉吉男『ジンメル社会学の方法』（御茶の水書房）
梅澤正『職業労働の新展開』（日本労働協会）
大村英昭・宝月誠『逸脱の社会学』（新曜社）
上子武次『家族役割の研究』（ミネルヴァ書房）
河村望『国家と社会の理論』（青木書店）
小池和男・渡辺行郎『学歴社会の虚像』（東洋経済新報社）
徳永恂『現代批判の哲学』（東京大学出版会）
中久郎『デュルケームの社会理論』（創文社）
細谷昂『マルクス社会理論の研究』（東京大学出版会）
松島静雄『中小企業と労務管理』（東京大学出版会）
村上泰亮・公文俊平・佐藤誠三郎『文明としてのイエ社会』（中央公論社）
横山寧夫『社会学概論』（慶應通信）
富永健一（編）『日本の階層構造』（東京大学出版会）
1980
青井和夫『小集団の社会学』（東京大学出版会）
庄司興吉『社会変動と変革主体』（東京大学出版会）
平野秀秋『移動人間論』（紀伊國屋書店）
蓮見音彦・奥田道大（共編）『地域社会論——住民生活と地域組織』（有斐閣）
1981
秋元律郎『権力の構造』（有斐閣）
新睦人・中野秀一郎『社会システムの考え方』（有斐閣）
阿閉吉男『ジンメルとウェーバー』（御茶の水書房）
稲上毅『労使関係の社会学』（東京大学出版会）
尾高邦雄『産業社会学講義』（岩波書店）
折原浩『デュルケームとウェーバー』上・下（三一書房）
栗原彬『やさしさのゆくえ——現代青年論』（筑摩書房）
竹内洋『競争の社会学——学歴と昇進』（世界思想社）
馬場伸也『アイデンティティの国際政治学』（東京大学出版会）
福武直『日本社会の構造』（東京大学出版会）
真木悠介『時間の比較社会学』（岩波書店）

正岡寛司『家族——その社会史と将来』(学文社)

1982

天野郁夫『教育と選抜』(第一法規出版)

潮木守一『大学と社会』(第一法規出版)

小倉充夫『開発と発展の社会学』(東京大学出版会)

金子勇『コミュニティの社会理論』(アカデミア出版会)

河村望『市民社会と社会学』(御茶の水書房)

新明正道『タルコット・パーソンズ』(恒星社厚生閣)

藤田弘夫『日本都市の社会学的特質』(時潮社)

船津衛『自我の社会理論』(恒星社厚生閣)

山口節郎『社会と意味』(勁草書房)

1983

天野郁夫『試験の社会史』(東京大学出版会)

石川晃弘『職場の中の社会主義』(青木書店)

居安正『政党派閥の社会学』(世界思想社)

奥田道大『都市コミュニティの理論』(東京大学出版会)

杉山光信『現代フランス社会学の革新』(新曜社)

福武直『社会保障論断章』(東京大学出版会)

直井優(編)『社会調査の基礎』(サイエンス社)

1984

飯島伸子『環境問題と被害者運動』(学文社)

近江哲男『都市と地域社会』(早稲田大学出版部)

奥田和彦『消費行動パラダイムの新展開』(白桃書房)

金子勇『高齢化の社会設計』(アカデミア出版会)

久慈利武『交換理論と社会学の方法』(新泉社)

佐藤郁哉『暴走族のエスノグラフィー』(新曜社)

寿里茂『現代フランスの社会構造』(東京大学出版会)

富永健一『現代の社会科学者』(講談社)

三重野卓『福祉と社会計画の理論』(白桃書房)

矢澤修次郎『現代アメリカ社会学史研究』(東京大学出版会)

1985

阿閉吉男『ジンメルの視点』(勁草書房)

上野千鶴子『構造主義の冒険』(勁草書房)

江原由美子『生活世界の社会学』(勁草書房)
折原浩『危機に立つ人間と学問』(未來社)
橋爪大三郎『言語ゲームと社会理論』(勁草書房)
舩橋晴俊・長谷川公一・畠中宗一・勝田晴美『新幹線公害——高速文明の社会問題』(有斐閣)
三宅一郎『政党支持の分析』(創文社)

1986

今田高俊『自己組織性』(創文社)
梅澤正『企業文化の創造』(有斐閣)
三溝信『社会学講義』(有信堂高文社)
新保満・松田苑子『現代日本農村社会の変動』(御茶の水書房)
鈴木広『都市化の研究』(恒星社厚生閣)
高城和義『パーソンズの理論体系』(日本評論社)
徳岡秀雄『社会病理の分析視角』(東京大学出版会)
富永健一『社会学原理』(岩波書店)
長谷川昭彦『農村の家族と地域社会』(御茶の水書房)
山根常男『家族と人格』(家政教育社)
山本鎮雄『西ドイツ社会学の研究』(恒星社厚生閣)
吉見俊哉『都市のドラマトゥルギー——東京・盛り場の社会史』(弘文堂)
六本佳平『法社会学』(有斐閣)
綿貫譲治・三宅一郎・蒲島郁夫・猪口孝『日本人の選挙行動』(東京大学出版会)
金子勇・松本洸(共編)『クオリティ・オブ・ライフ』(福村出版)
倉沢進(編)『東京の社会地図』(東京大学出版会)
吉原直樹・岩崎信彦(共編)『都市論のフロンティア』(有斐閣)

1987

青井和夫『社会学原理』(サイエンス社)
石塚省二『社会哲学の原像——ルカーチと〈知〉の世紀末』(世界書院)
内田隆三『消費社会と権力』(岩波書店)
佐藤健二『読書空間の近代——方法としての柳田國男』(弘文堂)
住谷一彦・小林純・山田正範『マックス・ヴェーバー』(清水書院)
高橋徹『近代日本の社会意識』(新曜社)
高橋徹『現代アメリカ知識人論』(新泉社)

富永健一『社会構造と社会変動』(放送大学教育振興会)
満田久義『村落社会体系論』(ミネルヴァ書房)
宮島喬『デュルケム理論と現代』(東京大学出版会)
山岸健『日常生活と社会理論──社会学の視点』(慶應通信)
倉橋重史・丸山哲央(共編)『社会学の視点──行為から構造へ』(ミネルヴァ書房)
中久郎(編)『社会学の基礎理論』(世界思想社)

1988

江原由美子『フェミニズムと権力作用』(勁草書房)
大澤真幸『行為の代数学──スペンサー・ブラウンから社会システム論へ』(青土社)
小笠原真『ヴェーバー／ゾムバルト／大塚久雄』(昭和堂)
梶田孝道『エスニシティと社会変動』(有信堂高文社)
梶田孝道『テクノクラシーと社会運動』(東京大学出版会)
久慈利武『現代の交換理論』(新泉社)
小山隆『山間聚落の大家族』(川島書店)
高城和義『パーソンズとアメリカ社会』(日本評論社)
内藤莞爾『フランス社会学史研究』(恒星社厚生閣)
新睦人・三沢謙一(共編)『現代アメリカの社会学理論』(恒星社厚生閣)

1989

秋元律郎『都市社会学の源流』(有斐閣)
天野郁夫『近代日本高等教育研究』(玉川大学出版部)
稲上毅『転換期の労働世界』(有信堂)
今田高俊『社会階層と政治』(東京大学出版会)
梅津順一『近代経済人の宗教的根源』(みすず書房)
江原由美子ほか『ジェンダーの社会学──女たち／男たちの世界』(新曜社)
大村英昭『新版 非行の社会学』(世界思想社)
落合恵美子『近代家族とフェミニズム』(勁草書房)
金子勇『新コミュニティの社会理論』(アカデミア出版会)
河西宏祐『企業別組合の理論──もうひとつの日本的労使関係』(日本評論社)
河村望『社会学概論』(行人社)
甲田和衛・髙坂健次『社会学研究法』(放送大学教育振興会)
駒井洋『国際社会学研究』(日本評論社)

高城和義『パーソンズとアメリカの大学』（日本評論社）
　　中村秀一『産業と倫理——サン゠シモンの社会組織思想』（平凡社）
　　宮台真司『権力の予期理論』（勁草書房）
　　川合隆男（編）『近代日本社会調査史』（慶應通信）
　　北原淳（編）『東南アジアの社会学』（世界思想社）
1990
　　稲上毅『現代英国労働事情』（東京大学出版会）
　　上野千鶴子『家父長制と資本制』（岩波書店）
　　梅澤正『人が見える企業文化』（講談社）
　　大澤真幸『身体の比較社会学』Ⅰ・Ⅱ（勁草書房，1990-92）
　　河村望『資本論における社会と人間』（大月書店）
　　進藤雄三『医療の社会学』（世界思想社）
　　田中義久『行為・関係の理論——現代社会と意味の胎生』（勁草書房）
　　富永健一『日本の近代化と社会変動』（講談社）
　　蓮見音彦『苦悩する農村』（有信堂）
　　藤竹暁『大衆政治の社会学』（有斐閣）
　　宝月誠『逸脱論の研究』（恒星社厚生閣）
　　山根常男『家族と結婚』（家政教育社）
　　吉田民人『情報と自己組織性の理論』（東京大学出版会）
　　吉田民人『自己組織性の情報科学』（新曜社）
　　土方透（編）『来るべき知』（勁草書房）
　　中村勝巳（編）『マックス・ヴェーバーと日本』（みすず書房）
　　蓮見音彦・似田貝香門・矢澤澄子（共編）『都市政策と地域形成』（東京大学出版会）
1991
　　麻生誠『日本の学歴エリート』（玉川大学出版部）
　　阿閉吉男『ジンメルの世界』（文化書房博文社）
　　飯田哲也『テンニース研究』（ミネルヴァ書房）
　　金井新二『ウェーバーの宗教理論』（東京大学出版会）
　　厚東洋輔『社会認識と想像力』（ハーベスト社）
　　中久郎『共同性の社会理論』（世界思想社）
　　長谷川善計・竹内隆夫・藤井勝・野崎敏郎『日本社会の基層構造——家・同族・村落の研究』（法律文化社）

藤田弘夫『都市と権力』（創文社）
間々田孝夫『行動理論の再構成』（福村出版）
米沢和彦『ドイツ社会学史研究』（恒星社厚生閣）
小林淳一・木村邦博（共編）『考える社会学』（ミネルヴァ書房）
盛山和夫・海野道郎（共編）『秩序問題と社会的ジレンマ』（ハーベスト社）
宮島喬・梶田孝道（共編）『統合と分化のなかのヨーロッパ』（有信堂高文社）

1992

青井和夫『長寿社会論』（流通経済大学出版会）
天野正子・桜井厚『「モノと女」の戦後史——身体性・家庭性・社会性を軸に』（有信堂高文社）
安藤英治『ウェーバー歴史社会学の出立』（未來社）
石川准『アイデンティティ・ゲーム——存在証明の社会学』（新評論）
岡田直之『マスコミ研究の視座と課題』（東京大学出版会）
高城和義『パーソンズとアメリカの知識社会』（岩波書店）
若林幹夫『熱い都市 冷たい都市』（弘文堂）
梶田孝道（編）『国際社会学』（名古屋大学出版会）
十時嚴周（編）『現代の社会変動』（慶應通信）

1993

秋元律郎『マンハイム亡命知識人の思想』（ミネルヴァ書房）
金子勇・長谷川公一『マクロ社会学』（新曜社）
佐藤俊樹『近代・組織・資本主義』（ミネルヴァ書房）
鈴木秀一『経営文明と組織理論——マックス・ウェーバーと経営官僚制研究』（学文社）
福永安祥『中国と東南アジアの社会学』（勁草書房）
松本和良『組織体系の社会学』（学文社）
三上剛史『ポスト近代の社会学』（世界思想社）
森岡清美『現代家族変動論』（ミネルヴァ書房）
山之内靖『ニーチェとヴェーバー』（未來社）
飯島伸子（編）『環境社会学』（有斐閣）

1994

飯田哲也『家族と家庭』（学文社）
稲上毅・H. ウィッタカー・逢見直人・篠田徹・下平好博・辻中豊『ネオ・コーポラティズムの国際比較』（日本労働研究機構）

小笠原真『近代化と宗教——マックス・ヴェーバーと日本』(世界思想社)
下田直春『社会理論と社会的現実』(新泉社)
富永健一『行為と社会システムの理論』(東京大学出版会)
西原和久『社会学的思考を読む』(人間の科学社)
町村敬志『「世界都市」東京の構造転換』(東京大学出版会)
山田昌弘『近代家族のゆくえ——家族と愛情のパラドックス』(新曜社)
吉原直樹『都市空間の社会理論』(東京大学出版会)
吉見俊哉『メディア時代の文化社会学』(新曜社)
嘉目克彦『マックス・ヴェーバーの批判理論』(恒星社厚生閣)
石川淳志・橋本和孝・浜谷正晴(共編)『社会調査——歴史と視点』(ミネルヴァ書房)
千石好郎(編)『モダンとポストモダン』(法律文化社)

1995

新睦人『現代社会の理論構造』(恒星社厚生閣)
飯島伸子『環境社会学のすすめ』(丸善)
稲上毅『成熟社会のなかの企業別組合』(日本労働研究機構)
宇賀博『アソシエーショニズム——アメリカ社会学思想史研究』(人文書院)
片桐新自『社会運動の中範囲理論——資源動員論からの展開』(東京大学出版会)
盛山和夫『制度論の構図』(創文社)
副田義也『生活保護制度の社会史』(東京大学出版会)
竹内洋『日本のメリトクラシー』(東京大学出版会)
筒井清忠『日本型「教養」の運命——歴史社会学的考察』(岩波書店)
富永健一『社会学講義』(中央公論社)
正村俊之『秘密と恥——日本社会のコミュニケーション構造』(勁草書房)
森元孝『アルフレート・シュッツのウィーン』(新評論)
油井清光『主意主義的行為理論』(恒星社厚生閣)
廣瀬和子・綿貫讓治(共編)『新国際学』(東京大学出版会)
宮島喬(編)『現代社会学』(有斐閣)

1996

飯田哲也『現代日本家族論』(学文社)
伊藤周平『福祉国家と市民権——法社会学的アプローチ』(法政大学出版局)
内田隆三『さまざまな貧と苦』(岩波書店)

大村英昭『現代社会と宗教――宗教意識の変容』(岩波書店)

折原浩『ヴェーバー「経済と社会」の再構成――トルソの頭』(東京大学出版会)

梶田孝道『国際社会学のパースペクティブ』(東京大学出版会)

寿里茂『ホワイトカラーの社会史』(日本評論社)

瀬地山角『東アジアの家父長制』(勁草書房)

富永茂樹『都市の憂鬱――感情の社会学のために』(新曜社)

村中知子『ルーマン理論の可能性』(恒星社厚生閣)

森元孝『逗子の市民運動』(御茶の水書房)

安田雪『日米市場のネットワーク分析』(木鐸社)

山田信行『労使関係の歴史社会学――多元的資本主義発展論の試み』(ミネルヴァ書房)

阿藤誠(編)『先進諸国の人口問題』(東京大学出版会)

北川隆吉・宮島喬(共編)『20世紀社会学理論の検証』(有信堂高文社)

佐々木交賢(編)『デュルケーム再考』(恒星社厚生閣)

1997

梅澤正『サラリーマンの自画像』(ミネルヴァ書房)

恩田守雄『発展の経済社会学』(文眞堂)

金子勇『地域福祉社会学――新しい高齢社会像』(ミネルヴァ書房)

熊谷文枝『日本の家族と地域性』上・下(ミネルヴァ書房)

佐藤勉『コミュニケーションと社会システム――パーソンズ・ハーバーマス・ルーマン』(恒星社厚生閣)

副田義也『教育勅語の社会史』(有信堂高文社)

立岩真也『私的所有論』(勁草書房)

徳永恂『ヴェニスのゲットーにて』(みすず書房)

富永健一『経済と組織の社会学理論』(東京大学出版会)

富永健一『環境と情報の社会学』(日科技連出版社)

鳥越皓之『環境社会学の理論と実践』(有斐閣)

那須寿『現象学的社会学への道』(恒星社厚生閣)

向井守『マックス・ヴェーバーの科学論』(ミネルヴァ書房)

安田雪『ネットワーク分析』(新曜社)

山之内靖『マックス・ヴェーバー入門』(岩波書店)

吉野耕作『文化ナショナリズムの社会学』(名古屋大学出版会)

綿貫譲治・三宅一郎『環境変動と態度変容』(木鐸社)

筒井清忠（編）『歴史社会学のフロンティア』（人文書院）
萬成博・丘海雄（共編）『現代中国国有企業』（白桃書房）

1998

飯田哲也『現代日本生活論』（学文社）
荻野昌弘『資本主義と他者』（関西学院大学出版会）
左古輝人『秩序問題の解明――恐慌における人間の立場』（法政大学出版局）
佐藤嘉倫『意図的社会変動の理論』（東京大学出版会）
田中宏『社会と環境の理論』（新曜社）
富永健一『マックス・ヴェーバーとアジアの近代化』（講談社）
友枝敏雄『モダンの終焉と秩序形成』（有斐閣）
廣瀬和子『国際法社会学の理論――複雑システムとしての国際関係』（東京大学出版会）
宝月誠『社会生活のコントロール』（恒星社厚生閣）
細谷昂『現代と日本農村社会学』（東北大学出版会）
松岡雅裕『パーソンズの社会進化論』（恒星社厚生閣）
松崎昇『西洋発近代の論理』（社会評論社）
松本三和夫『科学技術社会学の理論』（木鐸社）
向井利昌『経済社会学の基礎理論』正・続（遺稿，向井利行編集，1998-2000）
山岸俊男『信頼の構造――こころと社会の進化ゲーム』（東京大学出版会）
山田信行『階級・国家・世界システム――産業と変動のマクロ社会学』（ミネルヴァ書房）
山根常男『家族と社会』（家政教育社）
石川淳志・佐藤健二・山田一成（共編）『見えないものを見る力――社会調査という認識』（八千代出版）
富永健一・宮本光晴（共編）『モビリティ社会への展望』（慶應義塾大学出版会）
宮島喬（編）『現代ヨーロッパ社会論』（人文書院）

1999

青井和夫『長寿社会を生きる』（有斐閣）
秋元律郎『知識社会学と現代――K. マンハイム研究』（早稲田大学出版部）
池田昭『ヴェーバーの日本近代化論と宗教』（岩田書院）
内田隆三『生きられる社会』（新書館）
佐藤郁哉『現代演劇のフィールドワーク――芸術生産の文化社会学』（東京大学出版会）

庄司興吉『地球社会と市民連携』（有斐閣）
武川正吾『社会政策のなかの現代』（東京大学出版会）
中久郎『社会学原論』（世界思想社）
中河伸俊『社会問題の社会学——構築主義アプローチの新展開』（世界思想社）
中野秀一郎『タルコット・パーソンズ——最後の近代主義者』（東信堂）
橋本健二『現代日本の階級構造』（東信堂）
原純輔・盛山和夫『社会階層』（東京大学出版会）
藤村正之『福祉国家の再編成』（東京大学出版会）
好井裕明『批判的エスノメソドロジーの語り——差別の日常を読み解く』（新曜社）
石川准・長瀬修（共編）『障害学への招待——社会，文化，ディスアビリティ』（明石書店）
筒井清忠（編）『日本の歴史社会学』（岩波書店）

2000

市野川容孝『身体／生命』（岩波書店）
井上俊『スポーツと芸術の社会学』（世界思想社）
梅澤正『企業と社会』（ミネルヴァ書房）
小笠原真『日本社会学史への誘い』（世界思想社）
落合恵美子『近代家族の曲がり角』（角川書店）
片桐雅隆『自己と「語り」の社会学』（世界思想社）
北田暁大『広告の誕生——近代メディア文化の歴史社会学』（岩波書店）
栗原彬・小森陽一・佐藤学・吉見俊哉『内破する知——身体・言葉・権力を編みなおす』（東京大学出版会）
髙坂健次『社会学におけるフォーマル・セオリー』（ハーベスト社）
佐藤俊樹『不平等社会日本——さよなら総中流』（中央公論新社）
数土直紀『自由の社会理論』（多賀出版）
盛山和夫『権力』（東京大学出版会）
田中義久『コミュニケーション理論史研究』上（勁草書房）
挾本佳代『社会システム論と自然』（法政大学出版局）
牧野雅彦『責任倫理の系譜学——ウェーバーにおける政治と学問』（日本評論社）
間々田孝夫『消費社会論』（有斐閣）
正村俊之『情報空間論』（勁草書房）

三重野卓『「生活の質」と共生』(白桃書房)
森田数実『ホルクハイマーの批判的理論』(恒星社厚生閣)
山田富秋『日常性批判——シュッツ・ガーフィンケル・フーコー』(せりか書房)
山本鎮雄『新明正道——綜合社会学の探求』(東信堂)
若林幹夫『都市の比較社会学——都市はなぜ都市であるのか』(岩波書店)
大村英昭(編)『臨床社会学を学ぶ人のために』(世界思想社)
橋本努・橋本直人・矢野善郎(共編)『マックス・ヴェーバーの新世紀』(未來社)
三重野卓・平岡公一(共編)『福祉政策の理論と実際』(東信堂)

2001

浅野智彦『自己への物語的接近——家族療法から社会学へ』(勁草書房)
井上文夫『すぐ役に立つ社会調査の方法』(八千代出版)
今田高俊『意味の文明学序説』(東京大学出版会)
梅澤正『職業とキャリア』(学文社)
岡田直之『世論の政治社会学』(東京大学出版会)
奥村隆『エリアス・暴力への問い』(勁草書房)
恩田守雄『開発社会学』(ミネルヴァ書房)
鹿又伸夫『機会と結果の不平等——世代間移動と所得・資産格差』(ミネルヴァ書房)
佐藤健二『歴史社会学の作法』(岩波書店)
城達也『自由と意味——戦後ドイツにおける社会秩序観の変容』(世界思想社)
杉山光信『戦後日本の〈市民社会〉』(みすず書房)
竹内洋『大衆モダニズムの夢の跡——彷徨する「教養」と大学』(新曜社)
武川正吾『福祉社会——社会政策とその考え方』(有斐閣)
西阪仰『心と行為——エスノメソドロジーの視点』(岩波書店)
馬場靖雄『ルーマンの社会理論』(勁草書房)
船津衛『アメリカ社会学の潮流』(恒星社厚生閣)
山田昌弘『家族というリスク』(勁草書房)
嘉目克彦『ヴェーバーと近代文化人の悲劇』(恒星社厚生閣)
上野千鶴子(編)『構築主義とは何か』(勁草書房)
鹿又伸夫・野宮大志郎・長谷川計二(編)『質的比較分析』(ミネルヴァ書房)
副田義也(編)『死の社会学』(岩波書店)

中河伸俊・北澤毅・土井隆義（共編）『社会構築主義のスペクトラム――パースペクティブの現在と可能性』（ナカニシヤ出版）

三重野卓（編）『福祉国家の社会学』（東信堂）

2002

秋元律郎『現代都市とエスニシティ』（早稲田大学出版部）

内田隆三『国土論』（筑摩書房）

庄司興吉『日本社会学の挑戦』（有斐閣）

高城和義『パーソンズ――医療社会学の構想』（岩波書店）

高橋徹『意味の歴史社会学――ルーマンの近代ゼマンティク論』（世界思想社）

德永恂『フランクフルト学派の展開』（新曜社）

富永健一『社会変動の中の福祉国家』（中央公論新社）

森岡清美『華族社会の「家」戦略』（吉川弘文館）

油井清光『パーソンズと社会学理論の現在』（世界思想社）

吉澤夏子『世界の儚さの社会学――シュッツからルーマンへ』（勁草書房）

渡辺深『経済社会学のすすめ』（八千代出版）

市野川容孝（編）『生命倫理とは何か』（平凡社）

2003

江原由美子・山田昌弘『ジェンダーの社会学』（放送大学教育振興会）

折原浩『ヴェーバー学のすすめ』（未來社）

春日淳一『貨幣論のルーマン』（勁草書房）

片桐雅隆『過去と記憶の社会学』（世界思想社）

金子勇『都市の少子社会』（東京大学出版会）

川合隆男『近代日本社会学の展開』（恒星社厚生閣）

北田暁大『責任と正義――リベラリズムの居場所』（勁草書房）

小松丈晃『リスク論のルーマン』（勁草書房）

高城和義『パーソンズとウェーバー』（岩波書店）

西原和久『自己と社会』（新泉社）

長谷川公一『環境運動と新しい公共圏』（有斐閣）

早川洋行『ジンメルの社会学理論』（世界思想社）

藤田弘夫『都市と文明の比較社会学』（東京大学出版会）

船津衛『シンボリック相互作用論』（恒星社厚生閣）

三上剛史『道徳回帰とモダニティ――デュルケームからハバーマス - ルーマンへ』（恒星社厚生閣）

宮垣元『ヒューマンサービスと信頼』(慶應義塾大学出版会)

矢野善郎『マックス・ヴェーバーの方法論的合理主義』(創文社)

吉見俊哉『カルチュラル・ターン，文化の政治学へ』(人文書院)

居安正・副田義也・岩崎信彦 (共編)『ゲオルク・ジンメルと社会学』『21世紀への橋と扉』(世界思想社)

2004

新睦人『社会学の方法』(有斐閣)

飯田哲也『社会学の理論的挑戦』(学文社)

岡澤憲一郎『ゲオルク・ジンメルの思索』(文化書房博文社)

奥田道大『都市コミュニティの磁場』(東京大学出版会)

盛山和夫『統計学入門』(放送大学教育振興会)

立岩真也『自由の平等──簡単で別な姿の世界』(岩波書店)

宝月誠『逸脱とコントロールの社会学』(有斐閣)

山崎敬一『社会理論としてのエスノメソドロジー』(ハーベスト社)

渡辺雅男『階級！──社会認識の概念装置』(彩流社)

金子勇 (編)『高田保馬リカバリー』(ミネルヴァ書房)

倉沢進・浅川達人 (共編)『新編 東京圏の社会地図1975-90』(東京大学出版会)

富永健一・徳安彰 (共編)『パーソンズ・ルネッサンスへの招待』(勁草書房)

日本数理社会学会監修『社会を〈モデル〉で見る──数理社会学への招待』(勁草書房)

三隅一人 (編)『社会学の古典理論』(勁草書房)

渡辺秀樹・稲葉昭英・嶋﨑尚子 (共編)『現代家族の構造と変容』(東京大学出版会)

人名索引

ア

青井和夫　16
青山秀夫　193-205, 215, 379
秋元律郎　3, 50
芥川集一　291-292, 304
阿閉吉男　39-40, 205-222
アドルノ, T. W.　94
アルヴァックス, M.　400-401
有賀喜左衛門　30, 107-117, 125-128
磯村英一　31, 142-145, 157
市村真一　65
稲上　毅　363-368, 377
今田高俊　264-270, 276, 421
居安　正　222-231
岩崎信彦　222-231
ヴィーゼ, L. v.　48-49
ウィーナー, N.　404
上野千鶴子　329-334, 340-341
ヴェーバー, M.　39-40, 181-215, 224-227, 239-245, 439-441
梅澤　正　369-375, 377
大塚久雄　181-193, 214
岡澤憲一郎　228-231
小笠原真　215
奥井復太郎　141-142
奥田道大　17
尾高邦雄　30, 80-81, 87-94, 158-166, 420
折原　浩　239-245

カ

梶田孝道　17, 408-414, 418
梶山　力　181-182
片桐雅隆　397-402
金子　勇　101
河村　望　3, 284-285, 287, 296-297
北川隆吉　288-291, 301-304
喜多野清一　30, 108-109, 113-117, 126, 419
ギュルヴィッチ, G.　388-389
公文俊平　16, 108
蔵内数太　31, 381-386, 402
クラカウアー, S.　383
グラス, D. V.　424-425
高坂健次　255
厚東洋輔　255
ゴフマン, E.　399, 401
駒井　洋　17
小山　隆　30, 108, 126
ゴールドソープ, J. H.　364-365, 367-368
コールマン, J. S.　344, 432
コント, A.　66-71

サ

佐藤誠三郎　16, 108
佐藤嘉倫　434
三溝　信　298-301, 304
シェーラー, M.　259, 385-386
塩原　勉　322-329, 340-341
清水幾太郎　29, 65-71, 77
清水盛光　31-32, 348-354, 376, 386-393
シュタイン, L. v.　93
シュッツ, A.　378-381, 394-397, 401-402
庄司興吉　4
新明正道　80-87
ジンメル, G.　66-71, 215-231, 384-386, 388, 439-440
鈴木榮太郎　18, 27-31, 35-36, 47-48, 127-129, 141, 145-153, 157, 419
スペンサー, H.　3

人名索引

スメルサー, N. J. 249, 275
盛山和夫 270-276, 421, 430-434
セン, A. K. 272
副田義也 222, 303
園田恭一 17
ソローキン, P. A. 129, 422
ゾンバルト, W. 186, 189

タ

高城和義 246-251, 276
高田保馬 18, 27-30, 35-36, 47-48, 51-65, 79-82, 98, 441
田口富久治 9
田中清助 293-295, 304
ダンカン, O. D. 291, 427-428
デューイ, J. 66-67
デュルケーム, E. 39-40, 231-245, 439-441
デンジン, N. K. 399, 401
テンニェス, F. 48-49
徳安 彰 41, 421
戸田貞三 18, 27-30, 35-36, 47-48, 71-77, 107-112, 114-116, 420
トーニー, R. 189-190
富永健一 16-17, 40-41, 252-264, 275-276, 420-422
友枝敏雄 421
トレルチ, E. 186, 189

ナ

直井 優 17, 421
中野 卓 30, 122-126
那須 寿 393-397, 403
西平重喜 420
ノイラート, O. 197

ハ

間 宏 173-177
橋本健二 334-341, 343
蓮見音彦 285-287
パーソンズ, T. 39-41, 245-276, 278-279, 378-381, 439-441
バーナード, C. I. 323-324
馬場宏二 371
ハバーマス, J. 94, 263
浜日出夫 226-228, 230, 231
原 純輔 421, 430-434
ハンチントン, S. 410, 412
広松 渉 318
フィアカント, A. F. 259, 385-386
福武 直 30-31, 129-141, 279-283, 287
藤村正之 414-419
布施鉄治 157, 305-313, 320-321
フッサール, E. 381-383
フライヤー, H. 49
ブラウ, P. M. 291, 427-428
ブルデュー, P. 344, 432
ブレンターノ, R. 189-190
フロイト, S. 294, 357-358
ベーム-バヴェルク, E. v. 198, 205
ベラー, R. N. 398
ベンディックス, R. 426, 432
細谷 昂 286-287, 313-322
ポパー, K. R. 94
本田喜代治 28

マ

牧野 巽 31, 348
松島静雄 166-173, 177-178
松原治郎 17
マードック, G. P. 124, 351
マルクス, K. 93, 99-100, 182, 305-322, 336
丸山眞男 51-52, 54-55, 65
マンハイム, K. 96
ミーゼス, L. E. v. 205
ミード, G. H. 259, 294, 380, 399
三宅雪嶺 5
宮島 喬 232-239, 245
ミル, J. S. 56, 265-266
向井 守 224-225, 229, 231
村上泰亮 16, 108

モーガン, I. H.　350, 352
森岡清美　30, 117-122, 126
モリス, C.　404, 408

ヤ

矢崎武夫　31, 153-157
安田三郎　420, 422-430, 434
山根常男　32, 108-109, 354-363, 376-377
山本鎮雄　49
吉田民人　403-408, 418

米沢和彦　49
米田庄太郎　47, 50

ラ

ライト, E. O.　337-338
リット, T.　384-386, 388
リプセット, S. N.　426, 432
ルカーチ, G.　325-326
ルックマン, T.　378, 394, 402
ルーマン, N.　41, 94, 99, 263, 267

事項索引

ア

アノミー 232
——論 235-238
アメリカの大学 249
アメリカの知識社会 251
アーバニズム論 143-144
家制度 105-106, 129
家と同族の解体 111
家と村 105, 127-129, 138
育児 354-356, 359
意識
　社会とは——である 72, 75
　戦後という—— 7-8
一般理論の発展局面（第一局面） 37, 438
イベント 18
意味理解 206
鋳物工場の調査研究 158-159
因習と法 211
運動 322-329
AGIL 図式 247
SSM 調査 →「社会階層と移動」調査
エスニシティ 409, 413
オイコス（古代ギリシア） 349

カ

階級意識 299
階級闘争 311
核家族 124
学派 20
家計の共産的関係 116
家産官僚制 201-203
家事労働 331-332
過小農 132-133, 136-137
カズイスティーク 199

家族 11
　——内社会関係 351-352
　——の機能 351
　——の未来 362
　——のライフサイクル 358, 360
　——力動の理論 359
　核—— 350
　単婚—— 111
　直系—— 111
　複合—— 111, 350
家族社会学 105-126
家父長制 342, 362
　——家族 107
　——的資本制 331-334
貨幣 209
　——の哲学 223-224
貨幣経済の社会学 225
カリスマ的支配 207
記憶 6, 397-401
　社会的—— 436
　集合的—— 6, 443
企業共同体 365, 366
企業社会 370
企業の社会的責任 373
記号 404, 408
基礎社会 56-58, 62
　——衰耗の法則 113
機能主義 264
　自省的—— 264, 267
キブツ 356-357
キャリア志向 365
共同体 139
共変法 243
近代化 14-17, 261-262
　「社会的」—— 12, 16

事項索引　469

　　　戦後日本社会の―― 14
近代国民経済 193
近代資本主義 198
　　　――経済の合理性 200
グローバル化 14-15
経営家族主義 173-177
計画経済 194-195, 197
経済
　　　――と社会 233
　　　――と宗教 228
経済社会学 194, 208-212
経済的基礎構造 139
形式社会学 82, 84, 89, 90
結合社会学 82
結婚 358
結節的機関 147
現象学的社会学 377-403
行為理論 197-198, 377, 379, 380
講座の出版 24-27
構造‐機能主義 268
構造‐機能理論 253, 260
構築主義 397-401
行動‐習慣‐社会 66
合法的支配 207
功利主義的個人主義 234
高齢化社会 109
国際関係 13
国際社会 14
国際社会学 14, 408, 413, 418
国民社会 13, 149-153
国民社会学 149-150, 153
国民主義と自由主義 204
国家 13
国家独占資本主義 285
コーポレート・ガバナンス（企業統治） 372
コミュニティ 17

　　　　サ

財閥 124-125
サイバネティックス 404, 407

産業化 14, 17
産業社会学 158-178
産業社会論 232
産業主義 233
産業における人間関係 160
自営業者層 335, 339
ジェンダー 338
　　　――と階層 433
自己言及 265-266
自己組織性 264-270, 407
自殺 236, 238
　　　――の定義 241
自主管理 162
自省 267
　　　――的機能主義 264, 267
自然村 128
実在論的社会観 240
辞典の出版 23-24
支配の社会学 206-208
支配理論 220
資本家階級 335, 338, 344
資本主義の精神 183, 189
社会
　　　――の概念 9, 316
　　　狭義の―― 3, 9-11, 16
社会移動 422-429
　　　――の意識 428-429
　　　――の国際比較 426-427
　　　――の測定 424
社会階層 12-13, 430-434
「社会階層と移動」調査 420-421, 433
　　　第一回（1955年），第二回（1965年），第三回（1975年）―― 420
　　　第四回――（1985年） 421
　　　第五回――（1995年） 421, 433
社会学史の三段階説 88
社会学的機能主義 254
社会学における私の立場論争 → 1951年論争
社会学の科学理論 257
社会学の限定 68

社会化の形式　219
社会関係　310
社会構造　17, 61, 134, 255, 309
　　村落の——　134-136
　　都市の——　154
社会資本　344, 432
社会調査　419
　　数量的——　419
社会的行為の概念　307
社会のマクロ理論　259
社会のミクロ理論　258
社会発展　311
社会変動　17, 61
　　——の理論　252, 261
　　社会構造の変動としての——　252
　　戦後日本の——　11
習慣と慣習　211
宗教社会学　212-214
呪術　212
シュッツ-パーソンズ論争　379
小家族理論　107
小集団活動　162
小集団理論　220
情報　403, 405, 406, 408
　　——科学　403, 406
職業的キャリア　432
職能給　168-170
職場共同体　367
女性解放　330, 332
真宗教団の家制度　117-122
新保守主義　15
生産力　318
正常人口の正常生活　148
生態学　128
聖と俗　227
制度論　270
世界経済　59
世界社会化　63
世界社会論　55-57
世代　19-20
　　後期戦前——　20, 65

社会学第一——, 社会学第二——　19, 50
社会学第三——　19, 65
社会学第四——　19
前期戦前——　20
戦後第一——　20
戦後第二——　20
1951年論争　78-92
戦後（主題としての）　2
　　——社会　11
　　——社会学の規模拡大　21-23
　　——初期の理論社会学　46-77
　　——という意識　7-8
　　——日本社会学史　4
　　——日本社会の近代化　14
　　——日本の社会変動　11
戦前（戦後との対比における）
　　——社会　10
　　——社会学の理論的パラダイムの解体　27
総合社会学　84, 86, 89, 90, 100
　　——　対　特殊社会学　81
相互作用　222
　　——理論　217
　　心的——　218
疎外　315
組織　11, 322-329

タ

大家族　112
大家族　対　小家族　349
高田保馬-戸田貞三-鈴木榮太郎のトライアングル（ビッグ・スリー）
　　18, 27-30, 35-37, 50, 51, 283
地域社会　12
地主-小作関係　129, 137
中産的生産者層　185
中小企業の成功物語　172
鉄の檻　192
伝統的支配　207
同時代学史　5, 435
同心円構造　142

事項索引　471

統制経済　195, 197
闘争理論　221
同族結合と講組結合　130-132, 137
同族団　107
　　商家——　122
都市社会学　141-157

ナ

二重の相互依存性　5
日本資本主義論争　283
日本社会学会　8
日本的経営　161
人間生態学　143
農村社会学　127-141
農地改革　135
農民層分解　343
暖簾分け　123

ハ

ハバーマス-ルーマン論争　42, 94
ファミリア（古代ローマ）　349
フェミニズム　329, 354
　　マルクス主義——　329-333
福祉国家　414
不平等度　430
　　教育水準の——　431
　　社会階層の——　430
　　所得の——　431
プフリュンデ封建制　202, 207
文化資本　432
文化社会学　83-84, 90
分権化　414, 415
文明の衝突　412
封建遺制　113-114
法社会学　210-212
ホーソーン実験　164
ポパー-アドルノ論争　94

マ

マルクス主義　314
　　——フェミニズム　329-333

——の階級概念　336, 340
マルクス主義社会学　99, 277-344
　　——提言　279-281
　　——の形成　288-304
　　——の発展局面（第三局面 B）　41-42, 438-439
マルクス主義農村社会学　285
マルチパラダイム化　441-442
マルチパラダイムの諸潮流　345-434
　　——の発展局面（第四局面）　42-43, 439
民営化　414, 416, 417
民族　408
目的合理的行為　195-196, 198
目標による管理　168-170
物語　398-401
　　構築した——　6, 436

ヤ

安田指数　425
豊かな労働者　363-364, 368
ヨーロッパ
　　——統合　409, 412, 413
　　——のイスラム　410-411

ラ

理解社会学　205-206
立身出世主義　429
理念型　206, 243
リベラル化　441
リベラル社会学　98, 179
　　——の発展局面（第三局面A）　39-41, 439
流通経済　210
領域社会学　30, 94-98, 103-178, 347-377
　　——のノーマル化　32, 96-98
　　——の発展局面（第二局面）　38, 438
レーエン封建制　202, 207
連字符社会学　96
労使関係　363
労使協議制　167
労働者階級　335, 339
労務管理の日本的特質　166

著者略歴

1931 年　東京に生れる
1955 年　東京大学文学部卒業
1977 年　東京大学文学部教授
1992 年　慶應義塾大学環境情報学部教授
1996 年　紫綬褒章受章
1997 年　武蔵工業大学環境情報学部教授
現　在　東京大学名誉教授，社会学博士・博士（経済学）

主要著書

「社会変動の理論」（1965 年，岩波書店）
「産業社会の動態」（1973 年，東洋経済新報社）
「日本の階層構造」（編，1979 年，東京大学出版会）
「現代の社会科学者」（1984 年，講談社）
「社会学原理」（1986 年，岩波書店）
「社会構造と社会変動」（1987 年，放送大学教育振興会）
「日本産業社会の転機」（1988 年，東京大学出版会）
「日本の近代化と社会変動」（1990 年，講談社）
「社会学講義」（1995 年，中央公論社）
「行為と社会システムの理論」（1995 年，東京大学出版会）
「近代化の理論」（1996 年，講談社）
「経済と組織の社会学理論」（1997 年，東京大学出版会）
「社会変動の中の福祉国家」（2001 年，中央公論新社）

戦後日本の社会学　一つの同時代学史

2004 年 12 月 15 日　初　版
2005 年 3 月 10 日　2　刷

［検印廃止］

著　者　富永健一（とみながけんいち）

発行所　財団法人　東京大学出版会
代表者　五味文彦
113-8654　東京都文京区本郷 7-3-1 東大構内
電話 03-3811-8814　Fax 03-3812-6958
振替 00160-6-59964

印刷所　株式会社精興社
製本所　牧製本印刷株式会社

© 2004 Ken'ichi Tominaga
ISBN 4-13-050158-5　Printed in Japan

R〈日本複写権センター委託出版物〉
本書の全部または一部を無断で複写複製（コピー）することは，著作権法上での例外を除き，禁じられています．本書からの複写を希望される場合は，日本複写権センター（03-3401-2382）にご連絡ください．

富 永 健 一	行為と社会システムの理論	A5・3800円
富 永 健 一	経済と組織の社会学理論	A5・4300円
富 永 健 一	日本産業社会の転機	46・1400円
富永健一編	日本の階層構造	A5・8000円
安 田 三 郎	社会移動の研究	A5・8500円
原　純輔 盛山和夫	社会階層　豊かさの中の不平等	46・2800円
盛山・原・今田・海野 髙坂・近藤・白倉 編	日本の階層システム　全6巻	46各2800円
髙坂健次 厚東洋輔 編	講座社会学1　理論と方法	A5・3000円

ここに表示された価格は本体価格です．御購入の際には消費税が加算されますので御了承ください．